L'humeur noire: mélancolie, écriture et pensée en Espagne au XVIe et au XVIIe siècle

Christine OROBITG

TABLE DES MATIERES

4

INTRODUCTION

Une époque mélancolique?

La Renaissance, on l'a l'affirmé, est l'«âge d'or de la mélancolie»[1]. La mélancolie fascine les penseurs, envahissant la littérature et les discussions scientifiques : on parle de mélancolie et on se veut mélancolique, du moins en littérature. Les écrivains eux-mêmes ont le sentiment de vivre une époque habitée par la mélancolie. Dans le *Livre des fondations*, Sainte Thérèse affirme, à propos de la mélancolie que "ahora se usa más que suele"[2]. De même, l'un des personnages des *Diálogos de philosophia natural y moral* de Pedro Mercado souligne la prolifération de la mélancolie en affirmant que

" todos los que la padescen [la melancolía] (...) son tantos, que si el daño que haze en ellos, lo hiziesse tan manifiesto en el cuerpo, como en el animo, yo prometo, que el señor Ioanicio tuviesse mas enfermos de esta sola enfermedad que todas las demas juntas"[3].

Ioanicio, un autre personnage des *Diálogos*, relate une historiette sur la folie d'un mélancolique, et ajoute :

"Y esto acaece tan comunmente, que creo aver en España infinitos hombres de mucha quenta, que por este camino perdieron el juycio"[4].

Au XVIème et au XVIIème siècle, la mélancolie apparaît comme une maladie

---

[1] Jean Starobinski, *Historia del tratamiento de la melancolia desde los origenes hasta 1900*, Bâle, Geigy, 1962, p. 40.

[2] Teresa de Jesús, *Libro de las fundaciones*, Madrid, Espasa Calpe, 1940, I, p. 171.

[3] Pedro Mercado, *Diálogos de philosophia natural y moral*, Grenade, Hugo Mena, 1574, fol. 115 r.

[4] Pedro Mercado, *Diálogos de philosophia...*, fol. 118 r.

fréquente et une passion à la mode. Sebastián de Covarrubias la définit comme une "enfermedad conocida y passión mui ordinaria"[1], donnant à entendre qu'il s'agit d'un phénomène fort répandu. Enfin, en 1672, Tomás Murillo y Velarde déclarera dans l'*Aprobación de ingenios y curación de hipochondricos* que la mélancolie constitue une maladie courante : "El libro trata de la hipochondria morbus, enfermedad que padecen muchos"[2].

Une inflation de savoir : la floraison d'écrits sur la mélancolie

Depuis son apparition dans le *Corpus Hippocraticum* le concept de mélancolie a engendré en Occident une véritable "inflation de savoir"[3]. La Renaissance, qualifiée par certains de redécouverte de l'humain, considère en l'homme un univers fascinant, dont les penseurs s'attachent à montrer les aspects les plus admirables. La mélancolie, en particulier, les fascine et fait l'objet d'un regain d'intérêt qui se traduit par une floraison de textes théoriques. Dans son voyage à travers le microcosme humain, la plume des auteurs du XVIème et du XVIIème siècle trempera, bien souvent, dans les sombres liquides de la mélancolie.

Un tel phénomène n'est pas spécifiquement espagnol, mais se manifeste dans toute l'Europe. Johann Reuchius publie, en 1538, à Leipzig, une *De atra bile disputatio* et, deux ans plus tard, le *Commentarius de anima* de Melanchton imprimé à Wittemberg en 1540 consacre de nombreux passages à la mélancolie. En 1549 est édité, à Bâle, le *De triplici vita* de Ficin, consacré à la mélancolie qui affecte les intellectuels et aux multiples talents que pouvait engendrer la bile noire. Les *Occultae naturae miracula et varia rerum documenta* (Anvers, 1560) de

---

[1] Sebastián de Covarrubias, *Tesoro de la lengua castellana o española*, éd. de Martin de Riquer, Barcelone, Horta, 1943, s.v."melancolía".

[2] Tomás Murillo y Velarde, *Aprobación de ingenios y curación de hipochondricos*, Saragosse, Diego de Ormer, 1672, "Censura y aprobación del libro", sans pagination.

[3] L'expression est empruntée à Hubertus Tellenbach, L*a mélancolie*, trad. sous la direction de D. Macher, Paris, PUF, 1979, p. 5.

Levinus Lemnius évoquent à plusieurs reprises la mélancolie et consacrent une chapitre à ses effets. En 1562 est publiée à Lübeck, de manière anonyme, chez Johann Balhorm, une *Tabula inscipienda contra melancholiam*. Sous le pseudonyme de Caspar Melissander, Kaspar Bienemann publie en 1572 à Iéna le *Trostbüchein der hohen geislichen Anfechtungen und SchwerMütiger Traurigkeit*, consacré à la mélancolie ("Schwermut"). La même année (1572) sont imprimés, respectivement, le *Melancholischer Teufel* de Simon Musaeus, à Neudamm et, à Grenade, le *Diálogo de la melancholia* de Pedro Mercado, inclus dans ses *Diálogos de philosophia natural y moral*[1]. En 1581, à Venise, Stefano Guazzo publie *La civil conversatione*, longue conversation entre un mélancolique et un médecin qui sera rééditée à plusieurs reprises et traduite en diverses langues. Andrés Velásquez publie son *Libro de la melancholia* à Séville en 1585. L'année suivante (1586) paraît à Londres *A Treatise of melancholy, containing the causes thereof... with the physicke cure* de Timothy Bright. En 1597, André Du Laurens, chancelier de la faculté de Montpellier et futur médecin d'Henri IV publie à Paris, chez J. Mettayer, un *Discours de la conservation de la veue, des maladies melancholiques, des catarrhes et de la vieillesse*, qui sera réimprimé de multiples fois. En 1602, à Jaén, Alonso de Freylas publie un opuscule intitulé *Si los melancholicos pueden saber los que está por venir con la fuerza de su ingenio o soñando*. La *Disputatio de melancholia* de García Carrero est publiée en 1605, à Alcalá, parmi ses *Disputationes medicae*. En 1612 est imprimé à Toulouse, chez la veuve de J. Colomiez, le *Traité de l'essence et guérison de l'amour ou mélancolie érotique* de Jacques Ferrand qui sera réédité sous une forme expurgée et un titre légèrement différent (*De la maladie d'amour ou mélancolie érotique*) en 1620, à Paris, chez Moreau. En 1613 est publié à Wittemberg, sous le titre *Dissertationes*

---

[1] Teresa Scott Soufas (*Melancholy and the secular mind in Spanish Golden Age literature*, Columbia et Londres, University of Missouri Press, 1990, p.175) et Augustin Redondo ("La folie du cervantin Licencié de Verre : traditions, contexte historique et subversion" dans *Visages de la folie*, études réunies par Augustin Redondo et André Rochon, Paris, Presses de la Sorbonne, 1981, p. 39) mentionnent une édition des *Diálogos de philosophía natural y moral* imprimée à Grenade en 1558. Nos recherches ne nous ont pas permis de retrouver la trace d'une telle édition.

physicae-medicae, une compilation d'essais parmi lesquels plusieurs, notamment celui de Peter Schmilauer (« De melancholicorum divinatione »), évoquent la mélancolie. En 1617, Johannes Neser publie à Wittenberg un ouvrage intitulé *Drey Christliche Predigten von Melancholia, Schwermütigkeit, hohen innerlichen Anfechtungen* et, en 1618, Christian Mülman publie à Leipzig un *Flagellum antimelancholicum*. En 1620 paraît à Venise le *De melancholia* d'Ercole Sassonia. Une année plus tard, en 1621, est imprimé à Oxford, chez Cripps, la première édition du célèbre *Anatomy of melancholy* de Robert Burton. Le traité *Dignotio et cura affectuum melancholicorum* d'Alonso de Santa Cruz est publié en 1622, dans les *Oeuvres* de son fils, Antonio Ponce de Santa Cruz. En 1623, à Lisbonne, Alexo Abreu publie un traité *De la passión hipochondriaca* inclus dans le *Tratado de las siete enfermedades*. En 1626, Pedro Mancebo Aguado fait imprimer à Jerez de la Frontera un *Tratado de la essencia de la melancolía, de su asiento, causas, señales y curación* qui sera réédité en latin en 1636, à Séville, chez Simón Fajardo, sous le titre *Libellus de Melancholia Hypochondriaca, in quo usus chalybis impugnatur*. A la suite de polémiques suscitées par la possession de Loudun, Hippolyte-Jules Pilet de La Mesnardière publie un *Traité de la mélancolie, savoir si elle est cause des effets que l'on remarque dans la possession de Loudun* (La Flèche, G. Guyot et G. Laboe, 1635). En 1645, à Rome, Gaspare Marcucci publie le traité *De quadripartitum melancholicorum*. En 1652 est imprimée à Lüneburg la *Fuga melancholiae* de Sigismund Scherertz et en 1659, à Helmstedt, paraît la *Dissertatio medica de melancholia* de Nicolaus Du Mont. Enfin, en 1672, Murillo publie à Saragosse une *Aprobación de ingenios y curación de hipochondricos*; la version latine du texte apparaît à Lyon, la même année, chez Claude Bourgeat, sous le titre *Novissima verifica & particularis hypochondriacae melancholiae curatio, & medela*. L'examen de cette chronologie révèle que l'intérêt suscité par la mélancolie atteint son apogée dans la seconde moitié du XVIème siècle et le premier tiers du XVIIème, engendrant une multitude de textes théoriques.

Si, au XVIème et au XVIIème siècle, la mélancolie a captivé les penseurs et écrivains, elle a exercé aussi une fascination qui n'est pas moindre sur les auteurs critiques contemporains. Depuis la parution du livre magistral de Saxl, Klibansky et Panofsky en 1964[1] et des travaux de Starobinski[2], de nombreuses études se sont appliquées à la mélancolie. Gustavo Tanfani et Lawrence Babb ont étudié, respectivement, la représentation de la mélancolie pendant le Cinquecento et l'époque élizabéthaine[3]. Bridget Gellert Lyons et Henrik Heger se sont intéressés à la mélancolie chez les poètes de la Renaissance anglaise et les poètes lyriques français[4]. Klara Obermüller et Hans-Jürgen Schings ont examiné la mélancolie dans la littérature allemande[5]. Plus récemment, Winfried Schleiner a analysé la représentation de la mélancolie en Europe à la Renaissance[6] et beaucoup d'autres auteurs, que nous omettons de citer ici, se sont penchés sur ce sujet.

Toutefois, aucune de ces études n'évoque véritablement le domaine espagnol et la Péninsule Ibérique demeure, pour une large part, un domaine négligé par les recherches sur la mélancolie. Comme le remarquait J. B. Ullersperger, les écrits des médecins espagnols ont été délaissés par les grands historiens de la psychiatrie[7] et les études sur la mélancolie appliquées au domaine espagnol demeurent relativement rares. En 1950, une étude d'Alberto Escudero Ortuño[8] comparait les conceptions sur la mélancolie d'Alonso de Santa Cruz à celles de

---

[1] Nous avons utilisé la traduction française : Raymond Klibansky, Erwin Panofsky, Fritz Saxl, *Saturne et la mélancolie*, trad. sous la direction de Louis Evrard, Paris, Gallimard, 1989.

[2] Jean Starobinski, *Historia del tratamiento de la melancolia...* et J. Starobinski, "L'encre de la mélancolie", *Nouvelle Revue Française*, XI (mars 1963), p. 410-423.

[3] Gustavo Tanfani, "Il concetto di melancholia nel Cinquecento", *Rivista di Storia delle Scienze mediche e naturali*, 39 (1948), p. 145-168 ; Lawrence Babb, *The Elizabethan malady*, East Lansing, Michigan State College Press, 1951.

[4] Bridget Gellert Lyons, *Voices of Melancholy*, Londres, Routledge and Kenan Paul, 1971 ; Henrik Heger, *Die Melancholie beiden französischen Lyrikern des Spätmittelalters*, Bonn, Romanisches Seminar der Universität, 1967.

[5] Klara Obermüller, *Studien zur Melancholie in der deutschen Lyrik des Barock*, Bonn, Bouvier/ H. Grundmann, 1974 ; Hans-Jürgen Schings, *Melancholie und Aufklarung*, Stuttgart, Metzler, 1977.

[6] Winfried Schleiner, *Melancholy, genius and utopia in the Renaissance*, Wiesbaden, O. Harrassowitz, 1991.

[7] J. B. Ullersperger, *Historia de la psiquiatria y de la psicologia en España*, trad. de V. Peset, Madrid, Alhambra, 1954, p. 2.

[8] Alberto Escudero Ortuño, *Concepto de la melancolia en el siglo XVII. Un comentario de las*

Robert Burton. Harald Weinrich s'est intéressé au génie mélancolique de Don Quichotte et, plus récemment, Teresa Scott Soufas a considéré dans la représentation de la mélancolie au Siècle d'Or une vision critique de l'intellectuel[1] . Enfin, en comparant les textes littéraires aux écrits médicaux, les articles d'Yvonne David-Peyre ont montré que les écrivains du Siècle d'Or avaient une connaissance approfondie des théories médicales de leur époque sur la mélancolie[2] .

Malgré les apports de ces différents travaux, aucune de ces études n'élabore une véritable synthèse systématique des théories sur la mélancolie et des problématiques posées par cette notion dans l'Espagne du XVIème et du XVIIème siècle. Ce travail vise à combler –du moins partiellement–ces lacunes en exhumant de nombreux textes jusqu'à maintenant négligés par les études sur la mélancolie. En ce sens, on pourra remarquer une relative abondance de citations extraites de textes espagnols du XVIème et du XVIIème siècle. Elle est délibérée. En effet, l'un des objectifs de ce travail est de montrer qu'à côté des sempiternels Ficin, Burton et Dürer, invoqués par les études sur la mélancolie, il existe aussi un riche fonds de textes hispaniques dont le discours mérite d'être écouté.

Ce travail se base sur l'hypothèse selon laquelle il est nécessaire de reconstruire le système de représentation associé à la mélancolie. En effet, lorsqu'on s'interroge sur des époques éloignées de la nôtre, la similitude des signifiants donne l'illusion d'une identité des signifiés, dissimulant les différences culturelles qui nous séparent des hommes de cette période. Si aujourd'hui la "melancolía" désigne une "propensión, habitual habitual o circunstancial, a la tristeza", une "tristeza suave, no causada por una verdadera desgracia", ou encore,

---

obras de Robert Burton y Alfonso de Santa Cruz, Huesca, Imprenta Provincial, 1950.
[1] Harald Weinrich, *Das Ingenium Don Quijotes*, Münster, Aschendorf, 1956 ; Teresa Scott Soufas, *Melancholy and the secular mind in Spanish Golden Age literature*, Columbia et Londres, University of Missouri Press, 1990.
[2] Yvonne David-Peyre, "La melancolía según Santa Teresa", *Asclepio*, 17 (1965), p.171-180 ; "Un caso de observación clínica en Tirso de Molina", *Asclepio*, 20 (1968), p. 221 -233 ; "*El amor médico*, comedia documentée de Tirso de Molina", *Hommage des Hispanistes Français à Noël Salomon*, Barcelone, éd. Laia, 1979, p. 209-223 ; "Deux exemples du mal d'amour dit «héroïque» chez Cervantès", *Bulletin de l'Association Guillaume Budé*, 1982, 4, p. 383-404.

en psychiatrie, un "estado de depresión propio de la psicosis maníaco depresiva, caracterizado por postración, abatimiento y pesimismo"[1], au Siècle d'Or ce terme véhiculait des significations et des représentations mentales assez différentes. Ce travail vise donc à retracer et à analyser le système de pensée tissé autour de la mélancolie au XVIème et au XVIIème siècle tel qu'il s'exprime dans une série de textes théoriques.

L'étude de ces écrits permet bien sûr de rendre compte du discours sur la mélancolie formulé dans l'Espagne du Siècle d'Or, mais conduit aussi à une perspective d'analyse plus large. Si l'on se fonde sur l'hypothèse, émise par Marcel Sendrail, selon laquelle la maladie constitue un phénomène de civilisation, une construction intellectuelle autant qu'une réalité physique, l'étude de la conception de la mélancolie nous éclaire sur la société qui la produit[2]. En effet, l'étude du système de représentation développé autour de la mélancolie fait apparaître un certain nombre de thèmes et de problèmes fondamentaux dans l'Espagne du XVIème et du XVIIème siècle tels que la représentation de l'amour, de la maladie, du péché, le problème des fausses visions, les polémiques autour de la prophétie et de l'action du démon sur l'individu, la conception de l'inspiration. Enfin, il n'est pas sans intérêt de s'interroger sur la possible originalité du discours sur la mélancolie élaboré par les Espagnols vis-à-vis de la tradition médicale ou des conceptions développées, à la même époque, dans les autres pays européens.

Si la mélancolie a exercé une telle fascination chez les penseurs comme chez les auteurs littéraires c'est parce que –nous en posons l'hypothèse– elle est en relation étroite avec l'inspiration et l'écriture. La mélancolie conduit à l'écriture, suscitant chez le penseur, le médecin, le poète, un discours, une parole que n'engendrent pas les autres humeurs ou les autres affects. En dernière instance, ce travail vise aussi à examiner comment s'élabore, dans l'Espagne du XVIème et

---

[1] María Moliner, *Diccionario de uso del español*, Madrid, Gredos, 1983, s. v."melancolía".
[2] Marcel Sendrail, *Historia cultural de la enfermedad*, trad. de Clara Janés, Madrid, Espasa Calpe, 1983.

du XVIIème siècle, un *discours* de la mélancolie : en effet, le texte médical constitue, à sa manière, une écriture et il conviendra d'analyser *comment* il décrit la mélancolie, selon quelles catégories, quelles thématiques obsédantes ou quels réseaux imaginaires.

Chapitre un : UN CONCEPT POLYSEMIQUE : DE LA MELANCOLIE AUX MELANCOLIES

A. POLYSEMIE DE LA MELANCOLIE

La mélancolie, telle que la conçoivent les penseurs du XVIème et du XVIIème siècle constitue, pour le lecteur moderne, une notion protéiforme dont les racines plongent dans un ensemble de conceptions qu'il ne partage plus et qu'il convient de restituer. La mélancolie n'est pas un concept univoque pour le lecteur actuel, mais elle ne l'était pas, non plus, pour les penseurs du Siècle d'Or. Luis Lobera de Avila commence le paragraphe du *Remedio de cuerpos humanos* consacré à la mélancolie en affirmant la polysémie de ce terme :

> "Este nombre melancholia se dize comunmente de uno de los quatro humores que llamamos humor melancholico : y dizese de una enfermedad que deste humor proviene/ que nuestros autores llaman melancholia"[1] .

De même, à l'instar d'A. Velásquez, Murillo ouvre en 1672 son *Aprobación de ingenios y curación de hipochondricos* par une réflexion sur l'ambivalence du terme *melancolía*[2] . Nous avons donc fait nôtre la perspective d'Andrés Velásquez, formulée au seuil de son *Libro de la melancholia* :

> "Galeno muy de proposito disputa, que los terminos que son equivocos, y tienen diversos significados, antes que entremos a tratar dellos, sepamos, quales son, y los dividamos, y

---

[1] Luis Lobera de Avila, *Remedio de cuerpos humanos y silva de experiencias y cosas utilissimas*, Alcalá de Henares, Juan de Brocar, 1542, fol. 37r
[2] Murillo, *Aprobación de ingenios*, fol. 79v.

distingamos, y sepamos de qual hemos de tratar. Y assi los diffinamos, para que la doctrina sea mas clara, y se pueda mejor, y con mas facilidad percibir. Y pues este nombre Melancholia, entre los medicos tiene diversos significados, sera bien los de[c]laremos"[1].

Comme l'humeur qu'il dénomme, le terme *melancolia* n'est pas transparent.

B.   "AQUEL HUMOR TENEBROSO Y NEGRO"[2] : LA BILE NOIRE

1.   *La bile noire dans la psychophysiologie de la Renaissance*

Il est indispensable de replacer –ne serait-ce que brièvement– la conception de la mélancolie dans le contexte de la psychophysiologie de la Renaissance. Les auteurs du XVIème et du XVIIème siècle sont eux-mêmes persuadés de cette nécessité, faisant précéder leur propre discours sur la mélancolie d'exposés sur le cerveau, les passions ou les facultés[3]. Au Siècle d'Or, le corps est conçu comme un composé de quatre qualités –la chaleur, le froid, la sécheresse, l'humidité– et de quatre humeurs –le sang, le phlegme, la cholère (ou bile jaune), la mélancolie (ou bile noire)[4]. Chacune des quatre humeurs comporte deux qualités. Le sang est chaud et humide; la cholère, chaude et sèche ; la mélancolie est froide et sèche, et le phlegme froid et humide :

> "y destos la colera es calida y seca,
> la sangre es caliente con mucha humidad :
> es humido el flema y de gran frialdad
> la malenconia como tierra peca,
> pues es fria y seca de su qualidad"[5].

Les quatre humeurs fondamentales correspondent aux quatre éléments :

---

[1] A. Velásquez, *Libro de la Melancholia*, Séville, Hernando Díaz, 1585, fols. 47v- 48r.

[2] L'expression est employée par Andrés Laguna, *Pedacio Dioscorides Anazarbeo*, Valence. Miguel Sorolla, 1636, p. 319.

[3] Sur ce point : A. Velásquez, *Libro de la Melancholia*, fols. 9 r- 47v ; Murillo, *Aprobación de ingenios*, fols. 40 r à 57r.

[4] Voir notamment : Barthomomaeus Anglicus/ Vicente de Burgos, *Libro de propietatibus rerum*. Toulouse, H. Meyer, 1494, fols. dvj recto et eiij verso ; Alonso de Santa Cruz, *Dignotio et cura affectuum Melancholicorum*, Matriti, apud Thomam Iuntam, 1622, p. 2 et 3 et Juan Huarte de San Juan, *Examen de ingenios*, éd. de Guillermo Serés, Madrid, Cátedra, 1989, p. 271.

[5] Francisco López de Villalobos, *Sumario de la medicina en romance trovado*, dans *Algunas obras del doctor Francisco López de Villalobos*, Madrid, Sociedad de Bibliófilos Españoles. 1886, p. 312-313.

"los quatro elementos que corresponden a estas calydades : el fuego al colórico, el agua al flemático, el ayre al sanguino, la tierra al malencónico"[1] .

"Los Quatro humores son Sangre, Colera, Melancolia y Flema. Al fuego corresponde la Colera que es caliente y seca : a el ayre corresponde la Sangre, que es caliente y humida o templada, (…). Al agua corresponde la flema por fria y humida : a la Tierra corresponde la melancolia, la qual es fria y seca"[2] .

Le sang est clair, rouge, chaud –ou tempéré–, humide, doux au goût ; la cholère est jaune, chaude, sèche et amère ; le phlegme est aqueux, transparent –ou légèrement blanchâtre–, salé ou insipide ; la mélancolie est opaque, noire, sèche, acide, froide –mais certains auteurs la considèrent comme chaude–et constitue l'humeur la plus lourde et proche de la terre[3] .

Les quatre humeurs sont directement issues de la digestion des aliments, conçue comme une cuisson[4] . Toute mauvaise digestion-cuisson –excessive ou insuffisante– donne lieu à des humeurs crues ou trop cuites, hautement pathogènes. Chaque humeur participe à la santé du corps, nourrissant des organes bien définis et remplissant un certain nombre de fonctions nécessaires à la vie physiologique :

"Estos iiii humores son necessarios a la composiçion & conservaçion del cuerpo sensible & a restaurar lo perdido (…). Es la presença destos iiii humores neçesaria afin que por ellos el cuerpo sea sostenido en sanidad & guardado de corrupçion & de enfermedad"[5] .

Chaleur et humidité sont à la base de la vie physique; inversement, la vieillesse est conçue comme un dessèchement graduel, une extinction progressive de la chaleur et de l'humidité vitales aboutissant à la mort[6] .

---

[1] Alfonso Martínez de Toledo, *El Corbacho o Arcipreste de Talavera*, éd. de Mario Penna, Turin, Rosenberg & Sellier, s. d., p. 138.

[2] Andrés de León, *Libro primero de annathomia*, Baeza, Iuan Baptista de Montoya, 1590, fol.70v-71r.

[3] Sur les qualités des différentes humeurs : A. de León, *Libro primero de annathomia*, fol. 75r. Voir aussi B. Anglicus/ V. de Burgos, *Libro de propietatibus rerum*, fol. eiiij recto et fol. evj recto et verso. Bernardino Montaña de Montserrate, *Libro de la anatomia del hombre*, Valladolid, Sebastián Martínez, 1551 (éd. facs., Madrid, Ministerio de Educación y Ciencia, 1973), fol. 54r et 109v. Giambattista Della Porta,*La Physionomie humaine de Iean Baptiste Porta neapolitain*, trad. du Sieur Rault, Rouen, Iean et David Berthelin, 1655, p. 24. Alonso de Santa Cruz, *Dignotio et cura affectuum melancholicorum*, p. 3.

[4] Voir notamment B. Anglicus/ V. de Burgos, *Libro de propietatibus rerum*, fol. eiij verso- eiiij recto ; B. Montaña de Montserrate, *Libro de la anatomia del hombre*, fol. 54r ainsi qu'Andrés de León, *Libro primero de annathomia*, fols. 73r-74v.

[5] B. Anglicus/ V. de Burgos, *Libro de propietatibus rerum*, fol. eviij verso.

[6] Luis Vives, *Tratado del alma (De anima et vita)*, dans *Obras completas*, éd. et trad. de Lorenzo

Fidèle à Galien, le discours médical du Siècle d'Or fait résider la santé dans l'*eucrasia* –l'équilibre harmonieux des humeurs– et dans leur bonne qualité

> "la salud de nuestros cuerpos consiste en el temperamento y proporción destos cuatro humores, y la enfermedad cuando se destemplan, creciendo o menguando los unos sobre los otros"[1].

> "Existe el concierto de humores, que constituye la salud, y ocasiona la enfermedad algún humor excesivo, si ya no fuere que la enfermedad no nace de aquel humor redundante, sino de la alteración de su equilibrio"[2].

Selon une autre conception, empruntée à Platon, la santé réside dans l'équilibre de l'âme et du corps :

> "la salud consiste en concordia de ánima, y cuerpo"[3].

> "Platon dixo, que la salud consiste en concordia de anima y cuerpo"[4].

Les maladies trouvent leur cause dans la surabondance malsaine d'une humeur ou dans sa corruption :

> "Y pues (...) hemos mostrado el cognoscimiento de los humores que ay en nuestro cuerpo y su generacion, sepamos de que manera nos pueden dañar y causar enfermedades, responderemos diziendo con Galeno que de dos maneras (..) o por pecantes en quantidad, o pecantes en qualidad"[5].

L'idéal réside dans l'équilibre, l'ordre ; la maladie est rupture de l'harmonie, elle est désordre, qualitatif ou quantitatif.

2.   De l'humeur aux humeurs

En accord avec son étymologie (*melanos*, "noir" et *kolè*, "la bile"), "melancolía" au XVIème et XVIIème siècle désigne d'abord une humeur, noire, froide et sèche, âcre ou acide, lourde et épaisse :

> "Melancholia en su propio significado quiere dezir, y significa uno de los quatro humores,

---

Riber, Madrid, Aguilar, 1948, II, p. 1150, 1228, 1230-1231. Voir aussi Miguel Sabuco de Nantes, *Nueva Filosofia de la naturaleza del hombre*, éd. d'Atilano Martínez Tomé, Madrid, Editora Nacional, 1981, p. 77, 242-243 et B. Montaña de Montserrate, *Libro de la anatomia del hombre*, fol. 129r.

[1] Fray Luis de Granada, *Introducción del símbolo de la fe*, Madrid, Cátedra, 1989, p. 192. Voir aussi Huarte, *Examen de ingenios*, p. 169.

[2] Luis Vives, *Filosofia primera o sea de la obra íntima de la naturaleza (De prima philosophia seu de intimo opificio naturae)*, dans *Obras completas*, II, p. 1124.

[3] Sabuco de Nantes, *Nueva filosofia...*, p. 242.

[4] Andrés de León, *Libro primero de annathomia*, fol. 80 v.

[5] Andrés de León, *Libro primero de annathomia*, fol. 74v.

que naturalmente se engendran en el higado para nuestra nutricion"[1].

"Malenconia es un humor espeso & gruesso engendrado de la sangre turvia assi como fez. Malenconia quiere tanto dezir como negro humor"[2].

"melancholia (...) es un humor de los quatro que engendra nuestro higado, y que es como hez de la sangre (...) este humor en su sustancia es muy gruesso y terrestre, de color negro, de sabor acedo y acervo"[3].

Le sens humoral précède, pour les penseurs espagnols, tous les autres, de la même manière qu'une cause précède, de manière conceptuelle, les effets qu'elle engendre. Le discours médical attribue à la mélancolie un certain nombre de caractéristiques –la sécheresse, l'acidité, la couleur noire–; en revanche, d'autres traits de cette humeur –notamment sa température ou sa densité– seront à l'origine de nombreux débats.

Malgré le poids de la tradition hippocratique, qui ne distingue que quatre humeurs fondamentales, très vite la notion de bile noire éclate sous le coup de plusieurs distinctions. Murillo ne parle pas de l'humeur mélancolique au singulier, mais évoque au contraire "los humores melancolicos"[4] : la bile noire n'est pas une dans le discours médical, mais plurielle et il est nécessaire de rendre raison de cette diversité.

a) La mélancolie naturelle vs la bile noire non naturelle

La plupart des auteurs médicaux du XVIème et du XVIIème siècle distinguent deux grandes espèces de bile noire : une humeur mélancolique naturelle –froide, sèche, présente dans le corps à son état normal– et une humeur noire non naturelle, issue de processus anormaux et hautement pathogène. Cette distinction apparaissait déjà chez les autorités médicales, notamment chez Rufus d'Ephèse, Avicenne et Guy de Chauliac[5]. Au XVIème et au XVIIème siècle, les médecins

---

[1] Murillo, *Aprobación de ingenios*, fol. 79 v.

[2] B. Anglicus/ V. de Burgos, *Libro de propietatibus rerum*, fol. evij recto.

[3] Murillo, *Aprobación de ingenios*, fol. 82 v.

[4] Murillo, *Aprobación de ingenios*, fol. 83v.

[5] Guy de Chauliac, *La grande chirurgie*, éd. d'E. Nicaise, Paris, Alcan, 1890, p. 131-132 et 402.

espagnols discernent aussi une bile noire naturelle et une mélancolie non naturelle. Cristóbal de Vega oppose la "melancholia naturalis" à la "melancholia non naturalis ustione genita"[1] et Huarte dissocie la mélancolie naturelle, froide et sèche, considérée comme la lie du sang, de l'"atra bilis o cólera adusta" :

> "Al octavo argumento, se responde que hay dos géneros de melancolía. Una natural, que es la hez de la sangre cuyo temperamento es frialdad y sequedad con muy gruesa substancia (…). Y la que se llama *atra bilis o cólera adusta* "[2].

La même distinction apparaît chez Andrés Velásquez, Pedro García Carrero, Alonso de Freylas, Alonso de Santa Cruz, Tomás Murillo et Gaspar Bravo de Sobremonte qui opposent la "melancholia naturalis", froide et sèche, à la "melancholia praeternaturalis" ou "atrabilis" chaude et sèche, issue d'une combustion[3]. A la distinction conceptuelle se superpose une différenciation lexicale opposant la mélancolie naturelle (appelée "melancolía", "malanconía", "malenconía", "melancolía natural", "melancholia naturalis", "faex sanguinis") à la bile noire non naturelle (nommée "atrabilis", "cólera negra", "cólera adusta", "melancolía adusta" ou "melancholia praeternaturalis")[4]. Des textes les plus

---

Sur Rufus d'Ephèse et Avicenne, voir Klibansky, Panofsky, Saxl, *Saturne et la mélancolie*, p. 103 et 151.

[1] Cristóbal de Vega, *Opera*, Lugduni, apud Guglielmum Rovillium, 1576, p. 19-20.

[2] Huarte, *Examen de ingenios*, p. 372.

[3] A. Velásquez, *Libro de la melancholia*, fol. 48r. Pedro García Carrero, *Disputationes medicae*, Compluti, Iusti Sanchez Crespo, 1603, p. 242 ("De humore a quo fiat oportet in praesentia dicere, Galenus lib. 3. de locis capite. 7. folius melancholici humoris mentionem facit, nam postquam divisit predictum, in illum qui est fex sanguinis, & in atram bilem dixit"). Alonso de Freylas, *Si los melancholicos pueden saber lo que esta por venir con la fuerça de su ingenio o soñando*, Jaén, Fernando Díaz de Montoya, 1606, p. 2. Alonso de Santa Cruz, *Dignotio et cura affectuum melancholicorum*, p. 3 : "Verum hoc est, & ob id duplicem esse succum hunc animadvertere oportet : alterum naturalem, quem sanguinis faecem vocant, ex crassiori alimenti parte ortum : cuius plurimum in lienem veluti in vasculum a natura paratum deducitur. Alterum non naturalem, qui essentiae multo tenuioris est, qui quidem vomentius, olfacientibus acidus videtur, (…) hic est quam terram radere, attolere, ac fermentare aiunt, ampullasque (…) excitare (…). Melancholicum hunc humorem ex adustione bilis ortum omnium pessimum esse, neminem latet". Murillo, *Aprobación de ingenios*, fol. 80v : "Galeno en el libro de atrabilis divide el humor melancholico en natural y preternatural". Gaspar Bravo de Sobremonte, *Resolutionum et consultationum medicarum*, Lyon, Laurent Arnaud et Pierre Borde, 1679, p. 90-91.

[4] On trouve cette distinction chez des auteurs comme Andres Velásquez (*Libro de Melancholia*, fol. 48r), P. García Carrero (*Disputationes medicae*, p. 242), Alonso de Freylas (*Si los Melancholicos…*, p. 2), A. de Santa Cruz, (*Dignotio et cura affectuum melancholicorum*, p. 3), G. Bravo de Sobremonte (*Resolutionum & consultationum medicarum*, p. 90-91) et Murillo,

anciens aux écrits les plus tardifs, la distinction de la bile noire naturelle et non naturelle fut maintenue, non seulement par souci du respect des autorités, mais aussi parce qu'elle permettait aux médecins de rendre compte des aspects contradictoires de la mélancolie.

b)   La bile noire naturelle

Présente dans l'organisme à son état normal, la bile noire naturelle est issue des parties les plus lourdes et grossières du chyle et constitue la partie la plus épaisse et impure du sang. Participant à la santé du corps, elle nourrit ses parties froides et sèches[1] et a pour fonction d'exciter l'appétit :

> "esta malenconia que es necesaria al cuerpo e va fasta el baço & aqui se retiene tanto como le falta para su criamiento & no mas & lo otro lo echa defuera (...) assi la malenconia ayuda el apetito que es en el estomago"[2].

> "la melancolía que está en el bazo sirve para causar hambre y gana de comer, sin la cual el animal perecería, si no tuviese este despertador que le solicitase"[3].

A la différence de la *melancholia preternaturalis*, la bile noire naturelle est une humeur qui, en elle-même, n'est pas pathogène, n'engendrant de maladies que par sa présence dans l'organisme en des proportions bien supérieures à la normale. Longuement décrite par Alonso de Santa Cruz et Gaspar Bravo de Sobremonte[4], la mélancolie naturelle, apparaît comme une substance froide, sèche, dense, lourde, noire, terrestre, acide ou âcre, située dans la rate :

> "la [malenconia] natural es fria & seca y es en la sangre como la fez en el vino su sustançia es espesa & terrena y el sabor es mediano ny muy dulce ny muy agrio. Esta malenconia aun es dividida en dos partes de las quales la una queda con la sangre & va con ella. Ca ella la faze espesa (...). La otra parte es enviada al baço por necessidad de limpiar todo el cuerpo & por governar el baço"[5].

Visqueuse et épaisse, cette "lie du sang", comme la nomment les médecins,

---

Aprobación de ingenios, fol. 80r et v.

[1] Voir notamment Guy de Chauliac, *La grande chirurgie*, p. 132 ; A. Velásquez, *Libro de la melancholia*, fol. 48r et 50r ; Murillo, *Aprobación de ingenios*, fol. 80v- 81r.

[2] B. Anglicus/ V. de Burgos, *Libro de propietatibus rerum*, fol. evij recto.

[3] Luis de Granada, *Introducción del símbolo de la fe*, p. 426.

[4] Alonso de Santa Cruz, *Dignotio et cura affectuum melancholicorum*, p. 4. Gaspar Bravo de Sobremonte, *Resolutionum et consultationum medicarum*, p. 90-91.

[5] B. Anglicus/ V. de Burgos, *Libro de propietatibus rerum*, fol. evij recto.

constitue une humeur semi-excrémentielle qui a tendance à se déposer dans les parties les plus basses de l'organisme[1].

Toutefois, cette bile noire naturelle fait l'objet de nouvelles distinctions, dans la mesure où les médecins lui assignent trois origines –voire trois natures– différentes : elle peut être issue de la digestion du chyle, de la sédimentation des parties les plus denses du sang ou encore de la coction du sang dans le cerveau. Loin de constituer un concept unique, la mélancolie naturelle renvoie des substances différentes par leur origine.

c) La bile noire non naturelle : la fascination pour la *melancholia adusta*

"Melancolía" désigne aussi différentes humeurs issues de processus plus ou moins anormaux et regroupées sous le nom d'«atrabilis», de "cólera negra" ou de "melancholia praeternaturalis". Le nom le plus utilisé demeure celui de "melancholia adusta" (du latin *aduro*, "brûler, torréfier, consumer") ou de "cólera adusta", employé par Huarte de San Juan[2]. La génération de la bile noire non naturelle constitue un processus assez complexe qui ne fait pas toujours l'unanimité parmi les médecins. Guy de Chauliac décrit quatre manières suivant lesquelles la bile noire non naturelle peut s'engendrer :

"La [bile noire] non naturelle, est qui desvoye de celle-là [la bile noire naturelle] dans les termes de sa largesse, lesquelles si elle outrepasse elle n'est plus melancholie ains autre humeur, ce qu'advient en quatre manieres : l'une en soy quand elle se brusle et pourrit, et devient cholere, noire aigre, laquelle si on verse sur la terre boult comme du vinaigre, et les mousches la fuyent. La seconde maniere, quand elle est faite par adustion des autres humeurs (...). Tiercement, est faite melancholie non naturelle par congelation, et endurcissement, comme exterieurement de phlegmon, et autres apostemes d'humeurs naturels [sic] (...). Quartement, est fait innaturel, quand une autre humeur luy vient par dehors"[3].

---

[1] Murillo, *Aprobación de ingenios*, fol. 105r ; P. García Carrero, *Disputationes medicae*, p. 243 ; Alonso Chirino de Cuenca, *Menor daño de la medicina*, éd. de María Teresa Herrera, Salamanque, Université de Salamanque, 1973, p. 196 ; A. de Santa Cruz, *Dignotio et cura affectuum melancholicorum*, p. 18 et 29 ; G. Bravo de Sobremonte, *Resolutionum & Consultationum Medicarum*, p. 723.
[2] Huarte, *Examen de ingenios*, p. 457-458.
[3] Guy de Chauliac, *La grande chirurgie*, p. 132.

La plupart des médecins distinguent deux grands types de *melancholia praeternaturalis*, celle née de la corruption du sang, et celle issue de l'échauffement ("adustión") des humeurs et, en particulier, de la torréfaction de la bile noire ou jaune :

> "praeternaturalis species melancholiae possunt fieri ex aliis humoribus ustione, aut putredine"[1].
> "A esta atrabilis le viene esto porque siempre se engendra de cuerpos preternaturalizados, y que no guardan el temperamento natural. De manera que, o quemandose la misma melancholia natural, o el otro humor melancholico que se engendra de lo mas gruesso de la sangre podresciendose ella, o asandose aquel genero de colera, que llamamos flava, se haze (...) el humor atrabilioso"[2].
> "Este humor melancholico que propiamente tiene por nombre atrabilis, se haze por ustion de la melancholia natural, o de aquella melancolia, que del podrecimiento de la sangre se vino a engendrar, o por ustion de la colera flava"[3].

Si un certain nombre d'auteurs mentionnent une mélancolie issue de la corruption du sang[4], l'humeur la plus couramment désignée sous le nom de *melancholia praeternaturalis* est celle issue de la combustion des humeurs. Le résultat de cette calcination est une sorte de cendre, un résidu visqueux, corrosif et concentré à l'extrême, que l'on appelle *melancholia adusta*. Avicenne est le père de cette notion : le "Prince de Cordoue" –comme le nomment les médecins du XVIème et du XVIIème siècle– incorpore la chaleur à la notion de mélancolie à travers l'idée d'*adustio,* combustion où les humeurs sont grillées, voire réduites en cendres. Pour Avicenne, chacune des quatre humeurs peut apparaître sous deux formes : une forme "naturelle" et une forme "non naturelle", "adusta", où l'humeur s'est calcinée[5]. A partir d'Avicenne, la notion de *melancholia adusta* fut adoptée par la majorité des autorités médicales –d'Aetius à Burton en passant par les médecins de l'école de Salerne, par Antonio Guainerio, Guillaume Da Corvi, Ficin ou

---

[1] G. Bravo de Sobremonte, *Resolutionum & Consultationum Medicarum*, p. 331.
[2] A. Velásquez, *Libro de la melancholia*, fol. 48r et v.
[3] A. Velásquez, *Libro de la melancholia*, fol. 50v. Ces affirmations seront reprises presque mot pour mot par Murillo, *Aprobación de ingenios*, fol. 83 r.
[4] A. Velásquez (*Libro de la Melancholia*, fol. 50v) et Murillo (*Aprobación de ingenios*, fol. 83 r) évoquent une "melancolia, que del podrecimiento de la sangre se vino a engendrar".
[5] Sur l'*adustio* chez Avicenne : Klibansky, Panofsky, Saxl, *Saturne et la mélancolie*, p. 151 et W. Schleiner, *Melancholy, genius and utopia*, p. 24

Melanchton[1] – ainsi que par la plupart des médecins espagnols.

Comme le reconnaît Huarte, les qualités de la *melancholia adusta* sont loin de faire l'unanimité parmi les médecins :

> "es de saber que entre los médicos y filósofos hay gran discusión sobre averiguar el temperamento y calidades del vinagre, de la cólera adusta y de las cenizas, viendo que estas cosas unas veces hacen efecto de calor y otras de frialdad. Y, así, se partieron en diferentes opiniones"[2].

Toutefois, la plupart des auteurs s'accordent à attribuer à la *melancholia adusta* un certain nombre de traits récurrents qu'il est possible de décrire. La *melancholia adusta* ou *atrabilis* apparaît comme une humeur sèche, de température variable, plus légère et subtile que la bile noire naturelle[3]. Au XVIème et au XVIIème siècle, la combustion est conçue comme une concentration de la substance : en conséquence, la *melancholia adusta* constitue une substance bien plus puissante et active que la bile noire naturelle proprement dite et les médecins s'accordent à la décrire comme une substance hautement agressive, qui ronge, brûle et corrode : pour Guy de Chauliac, elle est "tant maligne, qu'elle boult, et les mousches la fuyent"[4]; pour Huarte, elle constitue une substance particulièrement dense et active, composée d'éléments qui "son en pequeña cantidad, pero más eficaces en obrar que todo lo restante del sujeto"[5]. Velásquez dépeint la bile noire *adusta* comme une humeur aux propriétés redoutables, caustique et porteuse de mort :

> "Esta atra bilis, diffiere de la natural melancholia en el sabor muy azedo, acerbo, de donde por la ustion viene a ser tan acre, que es corrosiva, pegandose en algunas partes, como lo vemos en algunas disenterias, que por la mayor parte son mortales, en derivandose y procediendo deste humor. Y assi dize Galeno de ella, que es de tan mala naturaleza, que levanta la tierra, mata las moscas, y otros animalejos"[6].

Pour García Carrero, la *melancholia praeternaturalis* est un "humor irritans ac

---

[1] Sur Aetius : Babb, *Elizabethan malady*, p. 21. Sur la position des Salernitains, de Guainerio, Guillaume da Corvi, Ficin, Melanchton, Burton : *Saturne et la mélancolie*, p. 151-152.

[2] Huarte, *Examen de ingenios*, p. 457-458.

[3] Sur les caractéristiques de la bile noire *adusta* : A. de Santa Cruz, *Dignotio et cura affectuum melancholicorum*, p. 3 et P. García Carrero, *Disputationes medicae*, p. 242-243.

[4] Guy de Chauliac, *La grande chirurgie*, p. 132.

[5] Huarte, *Examen de ingenios*, p. 458.

[6] A. Velásquez, *Libro de la melancholia*, fol. 49v. Ce passage sera recopié par Murillo dans l'*Aprobación de ingenios*, fol. 81v- 82r.

mordens"[1] et Freylas la qualifiera de "mordacissima"[2]. Enfin, Alonso de Santa Cruz décrit l'*atrabilis* comme une humeur létale ("lethale id esse"), tellement acide et corrosive qu'en touchant le sol, elle entre en effervescence et provoque des cloques[3]. Pour la plupart des penseurs cette humeur est la pire qui soit.

Surtout −et c'est là le trait principal qui la distingue de la bile noire naturelle− la *melancholia adusta* apparaît comme une humeur chaude ou susceptible de chaleur. Velásquez, Murillo et Bravo de Sobremonte considèrent que la *melancholia adusta* produit ou garde en elle un reste de chaleur :

> "tiene el que propiamente llamamos atrabilis, guardada siempre aquella que llaman ignicion"[4].

La combustion dont elle est issue confère à l'*atrabilis* une chaleur supplémentaire, qui la rend plus active, mais aussi plus corrosive et dangereuse, que la bile noire naturelle. Enfin, pour de nombreux auteurs, la *melancholia adusta* peut passer rapidement d'une froideur extrême à une chaleur intense :

> "todas aquellas cosas que padecen ustión y el fuego las ha consumido y gastado, son de vario temperamento (...). Y así vemos que el vinagre y la melancolía por adustión abren y fermentan la tierra, por razón del calor, y no la cierran, aunque la mayor parte de estos humores es fría"[5].
> "la cólera adusta es muy desigual : unas veces se pone calídisima, y otras fría sobremanera"[6].

En raison de sa température variable, la *melancholia adusta* provoque des symptômes très différents.

Cependant, les écrits médicaux s'accordent pour développer l'idée d'une substance aux effets terribles. Pour Velásquez, "este humor es el que mas bravos y terribles accidentes haze en los cuerpos humanos "[7] tandis que pour l'auteur du

---

[1] P. García Carrero, *Disputationes medicae*, p. 243.

[2] Alonso de Freylas, *Si los melancholicos...*, p. 2.

[3] A. de Santa Cruz, *Dignotio et cura affectuum melancholicorum*, p. 3 : "Alterum non naturalem, qui essentiae multo tenuioris est, qui quidem vomentius, olfacientibus acidus videtur, (...) hic est quam terram radere, attolere, ac fermentare aiunt, ampullasque (...) excitare (...)".

[4] A. Velásquez, *Libro de la melancholia*, fol. 48r. Voir aussi Murillo, *Aprobación de ingenios*, fol. 80r et v ; Bravo de Sobremonte, *Resolutionum et consultationum medicarum*, p. 90-91.

[5] Huarte, *Examen de ingenios*, p. 458.

[6] Huarte, *Examen de ingenios*, p. 460

[7] A. Velásquez, *Libro de la melancholia*, fol. 49r. Ce passage est repris par Murillo, *Aprobación*

Libro de propietatibus rerum la *melancholia adusta* "es muy mala & engendra cosa contrarias & yncurables enfermedades"[1]. Caractérisés par leur violence et leur intensité, ses effets sont placés sous le signe de l'excès :

> "Es este humor diferente de la otra especie de melancolia negra, causada por adustion y encendimiento de la colera : la qual es mordacissima, y causa de grandissimas enfermedades, como son locuras, melancolias estrañas, depravadas ymaginaciones, y varios pensamientos y furores maniacos"[2].

Pour Pedro García Carrero, comme pour la plupart des médecins du Siècle d'Or, la bile noire naturelle ne produit que de la tristesse et la crainte –c'est-à-dire des manifestations somme toute assez pacifiques– tandis que l'*atrabilis* provoque des fureurs et des aliénations de l'esprit spectaculaires. Plus encore que la bile noire naturelle, la *melancholia adusta* agit sur le corps et l'esprit : elle use, enténèbre, affaiblit, stérilise, aliène. Mais elle pourra aussi être féconde, et beaucoup d'auteurs la concevront comme la condition d'une intelligence particulièrement brillante.

Réunissant des qualités opposées –elle est très chaude mais aussi très froide, sombre mais lumineuse, dense mais légère– la *melancholia adusta* apparaît comme une substance paradoxale, placée sous le signe de l'extrême et de l'exception :

> "Y la que se llama *atra bilis o cólera adusta* (…) cuyo temperamento es vario como el del vinagre : unas veces hace efectos de calor, fomentando la tierra, y otras enfría ; pero siempre es seco y de sustancia muy delicada. (…). Tiene otra calidad que ayuda mucho al entendimiento, que es ser espléndida como azabache, con el cual resplandor da luz allá dentro en el celebro para que se vean bien las figuras"[3].

A travers cette description, la *melancholia adusta* apparaît comme une humeur quasi mythique, dont la force et la puissance –dans le bien comme dans le mal– ont quelque chose de légendaire. En tout état de cause elle constitue une substance –totalement forgée par l'imaginaire– qui a fasciné les esprits.

Comme la bile noire naturelle, la *melancholia preternatural* se scinde en plusieurs catégories dont le nombre et les qualités engendrent une controverse

---

de ingenios, fol. 81 r et v .
[1] B. Anglicus/ V. de Burgos, *Libro de propietatibus rerum*, fol. e vii recto.
[2] Alonso de Freylas, *Si los melancholicos…*, p. 2.
[3] Huarte, *Examen de ingenios*, p. 372.

parmi les théoriciens. De nombreux auteurs –d'Avicenne à Giambattista Della Porta en passant par Guy de Chauliac, Ficin, Celso Mancini ou les médecins salernitains[1] – distinguent quatre sortes de *melancholia adusta* correspondant à la torréfaction de chacune des quatre humeurs fondamentales. Cependant, une polémique se développe autour de la capacité du phlegme à se transformer en mélancolie *adusta* et des auteurs comme Cristóbal de Vega, Andrés Velásquez, Pedro Carrero García, Alonso de Santa Cruz, Murillo, Gaspar Bravo de Sobremonte[2] se demandent si la "melancholia an fiat ex pituita"[3]. En effet, froid et humide, le phlegme semblait particulièrement incombustible et inapte à produire de la *melancholia adusta*. Si la combustion du phlegme est acceptée par Avicenne, Guy de Chauliac, Mancini et Giambattista Della Porta, partisans de l'existence quatre sortes de *melancholia adusta*, elle sera en revanche refusée par Galien et Ali Ibn Abbas. Sous l'impulsion de Valles de Covarrubias, c'est cette dernière opinion qui prévaudra à partir de la deuxième moitié du XVIème siècle : après discussion, P. García Carrero, A. de Santa Cruz, A. Velásquez, Murillo ou Bravo de Sobremonte, refusent que la *melancholia adusta* puisse naître du phlegme[4].

Pour la plupart des auteurs, la cholère sèche et chaude –qualités qui la rendent naturellement apte à la combustion– constitue la source, par excellence, de

---

[1] Avicenne, *Liber Canonis*, Venise, 1555, I, i, 4, chap. I, fol. 7 v (D'après *Saturne et la mélancolie*, p. 151). Guy de Chauliac, *La grande chirurgie*, p. 402 ("les quatre humeurs peuvent estre brulez et convertis en melancholie"). Marsile Ficin, *De triplici vita*, I, 5 : "Adusta vero in species quattuor distribuitur" (cité dans *Saturne et la mélancolie*, p. 151). Celso Mancini, *De somniis, ac synesi per somnia...*, p. 60-61 : "Alter qui nimia adustione generatur, cuius quattuor sun speties [sic] uti quattuor sunt humores, quorum adustione generatur" (d'après W. Schleiner, *Melancholy, genius and utopia*, p. 40-41, n. 24). Giambattista Della Porta, *La physionomie humaine...* p. 25. Sur la distinction de quatre sortes de *melancolia adusta* dans le *Regimen Sanitatis* salernitain : Babb, *Elizabethan malady*, p. 194.

[2] Cristóbal de Vega, *Opera*, p. 20. A. Velásquez, *Libro de la melancholia*, fol. 50v- 51r. Murillo, *Aprobación de ingenios*, fol. 83 r et v. P. García Carrero, *Disputationes medicae*, p. 243-244. A. de Santa Cruz, *Dignotio et cura affectuum melancholicorum*, p. 3-4. G. Bravo de Sobremonte, *Resolutionum et consultationum medicarum*, p. 90-91.

[3] Cristóbal de Vega, *Opera*, p. 20.

[4] P. García Carrero, *Disputationes medicae*, p. 243-244. A. de Santa Cruz, *Dignotio et cura affectuum melancholicorum*, p. 3-4. G. Bravo de Sobremonte, *Resolutionum et consultationum medicarum*, p. 90-91. A. Velásquez, *Libro de la melancholia*, fol. 50v-51r. Murillo, *Aprobación de ingenios*, fol. 83 r et v.

la bile noire non naturelle. La *melancholia adusta* désigne essentiellement la *cholera adusta* :

> "principalmente se ha de entender, como dize Gal[eno] quando este humor [el atrabilis] se viene a engendrar por ustion de la colera flava"[1].

> "principalmente en las personas en que perdomina [sic] mas el humor colerico, de que se engendra la colera negra, que es la levadura principal desta enfermedad [la melancolia hypocondriaca]"[2].

Sèche, chaude, volatile, la *melancholia adusta* porte à son paroxysme les caractéristiques de la cholère : à travers la *melancholia adusta* se tisse un lien étroit entre mélancolie et cholère, sur lequel nous aurons à revenir.

Il n'existe donc pas une *melancholia preternaturalis*, mais plusieurs. Parmi les différentes sortes de bile noire non naturelle, la *melancholia adusta* apparaît comme une substance remarquable, à laquelle les médecins attribuent les manifestations les plus spectaculaires et étonnantes liées à la mélancolie. En s'attachant à décrire la *melancholia adusta*, le discours médical prête une attention particulière aux formes anormales de mélancolie, infléchissant cette notion vers la maladie, l'anormalité, mais aussi l'exception. Enfin, l'intérêt pour cette humeur s'explique aussi par sa richesse conceptuelle : la *melancholia adusta* présente une variété infinie de formes et d'effets possibles, en fonction de l'humeur dont elle est issue mais aussi de son degré de combustion, permettant aux médecins d'expliquer les maladies les plus variées et de rendre compte des états très divers attribués à la mélancolie. Substance aux caractéristiques extrêmes, placée sous le signe de l'antinomie et de l'exceptionnel, la *melancholia adusta* peut conduire au meilleur comme au pire. Plus que tout autre sorte de bile noire, elle incarne les ambivalences et les pouvoirs contradictoires que les penseurs du XVIème et du XVIIème siècle attribuaient à la mélancolie.

La distinction de différentes espèces et sous-espèces de bile noire est loin de susciter l'unanimité parmi les médecins : alors que Galien distingue seulement

---

[1] A. Velásquez, *Libro de la melancholia*, fol. 48r et v.
[2] Alexo Abreu, *Tratado de la siete enfermedades*, Lisbonne, Pedro de Craesbeck, 1623, fol. 128

quatre sortes de bile noire[1], de nombreux médecins en distinguent cinq (une mélancolie naturelle, et quatre non naturelles); pour sa part, Luis Mercado distingue non pas deux espèces –naturelle et non naturelle– de bile noire, mais trois (la mélancolie naturelle, qu'il subdivise en trois sous-espèces, le sang mélancolique et la *melancholia adusta* ou *atrabilis*)[2]. La mélancolie, prise dans son sens humoral, désigne donc des substances très différentes, aux propriétés diverses, voire opposées et l'unité de la bile noire héritée du système hippocratique éclate sous le coup des multiples distinctions élaborées par le discours médical.

C. "NO QUALQUIERA TRISTEZA SE PUEDE LLAMAR MELANCOLIA"[3] : DE LA TRISTESSE A LA MELANCOLIE

L'ouvrage de Klibansky, Saxl et Panofsky a retracé l'évolution du concept et du terme de "mélancolie" vers une signification allégée, purement passionnelle, sans implications physiologiques directes, celle de l'actuelle "mélancolie". Au XVIème et au XVIIème siècle, "melancolía" désigne une substance, la bile noire, et ses effets, parmi lesquels figure une tristesse profonde et durable, sans cause apparente. L'examen des mécanismes suivant lesquels la bile noire agit sur l'esprit permet de comprendre les rapports que la mélancolie entretient avec la tristesse.

1. *L'influence de la mélancolie sur l'esprit*

L'influence de la mélancolie sur l'esprit fascine les penseurs du Siècle d'Or : la mélancolie apparaît en premier lieu comme une maladie mentale et les médecins accordent une vive attention à l'action de la bile noire sur le cerveau. Deux arguments principaux permettent aux médecins d'expliquer les effets psychologiques de la bile noire : l'action de la mélancolie sur les esprits –vitaux et animaux– et le mécanisme des passions.

---

v.
[1] D'après Babb, *Elizabethan malady*, p. 23.
[2] Luis Mercado, *Opera omnia*, Valladolid, 1604, t. I, p. 218 et t. III, p. 88-89.
[3] Sebastián de Covarrubias, *Tesoro de la lengua castellana*, s. v. "melancolía".

a)   L'influence de la mélancolie sur les esprits vitaux et animaux.

La pensée du XVIème et du XVIIème siècle fait reposer les rapports de l'âme et du corps sur les "esprits" vitaux et animaux[1]. Les premiers, produits dans le coeur et véhiculés dans le sang, animent le corps, apportant dans chacun de ses recoins la chaleur et l'humidité nécessaires à la vie -d'où leur nom de « vitaux »- tandis que les seconds, engendrés dans le cerveau, servent de relais entre l'âme et le corps.

Porteurs des qualités essentielles à la vie, les esprits vitaux doivent être rapides et légers, mais leur vigueur dépend de la qualité du sang à partir duquel ils s'engendrent ou dans lequel ils circulent : les esprits issus d'un sang mélancolique sont insuffisants, de mauvaise qualité tandis que ceux englués dans un sang épais et noir voient leur mouvement ralenti. Dans les deux cas, le corps s'engourdit et c'est pourquoi, selon la plupart des textes médicaux, les mélancoliques sont lents ("tardos"). A l'image de Cristóbal de Vega, qui décrit la bile noire comme une substance qui obstrue les ventricules du cerveau[2], les auteurs médicaux développent l'imagerie de la substance visqueuse et gluante, qui bouche les conduits vitaux de l'organisme et ralentit ses opérations :

> "Dañase [el cerebro] (...) ostruye[n]dose el o sus vias, por razon de aquellos gruessos humores que en el se engendran, o de otro cabo se embian, trayendo a compassion el cerebro"[3].

Le sang mélancolique devient dans les textes scientifiques l'objet d'une véritable rêverie substantielle, au sens bachelardien du terme : les médecins décrivent un sang noir, froid, lourd, épais, dans lequel les esprits vitaux étouffent. Dès lors, les forces vitales diminuent, le sang cesse de remplir sa fonction nourricière, le sujet

---

[1] Voir en particulier Fernando de Herrera, *Anotaciones*, dans *Garcilaso de la Vega y sus comentaristas*, éd. d'A. Gallego Morell, Madrid, Gredos, 1972, p. 336 : "Los mejores médicos y filósofos (...) ponen dos suertes de espíritus : vital, que está en el corazón ; animal, que en el ventrículo del cerebro".

[2] Cristóbal de Vega, *Opera*, p. 409.

[3] A. Velásquez, *Libro de la melancholia*, fol. 59r. Ces affirmations sont répétées par Murillo, *Aprobación de ingenios*, fol. 92r.

dépérit, ses actions se ralentissent, puis la mort –assimilée à un manque de souffle, de *spiritus*– se produit.

La bile noire peut aussi influencer la vie de l'esprit en agissant sur les esprits animaux. Produits par le cerveau, chargés d'y apporter des messages et d'en transmettre les ordres, les esprits animaux sont des éléments subtils et aériens qui, à leur état naturel, sont lumineux et vifs :

> "los espiritus animales son instrumentos propios, mediante los quales, o con los quales, el anima obra. Estos espiritus conviene sean (...) muy bien templados, y muy esplendidos, y de tal manera importa que tengan lumbre y resplandor natural, como conviene e importa que sean bien templados"[1] .

Vapeur noirâtre ou liquide obscur, la mélancolie agit sur les esprits animaux en les paralysant et en absorbant leur lummière. Arnau de Vilanova affirme que la tristesse "entenebra los espiritz, els engroseex"[2] ; Gordonio déclare que la mélancolie "el anima escuresce"[3] et Pedro Mercado définira la mélancolie comme une "mudança de la imaginacion (...) hecha por tiniebla y obscuridad, de los spiritus claros del celebro"[4] . Pour Vives, la bile noire enténèbre les esprits :

> "si se deja sola a la bilis negra por la desecación de todas las humedades, invade el cerebro amotidanamente, condensa y oscurece los espíritus "[5] .

Pour décrire l'action de la mélancolie sur l'esprit, Lemnius emploie l'image des noires fumées, affirmant que lorsque la bile noire domine dans le corps, "l'entendement de l'homme est tout offusqué, & par une noire & espaisse fumée se trouve tout triste & faché"[6]. C'est donc un véritable *topos,* au XVIème et XVIIème siècle, que d'affirmer que la mélancolie enténèbre les esprits animaux. Andrés Velásquez décrit à plusieurs reprises l'obscurcissement des esprits animaux par la bile noire :

---

[1] A. Velásquez, *Libro de la melancholia,* fol. 66r.

[2] Arnau de Vilanova, *Regiment de Sanitat,* dans *Obres catalanes,* éd. de Miquel Batllori. Barcelone, Barcino, 1947, vol. II, p. 132-133.

[3] Bernardo Gordonio, *Lilio de medicina,* trad. anonyme, Séville, 1495, fol. 55 r et v.

[4] Pedro Mercado, *Diálogos de philosophia...,* fol. 115v.

[5] Luis Vives, *Tratado del alma,* dans *Obras completas,* II, p. 1202.

[6] Livin Lemnius, *Les occultes merveilles et secrets de nature,* trad. anonyme. Orléans, P. Crepperel, 1568, fol. 127v.

"[la melancolía] perturba la substancia de el celebro, y el temperamento de los espiritus resplandecientes a negregura (sic)"

"como los espiritus han de ser de esta naturaleza [luminosos y templados], y el humor atrabilioso es muy tenebroso y negro, de la suya, escuresce el resplandor natural de el Espiritu (sic)".

"necessariamente [en la melancolia] los espiritus tienen perdido su natural resplandor, y estan obscurecidos, y tenebrosos"[1].

Enfin, pour P. García Carrero, les esprits animaux, sous l'effet de la mélancolie, perdent leur éclat et deviennent moins vifs :

"ita affecto instrumento cerebrum depravate operari, vitiatur autem, & parve afficitu ex eo quod spiritus animalis habet lucem, & splendorem, propter nigredinem vero humoris privantur lumine requisito"[2].

L'écriture médicale ne fournit pas une description rationnelle des mécanismes suivant lesquels la mélancolie agit sur l'esprit, mais se livre en revanche à une véritable rêverie substantielle, développant une riche imagerie des ténèbres. La mélancolie est un flot ténébreux, un voile noir qui envahit l'individu, obscurcit son esprit et fausse ses relations avec le monde extérieur :

"Efecto de este negro humor es entenebrecer el espíritu, de donde provienen estas incomodidades ; el alma se queda sin su ágil lozanía y por esa misma causa la ofuscación del entendimiento asoma al rostro"[3].

L'écriture médicale développe également l'image de la nuit qui envahit l'esprit et plusieurs auteurs comparent les mélancoliques à des enfants ou à des ignorants plongés dans les ténèbres nocturnes :

"Y de la manera que en las cosas a defuera de nosotros ninguna nos espanta tanto como las tinieblas y privacion de la luz, assi no es de maravillarnos, que ocupando este humor negro (el qual es semejante a tinieblas) la silla de la razon y imaginacion, que haga imaginarnos cosas temerosas y tristes"[4].

"id quod quaerimus provenire ex obtenebratione spiritus aut cerebri, his verbis. Ac terrentur ut in tenebris profundis pueri, atque ex adultis indocti, sane quemadmodum externae tenebrae omnibus fere hominibus pavorem inducunt, nisi audaces & fortes fuerint, sic atrae bilis color mentis sedem tenebris similem reddens timorem efficit"[5].

[1] Andrés Velásquez, *Libro de la melancholia*, fols. 65v-66r et 72v-73r, respectivement. Ces passages seront repris mot pour mot par Murillo, *Aprobación de ingenios*, fol. 99r.
[2] P. García Carrero, *Disputationes medicae*, p. 236. Voir aussi A. de Santa Cruz, *Dignotio et cura affectuum melancholicorum*, p. 3.
[3] L. Vives, *Tratado del alma*, dans *Obras completas*, II, p. 1303.
[4] Pedro Mercado, *Diálogos de philosophia...*, fol. 120r.
[5] P. García Carrero, *Disputationes medicae*, p. 235.

"espantanse, y assombranse estos melancholicos, como lo hazen los mochachos en las tinieblas, y obscuridades ; y entre los crecidos y mancebos, los indoctos, y rudos. Porque cierto de la manera que las tinieblas exteriores, casi a todos los hombres les meten pavor y miedo, sino es que son muy osados, o enseñados : assi desta manera, el color del humor melancholico viene a hazer tener temor con tinieblas y obscuridad, cubriendo con sombra, o assombrando el celebro"[1].

Cette métaphore est hautement significative : l'imagerie de la nuit intime associe la mélancolie à l'erreur mais aussi à la folie, que Sebastián de Covarrubias définit comme un obscurcissement de l'esprit ("puédese aver dicho [loco] de *lucus, a luce, per contrarium sensum,* por avérsele ofuscado y entenebrido el entendimiento"[2]). Le discours médical dépasse le niveau du propos scientifique et de l'explication rationnelle pour se fonder sur des éléments pré-scientifiques, des images qui frappent l'esprit : la nuit, les exhalaisons ténébreuses, le voile noir, la puissance obscure qui envahit le sujet. La bile noire est représentée comme une substance insidieuse et tenace, une obscurité malsaine et polluante, qui enténèbre la vue, puis l'imagination et le sens commun, pour finalement fausser le jugement lui-même. A travers l'image du liquide noir qui obscurcit le cerveau et empêche le contact avec le monde extérieur, isolant le sujet et le soumettant aux visions qu'elle lui présente, la mélancolie apparaît comme une puissance maléfique, ténébreuse et trompeuse, dont la quasi-autonomie inquiète. Son action sur l'esprit est si cohérente et si bien orchestrée que d'aucuns lui prêteront une intelligence : celle du diable.

b)   La mélancolie et la philosophie des passions

Dans la médecine antique comme dans le système de représentation du XVIème et du XVIIème siècle, l'âme et le corps sont étroitement unis : la passion constitue donc un événement double, relevant à la fois de la physiologie et de la psychologie. Comme l'expliquent A. de Vilanova et Giambattista Della Porta, les passions sont déterminées par les événements physiologiques et, inversement, les affects de l'âme agissent sur le corps, modifiant l'équilibre des humeurs :

---

[1] Murillo, *Aprobación de ingenios,* fol. 98 r et v.
[2] Sebastián de Covarrubias, *Tesoro de la lengua castellana,* s. v. "loco".

"covén a saber, sobretot, que.ls accidentz de la ànima muden lo cors fortment"[1].

"On remarque qu'à chaque moment, & à chaque affection de l'Ame, il arrive du changement au sang humain"[2].

La passion est une "perturbación o afecto desordenado del animo"[3] ou, en français, une "agitatio[n] de l'âme selon les divers objets qui se présentent à ses sens"[4] : "perturbación", "agitation", "émotion", ces termes renvoient à une conception dynamique des passions et doivent être pris dans leur sens le plus concret. Toute passion de l'âme s'accompagne en effet d'une modification de l'équilibre humoral et d'un mouvement d'expansion ou de contraction du coeur :

"digo que la passion/ del coraçon que es dicha acidente del alma es aquella passion que procede en el coraçon del conocimiento de algun daño o provecho con certidumbre o probabilidad grande que es venido o se espera que verna, la qual passion se suele dezir accidente del alma porque depende del alma mediante su conocimiento (...) y assi mismo se dize passion del coraçon porque es movimiento de los espiritus muy notable por el qual se apartan o se allegan hazia el"[5].

La joie, le plaisir, la colère dilatent le coeur, qui chasse vers les membres le sang et les esprits vitaux. En revanche, sous l'effet de la tristesse, du déplaisir et de la crainte, le coeur se contracte, retenant le sang et les esprits qui auraient dû nourrir et réchauffer l'organisme ; corrélativement, celui-ci se refroidit et se dessèche :

"Y assí, en los otros affectos vemos, quando la ymaginacion concibe cosas alegres, el alegría echa fuera los espíritus ; quando cosas temerosas, el temor los retrae a las partes interiores. El plazer ensancha y dilata el coraçon ; la tristeza lo encoge y aprieta"[6].

Les affects se subdivisent en passions chaudes et froides. La tristesse et la crainte s'associent au froid tandis que la joie et l'espoir sont assimilés à la chaleur :

"la tristeza naturalmente enfria todo el cuerpo y el plazer la calienta (....), y lo mismo digo de la congoxa y desesperacion y temor que naturalmente enfrian, porque son simple tristeza, y por lo contrario la esperança que es alegria calienta"[7].

A cette opposition du froid et de la chaleur se superpose une antithèse entre

---

[1] Arnau de Vilanova, *Regiment de Sanitat*, dans *Obres catalanes*, II, p. 132-133.

[2] Giambattista Della Porta, *La physionomie humaine...*, p. 24

[3] *Diccionario de Autoridades*, éd. facs., Madrid, Gredos, 1984, s. v. "passion".

[4] Antoine Furetière, *Dictionnaire universel*, La Haye/ Rotterdam, Arnout et Reinier Leers, 1690, s. v. "passion".

[5] B. Montaña de Montserrate, *Libro de la anatomia del hombre*, fol. 95v-96r.

[6] Pedro Mexía, *Silva de varia lección*, éd. d'Antonio Castro, Madrid, Cátedra, 1990, II, p. 586.

[7] B. Montaña de Montserrate, *Libro de la anatomia del hombre*, fol. 97r.

l'expansion et la contraction. Les passions chaudes, comme la joie ou la colère, s'associent au champ sémantique de l'expansion, de l'épanouissement, de la *generositas* :

> "De la alegría y del placer nace la risa, que no es un afecto, sino una acción externa, que procede del interior. Con la alegría y el placer se dilata el corazón, con cuyo movimiento se expande el rostro y en particular la parte contigua a la boca"[1] .

> "el espíritu con el placer se dilata y comunica a todo el cuerpo, y crece entonces la virtud vital y fuerça de todos los miembros"[2] .

En revanche, les passions froides –la tristesse, la crainte ou la mélancolie– sont décrites au moyen d'une imagerie de la contraction avare :

> "con la tristeza los espíritus desamparan los miembros y se retraen a su aposento (…) que es el coraçon"[3] .

> "con la pesadumbre se reseca el cuerpo y el corazón se contrae hasta el punto que en algunos que de pesadumbre murieron se halló no más abultado que una membrana. El corazón contrae consigo el rostro, que es su imagen"[4] .

Les humeurs ont le pouvoir d'engendrer les passions de l'âme. Le sang, chaud et humide, suscite une expansion heureuse du coeur et excite les passions associées au plaisir ou à la perspective de la volupté –la joie, le désir, l'espoir. Chaude, la cholère dilate le coeur, engendrant des sentiments belliqueux. Les humeurs froides provoquent des passions et des effets opposés : le flegme, que ses qualités opposent radicalement à la cholère, invite à l'inaction. La mélancolie, sèche et froide, contracte le coeur et engendre des passions fondées sur la douleur ou la perspective de la douleur : au tourment de l'âme s'ajoute la souffrance concrète du coeur, crispé et douloureusement serré. Cette double nature des passions explique l'ambivalence de la "mélancolie", à la fois humeur du corps et affect de l'âme.

La mélancolie a toutes les ambiguïtés du terme "passión". Désignant à la fois, dans la langue du Siècle d'Or, les passions de l'âme, la souffrance et certaines maladies douloureuses[5], la "passión" est maladie du corps autant que de l'âme,

---

[1] Luis Vives, *Tratado del alma*, dans *Obras completas*, II, p. 1280.
[2] B. Montaña de Montserrate, *Libro de la anatomía del hombre*, fol. 96v.
[3] B. Montaña de Montserrate, *Libro de la anatomía del hombre*, fol. 96v.
[4] Luis Vives, *Tratado del alma*, dans *Obras completas*, II, p. 1303.
[5] Le *Diccionario de Autoridades* (s.v."passión") donne trois grand axes de sens : la souffrance

douleur physique autant que psychologique. "Passión" dans tous les sens du terme, la mélancolie se situe à la frontière du corps et de l'esprit, de la souffrance physique et de l'affliction morale, renvoyant à une tristesse qui ne se conçoit pas sans son substrat organique, la bile noire.

2. *Mélancolie et tristesse*

La langue et la pensée du Siècle d'Or assimilent la mélancolie à la tristesse ou, du moins, à une certaine forme de tristesse. Quels sont les rapports de la "melancolía" et de la "tristeza" ? Nous essayerons, dans la mesure du possible, de poser quelques jalons pour une réponse.

a) La tristesse, trait pertinent de la mélancolie

Dans le discours du XVIème et du XVIIème siècle, la mélancolie est associée aux termes "triste", "tristeza" et le mélancolique est défini comme tel par sa tristesse. Le *Corbacho* décrit les mélancoliques comme des individus "malenconiosos, tristes, e pensativos", "tristes, y penserosos"[1]. Deux siècles et demi plus tard, Vicente Carducho dépeint les mélancoliques en des termes qui ne sont guère différents :

"La melancolia, pensativos y llenos de tristeza"[2].

Pour Gerónimo de Huerta, la tristesse caractérise le mélancolique et le distingue des autres complexions : "el melancolico es triste, el sanguino alegre, el colerico ayrado y el flematico sufrido"[3]. De même Christoval Pérez de Herrera, dans une de ses énigmes, définit la mélancolie par la tristesse :

"Triste soi, y pensativa,
de colorada estoi negra,

("el acto de padecer tormentos, penas, muerte, y otras cosas sensibles"), la maladie ("en Medicina se toma por el afecto u dolor sensible de alguna de las partes del cuerpo, que padece alguna enfermedad u desorden"), la passion de l'âme ("qualquier perturbacion o afecto desordenado del ánimo").

[1] A. Martínez de Toledo, *El Corbacho*, p. 135 et 156, respectivement.

[2] Vicente Carducho, *Diálogos de la pintura*, Madrid, Francisco Martínez, 1633, fol. 142 r.

[3] Gerónimo de Huerta, *Traducion de los libros de Caio Plinio segundo de la historia de los animales, hecha por el licenciado Geronimo de Huerta, Medico, y Filosofo. Y anotada por el mismo con anotaciones curiosas*, Alcalá, Justo Sanchez Crespo, 1602, fol. 46r et v.

y sin mi no hallo quien viva,
ni el tiempo bueno me alegra,
ni del mal humor me priva"[1] .

La glose de l'énigme réaffirme les liens de la mélancolie et de la tristesse :

"Su efecto propio [de la melancolía] es hacer estar tristes, e imaginativos a los que la tienen en demasia"[2] .

L'emploi du verbe "être" ("el melancolico *es* triste", "triste *soi*"), dans ces exemples, montre bien que les auteurs se situent dans le cadre d'une rhétorique de la définition : la tristesse définit et caractérise la mélancolie, comme si celle-ci, par une curieuse disposition, ne pouvait se donner à voir directement mais seulement par le truchement de signes, parmi lesquels la tristesse occupe une place prépondérante.

b)   "Tristeza y melancolía"

Les textes emploient souvent "melancolía" et "tristeza" sous la forme d'un doublet réunissant des mots presque synonymes. Nous n'en donnerons que quelques exemples. Ainsi, Jerónimo Planes écrit :

"después, que vido Dios a Cain triste y melancolico, no le desprecio".

"Y assi particularmente ponen [los demonios] sus assechanças a los melancholicos ; y comunmente causan enfermedades de melancolia y tristeza"[3] .

Les médecins –dont on aurait pu attendre une distinction entre les deux termes– recourent fréquemment à cette construction, employée par Juan de Aviñón ("Otrosí, tírese [el ome] de melancolía y tristeza"[4]) et Sabuco de Nantes :

"El hombre sin amigos no desea la vida, y así luego le causa melancolía y tristeza para ir a la muerte poco a poco"

"La soledad hace el contrario efecto de la buena conversación (…), hace melancolía, y tristeza"

"si el alma no tiene en qué emplear su amor natural (..), luego se marchita y desmaya, y

---

[1] Christoval Pérez de Herrera, *Proverbios morales y consejos christianos (...) y enigmas philosophicas*, Madrid, Héritiers de Francisco del Hierro, s.d., p. 280.

[2] Christoval Pérez de Herrera, *Proverbios morales...*, p. 281.

[3] Jerónimo Planes, *Tratado del examen de las revelaciones verdaderas y falsas, y de los raptos*, Valence, veuve de Juan Chrysostomo Mariz, 1634, fol. 261r- 261v, pour les deux passsages.

[4] Juan de Aviñón, *Sevillana medicina*, Séville, Sociedad de Bibliófilos Españoles, 1885, p. 305.

hace melancolía y tristeza"[1] .

Murillo emploie également ce couple de mots dans un passage révélateur :

"por esto acude el enfermo al medico, para que en su afliccion le consuele, y alivie, y
inquiera, y filosofe la causa de su *tristeza y melancolia*, y lo alivie dandole remedios para
ello, y pharmacos, y antidotos para que reduzga (sic) a su antigua salud"[2] .

Le médecin soigne la tristesse et la mélancolie, la passion de l'âme et la maladie du
corps, car celles-ci ne font qu'un : l'envahissement du corps par l'humeur noire et la
tristesse qui occupe l'esprit sont l'envers et l'endroit d'un même malaise. L'usage
fréquent des couples "tristeza y melancolía" ou "triste y melancólico" dans la
langue du Siècle d'Or tend donc à suggérer une équivalence entre la mélancolie et
la tristesse. Qu'en est-il au niveau théorique ?

c)   Crainte, tristesse et mélancolie : une relation pensée sur le mode de l'intéraction.

Définie comme la bile noire et comme le genre d'effets qui en découle, la
mélancolie est liée de manière organique à deux passions, considérées comme ses
causes, ses conséquences et ses signes distinctifs : la tristesse et la crainte.
Amplement cité et glosé par les médecins espagnols, un aphorisme d'Hippocrate
est à l'origine de cette association :

"Si la crainte et la tristesse durent longtemps, un tel état est mélancolique" (Hippocrate,
Aphorismes, VI, 23).

A la suite de l'aphorisme hippocratique, la tristesse devient, avec la crainte, l'un des
deux traits pertinents de la mélancolie. Le *Libro de propietatibus rerum* et Luis
Mercado présentent ces deux passions comme les conséquences et les symptômes
de la mélancolie :

"no es maravilla si los han la semejante pasion [la melancolia] son tristes y pavorosos"[3] .

"Nihil profecto citius melancholiam accersere solet et jam praexistentem rememorari,
quam passiones, quae suapte conditione vel corpus exsiccant, vel spiritus et humores
praeter naturam exagitant. In allis etenim caussis [sic] primo melancholicus generitur

---

[1] Sabuco de Nantes, *Nueva filosofía de la naturaleza del hombre*, p. 107, 136 et 137,
respectivement.
[2] Murillo, *Aprobación de ingenios*, « Introducción », fol. 1v.
[3] B. Anglicus/ V. de Burgos, *Libro de propietatibus rerum*, fol. e vij recto.

succus et affectus, et mox succrescunt metus et moestitia"[1] .

Chez Pedro Mercado la crainte et la tristesse sont présentées, dès le titre de son texte, comme les deux effets et les deux signes distinctifs de la mélancolie : *"Dialogo sexto de la melancolia, en el qual un cavallero llamado Antonio, lleno de temor y tristeza, se quexa a Ioanicio Medico"*[2] . Le médecin grenadin reprend également à son compte l'aphorisme hippocratique, affirmant que la bile noire est

"un humor obscuro y negro por el qual se hazen los hombres temerosos y tristes, y quando esta tristeza y temor persevera en alguno por luengo tiempo, teneldo por melancolico"[3] .

Pour Andrés Velásquez, "estos accidentes miedo y tristeza, son señales propias de esta enfermedad [la melancolía]"[4] ; pour Santa Cruz la crainte et la tristesse ("moetus et moestitia") constituent les deux symptômes capitaux de la mélancolie[5] tandis que García Carrero et Bravo de Sobremonte consacrent de nombreuses pages à affirmer les relations tissées entre la mélancolie, la crainte et la tristesse[6] . Enfin, Murillo associe étroitement la crainte, la tristesse et la mélancolie, évoquant "el miedo y la tristeza que siempre padecen los afligidos Melancholicos"[7] . Comme le note Y. David Peyre[8], les rapports de la mélancolie, la tristesse et la crainte sont pensés sur le mode de l'intéraction :

"Y de la misma manera, que este humor melancolico haze tristeza y temor, assi la tristeza y temor hazen este humor, de suerte que lo uno acrecienta y añade a lo otro"[9] .

Mélancolie, bile noire, tristesse et crainte s'engendrent et s'impliquent mutuellement.

---

[1] Luis Mercado, *Opera*, tome 3-4, p. 102.

[2] Pedro Mercado, *Diálogos de philosophia...*, fol. 114r.

[3] P. Mercado, *Diálogos de philosophia...*, fol. 119 v.

[4] A. Velásquez, *Libro de la melancholia*, fol. 66v. Sur la relation entre la crainte, la tristesse et la mélancolie, voir les fols. 64v- 65r.

[5] A. de Santa Cruz, *Dignotio et cura affectuum melancholicorum*, p. 6.

[6] P. García Carrero, *Disputationes medicae*, p. 232-242. G. Bravo de Sobremonte, *Resolutionum et consultationum medicarum*, p. 723.

[7] Murillo, *Aprobación de ingenios*, fol. 22v.

[8] Dans *La mélancolie dans la relation de l'âme et du corps* (collectif), Nantes, Université de Nantes, 1979, Avant-propos, p. I.

[9] Pedro Mercado, *Diálogos de philosophia...*, fol. 120 r et v.

d)   Mélancolie et tristesse : vers une assimilation

"No qualquiera tristeza se puede llamar melancolía"[1] affirmera Sebastián de Covarrubias : toute tristesse n'est pas mélancolie, mais la langue et la pensée du XVIème et du XVIIème siècle tendent à les amalgamer. L'emploi que fait Vives des termes "melancólico" et "tristeza" suggère une équivalence entre ces deux mots, dans la mesure où le second est employé afin d'éviter la répétition inélégante du premier :

> "Verás muchas veces a personas melancólicas a quiénes ningún mal ocurrió ni ellas podrían dar la razón de su tristeza"[2] .

De même, Lope de Vega emploie "tristeza" pour ne pas répéter "melancólico" : dans *La prueba de los ingenios*, Paris affirme que "el melancólico" est le tempérament de l'*ingenio*, et déclare pour prouver cette assertion que "Lisandro de Grecia,/ Sócrates, Platón, Empédocles,/ Fueron la misma tristeza"[3] . L'identification de la mélancolie à la tristesse se développe jusque dans ses implications les plus physiologiques. Dans une énigme consacrée à la rate, Christoval Pérez de Herrera emploie "tristeza" pour désigner la bile noire :

> "Quien recoge la tristeza
> del sensitivo viviente,
> su calidad no es caliente
> y a apetecer endereza
> el sustento de la gente"[4] .

La glose explicite l'équivalence posée entre la "bile noire" et la "tristesse" : "Es el bazo receptáculo de la melancolia, como la hiel de la colera (…). Llama tristeza la Enigma a este humor, por ser muy terrestre, frio, y seco"[5] . Toutefois, nommer "tristeza" la bile noire est un cas rare, suffisamment inusité pour que, précisément, le commentaire de l'énigme le souligne et l'explique.

---

[1] Sebastián de Covarrubias, *Tesoro de la lengua castellana*, s. v. "melancolía".
[2] Luis Vives, *Tratado del alma*, *Obras completas*, II, p. 1303.
[3] Félix Lope de Vega Carpio, *La prueba de los ingenios*, dans *Obras de Lope de Vega*, Madrid, RAE, tome XIV (*Comedias novelescas*), section II, Madrid, Imp. Rivadeneyra, 1913, p. 211
[4] Christoval Pérez de Herrera, *Proverbios morales…*, p. 302.
[5] Christoval Pérez de Herrera, *Proverbios morales…*, p. 303.

e) La spécificité de la tristesse mélancolique : une origine intrinsèque

Un des traits dominants de la tristesse assimilée à la mélancolie est son son origine intrinsèque. La crainte et la tristesse des mélancoliques n'ont pas d'origine extérieure ni de fondement apparent :

> "si la tal pavor cresce & sin causa es señal que la tal complexion es malenconiosa. E por esto aquellos que han esta complexion son pavorosos & tristes sin causa. E aun si les demandan la causa de tal pavor y tristeza no lo sabrían dezir"[1] .

> "Pero es menester para ser melancolia : que este temor y tristeza no tengan causas a defuera : que la hagan, como de muertes de hijos, o enemigos que los siguen para matarlos, o perdida de haziendas o de honra. Porque entonces no es menester arguyr la presencia e este humor, ni que causen melancolia, sino perseverassen por luengo tiempo que en este caso tambien se hazen melancolicos, como los que toman occasiones dentro de si y no de los acaecimientos que acaescen"[2] .

La cause de la tristesse mélancolique est intérieure, elle réside dans la constitution physique même du sujet et dans la plus sombre de ses humeurs :

> "no es maravilla si el paçiente ha dolor & tristeça. Ca el trae con sigo la causa de su tristeza & de su miedo"[3] .

Ce caractère intrinsèque est fondamental dans la représentation de la mélancolie, que le discours théorique du XVIème et du XVIIème siècle associe toujours à l'idée d'intériorité.

f) Quelques éléments pour une conclusion

La plupart des textes posent une relation étroite entre la mélancolie et la tristesse, qui peut aller jusqu'à l'assimilation. Toute passion de l'âme –et en premier lieu la tristesse– suppose un dérangement des humeurs, une indisposition du corps. Mais, comme le remarquait Cicéron, plus que toute autre humeur ou passion, la mélancolie –prise dans son sens le plus large– associe le malaise de l'âme et le trouble du corps, le psychique et le physique :

> "Nous avons fort bien fait d'appeler *aegritudo*, par analogie avec les maladies du corps, ennui, l'inquiétude et l'angoisse. (...) A la maladie du corps ressemble beaucoup le

---

[1] B. Anglicus/ V. de Burgos, *Libro de propietatibus rerum*, fol. evij recto.

[2] Pedro Mercado, *Diálogos de philosophia...*, fol. 119v-120r.

[3] B. Anglicus/ V. de Burgos, *Libro de propietatibus rerum*, fol. evij recto.

chagrin ("aegritudo"), tandis que le désir ou la joie immodérées, qui est un transport exagéré du plaisir de l'âme, n'ont rien de pareil à une maladie"[1] .

C'est pourquoi Vives classe la tristesse née de la bile noire parmi les passions de l'âme issues des maux du corps :

> "Hay asimismo ciertos movimientos del alma, o más bien ímpetus naturales que surgen del cuerpo (…), verbigracia : el apetito de comer en el hambre, de beber en la sed, la tristeza en la enfermedad o bajo la presión de la bilis negra, la alegría en la sangre líquida y pura que rodea el corazón, la irritación de una herida"[2] .

La tristesse et la bile noire, la psychologie et la physiologie, la passion et l'humeur sont l'envers et l'endroit d'un même phénomène. "Melancolía" et "tristeza" constituent deux larges ensembles conceptuels qui se rencontrent et débordent l'un sur l'autre dans les régions mitoyennes entre la passion de l'âme et la maladie du corps.

(1)   L'intéraction de l'humeur noire et de la tristesse

Le même terme, « melancolía » exprime une passion de l'âme et une humeur, car l'une ne va pas sans l'autre. L'humeur noire produit la tristesse :

> "aquel humor tenebroso y negro que es causa de toda angustia natural y tristeza"[3] .

> "sanguis melancholicus frigidus, & crassus cum sit, tristitiam excitat (…) humor melancholicus, aut similis vapor movetur ad caput sit tristitia"[4] .

Et, inversement, comme l'explique Gerónimo de Huerta, la tristesse produit une augmentation de la proportion de bile noire dans l'organisme :

> "porque la consideracion triste de los daños, quando persevera, causa melancolia, y el alegrarse y tratar de contentos, cria limpia y purissima sangre"[5] .

Persuadée de ce que J. Pigeaud nomme le "recto-verso de l'âme et du corps"[6] , la pensée du XVIème et du XVIIème siècle est convaincue que tout événement de

---

[1] Cicéron, *Tusculanes*, dans *Les Stoïciens*, trad. Emile Bréhier, éd. de Pierre-Maxime Schuhl, Paris, Gallimard, 1962, p. 302-303.

[2] Luis Vives, *Tratado del alma*, dans *Obras completas*, II, p. 1245.

[3] Andrés Laguna, *Pedacio Dioscorides Anazarbeo*, p. 319.

[4] P. García Carrero, *Disputationes medicae*, p. 233.

[5] Gerónimo de Huerta, *Traducion de los libros de Caio Plinio segundo...*, fol. 46r et v.

[6] Jackie Pigeaud, *La maladie de l'âme*, Paris, Les Belles Lettres, 1981, p. 312.

l'âme a des effets sur le corps et vice-versa. Les relations entre la bile noire et la tristesse sont donc conçues sur le mode de l'intéraction :

"La tristeza ocasiona la bilis negra, y la bilis negra, a su vez, exacerba la tristeza"[1].

Bile noire et tristesse sont intimement liées : ces signifiés, que l'on conçoit aujourd'hui comme distincts, ne font qu'un au XVIème et au XVIIème siècle, partageant un même signifiant. Toute maladie du corps contamine l'âme. Tout sentiment a un écho organique. Il n'y a pas de tristesse qui ne soit physiologique : c'est pourquoi, en toute logique, *melancolia* désigne simultanément une humeur et un sentiment de tristesse.

(2)   La tristesse, signe visible de la mélancolie.

La mélancolie constitue en quelque sorte la cause immanente de la tristesse ;   en retour, celle-ci est la conséquence, le symptôme, l'expression extérieure de la mélancolie qu'une curieuse disposition retient en deçà du langage et du perceptible. La conception de la mélancolie développe une dialectique de l'extériorité et de l'intériorité, du visible et de l'invisible. Humeur noire, intérieure, la mélancolie, telle quelle, est invisible à l'oeil nu et ne se donne à voir que par le truchement de la tristesse, qui constitue en quelque sorte son apparence, son vêtement extérieur. Dans le *Solitaire Second* de Pontus de Tyard –véritable réflexion sur la mélancolie–, le mélancolique Solitaire évoque "une mélancolie aparüe au dehors par l'abondance du dedans" [2]. La mélancolie a un "dedans" (la bile noire) et un "dehors" (la tristesse), un envers et un endroit. Un passage de Diego Malo de Andueza, quoique tardif, exprime une idée similaire :

"La melancolía, cuyo accidente es la tristeza"[3].

"Melancolía" et "tristeza" ne sont donc pas synonymes, même si le discours du XVIème et du XVIIème siècle les associe étroitement. Employer "tristeza" pour

[1] Luis Vives, *Tratado del alma*, dans *Obras completas*, II, p. 1303.

[2] Pontus de Tyard, *Solitaire second*, éd. de Cathy M. Yandell, Genève, Droz, 1980, p. 73.

[3] Diego Malo de Andueza, *Libro primero de los reyes. Saul coronado y David ungido. Fin de la aristocracia de Israel. Principio de la monarquia. Politicas de Saul y David. Academia liberal y moral. Historia de la sacra real perifraseada*, Madrid, Melchor Alegre, 1671, p. 384.

dire la mélancolie, c'est employer l'effet pour le tout, l'écorce pour le fruit, l'apparence pour l'essence. La tristesse est la surface visible de la mélancolie, son enveloppe charnelle, ce qui, dans le discours et aux yeux de tous, la rend perceptible.

3.   La caractérisation de la tristesse

Caractérisée comme "une sorte de tristesse" par de nombreux textes, la mélancolie hérite des représentations rattachées à cette passion. Dans le discours scientifique, la tristesse, comme la crainte, est associée au lexique de la contraction et de l'intériorité comprimée. Selon Arnau de Vilanova la tristesse ("tristor") "estreny lo cor"[1]. Dans la tristesse, le coeur se crispe et l'individu se replie sur soi :

> "Porque cuando ocupa al hombre la tristeza, que aprieta y contrae el alma, aquella concusión, o sacudimiento y golpe, que causa y trae semejante estrecheza y encogimiento, abraza y cerca las entrañas, de donde se endereza al cerebro grandísima exhalación de humores"[2].

Les textes développent les images –et le vocabulaire– de la contraction, du resserrement, de l'oppression, de l'intimité refoulée, retenue prisonnière et, pour cette raison, devenue douloureuse.

Retenant les esprits vitaux à l'intérieur du coeur, la tristesse est une passion maligne, qui affaiblit le corps et sape les forces vitales :

> "La tristeza enflaquece los espiritus y los amortigua y el plazer los fortifica y conserva (…), es propiedad occulta del espiritu que el plazer lo fortifica y el pesar lo enflaquesce y destruye"[3].

> "la tristeza enflaqueze el calor natural y la alegria lo confuerta"[4].

Desséchant et refroidissant le corps, la tristesse apparaît comme une passion éminemment nocive. En revanche, la joie, qui répand les esprits dans l'organisme, est une médecine du corps autant que de l'âme :

> "Hay otros afectos en el hombre, que le dan (…) salud, y vida (…) como son las dos columnas, o empentas espirituales, que son esperanza del bien y contento. (…) El placer, contento y alegría, son la principal causa porque vive el hombre, y tiene salud, y el pesar,

[1] Arnau de Vilanova, *Regiment de Sanitat*, dans *Obres catalanes*, II, p. 132-133.
[2] Fernando de Herrera, *Anotaciones*, dans *Garcilaso de la Vega y sus comentaristas*, p. 318.
[3] B. Montaña de Montserrate, *Libro de la anatomia del hombre*, fol. 97r.
[4] B. Montaña de Montserrate, *Libro de la anatomia del hombre*, fol. 98r.

y descontento, porque muere"[1] .

Chez Juan de Aviñón, la "melancolía y tristeza" est associée au dépérissement des forces vitales et à la mort :

> "Otrosí, tírese [el ome] de melancolía y tristeza, ca trasmudan la complission y dessecan el cuerpo, y enflaquece la calentura natural y trae muerte. E muchos omes mueren subitamente de gran duelo, que se allega la calentura al coraçon tan fuertemente fasta que se afoga y muere"[2] .

"Multos occidit tristitia"[3] , écrit Valles de Covarrubias : pour les penseurs du XVIème et du XVIIème siècle, toute passion immodérée est nocive[4] mais, plus que toute autre affect, la tristesse est source de mort.

Dès lors le discours théorique développe à propos de la tristesse un lexique de la mort, de l'épuisement des forces vitales et de la susbtance toxique. Le chagrin "empoisonne" le sang :

> "la tristeza essencialmente es ponçoña del espiritu vital, la qual enflaquesce y amortigua la virtud fuerte y calor del espíritu"[5] .

> "Otrosí la tristeza daña la sangre del coraçon, y trae tisiquia y ética, según dize Galieno que provó de un ximio que estava en jaula y tornósse muy magro, y mandólo abrir y falló sangre espessa allegada al coraçon, muy negra. Por ende dévese el ome quitar de enojo y de cuydado"[6] .

La tristesse apparaît comme une passion funeste, reliée à l'imagerie de l'obscurcissement et de l'affaiblissement :

> "La quarta qualidad que el rey Salomon quiere que tenga el que aconseja es que no este triste quando aconsejase porque el spirito triste y atribulado enflaquece los huessos (como dize el Rey Salomon) quanto mas la carne y sangre y estando el anima triste la passion que siente la offusca y no dexa entender bien lo que se consulta (…). La tristeza ciega el entendimiento"[7] .

---

[1] Sabuco de Nantes, *Nueva filosofía de la naturaleza del hombre*, p. 122-123. Sur les bienfaits de la joie, voir aussi Arnau de Vilanova, *Regiment de Sanitat*, dans *Obres catalanes*, II, p. 132-133.

[2] Juan de Aviñón, *Sevillana medicina*, p. 305.

[3] Francisco Valles de Covarrubias, *De sacra philosophia*, Lugduni, Q. HUG. Porta apud Fratres de Gabiano, 1595, p. 218-219.

[4] Sur ce sujet : Gerónimo de Huerta, *Traducion de los libros de Caio Plinio segundo*, fol. 115r : "Todas las pasiones del animo tienen fuerça para acabar la vida, haziendo unas que los espiritus y calor natural retrocedan al coraçon, con tanto impetu, que facilmente se ahoga : y otras, al contrario derramandose por las partes de afuera, y dexando el coraçon falto de espiritu y fuerça".

[5] B. Montaña de Montserrate, *Libro de la anatomia del hombre*, fol. 96v.

[6] Juan de Aviñón, *Sevillana medicina*, p. 305.

[7] Bartolomé Felipe, *Tractado del conseio y de los consejeros de los principes*, Coimbre, Antonio de Mariz, 1584, fol. 25v.

Pour Vives –qui pourtant attribuera aux mélancoliques des dons intellectuels étonnants–, la tristesse est une passion éminemment néfaste, qui obscurcit l'esprit, étouffe les forces vitales, entraîne la haine de soi[1]. Entravant la raison, aveuglant l'individu, l'égarant loin de la vérité, de la vertu ou de la foi, la plupart des passions font aussi l'objet, dans le discours théorique, d'une condamnation morale. Mais, plus que toute autre affect, la tristesse fait l'objet d'une vision critique. Gordonio déclare qu'il faut fuir la tristesse ("E maguer que naturalmente la tristeza sea de fuyr") et condamne vivement ceux qui s'y complaisent[2]. Sabuco de Nantes affirme que le chagrin "es el principal enemigo de la naturaleza humana"[3] et ajoute :

"enojo y pesar no habían de tener este nombre, sino la mala bestia, que consume el género humano, o pernicioso enemigo suyo, o la hacha y armas de la muerte"[4].

Mais la tristesse est aussi, pour Sabuco, le propre de l'homme :

"sólo el hombre tiene dolor entendido, espiritual, de lo presente, pesar de lo pasado, temor, congoja y cuidado de lo porvenir"[5].

Malgré une vision essentiellement négative, la tristesse ne se départ pas d'une certaine ambiguïté : en tant que passion, elle aveugle l'entendement, trouble l'âme, corrompt le jugement mais, parce qu'elle pousse au repli sur soi, elle favorisera aussi la réflexion et la sagesse. La tristesse peut conduire à la raison comme à la déraison, à l'ordre comme au désordre et apparaît comme l'un des plus clairs exposants des contradictions de la nature humaine.

Chaque tempérament, en raison de la prédominance d'une des quatre humeurs, est incliné à certaines passions. Mais, inversement, les passions peuvent modifier profondément le tempérament si elles sont durables. C'est pourquoi la mélancolie désigne aussi, au XVIème et au XVIIème siècle, une condition tempéramentale.

---

[1] Luis Vives, *Tratado del alma* , dans *Obras completas*, II, p. 1303.
[2] Bernardo Gordonio, *Lilio de medicina*, fol. 57 v.
[3] Miguel Sabuco de Nantes, *Nueva filosofia de la naturaleza del hombre*, p. 82.
[4] Miguel Sabuco de Nantes, *Nueva filosofia de la naturaleza del hombre*, p. 88.
[5] Miguel Sabuco de Nantes, *Nueva filosofia de la naturaleza del hombre*, p. 83.

D.   MELANCOLIE ET TEMPERAMENT

Le tempérament ou complexion est conçu comme la fusion de qualités différentes, induites par des facteurs divers comme l'âge, le régime de vie, l'alimentation, l'état de santé ou de maladie :

> "De modo que aquella cierta manera de proporcion, que resulta de averse unido y mezclado las quatro calidades, que concurren a la generacion de todas las cosas, es el nativo temperamento (...). El temperamento nativo, resulta de la mezcla y proporcion de las quatro calidades, frio, calor, humedad y sequedad"[1] .

Cette combinaison, en un individu donné, d'humeurs et de qualités différentes, emprunte son nom ("sanguin", "cholérique", "mélancolique" ou "flegmatique") à l'humeur qui prédomine en lui.

1.   *L'homme idéal, le déséquilibre universel et les quatre tempéraments*

La santé résidant dans l'équilibre, le parfait tempérament serait celui où les quatre humeurs sont absolument proportionnées. Pour un certain nombre d'auteurs, le sang idéal contient trois parts de sang, deux de phlegme, deux de cholère, une de mélancolie. Pedro Mexía fournit des proportions légèrement différentes :

> "También dize [Plinio] que los humores del cuerpo humano que esta sano y bien acondicionado, han de tener el peso desta manera : de sangre han de ser ocho pesos y partes yguales ; y quatro partes deste peso ha de pesar la flema ; y dos tales déstos, la cólera ; y la melancolía, uno no más"[2] .

Considéré comme l'humeur la plus salutaire, le sang figure en plus grande proportion ; le phlegme, substance relativement inoffensive et inerte, occupe la seconde place ; concentrée, la cholère ne peut être utilisée qu'en petite quantité, tandis que la mélancolie –pensée comme une substance très active, dont la puissance redoutable est à la limite de la nocivité– ne peut être employée qu'à des doses infimes. Cependant, la plupart des médecins s'accordent à le dire, cet idéal

---

[1] Andrés Velásquez, *Libro de la melancholia*, fol. 51v. Murillo reprendra cette définition du tempérament dans son *Aprobación de ingenios*, fol. 84v.

[2] Pedro Mexía, *Silva de varia lección*, I, p. 659.

d'équilibre est très rare, voire inexistant :

> "Pero como sea impossible de ser
> la tal qualidad [la complexion] ygual totalmente,
> a vezes se halla mas humedescer,
> y a vezes mas seca se puede hazer
> y a vezes mas fria, tambien mas caliente,
> y a vezes mas humida y fria acontesce ;
> tambien fria y seca se puede hallar,
> seca y caliente podrá resultar,
> y humida y calida a vezes paresce"[1] .

Le déséquilibre et la maladie, comme l'explique Huarte, sont donc universels :

> "todos los hombres que vivimos en regiones destempladas estamos actualmente enfermos y
> con alguna lesión, (...). [N]o hay hombre que pueda decir con verdad que está sin achaque
> ni dolor"[2] .

Le discours médical tire deux conséquences de cette affirmation. D'une part, la santé apparaît comme un équilibre du déséquilibre : être sain consistera pour chacun à régler au mieux son dérèglement humoral et à en tirer parti pour exceller dans certaines activités. D'autre part, le déséquilibre universel se traduit par la doctrine des quatre tempéraments. Le mélange parfaitement équilibré des humeurs n'étant qu'un idéal postulé par les médecins, chaque tempérament est défini par la prédominance d'une humeur déterminée :

> "todos cuantos hombres se engendran nacen unos flemáticos y otros sanguinos, unos
> coléricos y otros melancólicos"[3] .

Le tempérament n'est pas définitif et peut changer, comme l'explique Murillo[4] , en fonction du régime, de l'âge, du vécu de l'individu, de ses passions ou maladies. Tout individu, s'il n'est pas satisfait de son tempérament, peut le modifier ou l'améliorer par une diète et un régime de vie adéquat.

A la suite de Galien, le discours médical au Siècle d'Or distingue donc quatre tempéraments (sanguin, cholérique, phlegmatique, mélancolique) dont la caractérisation, relativement bien définie, ne relève pas du seul savoir médical mais de la culture de tout lettré. Associant la chaleur et l'humidité –les deux qualités

---

[1] F. López de Villalobos, *Sumario de la Medicina*, p. 311-312.
[2] Huarte, *Examen de ingenios*, p. 168. La même idée est exposée aux pages 169, 170, 174 et 178.
[3] Huarte, *Examen de ingenios*, p. 170.
[4] Murillo, *Aprobación de ingenios*, fol. 15v.

essentielles à la vie–, la complexion sanguine, apparaît comme la plus enviable.
Relié à l'air et à Jupiter –il a, du reste, un caractère "jovial"–, le sanguin est charnu,
blond –ou châtain–, son teint est clair et vermeil. Gai, sociable, civil, il est
généreux, magnanime, courageux ; facilement amoureux, aimant le vin et la bonne
chère, il a aussi tendance à être luxurieux :

"Este tal conprehende en sy la correspondençia del ayre, que es húmido e caliente ; este tal
es alegre, honbre plazentero, rriente, e jugante e sabydor, dançador e baylador -(e) de sus
carrnes ligero, franco, e onbre de muchas carnes - e de toda alegría es amigo de todo, de
todo enojo enemigo, (e) rríe de grado, e toma plaser con toda cosa alegre e byen fecha. Es
fresco en la cara, en color bermejo e fermoso, sobejo, honesto, e mesurado ; este tal es
misericordioso e justiçiero, que ama justiçia, mas non por sus manos fazerla, nin
executarla ; antes es tanta la piedad que en su coraçón rreyna, que le non plaze veer
execución de ninguno que byva. (...) Plázele byen fazer e verlo fazer. Suma : que el
sanguino, sy de otra calydad contraria non es sobrado, dicho es byenaventurado"[1].

"El que fuere gruesso de carne, y blanco en el cuero, y algo colorado, señala que le
predomina la sangre. Los sanguinos naturalmente son blancos, hermosos, y de cabellos
llanos, son atrevidos aunque vergonçosos, y amigos de musica, y de sciencias, benignos,
liberales y misericordiosos"[2].

Chaud et sec, le cholérique est maigre, son teint est pâle ou jaunâtre, ses cheveux
sont blonds ou roux, souvent frisés ; ambitieux, inconstant, irascible, irréfléchi,
audacieux voire téméraire, il est placé sous le signe de Mars et du feu :

"Ay otros onbres de calidad colóricos ; éstos son calientes e secos, por quanto el elemento
del fuego es su (cor)respondyente, que es calyente e seco. Estos tales súbyto son yrados de
rrezio, syn tenprança alguna ; son muy sobervios, fuertes, e de mala conplisyón
arrebatada, pero dura breve tienpo ; pero el tienpo que dura son muy perigrosos. Son
onbres muy sueltos en fablar, osados en toda plaça, animosos de coraçón, ligeros por sus
cuerpos, mucho sabyos, sobtiles e engeniosos, muy solícitos e despachados ; todo perezoso
aborresçen ; son onbres para mucho. Estos aman la justiçia e non todavía son buenos para
la mandar, mejores para la exsecutar : asy son como carniçeros crueles, vindicativos al
tienpo de su cólera, arrepentidos de que les pasa. Son de color blanquinosa en la cara[3]".

"los colericos son currientes de su natura & mudables & ligeros & de coraçon prestos
luengos de cuerpo & magros amarillos en el cuerpo y en los cabellos negros & crespos
(...) & la carne caliente y el pulso activo"[4].

[1] A. Martínez de Toledo, *El Corbacho*, p. 136. Voir aussi les p. 141-145 décrivant les vices et
vertus du sanguin.
[2] Jerónimo Cortés, *Phisonomia y varios secretos de naturaleza*, Barcelone, Sebastián de
Cormellas, 1645, fol. 1v.
[3] A. Martínez de Toledo, *El Corbacho*, p. 136-137. Sur les dispositions du cholérique voir aussi
les p. 145-149.
[4] B. Anglicus/ V. de Burgos, *Libro de propietatibus rerum*, fol. evj verso.

La description donnée par Jerónimo Cortés, à la fin du XVIème siècle, n'est guère différente :

> "El que fuere flaco de carne, y tuviere el cuero blanco, y en los lugares convenientes colorado denota dominio de colera. Y assi los colericos naturalmente son furiosos, ayrados, y amigos de renzillas, suelen ser altos de estatura, flacos de carnes, y de color cetrino, los cabellos crespos y ruvios"[1] .

Le flegmatique est froid, humide, charnu, son teint est blanc, sa chevelure pâle ; paresseux, indolent, apathique et obtus, il est rattaché à l'eau et à la Lune :

> "Ay otros que son flemáticos, húmidos, fríos de su naturaleza de agua. Estos tales son tibyos, nin buenos para acá, nin malos para allá, synón a manera de perezosos e ningligentes ; que tanto se les da por lo que va como por lo que viene ; dormidores, pesados, más floxos que madera ; nin byen son para rreyr, nin byen (son) para llorar ; fríos, ynvernizos, de poco fablar, solitarios, medio mudos, fechos a · machamartillo, sospechosos, non entremetidos, flacos de saber, ligeros de seso, judíos de coraçón, e mucho más de fecho(s)"[2] .

> "los flematicos comunmente son muy pesados de carne & tardios de si mesmos rudos de ingenio & la carne muelle olvidosos & de color amarilla en el cuerpo y en la cara blancos pavorosos de coraçon llenos de muchas tachas. Ca hombre es olvidoso perezoso & soñoliento de poco apetito & poco sevo & grassa (...)/ el ha los cabellos & ruvios & laxos ; el ha el pulso muy grueso & tardio & la orina blanca y espesa cruda & descolorada. El es pequeño de estatura gordo & gruesso. El ha las estremidades delgadas como las puntas de los dedos/ & las piernas gordas & cortas. El ha la piel llana & blanda & desnuda de pelos"[3] .

Jerónimo Cortés affirme que "los flegmaticos naturalmente son dormidos, tardos de ingenio y de cabellos blandos suelen ser temerosos, codiciosos, flacos de cintura, digo cintura venerea"[4] . Comme pour les autres tempéraments, le discours théorique développe une représentation codifiée du mélancolique.

2.   *Le tempérament mélancolique*

Il existe dans le système de pensée du XVIème et du XVIIème siècle un portrait traditionnel du tempérament mélancolique, largement connu par le public de l'époque et défini par des traits qui relèvent autant de la psychologie que de la

---

[1] Jerónimo Cortés, *Phisonomia y varios secretos de naturaleza*, fol. 1v.
[2] A. Martínez de Toledo, *El Corbacho*, p. 137. Voir aussi les p. 150 et suiv. décrivant les dispositions du phlegmatique.
[3] B. Anglicus/ V. de Burgos, *Libro de propietatibus rerum*, fol. evj recto.
[4] Jerónimo Cortés, *Phisonomia...*, fol. 2 r.

physiologie.

a)   Les traits du corps…

Le mélancolique se caractérise par un teint noir, ou jaunâtre, une grande maigreur, une pilosité abondante et noire, des veines proéminentes :

"Les personnes maigres, noires, velües, & celles qui ont les veines saillantes sont fort suiettes à l'abondance de bile noire"[1] .

Selon le *Libro de propietatibus rerum*, "quando este humor [la melancolia] ha señoria sobre un cuerpo puede ser conosçido por tres señales. Primeramente en la piel que viene a ser negra"[2] . Alonso de Santa Cruz affirme que les mélancoliques sont "nigri, hirsuti" et que leur teint, très noir, est "comme celui des Ethiopiens" ("ut Aethiopes")[3] . Le médecin de Valladolid leur attribue aussi des yeux saillants et des lèvres épaisses :

"*Sophronius* : Quare conivent aliqui & oculis proeminentibus, & labris crassis sunt ut plurimum?
Aristippus : Quia spirituum crasities illis adest"[4] .

Pour Murillo, les mélancoliques "tienen el color verdinegro o cenizoso, los ojos muy encendidos, el cabello negro y calvos, las carnes pocas, y llenas de bello, las venas anchas"[5] . Ils se caractérisent aussi par une salive âcre et acide :

"por esto [en el melancólico] el sabor es agrio que paresce pune en la boca del paçiente"[6] .

En raison de la bile noire, dont la fonction naturelle est d'exciter l'appétit, ils sont voraces et ont toujours faim :

"*Sophronius*. Quia de causa isti plurimos cibos appetunt?
Aristippus. Quia frigidum os ventriculi habent, vel quia melancholia illa acida & acerba illic adest, quae appetitum incitat"[7] .

Le portrait physique du mélancolique fait apparaître certaines thématiques récurrentes. D'un appétit insatiable, les mélancoliques sont pourtant toujours

---

[1] Giambattista Della Porta, *La Physionomie humaine*…, p. 28.
[2] B. Anglicus/ V. de Burgos, *Libro de propietatibus rerum*, fol. evij recto.
[3] A. de Santa Cruz, *Dignotio et cura affectuum melancholicorum*, p. 5 et 15.
[4] A. de Santa Cruz, *Dignotio et cura affectuum melancholicorum*, p. 15.
[5] Murillo, *Aprobación de ingenios*, fol. 38r.
[6] B. Anglicus/ V. de Burgos, *Libro de propietatibus rerum*, fol. evij recto.
[7] A. de Santa Cruz, *Dignotio et cura affectuum melancholicorum*, p. 15.

maigres, comme si la bile noire, corrosive, rongeait au fur et à mesure les forces vitales : apparemment anodine, cette particularité rejoint d'autres représentations de la mélancolie qui la font apparaître comme une intériorité maligne, porteuse de mort et de néant. Enfin, le teint noir, la pilosité abondante et foncée, les veines saillantes sont le signe d'une intériorité noire, venteuse et pléthorique qui cherche à s'extérioriser : tout se passe comme si la mélancolie ne pouvait, tout en étant une humeur de l'intériorité, renoncer à se donner à voir.

b)   ... et de l'esprit

Le portrait psychologique du mélancolique est constitué de traits assez contrastés. Les mélancoliques souffrent souvent d'insomnie, mais à l'inverse, ils peuvent aussi, sous l'effet de l'épaisse bile noire qui bouche les conduits de l'organisme et alourdit le corps, être léthargiques, somnolents, engourdis. Crainte et tristesse constituent les deux affects distinctifs de la mélancolie. Les textes théoriques aux mélancoliques de nombreux affects dérivés de ces deux passions, comme la timidité, la recherche de la solitude, la misanthropie[1]. Chez le mélancolique, la crainte et la méfiance peuvent, selon Vives, engendrer la prudence[2] mais aussi une jalousie et une suspicion maladives :

> "otros [melancólicos] hay que estando en esta pasion [la melancolia] viene en tan grand suspeçion que ellos aborresçen fasta sus amigos & los hieren & matan a su parescer"[3] .

De la crainte et des soupçons excessifs naîtront aussi le péché d'*acedia,* la tendance à douter de soi et de Dieu. Considérée comme une des sous-espèces de la tristesse (elle est, selon une définition traditionnelle, "tristeza del bien ajeno"[4]) l'envie constitue un vice proprement mélancolique : pour Furió Ceriol, le mélancolique "es

---

[1] Sur ce sujet, voir Jerónimo de Merola, *República original del cuerpo humano,* Barcelone, Pedro Malo, 1587, fol. 107 r et v ; A. de Santa Cruz, *Dignotio et cura affectuum melancholicorum,* p. 15 et Alonso de Freylas, *Si los Melancholicos ...,* p. 1.

[2] Luis Vives, *Tratado del alma,* dans *Obras completas,* II, p. 1202.

[3] B. Anglicus/ V. de Burgos, *Libro de propietatibus rerum,* fol. evij verso. Sur la jalousie mélancolique : Teresa Scott Soufas, "Calderón's melancholy wife-murderers", *Hispanic Review,* vol. 52 (1984), p. 181-203.

[4] *Diccionario de Autoridades,* s. v. "envidia".

la misma invidia"[1], Jerónimo de Merola affirme que les mélancoliques sont "envidiosos"[2] et Lorenzo Ramírez de Prado déclare que le mélancolique est sujet à l'envie et au soupçon[3]. Les mélancoliques sont d'ordinaire craintifs mais, selon Porta, peuvent aussi faire preuve d'un courage extraordinaire :

> "car quelques-uns [parmi les mélancoliques] ont grande confiance en eux, ainsi que l'exemple s'est fait voir en la personne d'Archelas Roy de Macedoine"[4].

Les mélancoliques sont décrits par la plupart des textes comme des individus bourrus, taciturnes, renfrognés, peu sociables et peu aimables, mais ils sont aussi susceptibles d'être plus bavards et loquaces que les autres tempéraments[5]. Ainsi, Murillo déclare que les mélancoliques sont "callados, tristes, excordes", mais aussi que certains sont aimables, "de buena conversacion"[6].

Nombreux sont les écrits qui soulignent l'orgueil des mélancoliques : chez Murillo, ceux-ci sont "sobervios, altivos"[7] mais peuvent aussi, à l'inverse, être habités par un manque de confiance en soi et un sentiment de culpabilité exagérée[8]. Les mélancoliques sont souvent décrits comme des individus lents, hébétés et obtus : pour Murillo de nombreux mélancoliques sont "mentecaptos" et certains vivent "como bestias"[9], mais ils peuvent aussi, comme le signale Della Porta, être d'un esprit particulièrement vif, prompts à comprendre et à s'irriter[10].

Pour la plupart des penseurs, les mélancoliques sont libidineux : pour Della Porta, les mélancoliques sont "désireux" et "se plaisant à aimer"[11] ; pour Alonso de Santa Cruz, ils sont "proni ad veneres" (enclins à l'amour) en raison de l'abondance

---

[1] Fadrique Furió Ceriol, *El Concejo y consejeros del príncipe*, dans BAE, tome XXXVI ("*Curiosidades Bibliográficas*"), Madrid, Atlas, 1950, p. 333.

[2] Jerónimo de Merola, *República original del cuerpo humano*, fol. 107 r et v.

[3] Lorenzo Ramírez de Prado, *Consejo y consejeros de principes*, éd. de Juan Beneyto, Madrid, Instituto de Estudios Políticos, 1958, p. 115.

[4] Giambattista Della Porta, *La Physionomie humaine...*, p. 28.

[5] Giambattista Della Porta, *La Physionomie humaine...*, p. 27.

[6] Murillo, *Aprobación de ingenios*, fol. 21 et 38r, respectivement.

[7] Murillo, *Aprobación de ingenios*, fol. 38r.

[8] Murillo, *Aprobación de ingenios*, fol. 102v.

[9] Murillo, *Aprobación de ingenios*, fol. 38r et 102r et v.

[10] Giambattista Della Porta, *La Physionomie humaine...*, p. 27, pour les deux citations.

[11] Giambattista Della Porta, *La Physionomie humaine...*, p. 27.

de vent qui règne dans leur corps ("propter flatuum copiam, quae ut plurimum adest")[1] ; enfin, Murillo affirmera que les mélancoliques sont "luxuriosos" ou, encore "libidinosos"[2]. Cependant, selon une autre tradition, Saturne, planète froide et lente, dieu castré par Jupiter, est lié à l'impuissance et incarne le sage qui refuse les voluptés de la chair[3] : le mélancolique serait alors, comme le suggère le *Corbacho*[4], particulièrement inapte à l'amour.

Toutefois, l'image qui prédomine est celle d'un individu qui ne se dépense pas, ni en parole ni en action : le mélancolique est paresseux, inactif, renfrogné, timide, taciturne[5]. La mesquinerie est, du reste, l'un de ses défauts caractéristiques[6] et les textes développent, à propos de la mélancolie, une vaste imagerie de l'avarice, de la cupidité et de l'avidité, alimentaire ou sexuelle. Cependant, pour Murillo, certains mélancoliques peuvent être généreux et prodigues, même si l'auteur de l'*Aprobación de ingenios* –peu favorable à une vision laudative de la mélancolie– s'empresse de préciser :

> "esto de ser prodigos no se les ha de atribuir a generosidad de animo, sino a la variedad que por la enfermedad tienen"[7].

En raison de la variabilité de la bile noire, les mélancoliques sont fantasques, capricieux, menteurs et de peu de foi. Mais ils peuvent aussi, à l'opposé, être obstinés ("Más pertinaces son los melancólicos [...] puesto que son más tardos para calentarse"[8]) et faire preuve d'une constance remarquable expliquant leurs dons pour l'étude, leur opiniâtreté têtue et leur caractère vindicatif[9]

---

[1] A. de Santa Cruz, *Dignotio et cura affectuum melancholicorum*, p. 15.

[2] Murillo, *Aprobación de ingenios*, fol. 38 r et 102r, respectivement.

[3] Jean-Marie Fritz, "Du dieu émasculateur au roi émasculé : métamorphoses de Saturne au Moyen Age", dans *Pour une mythologie du Moyen Age*, études rassemblées par Laurence Harf-Lancner et Dominique Boutet, Paris, ENSJF, 1988, p. 48.

[4] A. Martínez de Toledo, *El Corbacho*, p. 156.

[5] Jerónimo de Merola, *República original del cuerpo humano*, fol. 107 r et v.

[6] Sur ce sujet, voir Lorenzo Ramírez de Prado, *Consejo y consejeros de príncipes*, p. 115 et Murillo, *Aprobación de ingenios*, fol. 102r.

[7] Murillo, *Aprobación de ingenios*, fol. 102v.

[8] Luis Vives, *Tratado del alma*, dans *Obras completas*, II, p. 1032.

[9] Sur les dons des mélancoliques pour l'étude : Vives, *Tratado del alma*, dans *Obras completas*, II, p. 1203. Murillo, *Aprobación de ingenios*, fols. 13v- 14v. Sur leur caractère vindicatif, voir

3. *Quelques portraits du tempérament mélancolique*

Le portrait du mélancolique est le fruit d'une longue tradition médicale. A l'image du *Corpus Hippocraticum*, qui décrit le mélancolique comme un individu maigre, sec et froid, caractérisé par la crainte et la tristesse, plusieurs autorités comme Galien, Rufus d'Ephèse, Alexandre de Tralles, Aetius et Avicenne développent une caractérisation détaillée de ce tempérament[1]. Les auteurs européens décriront également à de nombreuses reprises la complexion mélancolique. Ainsi, le *De humana physiognomia* de Giambattista Della Porta dépeint les mélancoliques comme des individus qui "ont la chair obscure, brune, estant lasches, de peu de coeur & craintifs"[2].

En Espagne, les descriptions du mélancolique ne sont pas moins répandues. Le *Corbacho* dresse à deux reprises un portrait peu flatteur du mélancolique :

> "Ay otros onbres que son malencónicos ; a éstos corresponde la tierra, que es el quarto elemento, la qual es fría e seca. Estos tales son onbres muy yrados, syn tiento nin mesura. Son muy escasos en superlativo grado ; son ynconportables dondequiera que usan, mucho rriñosos, e con todos rrifadores. Non tyenen tenprança en cosa que fagan, synón dar con la cabeça a la pared. Son muy ynicos, maldizientes, tristes, sospirantes, pensativos ; fuyen de todo logar de alegría ; non les plaze ver onbre que tome solás con un paperote. Son sañudos, e luego las puñadas en la mano, porfiados, mentirosos, engañosos ; (e) ynumerables otras tachas e males tyenen. Son podridos, gargajosos, ceñudos, (e crueles) syn mesura en sus fechos. (...) Color tyenen de cetrinos"[3].

Orgueilleux, inique, cupide à l'excès, foncièrement mauvais, le mélancolique est le pire des tempéraments, indigne d'être aimé :

> "Ay otros onbres que son malencónicos. E estos tales son como los susodichos [los flemáticos] e aun peores ; que son ayrados, tristes e penserosos, ynicos e maliciosos e rrifadores. Pues vean los que aman sy estos tales (que tales) vicios han deven amar nin ser amados ; que el que amare déstos, lo primero luego fabla con yra y sobervia, diziendo «Pues ¡ para el cuerpo de tal yo meresco tal, tan buena o mejor que vos !», e piensan que por las asonbrar las han de aver. Aunque algunos ay que desta rregla se aprovechan, que con miedos e amenazas fazen a las cuytadas errar. Pero de otra parte son muy tristes e pensativos en sus melanconías, e buscan luego vengança ; non ay conpañía que con ellos dure, non ha muger que los pueda conportar. Estos son picacantones de noche e de día, jugadores de dados e muy perigrosos barateros, trafagadores, enemigos de justicia, fazedores de ultrajes e soberguerías a los que poco pueden : rrobar, furtar, (tomar) lo

Murillo (*Aprobación de ingenios*, fol. 38r), qui qualifie les mélancoliques de "vengativos".

[1] Sur ce sujet : Babb, *Elizabethan malady*, p. 33, n. 91.

[2] Giambattista Della Porta, *La Physionomie humaine...*, p. 25.

[3] A. Martínez de Toledo, *El Corbacho*, p. 138.

ageno por fuerça. Non ha maldad que por dineros non cometan ; nin ha muger que por ellos non vendan, por aver o más valer. La que tal marido o amigo tiene, posesión tiene de muerte o de poca vida"[1] .

C'est dans cette tradition de vision critique de la mélancolie que se situe la description du tempérament mélancolique élaborée par Furió Ceriol :

"Porque el melancólico, como es de su natural frio y seco, es terrestre, digo, de la misma complision de la tierra ; y así, es ratero y bajo, apenas se alza dos dedos del suelo, es boto, es triste, es mísero, es vano, es enemigo de ilustres pensamientos, es malicioso, es bote de veneno, es supersticioso, tanto, que los desta complision han gastado y destruido todas las religiones del mundo con sus sueños y nescias fantasmas. Es tambien sospechoso en gran manera, cuanto mas envejesce menos sabe, es la misma invidia, y enojandose, ó viene luego a las manos sin propósito, ó suelta la maldita, diciendo mil millares de injurias"[2] .

Cependant, de manière générale, au XVIème siècle, cette vision très péjorative du mélancolique tend à s'atténuer à la suite de l'exaltation de la mélancolie par les néoplatoniciens italiens. Ainsi, le portrait du mélancolique établi par Furió Ceriol est repris mais aussi tempéré par Bartolomé Felipe dans son *Tractado del conseio y consejeros de los Principes*[3] . Jerónimo de Merola dresse dans la *República original del cuerpo humano* (1587) un portrait assez négatif de ce tempérament, mais fait apparaître, à la fin, le thème de la sagesse mélancolique :

"Como quien duda que los melancólicos no sean de suyo avarientos tristes, amigos de soledad, tímidos, envidiosos, duros, pertinaces y sabios"[4] .

Le XVIIème siècle se caractérise par un retour à la vision critique du mélancolique, que Jerónimo Cortés décrit en ces termes :

"los melancolicos son tristes de condicion, temerosos, y brunos de color, codiciosos, veladores, y mal comedores : tienen las venas muy escondidas, y las cejas claras. Los tales acostumbran a soñar cosas tristes y de pesar "[5] .

Lorenzo Ramírez de Prado développe une description relativement péjorative du mélancolique dans le *Consejo y consejeros de principes* :

"El melancólico es frío, seco, de la calidad de la tierra, con pensamientos poco levantados, miserable, vano, malicioso, sujeto a la superstición, sospecha, envidia"[6] .

---

[1] A. Martínez de Toledo, *El Corbacho*, p. 156.
[2] Fadrique Furió Ceriol, *El Concejo y consejeros del príncipe*, p. 332-333.
[3] Bartolomé Felipe, *Tractado del conseio y consejeros de los Principes*, fol. 42 r et v.
[4] Jerónimo de Merola, *República original del cuerpo humano*, fol. 107 r et v.
[5] Jerónimo Cortés, *Phisonomia y varios secretos de naturaleza*, fol. 1v- 2 r.
[6] Lorenzo Ramírez de Prado, *Consejo y consejeros de principes*, p. 115.

En 1672, Murillo fait du mélancolique un portrait ambigu, qui allie vices et vertus :

> "Los Melancholicos, los quales ordinariamente son conocidos en que son varios, y inequales, tienen el color verdinegro, o cenizoso, los ojos muy encendidos, el cabello negro, y calvos, las carnes pocas, y llenas de bello, las venas anchas, son de buena conversacion algunos, y afables ; pero luxuriosos, astutos, doblados, injuriosos, y amigos de hazer mal, y vengativos y los que tienen el ingenio mas agudo suelen ser acedos, colericos, y malcontentos, aunque tambien los mentecaptos son placenteros, benevolos, benecompti, comensales y ceremoniosos"[1].

Le portrait du mélancolique est connu et répandu, non seulement dans le discours médical, mais encore, chez la plupart des lettrés qui, d'Alfonso Martínez de Toledo à Lorenzo Ramírez de Prado, le dépeignent volontiers. Toutefois, ce portrait n'est pas unique puisque certains auteurs distinguent plusieurs types de tempérament mélancolique, opposant notamment un mélancolique chaud et un mélancolique froid.

4. Les deux tempéraments mélancoliques : la spécificité du mélancolique chaud

De la même manière que le discours théorique différencie –au moins– deux sortes de bile noire, naturelle et non naturelle, certains médecins distingueront deux complexions mélancoliques, l'une caractérisée par une surabondance de bile noire naturelle, froide et sèche, l'autre par la présence de *melancholia adusta*, chaude et très active. Aristote distingue ainsi deux types de tempérament mélancolique, l'un froid, hébété, et l'autre chaud, caractérisé par l'activité et la vivacité :

> "Par exemple, ceux chez qui ce mélange [la bile noire] se trouve abondant et froid, sont en proie à la torpeur et à l'hébétude ; ceux qui l'ont trop abondant et chaud, sont menacés de folie et doués par nature, enclins à l'amour, facilement portés aux impulsions et aux désirs ; quelques-uns sont bavards plus que d'usage"[2].

Le mélancolique froid correspond donc au portrait usuel du mélancolique que nous venons de décrire et sur lequel il serait fastidieux de revenir. En revanche, le mélancolique chaud présente quelques traits originaux qu'il convient de souligner. A plusieurs reprises, Huarte mentionne un "melancólico por adustión", qu'il

---

[1] Murillo, *Aprobación de ingenios*, fol. 38r.
[2] Aristote, *L'homme de génie et la mélancolie*, éd. et trad. de Jackie Pigeaud, Paris, Rivages, 1988, p. 95-97.

dépeint en ces termes :

> "Las señales con que se conocen los deste temperamento son muy manifiestas. Tienen el
> color del rostro verdinegro o cenizoso, los ojos muy encendidos (...) ; el cabello negro y
> calvos ; las carnes pocas, ásperas y llenas de vello ; las venas muy anchas. Son de muy
> buena conversación y afables, pero lujuriosos, soberbios, altivos, renegadores, astutos,
> doblados, injuriosos, y amigos de hacer mal y vengativos. Esto se entiende cuando la
> melancolía se enciende ; pero si se enfría, luego nacen en ellos las virtudes contrarias :
> castidad, humildad, temor y reverencia de Dios, caridad, misericordia y gran
> reconocimiento de sus pecados con suspiros y lágrimas. Por la cual razón viven en una
> perpetua contienda, sin tener quietud ni sosiego : unas veces vence en ellos el vicio y otras
> la virtud"[1] .

Saint Paul constitue, pour Huarte, le prototype de mélancolique *adusto* :

> "y si no, veamos lo que hizo Dios, cuando quiso fabricar un hombre en el vientre de su
> madre, a fin que fuese hábil para descubrir al mundo la venida de su Hijo y tuviese talento
> para probar y persuadir que Cristo era el Mesías prometido en la ley. Y hallaremos que,
> haciéndole de grande entendimiento y mucha imaginativa, forzosamente (...) le sacó
> colérico adusto. Y que esto sea verdad, déjase entender fácilmente considerando el fuego y
> furor con que perseguía la iglesia (...). Entiéndese también por las respuestas de cólera
> racional con que hablaba y repondía a los procónsules y jueces que le prendían (...). Era
> también falto de lengua y no muy expedito en el hablar, la cual propiedad dijo Aristóteles
> que tenían los melancólicos por adustión. Los vicios que él confiesa tener (antes de su
> conversión) muestran también esta temperatura. Era blasfemo, contumelioso y perseguidor
> (...). Pero la señal más evidente que muestra haber sido melancólico adusto se toma de
> aquella batalla que él mesmo confiesa tener dentre de sí entre la porción superior e inferior
> (..). Y esta misma contienda hemos probado de opinión de Aristóteles, que tienen los
> melancólicos por adustión"[2] .

Le mélancolique au tempérament chaud et sec, en qui prédomine la bile noire
adusta, apparaît aussi chez Della Porta, qui l'oppose au mélancolique froid :

> "Ceux en qui beaucoup de bile [noire] froide domine, sont lasches & lourds : ceux en qui
> la chaude domine abondamment ont tout autre complexion, estant vifs, prompts,
> ingenieux, se plaisant a aimer, suiets a se courrousser, desireux, babillards"[3] .

De même, Alonso de Freylas oppose le mélancolique froid, dont la bile noire est
naturelle –être hébété, stupide, stérile– au mélancolique chaud ou tempéré, dont la
mélancolie, n'est pas naturelle mais issue de l'échauffement de la cholère :

> "Entiendese en este lugar por nombre de Melancolicos, no los naturales frios y secos,
> Saturninos, cobardes, timidos, amigos de la soledad, y de corto ingenio, sino de aquellos
> que aviendo sido colericos con permisión de sangre, an adquirido con la edad, con
> muchos estudios, vigilias, cuydados graves, y actos de contemplacion esta templança

---

[1] Huarte, *Examen de ingenios*, p. 460-462. Un autre portrait du mélancolique au tempérament sec
et chaud apparaît aux p. 620-621.
[2] Huarte, *Examen de ingenios*, p. 463-464.
[3] Giambattista Della Porta, *La Physionomie humaine* ..., p. 27.

Melancholica"[1] .

Enfin, Andrés Velásquez distingue un mélancolique au tempérament chaud et sec :

> "los cuerpos calientes, con cierto grado de calor, son en los que naturalmente se engendra la sangre melancholica"[2] .

Le mélancolique *adusto* se différencie du mélancolique froid et sec par sa chaleur, mais aussi par certains traits empruntés à la complexion cholérique comme, par exemple, la chevelure blonde ou rousse, le teint jaune :

> "los cuerpos dispuestos para engendrar este humor melancholico, son los que dize Galeno : los quales pinta diziendo assi. (...), Los hombres magros o delgados : negros y vellosos, y que tienen las venas anchas y espaciosas, son aparejadissimos para que se amontone en ellos, y engendre muchedumbre deste humor melancholico. Y a las vezes viene a ser y se haze, que los hombres que son demasiadamente rubios vengan a caer en un temperamento muy melancholico. Y despues destos los que son flavos"[3] .

De la même manière qu'il n'y a pas une bile noire mais plusieurs, le tempérament mélancolique n'est pas un, mais multiple.

5.   *Portrait ambivalent et vision critique*

Le portrait du mélancolique apparaît comme un portrait essentiellement ambivalent, où abondent les traits contradictoires. Comme l'affirme Porta, "il y a beaucoup de différence entre ceux qui sont de ce tempérament [mélancolique]"[4] . Tour à tour taciturne et loquace, libidineux, et détaché du monde, diligent et paresseux, craintif et courageux, sagace et obtus, prodigue et avare, insomniaque ou somnolent, opiniâtre ou inconstant, le mélancolique est un être fait de contraires. Suivant cette logique, la plupart des particularités psychologiques attribuées aux mélancoliques –la crainte, le goût de la solitude, la timidité, la prudence, la tendance au repli sur soi– ont ceci de commun : vertus, elles peuvent, par l'excès, devenir des vices et des défauts. Le goût du repli sur soi peut favoriser le recueillement mais aussi la misanthropie ; la crainte, nourrie par la réflexion, peut déboucher sur la prudence, mais aussi sur de graves vices, comme l'*acedia* ou

---

[1] Alonso de Freylas, *Si los melancholicos...*, p. 1.
[2] Andrés Velásquez, *Libro de la melancholia*, fol. 55r.
[3] Andrés Velásquez, *Libro de la melancholia*, fol. 53v- 54r.
[4] Giambattista Della Porta, *La Physionomie humaine...*, p. 28.

la jalousie meurtrière. Le mélancolique apparaît comme un tempérament capable du meilleur comme du pire, au sein duquel la vertu frise toujours le vice.

Toutefois, le plus souvent, le portrait du mélancolique est infléchi par la vision critique. Si certains médecins soulignent les dons du mélancolique, jamais, dans l'Espagne du Siècle d'Or, ce tempérament ne s'impose comme la complexion idéale. Etant le seul à réunir les deux qualités contraires à la vie –la sécheresse et la froideur–, le mélancolique apparaît comme le tempérament le moins enviable, le plus propice à la maladie et à la mort. Même Huarte qui, pourtant, exalte les dons intellectuels des mélancoliques, affirme en s'appuyant sur Galien que le plus parfait des tempéraments –le tempérament royal–, est celui d'une complexion admirablement équilibrée :

> "como el oficio de rey excede a todas las artes del mundo, de la mesma manera pide la mayor diferencia de ingenio que Naturaleza pueda hacer. Cuál sea ésta (....), es de saber que de nueve temperamentos que hay en la especie humana, sólo uno dice Galeno que hace al hombre prudentísimo, (...) ; en el cual las primeras calidades están en tal peso y medida, que el calor no excede a la frialdad, ni la humidad a la sequedad, antes se hallan en tanta igualdad y conformes como si realmente no fueran contrarias ni tuvieran oposición natural"[1].

De même, au portrait péjoratif du mélancolique, Murillo oppose un tempérament idéal, qui est celui de l'honnête homme, de la mesure et de l'équilibre[2]. Dans le système de représentation du XVIème et du XVIIème siècle, trop de conceptions traditionnelles –l'association de la froideur et de la sécheresse à la mort, la suprématie traditionnelle de l'*eucrasia*–, s'opposaient à ce que le mélancolique fût considéré comme le tempérament idéal.

Il est particulièrement difficile, au sein de la mélancolie, de distinguer entre le tempérament et la maladie. Tant dans la médecine antique qu'au XVIème et au XVIIème siècle le tempérament mélancolique est infléchi vers le pathologique. Le *Corpus Hippocraticum* caractérise le mélancolique comme un tempérament particulièrement pathogène et l'*Éthique à Nicomaque* d'Aristote (1154 b 11)

---

[1] Huarte, *Examen de ingenios*, p. 572- 574.
[2] Murillo, *Aprobación de ingenios*, fol. 38r- 39r.

affirmera que "les mélancoliques, par nature, ont toujours besoin de la médecine"[1].
De même, la description de la tristesse chez Juan de Aviñón ou Bernardino Montaña de Monserrate laisse une large place aux traits pathologiques[2]. Plus que tout autre complexion ou affect, la mélancolie est le lieu où s'établissent de multiples passerelles entre la santé et la maladie, entre le normal et l'anormal. C'est pourquoi le même terme, "melancolía", désigne à la fois une condition tempéramentale saine et une maladie.

E. LA MALADIE MELANCOLIQUE

En son dernier sens, la mélancolie peut aussi désigner une maladie, comme l'explique Murillo :

> "tiene mas otro significado este nombre de melancholia, del qual significado tratamos, y hemos de tratar en este libro ; y este significa la enfermedad, que los medicos llaman melancholia morbus"[3].

Bile noire et maladie mélancolique sont étroitement liées, dans la mesure où la première engendre la seconde :

> "todos llaman a esta enfermedad melancholia, descubriendo el nombre del humor, que es la causa della este humor melancholico, del qual avemos dicho, que propiamente se llama melancholia"[4].

> "hic morbus [melancholia] ita dictus fuit propter humorem"[5].

On appelle donc *melancolía* au XVIème et au XVIIème siècle un genre de maladie causée par une humeur mélancolique devenue anormale par sa qualité ou par sa trop grande quantité, et caractérisée par une tristesse profonde, durable et sans cause, qui dépasse l'état de simple passion pour devenir maladie mentale.

1. *Les définitions*

En s'inspirant des autorités, le discours théorique espagnol propose

---

[1] Sur ce point : Aristote, *L'homme de génie et la mélancolie*, introduction de J. Pigeaud, p. 42-43.
[2] B. Montaña de Montserrate, *Libro de la anatomia del hombre*, fol. 96v à 98r. Juan de Aviñón, *Sevillana medicina*, p. 305.
[3] Murillo, *Aprobación de ingenios*, fol. 82 r et v.
[4] Murillo, *Aprobación de ingenios*, fol. 82 v.
[5] Pedro García Carrero, *Disputationes medicae*, p. 232.

plusieurs définitions de la mélancolie. La plus fréquente est celle empruntée –avec une fidélité variable– à Hippocrate (*Aphorismes* VI,23). Elle apparaît chez Gordonio ("el temor y la flaqueza del coraçon sy mucho tiempo dura fazen melanconico"[1]), chez Pedro Mercado ("quando esta tristeza y temor perseveran en alguno por luengo tiempo, teneldo por melancolico"[2]), chez Andrés Velásquez et Pedro García Carrero

> "si la tristeza y miedo dura (sic) mucho tiempo, y se van prolongando, son indicios ciertos de la enfermedad melancholia"[3] .

> "si timor & moestitia longo tempore perseveraverint melancholicum tale est"[4] .

La mélancolie se trouve ainsi définie par une persistance anormale de la tristesse et de la crainte chez l'individu.

Beaucoup d'auteurs, s'inspirant étroitement de Galien, de Paul d'Egine et d'Aretée, décrivent la mélancolie comme un "délire sans fièvre". Cette définition apparaît chez Cristóbal de Vega et Alonso de Santa Cruz :

> "morbum hunc, delirium sine febre, ab humore melancholico, appellant"[5] .

> "Melancholiam (..) delirium quoddam esse sine febre ex melancholico humore maxime nascens, qui mentis sedem occupaverit"[6] .

Andrés Velásquez et Tomás Murillo définissent la mélancolie comme "una enagenacion de entendimiento o razon, sin calentura"[7] . Enfin, Pedro García Carrero et Alexo Abreu caractériseront la mélancolie comme un délire sans fièvre accompagné de crainte et de tristesse :

> "Hic morbus est unus eorum quos refert Galenus (..). Autores vero qui de ipso scripserunt definiunt per symptomata, quantium enim ex illi, licet colligere nihil aliud est quam delirium sine febre, cum metu & tristitia"[8] .

---

[1] Bernardo Gordonio, *Lilio de Medicina*, fol. 56r.

[2] Pedro Mercado, *Diálogos de philosophia...*, fol. 119v.

[3] Andrés Velásquez, *Libro de la melancholia*, fol. 64v- 65r. La même définition est reprise par Murillo, *Aprobación de ingenios*, fol. 98.

[4] Pedro García Carrero, *Disputationes medicae*, p. 232.

[5] Cristóbal de Vega, *Opera*, p. 409.

[6] A. de Santa Cruz, *Dignotio et cura affectuum melancholicorum*, p. 3.

[7] Andrés Velásquez, *Libro de la melancholia*, fol. 55r. La définition est reprise par Murillo, *Aprobación de ingenios*, fol. 88r et v.

[8] P. García Carrero, *Disputationes medicae*, p. 228. Voir aussi Alexo Abreu, *Tratado de las siete enfermedades*, fol. 119 v.

La persistance d'une même formule d'un siècle à l'autre, de Cristóbal de Vega à Murillo en passant par Velásquez et García Carrero, montre le conservatisme du discours sur la mélancolie et sa fidélité aux autorités médicales.

Enfin, un certain nombre de textes proposent d'autres définitions. S'inspirant d'Avicenne (*Canon*, fen I, livre 3, tract. 4, cap. 18), plusieurs auteurs, comme Pedro Mercado, décriront la mélancolie comme "una mudança de la imaginacion, de su curso natural a temor y tristeza"[1] . García Carrero et Santa Cruz définissent la mélancolie de manière similaire :

> "Melancholia est mutatio existimationum, & cogitationum a cursu naturali ad corruptionem, & ad timorem, & ad malitiam"[2] .

> "melancholia mutatio est existimationum & cogitationum a cursu naturali ad corruptionem, ad timorem & ad malitiam"[3] .

Le *Libro de propietatibus rerum* propose une définition de la mélancolie empruntée à Constantin l'Africain :

> "dize costantino en el libro de la malenconia que es une suspeçion que ha la señoria del anima la qual aviene por dolor & por tristeça"[4] .

Toutes ces définitions sont, pour la plupart des formules traditionnelles. La définition de la mélancolie n'est pas une, mais multiple. Toutefois, ces différentes caractérisations convergent toutes dans un sens : la mélancolie apparaît essentiellement comme une maladie de l'esprit.

2. *Une maladie mentale*

Fascinés par l'influence de la bile noire sur l'esprit, les médecins voient surtout dans la mélancolie une maladie mentale, classée parmi les "morbis capitis". Une définition typique de la mélancolie est, de ce point de vue, celle d'Abreu :

> "Melancolía es un enloquecimiento, alienación, sin callentura, nascida del humor melancholico que ocupa el cerebro, y pervierte el entendimiento, acompañada de temor y tristeza"[5] .

---

[1] Pedro Mercado, *Diálogos de philosophia...*, fol. 115v.

[2] P. García Carrero, *Disputationes medicae*, p. 228.

[3] A. de Santa Cruz, *Dignotio et cura affectuum melancholicorum*, p. 3.

[4] B. Anglicus/ V. de Burgos, *Libro de propietatibus rerum*, fol. lviij recto.

[5] Alexo Abreu, *Tratado de las siete enfermedades*, fol. 119 v

L'action sur l'esprit, la perturbation du cerveau semblent être les traits dominants de la maladie mélancolique : Cristóbal de Vega définit la mélancolie comme une maladie froide, dans laquelle le cerveau est enténébré par l'humeur noire[1] ; Santa Cruz –qui affirme que "in melancholia morbo cerebri totius substantiam laedi"[2] –, Velásquez et Murillo décrivent longuement comment la mélancolie corrompt le cerveau, en bouchant ses conduits vitaux, en l'enveloppant de ténèbres et en modifiant sa composition humorale[3]. La plupart des médecins décrivent donc la mélancolie au moyen d'un riche lexique de l'aliénation et du dérangement mental : chez Cristóbal de Vega et Pedro García Carrero la mélancolie est un "délire"[4], chez Andrés Velásquez, elle est une " aliénation" ("enagenacion"[5]), chez Murillo, un "desatino" ou une "mentis alienatio"[6]. Enfin, pour Alonso de Santa Cruz, la mélancolie constitue une aliénation de l'esprit, dans laquelle le cerveau est envahi par la bile noire ("affectus iste alienatio quedam est mentis, à melancholico humore progenitus, mentem ipsam occupans"[7]) tandis que pour Sebastián de Covarrubias elle est une "mentis alienatio ex atrabile nata"[8]. En accord avec la tradition qui considère dans la mélancolie une aliénation mentale, les textes médicaux rapportent de nombreuses historiettes où les mélancoliques apparaissent comme les victimes d'absurdes illusions témoignant du dérangement de leur esprit.

3.   Les symptômes de la mélancolie

Le discours théorique attribue à la mélancolie un certain nombre de *signa*, physiques mais aussi psychologiques, par lesquels elle se rend visible. Ces

---

[1] Cristóbal de Vega, *Opera*, p. 409, pour les deux citations.

[2] A. de Santa Cruz, *Dignotio et cura affectuum melancholicorum*, p. 17.

[3] Andrés Velásquez, *Libro de la melancholia*, fols. 58r- 59v. Murillo, *Aprobación de ingenios*, fol. 92r- 93r.

[4] Cristóbal de Vega, *Opera*, p. 409 ("morbum hunc, delirium sine febre, ab humore melancholico, appellant"); Pedro García Carrero, *Disputationes medicae*, p. 228 ("Hic morbus [...] nihil aliud est quam delirium sine febre, cum metu & tristitia").

[5] A. Velásquez, *Libro de la melancholia*, fol. 55r.

[6] Murillo, *Aprobación de ingenios*, fols. 80r et 88r et v, respectivement.

[7] A. de Santa Cruz, *Dignotio et cura affectuum melancholicorum*, p. 3.

[8] Sebastián de Covarrubias, *Tesoro...*, s. v. "melancolía".

symptômes, largement connus du public lettré, apparaissent dans les textes médicaux mais aussi dans les textes littéraires et les ouvrages de vulgarisation. La mélancolie donne lieu à divers symptômes physiques, s'accompagnant notamment d'un teint noir ou jaunâtre, d'insomnie, de léthargie, d'un amaigrissement important. Elle se caractérise aussi par la crainte et la tristesse, par des accès de la misanthropie, par la haine de soi et des autres, le dégoût de la vie :

"las señales generales son estas que de propiedad de todos los melanconicos es tener odio a esta vida : & fuyen la compañia de los ombres. & son continuamente en tristeza"[1].

"[los melancolicos] temen, estan tristes, aman la soledad, aborrescen los hombres, dessean y procuran la muerte"[2].

"comiençan [los melancholicos] a tener malos pensamientos, y tristezas, sin causa, y temor de cosas que no son de temer, y huyen de las conversaciones"[3].

Pour Sabuco de Nantes :

"la melancolía, (...) [p]one tristezas en el cerebro, y corazón, hace enojarse mucho, de lo cual vienen daños : pone mala condición, trae falsas imaginaciones y sospechas : pone miedo y congojas falsas, y malos sueños : pone cuidados, que dan fatiga sin ser menester"[4].

La plupart des textes insistent sur la pluralité –voire sur le caractère contradictoire– des symptômes de la mélancolie. Il existe, d'après Murillo, mille manifestations différentes de cette maladie, dont la variété est mise en évidence par la reprise anaphorique de "otros" :

"otros se ponen como locos delirantes, y lunaticos, lo qual les sucede, segun la diversidad de sus temperamentos, unos rien perpetuamente hasta que sanan, otros cantan, otros lloran, otros dan vozes, otros tienen mucho sueño, otros perpetuas vigilias, otros vomitan quanto comen, otros saltan, otros sudan, otros tiemblan, otros se pasman"[5].

Les visages de la maladie mélancolique sont multiples. Ses causes sont également très diverses.

4.   *Les causes de la mélancolie*

Bien que le discours médical affirme souvent que la maladie mélancolique

---

[1] Bernardo Gordonio, *Lilio de medicina*, fol. 56r.
[2] Pedro Mercado, *Diálogos de philosophia...*, fol. 119v.
[3] Murillo, *Aprobación de ingenios*, fol. 80r.
[4] Sabuco de Nantes, *Nueva filosofia de la naturaleza del hombre*, p. 98.
[5] Murillo, *Aprobación de ingenios*, fol. 20v.

n'a pas de raison extérieure, trouvant son origine dans la bile noire, la plupart des textes consacrent des passages importants aux causes de la mélancolie. Que celle-ci soit considérée comme une passion, un tempérament ou une maladie, ses causes sont peu ou prou les mêmes, le passage de l'une à l'autre catégorie dépendant en partie, précisément, de l'intensité et de la durée des causes. La plupart des médecins insistent, comme Gordonio, sur leur variété :

> "la causa inmediata [de la mania & melancolia] es humor melanconico corrompido que daña el celebro. Las causas antecedentes son todas aquellas cosas que multiplican la melanconia por sy : o por açidente : asy como por via de quemamiento : o de corrompimiento. Estas cosas son muchas"[1] .

A la suite du *Quod animi mores corporis temperamenta sequantur* de Galien, la pensée médicale distingue, parmi les causes de la santé et de la maladie, les "res naturales" des "sex res non naturales" (l'air et l'environnement, la nourriture et la boisson, l'activité et le repos, le sommeil et la veille, les excrétions et les sécrétions, les passions de l'âme). Les causes de la mélancolie sont donc multiples, physiques et psychologiques, naturelles et non naturelles.

Due le plus souvent à une bile noire surabondante ou de mauvaise qualité, la mélancolie peut trouver sa cause dans le mauvais fonctionnement de certains organes et notamment dans un dérèglement de la rate, chargée d'absorber le surplus d'humeur mélancolique. Une mauvaise digestion-cuisson, donnant lieu à des humeurs crues ou brûlées, est également considérée comme une des causes de mélancolie : Bernardo Gordonio attribue la mélancolie à la "corrupcion de la digestion"[2] et Alexo Abreu accuse une digestion défectueuse, engendrant des "succos encendidos y requemados" ou des "humores crudos e indigestos"[3] . Enfin, la mauvaise évacuation de la bile noire constitue l'une des causes de mélancolie : Gordonio impute la mélancolie au "retenimiento de las superfluydades", lorsque "non se alimpi[a] bien el figado del humor melanconico", ou encore à la "retençion

---

[1] Bernardo Gordonio, *Lilio de medicina*, fol. 55c.
[2] Bernardo Gordonio, *Lilio de medicina*, fol. 55 d.
[3] Alexo Abreu, *Tratado de las siete enfermedades*, fol. 118 r.

de menstruo o almorranas"[1] .

De manière générale, tout ce qui épuise les forces vitales, dessèche et refroidit le corps –ou bien l'échauffe excessivement favorisant la production de bile noire *adusta*– est considéré comme une source de mélancolie. L'environnement et le climat –froid et sec ou chaud et sec– peuvent préparer le terrain de la mélancolie. Ainsi, Huarte ou Bodin considèrent que les peuples méridionaux – habitant des régions chaudes et sèches– sont mélancoliques[2] . Murillo déclare que "la constitucion del aire seca" engendre la mélancolie et que les hommes nés prés de Cordoue sont particulièrement mélancoliques en raison de l'ardeur du climat[3] . Enfin, pour Vives, les demeures sombres ("moradas oscuras")[4] engendrent la mélancolie.

Parmi les causes non naturelles, le régime joue un rôle clé, sur lequel nous reviendrons. L'activité physique et intellectuelle intense, la privation de sommeil et, plus particulièrement, les passions de l'âme, qui consument la chaleur et l'humidité vitales, sont considérées comme des sources fondamentales de mélancolie : Cristóbal de Vega associe la mélancolie aux soucis et à la tristesse[5] ; Gordonio et Murillo attribuent la mélancolie au "temor, tristeza & sus semejantes"[6] ou encore aux "cuydados, tristezas, y afficciones del animo"[7] . Enfin, selon Pedro Mercado, les deuils, les persécutions ou la perte de l'honneur peuvent engendrer la mélancolie si le chagrin se prolonge trop longtemps[8] . Le sommeil et l'oisiveté réchauffent et humidifient l'organisme, mais peuvent aussi, à l'inverse, s'ils sont excessifs, ralentir le sang, l'épaissir et le rendre mélancolique. De même, la semence étant conçue comme venteuse, l'abstinence sexuelle peut donner lieu à la

---

[1] Bernardo Gordonio, *Lilio de medicina*, fol. 55 v.

[2] Huarte, *Examen de ingenios*, p. 414-417. Jean Bodin, *Les six livres de la république*, éd. de Christiane Frémont, Marie Dominique Couzinet et Henri Rochais, Paris, Fayard, 1986, V. p. 43

[3] Murillo, *Aprobación de ingenios*, fols. 83v et 38 r et v, respectivement..

[4] Luis Vives, *Tratado del alma*, dans *Obras completas*, II, p. 1229.

[5] Cristóbal de Vega, *Opera*, p. 409.

[6] Bernardo Gordonio, *Lilio de medicina*, fol. 55v.

[7] Murillo, *Aprobación de ingenios*, fol. 84 r.

[8] Pedro Mercado, *Diálogos de philosophia...*, fols. 119v-120r.

mélancolie, en favorisant l'accumulation dans l'organisme de vapeurs mélancoliques. Mais inversement, le coït pratiqué de manière excessivement fréquente pourra aussi affaiblir et dessécher l'organisme, rendant l'individu mélancolique. Comme la maladie qu'elles provoquent, les causes de la mélancolie sont multiples, relevant autant du corps que de l'âme.

5. *Les trois espèces de mélancolie*

De la même façon que le discours théorique différencie deux espèces de bile noire et deux tempéraments mélancoliques, certains auteurs, comme Murillo, distinguent une mélancolie chaude et une mélancolie froide auxquelles correspondent des thérapies différenciées :

> "Alavan los Autores en la melancholia calida los jaraves de borrajas, endivia y suero de cabras, y en la melancholia fria los jaraves de sumaria, y de melisa"[1] .

Cependant, suivant la tradition galénique, la plupart des médecins, comme A. Velásquez, distinguent trois sortes de mélancolie –la première affectant le cerveau seul, la seconde, le corps et le cerveau, la troisième provenant des hypocondres :

> "esta enfermedad se haze, como dize Galeno, en una de tres maneras, o siendo propia pasion del celebro, de manera que en el se engendre este humor melancholico, por aver mucha intension de calor interno que asse y queme aquella sangre gruessa, negra, y melancholica, otras vezes, se haze y viene a engendrar, por aver vicio comun ; de que nuestra sangre toda se venga a engendrar melancholica (...). Y desta manera se daña tambien el celebro, *per compasionem*. Tercera y ultimamente se daña tambien el celebro subiendo a el vapores gruessos y melancholicos : los quales se engendran (...) de la parte honda del estomago"[2] .

De même, Pedro García Carrero, Luis Mercado et Alexo Abreu différencient trois espèces de maladie mélancolique :

> "melancholiae morbi species tres sunt"[3] .

> "Convenit inter omnes medicos tres esse species melancholiae una sit per propriam cerebri passionem, alia est per consensum toto corpore, alia vero cum hypocondriis"[4] .

> "De la qual melancholia hay tres differencias, la una es, quando la sangre que esta en las venas se haze toda melancholica, y por el tal caso queda el cerebro viciado (...). La otra

---

[1] Murillo, *Aprobación de ingenios*, fol. 137v.
[2] Andrés Velásquez, *Libro de la melancholia*, fol. 57r et v.
[3] Luis Mercado, *Opera Omnia*, t. 3-4, p. 93.
[4] P. García Carrero, *Disputationes medicae*, p. 272.

differencia de la melancholia es quando la sangre del cuerpo, siendo buena, e inculpable, solamente aquella que está en las venas, y partes del cerebro, y lo comunica, es melancholica. (…) La tercera differencia es, quando la sangre que está en las meseraicas situadas entre el estomago, y higado, siendo mucho callente [sic] por razon de la obstruccion con el ardor levantando vapores gruessos y malos cerca del cerebro lo destiempla"[1] .

A l'image de la bile noire et de la complexion mélancolique, la *melancholia morbus* –comme la nomment les théoriciens– n'est pas une, mais plurielle.

La mélancolie, dans chacune de ses acceptions, donne lieu à un éclatement du signifié : la bile noire se scinde en plusieurs humeurs mélancoliques; la mélancolie est une "passión", mais ce terme, loin d'être univoque, désigne à la fois les passions de l'âme, la souffrance et la maladie ; la mélancolie constitue aussi une condition tempéramentale, mais les textes distinguent au moins deux types de complexion mélancolique ; enfin, la mélancolie est une maladie, mais les textes médicaux la divisent en trois espèces. Le discours sur la mélancolie laisse l'impression d'une perpétuelle expansion du sens, d'une infinie prolifération polysémique où la mélancolie n'est jamais une, mais multiple.

---

[1] Alexo Abreu, *Tratado de las siete enfermedades*, fol. 119v-120r. Voir aussi Murillo, *Aprobación de ingenios*, fol. 90r et v.

Chapitre deux : LA MELANCOLIE DANS LES RAPPORTS DU MICROCOSME ET DU MACROCOSME

A. "EN EL CERCO TRISTE DEL DESTERRADO SATURNO"[1] : LE DISCOURS ASTROLOGIQUE

Au XVIème et au XVIIème siècle, l'intérêt pour la mélancolie coïncide avec un développement spectaculaire de l'astrologie. Chaque planète, ainsi que l'explique Jerónimo Cortés, imprime à celui qui naît sous son signe un certain nombre de caractéristiques :

> "por el Planeta que reynava en la hora que cada uno nacia, sacavan y sabian [los Antiguos] la naturaleza, la inclinacion y condicion de cada qual, y para que facultad era apto y conveniente"[2] .

Comme l'expose le *Corbacho*[3], les humeurs et tempéraments sont placés sous le signe des planètes : Saturne est relié à la mélancolie, Jupiter au sang, Mars à la cholère, la Lune au phlegme. Les travaux actuels sur la mélancolie ont souligné ses liens avec Saturne en recourant à des almanachs européens, vraisemblablement peu diffusés dans la Péninsule, ou à des textes médiévaux. Le but de cette étude est de combler partiellement cette lacune à travers l'examen de textes astrologiques espagnols.

---

[1] Baltasar Elisio de Medinilla, *Diálogo de la Poética Española*, cité par Rosa López Torrijos, *La mitología en la pintura española del Siglo de Oro*, Madrid, Cátedra, 1985, p. 303.
[2] Jerónimo Cortés, *Phisonomia y varios secretos de naturaleza*, fols. 87v-88r.
[3] A. Martínez de Toledo, *El Corbacho*, p. 135.

1.   *Saturne, astre de la mélancolie*

Au Siècle d'Or, l'influence des astres sur l'individu, sa santé, ses maladies et, plus généralement, les rapports entre médecine et astrologie font l'objet de vives controverses. En Espagne, quoique le discours médical ne se réfère que rarement à l'astrologie en raison de la nature polémique du sujet, les liens entre Saturne et la mélancolie sont puissants et anciens. Selon le *Libro conplido en los iudizios de las estrellas* : "su natura [de Saturno] es fria e seca, semeia a melanconia"[1]. A la fin du XVIème siècle, Jerónimo Cortés affirme par quatre fois les affinités existant entre Saturne et la mélancolie :

"Saturno (...) es frio y seco, melancolico, terreo (...). Acostumbra este planeta causar en los que son de su naturaleza, aborrecimientos, tristezas, melancolias, ansias, congoxas, espantos, angustias y retraymientos. Tiene dominio sobre los (...) tristes, y melancolicos. (...) Los que nacen debaxo del dominio deste Planeta son de naturaleza fria, y seca (...) son inconstantes, perezosos, tristes, melancolicos"[2].

L'assimilation du mélancolique au saturnien n'est pas le fait des seuls astrologues. Furió Ceriol relie la mélancolie à Saturne, employant indifféremment "saturnino" et "melancólico" :

"los melancólicos están subjetos al planeta Saturno, y es cosa de espanto lo mucho que se aborrescen todos los filósofos y astrólogos con los saturninos, tanto que se tiene por muy cierto que el grande Apolonio Tianeo, en la ciudad de Efeso, halló un melancólico que con sola su presencia había corrompido toda la ciudad"[3].

De même, Alonso de Freylas nomme "Saturninos" les mélancoliques dont le tempérament est froid et sec[4]. Lorsque Saturne n'est pas explicitement rattaché à la mélancolie, les auteurs lui attribuent des propriétés spécifiquement mélancoliques comme le froid, la sécheresse et le caractère terrestre. Andrés de Li et Juan de Carmona Saturne associent Saturne à la sécheresse et à la froideur,

---

[1] Ali Aben Ragel, *Libro conplido en los iudizios de las estrellas*, éd. de Gerold Hilty, Madrid, RAE, 1954, p. 12.
[2] Jerónimo Cortés, *Lunario nuevo, perpetuo y general y pronóstico de los tiempos* (Madrid, Pedro Madrigal, 1598), texte reproduit par Antonio Hurtado Torres, *La astrología en la literatura del Siglo de Oro*, Alicante, Instituto de Estudios Alicantinos, Diputación Provincial de Alicante, 1984, p. 33-34.
[3] Fadrique Furió Ceriol, *El Concejo y consejeros del principe*, p. 333.
[4] Alonso de Freylas, *Si los melancholicos....*, p. 1.

qualités éminemment opposées à la vie :

"Es planeta masculino, su cualidad es fria y seca, contrario de humana composición"[1]

"Saturnus (..) qui frigidus cum sit siccus, omnino vitae principiis opponitur"[2].

Jerónimo Cortés, célèbre pour ses *Lunarios perpetuos*, écrit que "Saturno. (...) es frio y seco, melancólico, térreo, masculino y diurno"[3]. Au XVIIème siècle, Juan de Figueroa réaffirme ces conceptions : "Saturno es frio y seco por la grande distancia que tiene con nosotros y todas sus obras son tardas y pereçosas, segun su movimiento"[4]. L'analyse de la vision de Saturne et du saturnien dans le système de pensée —et en particulier, dans les écrits astrologiques— permet en conséquence d'éclairer la représentation de la mélancolie.

Saturne est lié à la tristesse, à la douleur et au chagrin. Abraham Ben Ezra, né à Tolède en 1092, déclare que Saturne présage l'affliction : "Saturno, en toda natividad, es indicativo de preocupación y sufrimiento"[5]. Pour Andrés de Li et Jerónimo Cortés, Saturne règne sur les souffrances, les peines et les inquiétudes :

"[Saturno] muestra (..) tristura, lloro, sospiro"[6].

"[Saturno] Significa trabajos, hambres, afflictiones. (...). Denota lloros, sospiros (...). Mas adelante representa inquietudes, desassossiegos"[7].

Klibansky, Panofsky et Saxl ont montré que Saturne est identifié au Temps, comme le signale également Andrés de Li :

"Llámase Saturno, de Satur y Annus, que significa año sarto, ca es origen y principio del tiempo que se sarta y cumple por años. (...) Por ende le pintaron [a Saturno] con la hoz en la mano y comiendo sus hijos porque todas las cosas que el tiempo produce él mesmo se las consume y ansí lo honraron por dios de los tiempos"[8].

---

[1] Andrés de Li, *Repertorio de los tiempos* (Tolède, 1546), éd. facsimilé d'Edison Simons, Barcelone, Antoni Bosch, 1978, p. 61.

[2] Juan de Carmona, *Tractatus an Astrologia sit Medicis necessaria*, Séville, Francisco Pérez, 1590, fol. 61 r.

[3] Jerónimo Cortés, *Lunario nuevo, perpetuo y general*, p. 33

[4] Juan de Figueroa, *Opusculo de astrologia en medicina*, Lima, 1660, fol. 7 r.

[5] Abraham Ben Ezra, *De nativitatibus*, dans Messalah/ Ben Ezra, *Textos astrológicos medievales*, trad. de D. Santos, s. l., éd. Barath, 1981, p. 171.

[6] Andrés de Li, *Repertorio de los tiempos*, p. 61.

[7] Jerónimo Cortés, *Lunario nuevo, perpetuo y general*, p. 33.

[8] Andrés de Li, *Repertorio de los tiempos*, p. 61.

Saturne est l'astre de la tristesse, de la vieillesse, de l'envie, de la taciturnité, de la misanthropie, de la malignité et de la maladie :

> "Saturno es la planeta vieio, grant, cansado, planeta de despreciamiento e de cuydados e de tristezas e de enfermedades luengas (...) . Es seco e envidioso, tiene luenga sanna, de poca fabla, non quiere companna, quiere estar sennero e apartado. Non a entendimiento ligero, es mintroso e traydor"[1] .

Il est la planète lente ("tarda") par excellence :

> "[Saturno] es (...) perezoso, medroso en sos fechos e en sos movimientos"[2] .

Il présage les incendies, la haine, la cruauté, la mort, les guerres, les discordes, la dévastation des récoltes ;

> "[Saturno] Quando es en la primera faz de Aries es de afeytado parecer e de pintada vista e precia's de matanças e de batallas. E en la segunda faz de Aries enciende los fuegos e mete guerras entre los omnes e mal querencias entre unos y otros (...) e faze las cosas aborrecidas. E en la tercera faz de Aries danna las cosas sembradas e arranca los arboles e yerma los poblaciones"[3] .

Il règne également sur la faiblesse, l'infériorité, la tristesse, la misère et la carence :

> "E en amas las otras fazes de Tauro [Saturno] es vieio, flaco, de miembros dannados, de cuerpo cansado e de dannada fuerça e llama bozes de fazer duelo sobre si mismo. E en todo Gemini es de mala qualidat e triste e endolorido e de angosta vida e mal parada fazienda"[4] .
> "E en todas las fazes de Sagitario es grant, cansado, de miembros dannados, de espinazo corvo, de parecida pobreza e de manifiesta mezquindat. En la primera faz de Capricornio es dolorido e cuetoso de grandes cuetas, despreciado, triste, caydo, llora e messa sus cabellos"[5] .

Toutefois, la représentation que les textes astrologiques proposent de l'astre de la mélancolie ne laisse pas d'être profondément ambigüe. Saturne est le seigneur de la monstruosité (la plupart des textes le décrivent d'ailleurs sous les traits d'un boiteux), des crimes, de la pauvreté, de la vilenie, du deuil et du chagrin mais aussi du pouvoir, de la noblesse et de la souveraineté :

> "E en todo Cancer [Saturno] es de muy feo rostro e de maravillosa criatura en su forma e en su parecer que se espantan de su figura e maravillan-se quantos le veen e quantos oen (sic) d'el fablar. En la primera faz de Leon muestra trevença e fuerça e sofrimientos e el ama duelos e miedos. E en la segunda faz de Leon muestra ley e llora sos pecados. E en la

---

[1] Ali Aben Ragel, *Libro conplido en los iudizios de las estrellas*, p. 12.
[2] Ali Aben Ragel, *Libro conplido en los iudizios de las estrellas*, p. 12.
[3] Ali Aben Ragel, *Libro conplido en los iudizios de las estrellas*, p. 12.
[4] Ali Aben Ragel, *Libro conplido en los iudizios de las estrellas*, p. 12.
[5] Ali Aben Ragel, *Libro conplido en los iudizios de las estrellas*, p. 12-13.

tercera faz de Leon es pobre, despeciado e medroso. En la primera faz de Virgo es dolorido, de miembros dannados, de muchos cuedados e tristezas, non a fuerça ninguna ni movimiento ninguno. En la segunda faz de Virgo precia's (..) de las cosas que non puede fazer ni complir ni llegar a ellas. En la tercera faz de Virgo es de mala fazienda e parecida pobreza, pide a los omnes por mercet que coma. En la primera faz de Libra es sennor de regno e de alteza e corona e nobleza e sennorio. En la segunda faz de Libra es sennor de matanças e de batallas e de vencimientos (...). E en la tercera faz de Libra es pobre e mezquino, triste, cuetoso, desnuyo, descubierta su verguença e llama llorando e planniendo sobre si. En la primera faz de Escorpion ama tirar de ballesta e caçar e cavalleria. En la segunda faz de Escorpion es matador e afogador e envidioso. En la tercera faz de Escorpion es de maravillosa criatura e fea e de mucho mal e de mucha varaia, faze en los omnes malhetrias e cosas aborrecidas e malas"[1] .

Au XVIIème siècle, Juan de Figueroa développe une vision ambivalente de Saturne, l'associant, selon ses différentes positions, à l'avarice, à la servitude, à la vilenie et au mal, mais aussi à la retraite, à la constance, aux voyages et à la connaissance :

"La tercera decuria de Tauro tiene Saturno y significa miseria, servidumbre, fiereza y vileza. (...) La primera decuria de Leo tiene Saturno, significa crueldad, malhechores, atrevimiento y luxuria. (...) La segunda [decuria de Libra] tiene Saturno, significa quietud y vida tranquila. (...) La tercera [decuria de Sagitario], significa pertinacia, no ceder a otros, sino atreverse a si y vestirse de sus desseos y dictamen. (...) La primera decuria de Piscis es de Saturno, significa conocimiento de muchas cosas, viajes, buscar hazienda y cosas necessarias para la vida humana"[2] .

Saturne est associé à la vieillesse, à la mort, à l'impureté, aux mauvaises intentions, à la tristesse, à l'avarice, à la paresse et à la crainte, mais aussi à la persévérance et aux trésors enfouis :

"Saturno tiene (...) los tesoros escondidos, edificios, casas viejas y obras impuras, la tenazidad, herencias de muertos, las deudas, las carceles, la hazienda agena, las asechanzas, la pereça, el miedo, servidumbre, injurias, mentiras, tristeza, avaricia, animo doblado y mala voluntad"[3] .

Pour Pedro Mexía, Saturne est la planète la plus lente, mais aussi la plus haute; il règne sur la grande vieillesse, âge de la décrépitude mais aussi des "grandes y profundos pensamientos" et du "desseo de experimentar grandes secretos y cosas escondidas" :

"La septima y postrimera de las hedades ponen y señalan desde sessenta y ocho hasta noventa y ocho, y pocos son los que la acaban. Llámase hedad caduca y decrépita ; manda

---

[1] Ali Aben Ragel, *Libro conplido en los iudizios de las estrellas*, p. 12-13.

[2] Juan de Figueroa, *Opusculo de astrologia en medicina*, fols. 12r à 13v.

[3] Juan de Figueroa, *Opusculo de astrologia en medicina*, fols. 22 r et v.

en ella el más tarde y más alto planeta de todos, llamado Saturno. Su complisión es fría y seca y melancólica, triste, enojosa ; sus effectos son soledad y guardar la yra y enojo, enflaquescer la memoria y las fuerças, dar congoxas y tristezas, largas y dolorosas enfermedades, grandes y profundos pensamientos, desseo de experimentar grandes secretos y cosas escondidas"[1].

Comme Janus, Saturne a un double visage. Toutefois, le plus souvent, les textes s'accordent à fournir de l'astre de la mélancolie une vision éminemment critique.

2. *Une planète funeste*

Dans la plupart des textes théoriques, Saturne apparaît comme un astre ennemi. Villalobos évoque "Saturno, enemigo muy fiero"[2] et Leone Hebreo, suivant une tradition astrologique ancienne, oppose les planètes bénéfiques (Jupiter et Vénus) aux planètes maléfiques (Saturne et Mars)[3]. Dans le *Libro conplido en los iudizios de las estrellas*, Saturne commande aux dangers et à la vie brève :

"[Saturno] mingua la vida del nacido e danna su criança".

"El qui mas occasiones e mas entrepieços a es el quïs enclina a Saturno".

"Quando a Luna fuere creciente en lumbre e ayuntada de cuerpo con Mars, e mayormiente en Aries, significa poca vida e otrossi significa cuando fuere con Saturno"[4].

Saturne préside aux inimitiés : chez Ben Ezra, Saturne et Mars "indican controversias y molestias por parte de los amigos"[5] ; pour Juan de Figueroa, Saturne règne sur "los enemigos ocultos, las carceles, tristeças, adversidades (...) y turbaciones, trabajos, invidias y dificultades"[6]. Saturne est donc associé à la haine et à l'exclusion :

"Quando [el astrologo] catare (...) Saturno de noche (...) significa que los padres aborreceran el nacido y echarlo an de su poder"[7].

Chez Cesare Ripa, Saturne est l'emblème de la mauvaise inclination :

---

[1] Pero Mexía, *Silva de varia lección*, I, p. 522-523.

[2] F. López de Villalobos, *Tratado sobre las pestiferas buvas*, dans *Algunas obras del doctor Francisco López de Villalobos*, p. 455.

[3] Leone Hebreo, *Diálogos de amor*, éd. de David Romano, Barcelone, Janés, 1953, p. 76.

[4] Ali Aben Ragel, *Libro conplido en los iudizios de las estrellas*, p. 12, 25 et 164, respectivement.

[5] Ben Ezra, *De nativitatibus* dans Messalah/ Ben Ezra *Textos astrológicos medievales*, p. 226.

[6] Juan de Figueroa, *Opusculo de astrologia en medicina*, fols. 19r à 22r.

[7] Ali Aben Ragel, *Libro conplido en los iudizios de las estrellas*, p. 25 et 164, respectivement.

"Les deux Estoilles qu'elle [l'Inclination] a sur la teste marquent les Planetes de Iupiter & de Saturne ; dont la premiere est aussi benigne de sa nature, que la seconde est nuisible et malencontreuse"[1].

En raison de ses qualités mélancoliques –la sécheresse et froideur–, opposées à la vie, Saturne est une planète ennemie, associée à la mort en général et plus particulièrement au trépas vil et obscur : l'astre de la mélancolie commande à la mort par noyade[2], par pendaison, "por carcel e por penas"[3] et indique "que el nacido morra fuera de su villa menguado e despreciado"[4].

Saturne règne sur la stérilité, la destruction, la carence :

"Saturno [indica] infortunio mayor por su frialdad, y sequedad, es dañoso a nuestro temperamento, y a los animales de quien nos servimos, a nuestros frutos, y hazienda, y favorece lo contrario y a todo lo de su qualidad"[5].

"[Saturno] es enemigo de natura humana, por su naturaleza. Significa trabajos, hambres afliciones, esterelidades en los años, y carestias en los mantenimientos. (...) Y si por suerte el año entrase en Sabado, sera seco y esteril de mantenimientos (...). Demuestra que en tal año avra penuria de trigo, cogerse ha poco vino y menos azeyte : de miel sera casi nada la cogida (...), muchos viejos y caducos acabaran sus dias el tal año, por serles el tiempo contrario en demasia. Denota mortadad en los ganados menudos, y mas en el ouejuno, y en los gusanos de seda"[6].

Chez Juan de Carmona, il commande à la stérilité, aux avortements et aux naissances prématurées :

"Quippe qui libro quarundam inanium quaestionem ait, ob id octimestrem partum vivere non posse quia tunc foetui Saturnus prae est : qui frigidus cum sit siccus, omnino vitae principiis opponitur" (...) "Iterum Saturnus octimestres regat "[7].

Associé aux inimitiés, à la mort, à la maladie, Saturne apparaît comme une planète essentiellement funeste. Toutefois, malgré une vision globalement critique, certains textes lui attribuent aussi des traits positifs.

---

[1] Cesare Ripa, *Iconologie*, éd. facs. (1643), Paris, Aux Amateurs de Livres, 1987, p. 92. L'emblème correspondant est situé p. 91.

[2] Abraham Ben Ezra, *De nativitatibus*, dans Messalah/ Ben Ezra, *Textos astrológicos medievales*, p. 212.

[3] Ali Aben Ragel, *Libro conplido en los iudizios de las estrellas*, p. 235.

[4] Ali Aben Ragel, *Libro conplido en los iudizios de las estrellas*, p. 234.

[5] Juan de Figueroa, *Opusculo de astrologia en medicina*, fol. 7v.

[6] Jerónimo Cortés, *Lunario nuevo, perpetuo y general*, p. 33-34.

[7] Juan de Carmona, *Tractatus an astrologia sit medicis necessaria*, fols. 61r et 62r.

3. *Saturne, planète bénéfique*

Pour l'astrologie médiévale, Saturne est associé à la science, au savoir, aux pères et aux frères, à l'héritage[1]. Saturne est aussi le maître de l'Age d'Or et de la fertilité agricole :

> "Otros dijeron que Saturno quiere decir tanto como sembrador, ca el primero que demostró de sembrar, arar, enjerir en Italia fue él"[2].

L'astre de la mélancolie commande à la connaissance, aux sciences occultes – comme l'alchimie– et au savoir des principes fondamentaux :

> "La novena casa da juicio sobre la ciencia y fe religiosa : Saturno en ella, aspectando al señor del Ascendente, el sujeto busca la ciencia sobre cosas invariables y fundamentales, como la filosofia y la alquimia"[3].

Saturne préside aux choses anciennes et au passé, mais aussi à la mémoire et la réflexion : pour Andrés de Li, il règne "sobre el pensamiento del hombre"[4] et, selon le *Libro conplido en los iudizios de las estrellas*, le saturnien est doué d'une intelligence et d'une mémoire particulièrement subtile[5]. Saturne s'associe aussi à la prudence et à la sagacité. Parmi la "cour des planètes" qu'établit Juan de Figueroa, il incarne la sagesse du conseiller :

> "El Sol es el rey, la Luna la reyna, Saturno el consejero, Iupiter el governador, Marte el Maestro de la Milicia, Mercurio el orador, y Venus el Deleite"[6].

Le passage qu'Hébreu consacre à Saturne met en relief l'ambivalence de son influence. Saturne est relié à la terre (l'élément le plus bas et le plus vil) et au plomb mais il est aussi la planète la plus proche du ciel ; il est l'astre du malheur et celui du savoir et de l'accession à la transcendance ; il règne sur l'humble laboureur et sur le grand savant :

> "Por una parte es [Saturno] hijo del Cielo, porque es el primer planeta, el más próximo al cielo estrellado, el cielo por antonomasia, que rodea, como padre a todos los planetas. Pero Saturno tiene muchas semejanzas con la Tierra : primero, por su color plomizo, que tira al

---

[1] Messalah/ Ben Ezra, *Textos astrológicos medievales*, p. 251.

[2] Andrés de Li, *Repertorio de los tiempos*, p. 60-61.

[3] Abraham Ben Ezra, *De nativitatibus*, dans Messalah/ Ben Ezra, *Textos astrológicos medievales*, p. 216.

[4] Andrés de Li, *Repertorio de los tiempos*, p. 61.

[5] Ali Aben Ragel, *Libro conplido en los iudizios de las estrellas*, p. 12.

[6] Juan de Figueroa, *Opusculo de astrologia en medicina*, fol. 6v.

terrestre ; luego, porque de entre todos los planetas errantes es el más lento en su movimiento, al igual que la tierra es de entre todos los elementos el más pesado (...). Además de esto, Saturno se parece a la tierra por su temperatura y constitución que es fría y seca (...). Se le representa viejo, triste y feo, con aspecto meditabundo, mal vestido, con una hoz en la mano, porque así son los hombres sobre los que domina, y la hoz es un instrumento de la agricultura a la cual los hace inclinados. Por otra parte, proporciona gran ingenio, pensamientos profundos, verdadera ciencia, consejos rectos y ánimo constante, por la mezcla de la naturaleza celeste del padre y la terrena de la madre. Finalmente, por parte de padre, otorga la divinidad del alma, y por parte de la madre, la fealdad y ruina del cuerpo ; por ello significa pobreza, muerte, sepultura y cosas escondidas bajo tierra, carentes de apariencia y adorno corpóreo"[1] .

Présidant à la stérilité et à la destruction mais aussi à la fécondité agricole, à la bassesse terrestre mais également au domaine céleste, au chagrin et à la science, Saturne se dote, dans les textes théoriques, de la même ambivalence que la mélancolie.

B.   LES ENFANTS DE SATURNE

La tradition astrologique occidentale attribue à Saturne diverses professions et occupations humaines accomplies par ses "enfants". Dans le *De Nativitatibus* de Ben Ezra, il est déclaré que Saturne règne sur l'alchimie, la philosophie, les serfs, les "hombres inútiles", le marin, l'ouvrier, l'architecte, le géomètre ("agrimensor"), le fossoyeur et le puisatier ("enterrador o cavador de pozos")[2], c'est-à-dire sur des professions souvent basses, en rapport avec l'eau, la terre et la mesure. Le *Libro conplido en los iudicios de las estrellas* place sous le signe de l'astre de la mélancolie les métiers de la terre et de la construction ("en la segunda faz e en la tercera de Capricornio [Saturno] ama edificar e sembrar e plantar e poblar"), les gens bas ("será el nacido suzio, baxo despreciado"), les brigands, les sorciers et nécromanciens ("[Saturno] faze fechizos de legar e nigromancias e maravillas") ainsi que ceux qui guident les aveugles et aident les éclopés[3]. Au XVème siècle, Andrés de Li attribue à Saturne les humbles, les ermites, les gens âgés, les laboureurs, architectes, tanneurs, esclaves et les

---

[1] Léon Hebreo, *Diálogos de amor*, p. 85.
[2] Abraham Ben Ezra, *De Nativitatibus*, dans Messalah/ Ben Ezra, *Textos astrológicos medievales*, p. 216, 223 et 230.

fossoyeurs :

> "[Saturno] Tiene dominio en los hombres sobre los ermitaños, viejos, labradores, maestros de casas, zurradores, esclavos y personas de poca estimación y sobre los que fazen mortajas y huesas"[1] .

Pour Jerónimo Cortés,

> "[Saturno] tiene dominio sobre los viejos, caducos, y solitarios, sobre los avaros, usureros, tristes, y melancolicos, sobre los hombres viles, apocados, miseros y desconfiados : sobre los glotones, hechizeros, magicos y nigromanticos"[2] .

Pour Juan de Figueroa,

> "Saturno tiene la agricultura, labrança, y frutos de la tierra, los socabones y labores de minas"[3] .

> "[Saturno tiene] de las personas los viejos, labradores, cavadores, mineros, lapidarios, curtidores, olleros, sospechosos, invidiosos, taciturnos (...), pertinaces, solitarios, atalayas, asechadores y avaros"[4] .

Enfin, Saturne est aussi la planète des juifs et des musulmans. Dans le *De verbo mirifico*, publié en 1494, Johannes Reuchlin place le juif sous le signe de Saturne[5] . Pour Ben Ezra, Saturne indique la religion juive et musulmane et la non-observance de la foi chrétienne :

> "Saturno en la novena, en la carta natal de los judíos, indica su fe, constantemente observada. En la de los cristianos indica el desprecio de su Fe. También en la carta de los sarracenos confirma su Fe"[6] .

Ali Aben Ragel attribue à Saturne la "ley iudiega"[7] et Juan de Figueroa place les juifs et les musulmans sous le signe de l'astre de la mélancolie[8] . Les liens reliant Saturne au judaïsme et à l'Islam sont riches de sens. Pour les penseurs espagnols, l'astre de la mélancolie se trouve ainsi associé aux individus les plus vils et méprisables, mais aussi à ceux que l'on considérait comme les maîtres du savoir

---

[3] Ali Aben Ragel, *Libro conplido en los iudizios de las estrellas*, p. 12-13 et 184.

[1] Andrés de Li, *Repertorio de los tiempos*, p. 61.

[2] Jerónimo Cortés, *Lunario nuevo, perpetuo y general*, p. 33.

[3] Juan de Figueroa, *Opusculo de astrologia en medicina*, fol. 22 r et v.

[4] Juan de Figueroa, *Opusculo de astrologia en medicina*, fol. 22 r et v.

[5] D'après Frances Amelia Yates, *La philosophie occulte à l'époque élisabéthaine*, trad. de Laure de Lestrange, Paris, Dervy Livres, 1987, p. 41.

[6] Ben Ezra, *De nativitatibus*, dans Messalah/ Ben Ezra, *Textos astrológicos medievales*, p. 217.

[7] Ali Aben Ragel, *Libro conplido en los iudizios de las estrellas*, p. 12.

[8] Juan de Figueroa, *Opusculo de astrologia en medicina*, fol. 22 r et v.

alchimique et des sciences occultes : dans le système de représentation du XVIème et du XVIIème siècle Saturne règne sur la plus grande infamie mais aussi sur les êtres les plus élevés et les choses les plus admirables.

C.   PORTRAITS DU SATURNIEN

Saturne imprime à l'homme né sous son influence un certain nombre de caractéristiques qui le rapprochent du mélancolique. Le *Livre des secrets* d'Albert le Grand élabore un portrait très péjoratif du saturnien :

> "Saturne, qui est plus élevé, plus obscur, plus pesant et plus lent que toutes les autres planettes, fait que celui qui naît sous sa domination a le corps de couleur obscure, les cheveux noirs et gros, la tête grosse et barbue, l'estomac petit; il a aussi des fentes aux talons; à l'égard de l'âme, il est méchant, perfide et traître, mélancolique et de mauvaise vie : il aime l'ordure, et se plaît à avoir de méchans habits; il n'est point sujet à la luxure ni à la paillardise; au contraire, il la hait. En un mot, l'on peut dire, suivant le sentiment de mon maître, qui est fort expérimenté dans cette science, que tout homme qui vient au monde sous la planette de Saturne a toutes les mauvaises qualités du corps et de l'âme"[1] .

Le *Libro conplido en los iudizios de las estrellas* le décrit en ces termes :

> "Saturno : bazo, de gordos beços, de grandes oios e en alguno d'ellos tacha, e el a un oio menor que el otro, crespo, de gran faz, de feo catamiento, diversos dientes, e de pies resquebraiados de fendeduras. E vencera en su complexion friura con humidat si fuere oriental, e friura con sequedat, si fuere occidental"[2] .

Chez Andrés de Li et chez Jerónimo Cortés, les traits du saturnien correspondent globalement au portrait médical du mélancolique :

> "el que tuviere por señor aqueste planeta, sin ayuntamiento de otro ninguno será hombre alto de cuerpo, los cabellos negros y crespos, y terná pelos pro en los pechos, las narices anchas, vergonzoso y hombre de mucho trabajo y poco provecho, que estimará la honra"[3] .

> "Los que nacen debaxo de dominio deste Planeta [Saturno] son de naturaleza fria, y seca, suelen tener el rostro grande y feo, los ojos medianos e inclinados hazia la tierra, y el uno tiene mayor que el otro, las narizes carnosas, los labios gruessos, las cejas juntas, el color del rostro bruno, los cabellos negros, algo crespos, duros y asperos, los dientes desiguales, los pechos vellosos, las piernas luengas y no muy derechas, son neruisos [sic], y enxutos, las venas sotiles, pero muy descubiertas. Y si por suerte Saturno estuviere occidental, haze los hombres de pequeña estatura, macilentos, de pocas barbas, y de cabellos claros, y llanos, son cogitabundos, y de profundos pensamientos, y amigos de agricultura, son inconstantes, perezosos, tristes, melancolicos, llenos de engaños, perfidos, y segun el

[1] Albert le Grand, *Les admirables secrets d'Albert le Grand contenant plusieurs traités sur la conception des femmes, sur les vertus des herbes, des pierres précieuses et des animaux*, Lyon, Héritiers de Béringos Fratres, 1804, p. 26-27.

[2] Ali Aben Ragel, *Libro conplido en los iudizios de las estrellas*, p. 180.

[3] Andrés de Li, *Repertorio de los tiempos*, p. 61.

Filosofo, son muy luxuriosos, por la mucha ventosidad que en las complexiones de los tales se engrendra [sic] : aman la soledad, y aborrecen los bullicios, y regozijos, y contentos, enojanse poco, y durales muy mucho, y con difficultad les passa"[1] .

En effectuant cette association, le discours astrologique ne faisait que suivre une tradition établie de longue date, depuis les débuts de l'astrologie arabe. Comme le mélancolique, le saturnien est l'objet, dans l'Espagne du XVIème et du XVIIème siècle, d'une vision ambivalente où prédominent toutefois les aspects funestes : à la réhabilitation de Saturne développée par le néoplatonisme florentin, les auteurs espagnols préfèrent une vision traditionnelle, héritée de l'astrologie médiévale, où Saturne apparaît le plus souvent comme une planète maligne.

D.   LA MELANCOLIE ET LE MICROCOSME

Le monde, tel que le représente la Renaissance, est un univers de correspondances, où le microcosme humain et le macrocosme concordent. Comme l'explique Sabuco de Nantes, "llamaron los antiguos al hombre Microcosmo (que dice mundo pequeño) por la similitud que tiene con el Macrocosmo (que dice mundo grande, que es este mundo que vemos)"[2] . Autour des humeurs se tisse donc un réseau de relations les rattachant à divers éléments du macrocosme et du microcosme.

A chacun des quatre âges de la vie correspond une humeur dominante. La mélancolie, froide et sèche, se trouve associée à la vieillesse et à la décrépitude :

"Los muchachos tienen el temperamento sanguineo, porque exceden en humedad y calor (…). Los mancebos son calidos, y no muy humedos, y por eso declinan en colericos, y en siendo ya hombres son mas templados (…). Los viejos son melancholicos, y por esso tardos y morosos, por aver contraido ya mayor frialdad, y sequedad, y por esta razon las enfermedades frias son en ellos muy dañosas y rebeldes"[3] .

Pour Gracián, la vieillesse est l'âge mélancolique :

"-He allí -dixo el Jano- el antiguo palacio de Vejecia.
-Bien se da a conocer -le respondieron- en lo melancólico y desapacible"[4] .

---

[1] Jerónimo Cortés, *Lunario nuevo, perpetuo y general*, p. 34.
[2] Miguel Sabuco de Nantes, *Nueva filosofía de la naturaleza del hombre*, p. 209.
[3] Murillo, *Aprobación de ingenios*, fol. 14r et v.
[4] Baltasar Gracián, *El Criticón*, éd. de Santos Alonso, Madrid, Cátedra, 1984, p. 550.

A travers son association à la vieillesse, la mélancolie est reliée à la mort, à la lenteur saturnienne des gens âgés, aux vices du vieil âge –notamment à l'avarice et à la pusillanimité–, à ses vertus (comme la prudence et la sagesse) ainsi qu'à ses maladies, pour l'essentiel froides et sèches.

La mélancolie et Saturne sont également rattachés à diverses parties du corps. Alcabitius associe à Saturne "l'oreille droite, le dos, les genoux (…) la vésicule, la rate, les os"[1] et Ben Ezra lui attribue l'oreille droite et la rate[2]. Pour le *Libro conplido en los iudizios de las estrellas*, "Saturno [a] la oreia diestra e el baço e la vexiga e la flema"[3]. Enfin, chez Giulio Camillo, Saturne règne sur les genoux et les jambes[4].

Un organe, la rate, est associé de manière privilégiée à la mélancolie et à Saturne. La rate est chargée de purger de l'excès de bile noire, mais aussi de la produire et de la distiller dans l'organisme pour éveiller l'appétit :

> "E dizen algunos que el baço ha dos venas de las quales la una tira assi la colera negra de la sangre que es en el higado & por la otra lo envia al estomago quanto le falta para confortar su apetito"[5].

> "ordinariamente el oficio del baço es atraer para si, y para su alimento, y nutricion la sangre melancholica, como enseña Galeno (…) que el baço engendra sangre melancholica"[6].

Selon la belle image de Platon la rate sert à "tenir toujours brillant et net" le foie "comme une éponge à essuyer, faite exprès pour ce miroir et toujours prête à côté de lui"[7]. Organe mélancolique par excellence, la rate est localisée du côté opposé au foie et constitue son exacte antithèse : alors que le foie est l'organe noble, relié au sang, la rate apparaît comme un organe bas, considéré comme l'éboueur de

---

[1] D'après Klibansky, Panofsky, Saxl, *Saturne et la mélancolie*, p. 208-209.

[2] Ben Ezra, *De nativitatibus*, dans Messalah / Ben Ezra, *Textos astrológicos medievales*, p. 200.

[3] Ali Aben Ragel, *Libro conplido en los iudizios de las estrellas*, p. 24.

[4] Giulio Camillo, *Théâtre de la mémoire* (1582) d'après Frances Amelia Yates, *L'Art de la mémoire*, trad. de Daniel Arasse, Paris, Gallimard, 1975, dépliant sans pagination. L'ouvrage de Camillo est commenté aux p. 144 et suiv.

[5] B. Anglicus/ V. de Burgos, *Libro de propietatibus rerum*, fol. hvij.

[6] Murillo, *Aprobación de ingenios*, fol. 104v. Voir aussi G. Bravo de Sobremonte, *Resolutionum & consultationum medicarum*, p. 73 et 331.

[7] Platon, *Timée*, 72 c. Cité par François Azouvi, "La peste, la mélancolie et l'imaginaire réglé".

l'organisme. Employant un lexique du déchet et du nettoyage, les descriptions de la rate associent la bile noire à l'imagerie de la substance excrémentielle et impure :

"el baço, cuyo officio es principalemente alimpiar de la sangre el umor melancolico superfluo que se engendra en el estomago"[1] .

"La sustançia del baço es rala & espongosa afin que mejor atraya el humor sucio de la sangre del higado"[2] .

"los animales tienen del bazo para sumidero de la melancolía"[3] .

Pour Juan de Pineda, la rate, siège de la mélancolie, est un organe funeste et malin, que la Providence a heureusement éloigné des autres parties de l'organisme[4]. Considérée comme un organe grossier, noir, voire malodorant, situé du côté gauche –le côté funeste–, la rate fait l'objet d'une vision largement péjorative.

Saturne et la mélancolie sont également liés aux hémorroïdes. L'influence de Saturne provoque des hémorroïdes[5] et, pour les médecins, la bile noire s'accumule dans cette partie du corps[6] . En cas d'hémorroïdes, Chirino de Cuenca recommande d'éviter les aliments mélancoliques ("escusar las viandas malencónicas e espesas"[7]). Alonso de Santa Cruz consacre plusieurs pages à la relation entre les hémorroïdes et la mélancolie[8], affirmant que la première apparaît souvent lorsque les secondes –remplies de sang mélancolique– cessent de saigner et d'évacuer l'humeur noire. C'est pourquoi le rétablissement du flux hémorroïdal sera l'un des remèdes à la mélancolie. Associée aux genoux, aux hémorroïdes, à la rate, la mélancolie est donc liée aux parties les plus humbles et basses de l'organisme. Le système de représentation oppose implicitement les organes nobles et élevés,

---

Diogène, n° 108 (oct.-déc. 1979), p. 133.

[1] B. Montaña de Montserrate, *Libro de la anatomia del hombre*, fol. 56r.

[2] B. Anglicus/ V. de Burgos, *Libro de propietatibus rerum*, fol. hvij recto et verso.

[3] Juan de Pineda, *Diálogos familiares de la agricultura cristiana*, Madrid, BAE, 1963-1964, vol. II, p. 223-224.

[4] Juan de Pineda, *Diálogos familiares de la agricultura cristiana*, vol. II, p. 223-224.

[5] Ali Aben Ragel, *Libro conplido en los iudizios de las estrellas*, p. 224.

[6] F. López de Villalobos, *Sumario de la Medicina*, p. 388. Murillo, *Aprobación de ingenios*, fol. 105r. P. García Carrero, *Disputationes medicae*, p. 243.

[7] A. Chirino de Cuenca, *Menor daño de la medicina*, p. 196.

[8] A. de Santa Cruz, *Dignotio et cura affectuum melancholicorum*, p. 18 et 29. Ces affirmations seront reprises par Gaspar Bravo de Sobremonte, *Resolutionum & Consultationum Medicarum*, p.

associés au sang, au Soleil et à Jupiter –le foie, l'oeil droit, le coeur–, aux organes vils reliés à Saturne et à la mélancolie.

E.   LA MELANCOLIE ET LE MACROCOSME

Suivant un réseau de relations codifié et parfaitement connu du public lettré, la mélancolie est aussi liée à différents éléments du cosmos. *El Fénix de Minerva* de Juan Velásquez de Azevedo –un manuel consacré à l'*ars memoriae*– relie les quatre humeurs aux quatre vents, aux quatre âges de la vie, aux quatre régions du monde, aux quatre éléments et aux quatre saisons suivant le schéma suivant[1] :

cholère	sang	phlegme	mélancolie
JEUNESSE	ADOLESCENCE	AGE MUR	VIEILLESSE
ORIENT	MIDI	OCCIDENT	SEPTENTRION
VENT D'EST ("EURO")	AUSTER	ZEPHYR	BOREE
FEU	AIR	EAU	TERRE
ETE	PRINTEMPS	HIVER	AUTOMNE

Autour des humeurs se crée un réseau de correspondances qui les associe aux quatre éléments, aux quatre qualités fondamentales, aux mois de l'année, aux couleurs, aux saisons, aux moments de la journée. La cholère est liée à la vésicule biliaire, au feu, à l'été, à la jeunesse, à Mars et au signe du Lion ; le sang est rattaché au foie, à l'air, au printemps, à l'enfance ou à la jeunesse, à Jupiter et à la Balance ; le phlegme est associé aux reins ou aux poumons, à l'eau, à la Lune, à la Vierge, à l'automne et à l'âge mûr –parfois à l'hiver et à la vieillesse. La mélancolie est liée à la terre, au froid et au sec, à la couleur noire, mais aussi à diverses périodes de l'année, de la semaine ou de la journée.

723.
[1] Juan Velásquez de Azevedo, *El Fénix de Minerva y arte de memoria*, Madrid, Juan González, 1626, p. 103.

1. La temporalité de la mélancolie : la mélancolie, les saisons, les jours et les moments de la journée

Dans le système de pensée de la Renaissance chaque humeur règne sur une saison et la mélancolie apparaît associée à l'automne et/ou l'hiver. Livin Lemnius et le *Libro de propietatibus rerum* font de l'hiver la saison du phlegme et de l'automne celle de la mélancolie[1]. De même, pour Jerónimo Cortés, le sang règne au printemps, la cholère en été, le phlegme en hiver et la mélancolie en automne :

> "Las terceras temporas estan ordenadas por setiembre, para que se reprima en nosotros el humor melancolico que en tal tiempo suele predominar, y causar moynas, tristezas, pesadumbre y avaricia, y aun sospechas y desesperaciones, y mas en los que son de naturaleza melancoli[c]a"[2].

Andrés de León et Luis de Granada relient la mélancolie aux mois d'automne :

> "Setiembre, Otubre y Noviembre (...) son frios y secos : corresponden a la Melancolia (...), como la melancolia corresponde a la tierra"[3].
> "y para la melancolía los tres del otoño, que son secos como ella lo es, "[4]

Cependant, d'autres auteurs associeront la mélancolie à l'hiver. Pour Conrad Celtes, le sang est lié au printemps, la cholère à l'été, le phlegme à l'automne, la mélancolie à l'hiver[5]. Pour les astrologues médiévaux, Saturne indique un hiver froid et rigoureux[6] et Cesare Ripa représente l'hiver sous les traits d'une vieille femme mélancolique[7]. Luis Vives réunit les deux opinions en affirmant que l'hiver et l'automne sont de "complexión melancólica"[8]. Les désaccords entre les différents théoriciens peuvent s'expliquer par leurs différentes origines

---

[1] Livin Lemnius, *Les occultes merveilles et secrets de nature*, fol. 126v. B. Anglicus/ V. de Burgos, *Libro de propietatibus rerum*, fol. evj recto

[2] Jerónimo Cortés, *Phisonomia y varios secretos de naturaleza*, fol. 108 r et v.

[3] Andrés de León, *Libro primero de annathomia*, fol. 71 r et v.

[4] Fr. Luis de Granada, *Introducción del símbolo de la fe*, p. 192.

[5] Sur ce point : Panofsky, Saxl et Klibansky, *Saturne et la mélancolie*, p. 437-438

[6] Messalah, *De revolutionibus annorum*, dans Messalah/ Ben Ezra, *Textos astrológicos medievales*, p. 152-153 : "Si es Saturno el regente del año (..) y si recibe disposición de Marte y la Luna indica fríos rigurosos, (...). Si es cadente, (...) aumentarán los fríos invernales. (...). Si se halla alejado del Angulo, y es directo, se intensificará el frío invernal y los vientos. (...) Y si es Saturno el regente del año, y está en Signo de Agua, y en el Angulo, aumentará el frío y se multiplicarán las langostas".

[7] Cesare Ripa, *Iconologie*, p. 13.

[8] Luis Vives, *Tratado del alma*, dans *Obras completas*, II, p. 1303.

géographiques : pour les auteurs du Nord, où l'automne est humide et pluvieux, cette saison sera phlegmatique ; en revanche dans le Sud, où l'automne est froid et sec, c'est cette saison qui sera reliée à la mélancolie.

Planètes et humeurs sont également associées à divers moments de la semaine ou de la journée. Planète des juifs, Saturne est rattaché au samedi, jour du sabbat :

> "Fueron en la semana siete los días, porque corresponden a los siete planetas, de los cuales cada cual en su dia tiene la hora primera y cada día toma denominación del planeta que sobre él tiene gobierno. Del sol el domingo (...). El Lunes de la Luna. El Marte del Mars. El Miércoles de Mercurio. El Jueves, de Jupiter. El sábado, de Saturno"[1] .

> "Su dia deste Planeta [Saturno] es el Sabado"[2] .

Il existe aussi des moments du jour voués à Saturne et à la mélancolie. Livin Lemnius explique que chacune des humeurs règne sur le corps à un moment déterminé de la journée ("les quatre humeurs ont certaines especes d'heures & certaines parties du jour à elles propres et peculieres") : le phlegme domine de neuf heures du soir à trois heures du matin, le sang de trois heures à neuf heures du matin, la cholère de neuf heures du matin à trois heures de l'après-midi et la mélancolie de trois heures de l'après-midi à neuf heures du soir[3] . Pour Vives, la mélancolie est reliée au crépuscule du jour et de la vie :

> "La [bilis] amarilla, con el tiempo viene a parar en negra de igual modo que se inclina a ese lado cada edad, conforme va avanzando el otoño en el año y la tarde en el día"[4] .

Enfin, la mélancolie pourra aussi s'associer à la chaleur de l'après-midi, moment du démon méridien.

Une relation significative se tisse entre Saturne, la mélancolie et la nuit. Souffrant d'insomnie, les mélancoliques errent de nuit et l'association de la mélancolie à l'obscurité apparaîtra tout particulièrement à travers les descriptions de la lycanthropie, mal mélancolique qui pousse le sujet à vagabonder pendant la nuit. Saturne s'oppose au Soleil et règne sur ceux qui veillent la nuit, notamment

---

[1] Andrés de Li, *Repertorio de los tiempos*, p. 44 .

[2] Jerónimo Cortés, *Lunario nuevo, perpetuo y general*, p. 34.

[3] Livin Lemnius, *Les occultes merveilles...*, fol. 127r et v.

sur les étudiants. Pour Vives, la nuit est de "complexión melancólica" ("Esta pasión [la tristeza] es fría y seca ; y por esto prepondera en época y sitios fríos, y generalmente en todo cuanto ostenta complexión melancólica, como en otoño y en invierno, en tiempo de nublado, de noche"[1]) et, pour Murillo, c'est pendant la nuit que la bile noire prédomine dans le corps[2]. L'iconographie, qui associe souvent la mélancolie à des paysages nocturnes, reflète ces conceptions : la *Melencolia* de Matthias Gerung représente en arrière-plan un ciel progressivement entouré de ténèbres[3] et les *Mélancolies* d'Abraham Bloemart et de Jacob I de Gheyn associent la représentation de la mélancolie à un paysage nocturne[4]. Dans le système de pensée du Siècle d'Or, les ténèbres incarnent l'erreur, la mort, le deuil et la nuit apparaît comme un moment funeste, où prennent place les activités diaboliques et où le sujet risque de se perdre. Cependant, la nuit est aussi le moment de la révélation : la nuit claire constitue un *topos* de la poésie religieuse, qu'illustrera avec éclat Saint Jean de la Croix[5] et, dans une perspective profane, la nuit incarne le moment de l'étude, de l'accès au savoir[6]. Le jour est le moment de la vie active, de l'apparence vaine, de la fausse évidence; opposée aux futiles activités diurnes, la nuit est le moment de la vie contemplative, de l'inspiration, de la découverte de l'essence. C'est pourquoi, dans les *Mélancolies* d'Abraham Bloemart et de Jacob I de Gheyn, la nuit qui entoure le mélancolique, peuplée d'étoiles ou éclairée par une chandelle, n'est pas opaque mais lumineuse. Etroitement liées, nuit et mélancolie partagent une même ambiguïté : à la fois obscure et lumineuse, moment des ténèbres et de l'inspiration sublime, la nuit illustre l'ambivalence de la mélancolie.

---

[4] Luis Vives, *Tratado del alma*, dans *Obras completas*, II, p. 1228-1229.
[1] Luis Vives, *Tratado del alma*, dans *Obras completas*, II, p. 1303.
[2] Murillo, *Aprobación de ingenios*, fol. 142 r.
[3] Panofsky, Saxl, Klibansky, *Saturne et la mélancolie*, fig. 148.
[4] Panofsky, Saxl, Klibansky, *Saturne et la mélancolie*, figs. 154 et 167.
[5] San Juan de la Cruz, *Poesías*, éd. de Domingo Ynduráin, Madrid, Cátedra, 1989, p. 261.
[6] Sur ce sujet : F. A. Yates, *La philosophie occulte à l'époque élisabéthaine*, p. 191 et suiv.

2. *Saturne, la mélancolie et le monde minéral, animal et végétal*

Saturne et la mélancolie se trouvent reliés à une série de substances, d'animaux et de végétaux. Agrippa rattache l'astre de la mélancolie aux minéraux sombres et lourds, ainsi qu'à l'aimant, doté de propriétés magiques :

> "Parmi les pierres, Saturne régit l'onyx, le *ziazaa* et le *camoinus* , le jaspe brun, la calcédoine, l'aimant et, toutes celles qui sont terreuses, sombres et lourdes"[1] .

Chez Andrés de Li et Jerónimo Cortés l'astre de la mélancolie règne sur le plomb, les minéraux pesants et noirs, la cendre et la terre :

> "[Saturno tiene dominio] en los metales sobre el plomo y el fierro urimiento y sobre piedras negras, caramida y toda piedra pesada, alcofol"[2] .

> " Este Planeta [Saturno] segun Alfragano, es mayor que la tierra nouenta y una vez. Su metal es el plomo, su color como de ceniza, y su dominio es en la tierra"[3] .

Substance excrémentielle, la bile noire sera aussi reliée aux mauvaises odeurs, placées sous le patronage de Saturne : "Mars da odor fiera e Saturno fediente"[4] .

Divers végétaux sont également associés à Saturne et à la mélancolie. Chez Agrippa, Saturne règne sur des plantes humbles mais aussi sur des végétaux toxiques, sur des plantes employées dans les cérémonies magiques comme la rue et la mandragore, sur l'opium et les plantes stupéfiantes, associés à la nuit, ou sur l'asphodèle, reliée au monde infernal :

> "Dans le règne végétal, Saturne régit l'asphodèle, la serpentaire, la rue, le cumin, l'éllébore, le *silphium*, la mandragore, l'opium, toutes les plantes stupéfiantes, toutes celles qui ne portent jamais de fruits ou rarement, toutes celles qui donnent des fruits noirs ou des baies noirâtres comme le figuier noir, le pin, le cyprès. Saturne régit les arbres tristes ou lugubres, ceux qui ne donnent pas de baies, les arbres noueux à la saveur amère, à l'odeur entêtante, à l'ombre très épaisse, à la sève âcre, les arbres sans fruits jamais atteints par l'âge, les arbres funèbres consacrés aux dieux infernaux comme l'ache que les Anciens plantaient autour des *tumuli* dans lesquels ils enterraient leurs morts"[5] .

Cette liste révèle les liens que Saturne entretient avec le monde nocturne,

---

[1] Henri Cornélius Agrippa, *La magie naturelle*, trad. de Jean Servier, Paris, L'Ile Verte/ Berg International, 1982, p. 92.

[2] Andrés de Li, *Repertorio de los tiempos*, p. 61.

[3] Jerónimo Cortés, *Lunario nuevo, perpetuo y general*, p. 34.

[4] Ali Aben Ragel, *Libro conplido en los iudizios de las estrellas*, p. 23.

[5] Agrippa, *La magie naturelle*, p. 92-93.

l'obscurité, la stérilité, le chagrin, la mort mais aussi avec l'éternité (il règne sur les arbres "jamais atteints par l'âge") et les sciences occultes. Suivant une perspective similaire, Andrés de Li place sous le signe de Saturne une série de végétaux et de graines définies par leur caractère terrestre mais caractérisées aussi, comme le chêne vert, par une nature impérissable : "en los árboles [Saturno reina] sobre los que facen las galas, garrofales, encinas. En las simientes sobre lentejas, tramusos, mijo"[1].

À l'image des tempéraments attribués aux humains, la pensée du XVI ème siècle croit à l'existence de complexions animales. Ainsi Jean Bodin mentionne, dans les *Six livres de la République*, plusieurs animaux au tempérament mélancolique, citant notamment le lièvre, l'éléphant et la corneille[2]. Comme les hommes, les animaux sont placés sous le signe des planètes et divers auteurs fournissent des listes d'animaux saturniens. Albert le Grand place sous le signe de Saturne tous les animaux petits et noirs[3]. Agrippa fournit une longue liste d'animaux saturniens :

"Les animaux saturniens sont les reptiles et tous ceux qui vivent retirés, solitaires, les nocturnes, les tristes, contemplatifs ou enfoncés dans leur animalité, avares, timides, mélancoliques, absorbés, lents à se mouvoir, tous ceux qui ont une nourriture immonde ou qui dévorent leurs petits à la naissance. Parmi les animaux attribués à Saturne on range la taupe, l'âne, le loup, le lièvre, le mulet, le chat, le chameau, l'ours, le sanglier, les singes, le dragon, le basilic, le crapaud, tous les serpents, tous les reptiles, tous ceux qui, dans la terre, naissent de la putréfaction ou dans les eaux ou dans les ruines comme les rats et différentes sortes de vers. Parmi les oiseaux, Satune signe ceux qui ont un long cou et un cri rauque et discordant comme les grues et les autruches, le paon consacré à la fois à Saturne et à Junon, le hibou et tous les nocturnes, la chauve-souris, la huppe, le orbeau, l'oryx qui est le plus envieux de tous les oiseaux. Les poissons de Saturne sont l'anguille qui est séparée des autres poissons, la motelle et le chien de mer qui dévore ses petits. Il faut ajouter aussi les tortues, les huîtres, les coquillages et les éponges"[4].

Cette liste souligne les liens de Saturne avec la terre, l'ordure, l'avarice, la solitude, l'envie, l'obscurité mais aussi avec la retraite, la contemplation et la connaissance des choses secrètes, symbolisée par les animaux à coquille.

---

[1] Andrés de Li, *Repertorio de los tiempos*, p. 61.
[2] Jean Bodin, *Les six livres de la république*, V, p. 34, 35 et 36.
[3] Albert le Grand, *Les admirables secrets d'Albert le Grand*, p. 34-35.
[4] Agrippa, *La magie naturelle*, p. 93.

L'iconographie développe également un riche bestiaire de la mélancolie. La gravure des *Quatre tempéraments* de Virgil Solis[1] associe la mélancolie à un cygne et à un cerf. De même, le frontispice de la troisième édition de l'*Anatomy of melancholy* de Robert Burton présente plusieurs emblèmes de la mélancolie, parmi lesquels figurent un cygne, un cerf, une chauve-souris, une chouette[2]. Enfin, le *Théâtre de la mémoire* de Giulio Camillo associe Saturne au hibou et à l'art de chasser avec des oiseaux de nuit et le *De umbris idearum* de Giordano Bruno figure Saturne par un homme à tête de cerf tenant un hibou[3]. En Espagne, Andrés de Li affirme que

"en los brutos [Saturno reina] sobre los elefantes, camellos, puercos, perros y gatos negros. En las aves sobre el avestruz, aguila, cuervo, murciélago, lechuza, pulgas, chinches, moscas y ratones"[4]

Le principe d'un bestiaire mélancolique et saturnien existe donc dans la tradition théorique. Les bêtes soumises à Saturne sont essentiellement des animaux noirs, abjects, funestes, associés pour la plupart à la terre, à la saleté, à l'obscurité. Plusieurs animaux reliés à Saturne -notamment le singe, la chat noir, le basilic, le serpent, la chauve-souris, le crapaud- appartiennent également au bestiaire satanique. Mais le bestiaire mélancolique inclut aussi des animaux incarnant la mémoire -l'éléphant- ou encore l'élévation, la noblesse et le savoir, comme l'aigle. Essentiellement composé de bêtes humbles, souvent considérées comme nuisibles, mais aussi de quelques animaux élevés, rattachés à la connaissance, le bestiaire saturnien reflète avec fidélité les contradictions et ambivalences rattachées à la mélancolie.

L'association à Saturne du hibou, de la chouette et de la chauve-souris est particulièrement significative. A l'opposé des oiseaux diurnes, les oiseaux nocturnes et la chauve-souris apparaissent essentiellement comme des animaux funestes, évoquant la nuit et l'obscurité. La chouette est éminemment liée à la

---

[1] Klibansky, Panofsky, Saxl, *Saturne et la mélancolie*, fig. 139 à 142.
[2] Klibansky, Panofsky, Saxl, *Saturne et la mélancolie*, fig. 133.
[3] D'après F. A. Yates, *l'Art de la mémoire*, p. 144 et 231.
[4] Andrés de Li, *Repertorio de los tiempos*, p. 61.

tristesse –qu'elle apporte dans une maison en se posant sur son toit[1] – et à la mort [2] et, pour de nombreux penseurs médiévaux comme Pierre de Beauvais ou Guillaume le Clerc de Normandie les oiseaux nocturnes symbolisent l'erreur[3]. Associée à la mélancolie et à Saturne chez Andrés de Li, chez Agrippa et présente aussi dans la *Melencholia* de Dürer, la chauve-souris est considérée comme un animal funeste et diabolique. Comme l'indique son nom latin –"vespertilio", de "vesper", le crépuscule–, la chauve-souris est liée à la tombée de la nuit -moment associé à la mélancolie-, au règne des ombres, à l'erreur et à l'errance dans les ténèbres. Mais, paradoxalement, la chauve-souris et les oiseaux nocturnes pourront aussi incarner –comme la chouette d'Athéna–, la sagesse, la veille studieuse, la révélation des plus hautes vérités ou encore la contemplation mystique : pour Ficin, le hibou symbolise l'étude nocturne, activité éminemment mélancolique[4] ; pour Pierius Valerianus, la chevêche est l'emblème de la veille studieuse et de la sagesse[5] ; enfin, pour Ripa, le hibou accompagne le Savoir ou le Conseil et incarne "celui qui void clair dans les tenebres"[6]. De même, chez les humanistes de la Renaissance, la chauve-souris devient le symbole de l'étude nocturne : selon Agrippa, la chauve-souris incarne la veille ("vigilantia")[7] et Ficin en fait le symbole du travail nocturne du savant mélancolique[8]. L'emblème 62 d'Alciat souligne toute l'ambiguïté de la chauve-souris. Mi-souris, –animal bas et vil–, mi-oiseau –animal

---

[1] P. Canavaggio, *Dictionnaire des superstitions et des croyances*, Paris, Dervy, 1993, s. v. "chouette".

[2] Pour Iohannes Pierius Valerianus (*Les Hieroglyphiques de J. P. Valerian traduits en françois par Jean de Montlyart*, Lyon, 1615, p. 252-253), la chevêche, "dame de la nuit", symbolise la mort.

[3] Guillaume le Clerc de Normandie, *Bestiaire Divin*, dans *Bestiaires du Moyen Age*, Paris, Stock, 1980, p. 76. Pierre de Beauvais, *Bestiaire*, dans *Bestiaires du Moyen Age*, p. 29.

[4] Ficin, *De Vita Triplici*, I, 7: "Spiritus fatigatione diurna, praesertim subtilissili quique denique resolvuntur. Nocte igitur pauci crassique supersunt (...), ut non aliter mancis horum fretum alis ingeenium volare possit, quam vespertiliones atque bubones". Cité par Klibansky, Saxl, Panofsky, *Saturne et la mélancolie*, p. 501, n. 133.

[5] Pierius Valerianus, *Les Hieroglyphiques...*, p. 251.

[6] Cesare Ripa, *Iconologie*, p. 41.

[7] Klibansky, Saxl, Panofsky, *Saturne et la mélancolie*, p. 501, n. 132.

[8] Ficin, *De Vita Triplici*, I, 7. D'après Klibansky, Saxl, Panofsky, *Saturne et la mélancolie*, p. 501, n. 133.

symbolisant la capacité à s'élever–, elle constitue un symbole ambivalent, emblème des ténèbres de l'erreur mais également de l'étude des choses supérieures :

> " (....) Vespertilio.
> Vespere quae tantum volitat, quae lumine lusca est,
> quae cum alas gestet, caetera muris habet ;
> Ad res diversas trahitur : mala nominam primum
> Signat, quae latitant, iudiciumque timent.
> Inde et Philosophos, qui dum caelestia quaerunt,
> Caligant oculis, falsaque sola vident"[1] .

Placés sous le signe de Saturne, chauve-souris et oiseaux nocturnes reflètent toutes les ambivalences de la mélancolie : associés à la nuit dans ce qu'elle a de pire et de meilleur, ils peuvent incarner la tristesse, les ténèbres de l'erreur et les activités diaboliques qui se déroulent de nuit, mais aussi la nuit comme moment de l'étude, du savoir et de l'illumination mystique.

3.   Saturne, la mélancolie et les régions du monde

Climats et régions du monde sont aussi associés aux planètes :

> "Aquestos planetas fueron siete, correspondientes a los siete dias de la semana y proporcionados a los siete climas, que son siete líneas o partidas del mundo habitables"[2] .

Pour Messalah, Saturne règne sur le Nord, Jupiter sur les zones tempérées, Mars sur les régions chaudes :

> "El mundo se divide en tres zonas según la naturaleza de los tres planetas superiores al Sol, es decir, según su cualidad y complexión. La zona superior del mundo (Norte) pertenece a Saturno, la zona media a Júpiter, pues esta parte es templada, similar a las cualidades de Júpiter, finalmente la zona inferior pertenece a Marte"[3] .

De la même manière que le sang constitue la "norme" humorale, Jupiter règne sur les régions tempérées, celles qui constituent la "norme" géographique. Saturne se trouve lié au froid et au Nord, mais aussi aux régions "supérieures" du monde. A l'inverse, pour Andrés de Li, Saturne règne sur le Sud et les régions où les hommes ont le teint noir : "es [Saturno] señor del clima primero, donde están la India,

---

[1] Cité par Klibansky, Saxl, Panofsky, *Saturne et la mélancolie*, p. 501, n. 133.

[2] Andrés de Li, *Repertorio de los tiempos*, p. 46.

[3] Messalah, *De revolutionibus annorum* dans Messalah / Ben Ezra, *Textos astrológicos medievales*, p. 138.

Guinea, Rosia y Barbería"[1]. De même, Bodin affirme l'emprise de Saturne sur les peuples du Sud :

> "suyvant l'ordre naturel d'icelles, et donnant la plus haute planette, qui est Saturne, à la region Meridionale, Jupiter à la moyenne, Mars à la partie Septentrionale"[2].

Astre aux attributs contradictoires, Saturne règne donc sur la très grande chaleur et le froid intense, c'est-à-dire sur les deux pôles entre lesquels oscille la mélancolie.

4. *Le monde céleste et les signes du zodiaque*

Humeurs et planètes sont également rattachées à des éléments du monde céleste comme les signes du zodiaque et les anges : le *De subtilitate rerum* de Jérôme Cardan associe la Lune à Gabriel, Mercure à Raphaël, Vénus à Anaël, le Soleil à Michaël, Mars à Samaël, Jupiter à Sachiel, Saturne à Cassiel[3]. Parmi les signes du zodiaque, la mélancolie est liée au Taureau, à la Vierge et au Capricorne :

> "de doze sygnos que son, cada tres dellos son preduminantes a cada elemento e conplysyón : Aries, Leo, Sagitarius son de los coléricos, rrespondientes al elemento del fuego ; Cáncer, Escorpius, Piçis al flemático, correspondientes al elemento del agua ; Géminis, Libra, Aquarius son del sanguíneo, correspondientes al elemento del ayre ; Taurus, Virgo, Capricornius son del melancónico, correspondientes al elemento de la tierra"[4].

Cependant, certains auteurs présentent des associations légèrement différentes : Andrés de Li relie la mélancolie aux trois signes hivernaux (le Capricorne, le Verseau, les Poissons)[5] et Juan de Figueroa lui assigne la Balance, le Scorpion et le Sagittaire[6].

Le Capricorne est, par excellence, associé à Saturne et à la mélancolie. Commençant au solstice d'hiver, ce signe indique le début d'un cycle nouveau et

---

[1] Andrés de Li, *Repertorio de los tiempos*, p. 60.
[2] Jean Bodin, *Les six livres de la république*, vol. V, p. 43.
[3] Jérôme Cardan, *De subtilitate rerum*, livre XX, dans *Opera*, Lyon, 1663, vol. III, p. 662. La référence est extraite de Lynn Thorndike, *A history of magic and experimental science*, New York et Londres, Columbia University Press, 1934, vol. V, p. 569.
[4] A. Martínez de Toledo, *El Corbacho*, p. 139. Voir aussi la p. 138.
[5] Andrés de Li, *Repertorio de los tiempos*, p. 72-73.
[6] Juan de Figueroa, *Opusculo de astrologia en medicina*, fol. 17r.

s'associe, comme Saturne –relié à la paternité et à la fondation de villes, à l'Age d'Or et à l'aube du monde–, à une imagerie inaugurale et initiatique. Rattaché à la terre, il incarne le moment où celle-ci, plongée au coeur du froid hivernal, prépare son renouveau. Coïncidant avec le début du solstice d'hiver, le Capricorne coïncide avec l'hiver et la mort de la nature mais aussi avec le moment où l'homme, laissé libre par le labeur saisonnier, peut élever son âme par la méditation. Figuré par un corps de chèvre –animal attiré par les cimes– et de poisson –image du retour à l'eau et à l'abîme–, le Capricorne figure des possibilités contrastées. Incarnant à la fois la désolation et l'obscurité liées à sa nature hivernale et les oeuvres de l'esprit, le Capricorne exprime le dépouillement nécessaire pour accéder à l'élévation intellectuelle et illustre toutes les ambivalences de la mélancolie.

Particulièrement ambiguës, les relations entre Saturne, la mélancolie, le macrocosme et le microcosme ne font pas toujours l'unanimité parmi les médecins et astrologues. A la mélancolie sont parfois associés les attributs d'autres humeurs, comme le phlegme et la cholère : ces hésitations dans le partage des attributs révèlent l'existence de passerelles conceptuelles entre la bile noire et la bile jaune ou encore entre la mélancolie et le phlegme.

Enfin, la mélancolie et Saturne sont reliés à des créatures et à des qualités très différentes : chaleur intense et froid extrême, terres du Sud et contrées nordiques, gouvernants et laboureurs, hérétiques et ermites vénérables, orfèvres façonnant l'or et tanneurs travaillant des cuirs aux odeurs nauséabondes. Evoquant la carence et le pouvoir, la bassesse et l'élévation, l'ignorance et le savoir, le réseau de correspondances tissé autour de la mélancolie souligne ses possibilités contrastées et sa nature éminemment ambivalente.

Chapitre trois : DE SPECIEBUS MELANCHOLIAE[1]

Dans le discours théorique du Siècle d'Or, la mélancolie n'est pas une mais plurielle. Sa diversité éclate dès l'ouverture du dialogue que Pedro Mercado consacre à cette maladie, intitulé *Dialogo sexto de la melancolia ( ). Y se declara que cosa sea melancolia y la diversidad de sus especies*[2]. Le chapitre 13 de la *Disputatio XIII* de Pedro García Carrero s'intitule "*De speciebus melancholiae*" et, à de nombreuses reprises, le médecin espagnol affirme l'existence de plusieurs sortes de mélancolie[3]. Le discours médical s'intéresse de manière privilégiée à certaines formes de mélancolie comme la mélancolie hypocondriaque et la mélancolie érotique mais aussi aux rapports que cette affection entretient avec certaines maladies que les textes nomment "mélancoliques ". L'étude de ces figures de la mélancolie éclaire non seulement la conception de la mélancolie elle-même, mais révèle aussi bien des aspects du système de pensée du Siècle d'Or espagnol.

A.   LA MELANCOLIE HYPOCONDRIAQUE

Le discours médical du XVIème et du XVIIème siècle s'attache à décrire une forme particulière de mélancolie, la mélancolie hypocondriaque –également

---

[1] L'expression est empruntée à P. García Carrero, *Disputationes medicae*, p. 272.
[2] Pedro Mercado, *Diálogos de philosophía...*, fol. 114r.
[3] P. García Carrero, *Disputationes medicae*, p. 232 : "Galenus dum recenset omnes species melancholiae » ; "Galenum, & alios medicos in recensendis speciebus melancholiae".

appelée "hypocondrie", "mélancolie venteuse" ou "flatulente"–, qui fascine indubitablement les théoriciens. Comme le rapporte Abreu, cette affection emprunte son nom aux hypocondres, ensemble d'organes situés dans l'abdomen : "La qual [melancholia hypochondriaca] ha tomado su nombre del ventriculo y de los hypochondrios y partes a estas annexas adonde tiene su sitio natural, origen y domicilio"[1].

1. Un mal remarquable

Le concept d'hypocondrie apparaît déjà chez les autorités –notamment chez Constantin l'Africain et Avicenne[2] – ainsi que dans le *Lilio de medicina* :

> "algunas vezes sube este vapor melanconico de los miembros inferiores : assy como del coraçon & del estomago : o de los ypocundrios [sic] & del mirach o del figado : o del baço (...) : o como no se alimpie bien el figado del humor melanconico (...) : & el vapor melanconico sube del pie & de las partes inferiores"[3].

Mais c'est surtout au XVIème et au XVIIème siècle que l'hypocondrie occupe une place essentielle dans les textes médicaux. Cristóbal de Vega décrit une mélancolie née du ventre et des viscères[4]. Luis Mercado dépeint de manière détaillée une "melancholia hypochondriaca" issue des hypocondres envahis par la bile noire[5]. Andrés Velásquez expose comment la rate ou les hypocondres, surchauffés, dégagent des vapeurs fuligineuses qui envahissent le cerveau :

> "Por la misma razon (...) se causa este genero de melancolia hypocondriaca, levantandose vapores deste humor atrabilioso y melancholico al celebro. Y esta es aquella especie de melancholia : a la qual los medicos llaman hypocondriaca, o flatulenta"[6].

Une mélancolie "hypochondriaca" similaire apparaît chez Pedro García Carrero, Alonso de Santa Cruz et Gaspar Bravo de Sobremonte[7].

---

[1] A. Abreu, *Tratado de las siete enfermedades*, fol. 120 v.
[2] D'après J. B. Ullersperger, *Historia de la psiquiatria y de la psicologia en España*, p. 33 et 36.
[3] B. de Gordonio, *Lilio de medicina*, fol. 55 v.
[4] Cristóbal de Vega, *Opera*, p. 409.
[5] Luis Mercado, *Opera omnia*, tome 3-4, p. 103-104.
[6] Andrés Velásquez, *Libro de la melancholia*, fol. 57v.
[7] P. García Carrero, *Disputationes medicae*, p. 272-273. A. de Santa Cruz, *Dignotio et cura affectuum melancholicorum*, p. 6. G. Bravo de Sobremonte, *Resolutionum & consultationum medicarum*, p. 723.

Incontestablement, l'hypocondrie a fasciné les médecins, suscitant une débauche de descriptions. En Espagne, elle constitue, à notre connaissance, la seule espèce de mélancolie à laquelle sont consacrés ouvrages et monographies. Enfin, l'évocation de la mélancolie hypocondriaque engendre un ensemble d'images et de termes ("l'hypocondrie", les "vapeurs"), qui se connaîtront une fortune certaine dans le discours médical du XVIIIème et du XIXème siècle.

2. *Les* signa *de l'hypocondrie*

Les médecins s'accordent à attribuer à la mélancolie hypocondriaque un certain nombre de symptômes, parmi lesquels Luis Mercado mentionne le gonflement de la rate, la constipation, les éructations et les renvois acides ("fluctuationes & ructis acidi"), les vomissements ("crudorum vomitus"), les douleurs abdominales, la salivation abondante, les brûlures ressenties dans la région des hypocondres ("incendium in hypocondriis"), les borborygmes ("adest ventris rugitus ac murmur"), la tristesse et la crainte[1]. Alexo Abreu caractérise également l'hypocondrie par une série de signes :

"(demas del calor y destemplança de los miembros inferiores en que siempre la sentí con tanta fuerça) juntamente me fui quexando de unos dolores de estomago, principalemente después de comer, quando tambien escopia demasiadamente, y de unas ventosidades en los hypochondrios, con ruidos en los intestinos, con que me acompañava una profunda melancolia con algunos miedos, o assombramientos, y estremecimientos"[2].

A ces symptômes il ajoute

"poca gana de comer, alguna olvidança, pereza no continua, mas por espacio de tiempo, sonido, o roido de los oydos, sueño poco, o breve : de la misma manera calor intenso, y ventosidad, o soplos, regueldos & caetera"[3].

Alonso de Santa Cruz et P. García Carrero caractérisent la mélancolie hypocondriaque par des douleurs abdominales, des crampes d'estomac, des vomissements, des bruits intestinaux, des éructations âcres[4]. A la fin du XVIIème

---

[1] Luis Mercado, *Opera Omnia*, t. 3-4, p. 104-105.
[2] Alexo Abreu, *Tratado de las siete enfermedades*, fol. 118v.
[3] Alexo Abreu, *Tratado de las siete enfermedades*, fol. 119r.
[4] P. Garcia Carrero, *Disputationes medicae*, p. 273. A. de Santa Cruz, *Dignotio et cura affectuum melancholicorum*, p. 17.

siècle, Murillo et Bravo de Sobremonte décrivent des symptômes similaires :

"tienen [los hipocondriacos] adstriccion de camara ordinaria, inquietudes, y desassossiegos procedidos del calor del higado, y de la calenturilla que traen de ordinario, y de los ructos acidos, y inapetencia, falta de sueño, tristezas, vascas y flatos gruessos, todas las dichas señales son de hipochondria"[1].

"Ex iis etiam melancholicis succis refluentibus, aut accumulatis in hypocondriis, in mesentario, in liene, in contentisque ventris partibus, varii insurgunt morbi, varia succrescunt symptomata, (...) in omnibus iis partibus fit melancholia hypochondriaca, cuius varia ac rarissima sunt accidentia (...) quorum praecipua sunt ventriculi debilitas, flatuum copia, imperfectae coctiones, vomitus assiduus, ructus, hypochondriorum murmura, dolores, sitis, metus & tristitia, quas saepe concomitatur cum varia phantasmatum diversitate"[2].

Du début du XVIème à la fin du XVIIème siècle, l'hypocondrie n'évolue guère, si ce n'est pour être décrite avec un luxe grandissant de détails.

3.   "Melancolía" et "hipocondría"

Au début du XVIIème siècle, l'intérêt des médecins semble se déplacer depuis la mélancolie *stricto sensu* vers l'hypocondrie, comme le montre l'évolution des titres des monographies médicales. Si les premiers textes sont consacrés à la mélancolie (comme le *Diálogo séptimo de la melancolía* de Pedro Mercado, le *Libro de la melancholia* d'Andrés Velásquez, la *Disputatio de melancholia* de García Carrero, le traité *Dignotio et cura affectuum melancholicorum* d'Alonso de Santa Cruz), en revanche, les traités les plus tardifs s'intitulent *De la passión hipochondriaca* (Alexo Abreu, 1623) ou *Aprobación de ingenios y curación de hipochondricos* (Murillo y Velarde, 1672). Il peut sembler que, vers la mi-XVIIème siècle et, en particulier, sous Philippe IV, seule la forme hypocondriaque de la mélancolie retienne l'attention des médecins.

En accord avec l'intérêt croissant porté à l'hypocondrie, le lexique devient le lieu d'une concurrence de plus en plus vive entre *melancolía* et *hipocondría*, où la seconde (suivant un processus de substitution synecdochique où la partie en vient à signifier le tout) tend à supplanter la première. Ainsi Murillo affirme que

---

[1] Murillo, *Aprobación de ingenios*, fol. 142v.
[2] G. Bravo de Sobremonte, *Resolutionum & consultationum medicarum*, p. 723.

l'hypocondrie constitue la principale espèce de mélancolie, voire la véritable mélancolie :

> "y esta es la verdadera especie de melancholia, a la qual llaman oy todos los Medicos, hipochondria, o flatulenta"[1] .

Pour Murillo, *melancolia* et *hipocondria* sont une seule et même maladie, et l'*Aprobación de ingenios y curación de hipochondricos* –dont le titre semble annoncer un traité sur l'hypochondrie– est essentiellement consacré à la mélancolie. De même, Alexo Abreu commence par distinguer la *melancolía* de l'*hipochondría*, mais tend, au cours de son traité à employer indifféremment l'un ou l'autre terme[2] .

A l'examen, il apparaît que les problèmes et les phénomènes analysés dans les premiers et les derniers traités médicaux demeurent fondamentalement les mêmes. Le glissement terminologique de la *melancolía* à l'*hipochondría* correspond moins à un changement de référent qu'à un besoin de renouvellement du langage scientifique : devenu courant au cours du XVIIème siècle, le terme *melancolía* avait perdu peu à peu ses connotations médicales. Pour désigner le même phénomène le discours médical recourt alors à un terme moins usité, réservé à l'emploi médical : ce sera *hipocondría* qui, au XVIIème siècle, en vient à recouvrir sensiblement le même champ de signification que la *melancolía* du XVIème siècle. Malgré l'évolution de *melancolía* à *hipocondría*, l'objet du discours reste globalement le même.

4. *Images de l'hypocondrie : les vapeurs, les viscères, l'invasion des forces inférieures*

Le discours sur l'hypocondrie met en jeu une série d'images et de représentations richement significatives qui éclairent en bien des points la conception de la mélancolie elle-même. A propos de l'hypocondrie, le texte médical développe tout un lexique du vent et de la vapeur : la mélancolie

---

[1] Murillo, *Aprobación de ingenios*, fol. 91r.
[2] A titre d'exemple, l'un des paragraphes du traité d'Abreu sur l'hypocondrie est intitulé "Que cosa sea melancolía" (*Tratado de las siete enfermedades*, fol. 119 v).

hypocondriaque s'accompagne de rots, de flatulences, de ballonnements, d'effluves et d'exhalaisons. Andrés Velásquez évoque une "melancholia (...) hypocondriaca, o flatulenta", due à des "vapores gruessos y melancolicos" qui montent depuis les viscères vers le cerveau[1]. Abreu caractérise la mélancolie hypocondriaque par des vapeurs ("vapores"), des "ventosidades en los hypochondrios"[2] et par la "ventosidad, o soplos, regueldos & caetera"[3]. Le mécanisme de la mélancolie hypocondriaque est analogue à celui de l'ébullition des liquides : comprimée et surchauffée dans la rate, la bile noire exhale des vapeurs nocives qui ballonnent l'abdomen et montent à la tête. Cet aspect vaporeux et venteux est essentiel à la mélancolie hypocondriaque, assimilée à l'imagerie de l'air et du souffle.

Comme le signale Abreu, les médecins débattent souvent des organes affectés par l'hypocondrie :

> "Desta tercera especie de melancholia que se dize hypocondriaca, o mirachia de los Barbaros (...) hay gran dubda entre los Doctores que della han escripto, de donde tenga su nombre y origen"[4].

Certains médecins attribueront l'origine de la mélancolie hypocondriaque à la rate, d'autres auteurs mettront en cause le foie, le mésentère, l'utérus ou, comme Velásquez et Murillo, les veines situées entre l'estomac et le foie[5]. A travers tous ces organes, l'hypocondrie se trouve reliée aux viscères, aux parties les plus basses et obscures de l'organisme. Le discours médical décrit en effet la mélancolie hypocondriaque au moyen d'un vaste lexique gastrique et digestif : l'hypocondrie affecte le ventre, les entrailles et se manifeste par des éructations, des douleurs abdominales, des ballonnements, des vomissements. Le malaise de l'âme se dit à travers le lexique du mal digestif et du dérèglement des viscères. L'espagnol emploie d'ailleurs les termes "desgusto" et "desabrimiento" pour signifier à la fois l'inappétence et le malaise de l'âme : selon un principe d'analogie cher à la pensée

---

[1] Andrés Velásquez, *Libro de la melancholia*, fol. 57v.
[2] Alexo Abreu, *Tratado de las siete enfermedades*, fol. 118v.
[3] Alexo Abreu, *Tratado de las siete enfermedades*, fol. 119r.
[4] Alexo Abreu, *Tratado de las siete enfermedades*, fol. 120 r.
[5] Andrés Velásquez, *Libro de la melancholia*, fol. 57v. Murillo, *Aprobación de ingenios*, fol. 90

du Siècle d'Or, la maladie de l'âme se révèle –et se dit– par le malaise physique.

La mélancolie hypocondriaque est décrite à travers des images évoquant l'invasion de l'organisme par les forces basses et démoniaques. Inversement, lorsque le démon pénètre l'individu, c'est en des termes qui rappellent très directement la mélancolie hypochondriaque –par des sifflements et des borborygmes– qu'est décrite la possession :

> "en la parte inferior del estomago suele estar [el demonio] mas ordinario, y parece que se oye voz suya de mal espiritu, que es semejante a un silvido confuso, y a una voz ruydosa, como lo dize Torreblanca (...) : *Diabolus,* dicit, *utitur voce stradula subsibilante & confusa, etc.* En Sevilla vide una negra, que hablaba el Demonio dentro della, por el lado izquierdo, cerca del coraçon, mas lo ordinario es por la parte mas infima del vientre, y por esta razon parece que las Divinas Letras los llama [sic] ventriloquos"[1] .

Une homologie très nette –et riche de sens– apparaît entre la possession démoniaque et la mélancolie hypocondriaque. En situant les causes de l'hypocondrie dans les parties les plus obscures de l'organisme, en l'assimilant à la possession par un démon, les médecins révèlent aussi, par là même, la nature même de ce mal leur échappe.

Mal remarquable, l'hypocondrie est aussi une maladie qui, précisément parce qu'elle se soustrait à l'analyse, excite l'imagination. Lorsqu'ils décrivent la *melancholia hypochondriaca*, les médecins laissent volontiers libre cours à leur fantaisie, évoquant les vapeurs obscures, le mal mystérieux qui ronge les entrailles, l'invasion de l'individu par les forces inférieures. Dès lors le texte médical n'argumente plus, ne raisonne plus, il rêve.

Suscitant une multitude de monographies, de descriptions, d'évocations imagées, l'hypocondrie -qui n'est au départ que l'une des trois espèces de mélancolie distinguées par la tradition médicale- connaît au XVIᵉᵐᵉ et au XVIIᵉᵐᵉ siècle un développement démesuré en regard du traitement plus modeste réservé aux deux autres formes de mélancolie. La place tout à fait singulière qui lui est dévolue s'explique parce que ce mal reprend et met en évidence les principaux

---

v-91r
[1] Murillo, *Aprobación de ingenios*, fol. 31r et v.

thèmes du discours sur la mélancolie : l'imagerie pneumatique, l'idée d'une intériorité mauvaise, d'une puissance obscure venue des régions les plus basses de l'organisme pour enténébrer l'esprit. Développant les aspects les plus caractéristiques de la mélancolie, l'hypocondrie constitue, en quelque sorte, sa quintessence.

B.   LES MALADIES MELANCOLIQUES

1.   Le concept de maladie mélancolique

La mélancolie entretient des relations significatives avec un certain nombre de maladies, sur lesquelles la plupart des études ont omis de se pencher. Pourtant, l'examen de ces rapports est riche d'enseignements, tant pour l'étude de mélancolie elle-même que pour celle de ces affections.

Le concept de "maladies mélancoliques" –désignant des maladies provoquées par la bile noire, auxquelles les mélancoliques sont tout particulièrement enclins– existe bien : le *Problème XXX,1* évoque "des maux dont la bile noire est l'origine" et "des maladies de la bile noire"[1]. Le *Corpus Hippocratum* affirme que les mélancoliques souffrent d'affections "qui leur sont propres"[2]. La *Cometographia* de Mizaldus (publiée à Paris en 1540) expose que la comète de Saturne cause des maladies mélancoliques ("melancholicos morbos")[3] et les textes astrologiques évoquent l'existence d'un certain nombre de maux liés à l'influence de Saturne :

> "E si el mas apoderado destos signos fuere Saturno o infortunado de Saturno significa que las mas enfermedades que avra el nacido seran de manera de tisica o de paralisis (...) e toda enfermedat qu'es faze de friura e de sequedat e toda enfermedat grave de sanar"[4].

Le concept de "maladie mélancolique" apparaît également chez André Du Laurens, qui publie en 1597 un *Discours de la conservation de la veüe, des maladies*

---

[1] Aristote, *L'homme de génie et la mélancolie*, p. 83 et 87.
[2] Hippocrate, *De morbis*, I, 30. D'après Hubertus Tellenbach, *La mélancolie*, p. 24.
[3] Selon Klibansky, Panofsky et Saxl, *Saturne et la mélancolie*, p. 502, n. 136.
[4] Ali Aben Ragel, *Libro conplido en los iudizios de las estrellas*, p. 224.

melancholiques, des catarrhes et de la vieillesse[1]. En Espagne, Murillo emploie le concept d'«enfermedad Melancholica»[2] et Jerónimo Cortés évoque des "melancolias y enfermedades melancolicas"[3]. Enfin, Gaspar Bravo de Sobremonte considère que la bile noire est à l'origine de nombreuses maladies qui lui sont particulières[4]. Diverses, ces "maladies mélancoliques" peuvent cependant être regroupées en catégories cohérentes : la bile noire donne lieu à des maladies élevées, affectant l'esprit, mais aussi aux maladies les plus viles ; elle produit des maux associés à la fureur ainsi que des maladies de la léthargie et de l'hébétude.

2. *Les maladies de l'esprit*

a) Les maladies de l'agitation et de la fureur

(1)   La fièvre quarte

Si Alexo Abreu expose longuement, dans son traité sur la *passion hypocondriaca*, les liens entre fièvre tierce ("terciana") et mélancolie, expliquant longuement comment la première peut donner lieu à la seconde[5], la plupart des textes théoriques associent plutôt la mélancolie à la fièvre quarte. Dans le chapitre I du livre II des *Occultes merveilles et secrets de la nature*, Livin Lemnius affirme que "la mélancolie au commencement de l'Automne, engendre la quarte"[6]. Pour Bodin, les peuples du Sud, qu'il considère comme mélancoliques, sont les plus exposés à la fièvre quarte[7]. Dans une perspective similaire, l'auteur du *Libro propietatibus rerum* et Alonso Chirino de Cuenca attribuent l'origine de la fièvre

---

[1] André Du Laurens, *Discours de la conservation de la veüe, des maladies melancholiques, des catarrhes et de la vieillesse*, Paris, J. Mettayer, 1597. L'ouvrage fut rééedité en 1606 (deux fois), 1608, 1615, 1620, 1630, et traduit en latin et en italien.
[2] Murillo, *Aprobación de ingenios*, fol. 20 r et v : "aborrecen el ganado, y acometen a él como los lobos lo hazen, la qual enfermedad Melancholica llaman los griegos Lycanthropia"
[3] Jerónimo Cortés, *Phisonomia y varios secretos de naturaleza*, fol. 31v-32r.
[4] Gaspar Bravo de Sobremonte, *Resolutionum et consultationum medicarum*, p. 723.
[5] Alexo Abreu, *Tratado de las siete enfermedades*, fol. 117 v : "De la transmutación de la segunda enfermedad [la terciana] en la tercera [melancolia]".
[6] Livin Lemnius, *Les occultes merveilles et secrets de nature*, fol. 126v.
[7] Jean Bodin, *Les six livres de la République*, t. V, p. 36 ("le peuple meridional est fort subject au mal caduc, aux fievres quartes").

quarte à la mélancolie :

> "La quartana que viene con frío o sin él, tiene fama que es de malenconía"[1].

> "La fiebre quartana viene de melanconia que es podrida fuera de las venas & no recogida en postema. Esta fiebre es alguna vez engendrada de malenconia natural & otras vezes de no natural"[2].

D'ailleurs, pour le *Libro de propietatibus rerum*, les symptômes de la fièvre quarte sont fort similaires à ceux de la mélancolie :

> "tristeza/ temor/ anxiedad & otras graves pasiones del anima de la parte del cuerpo viene gravedad/ pereza/ yndigestion/ hinchazon de los costados/ carga & peso de las piernas & muslos/ mal reposo/ vigilias temor en sueños/ las uñas cardenas/ & los labios mayormente en el tiempo que comiença de tomar al enfermo/ ha grand dolor en las renes y en el costado sinistro [sic]/ el baço es hynchado & ha grande apetito. Ca del humor malenconico grave & poderoso la bianda es deprimida en la parte mas honda del estomago/ & de la boca del estomago como sea vazia siempre mueve el apetito"[3].

De même, Villalobos affirme que la *melancholia adusta* engendre la fièvre quarte :

> "Quartana de humor malenconico viene
> y aqueste se haze de adustos humores"[4].

Au XVIème siècle, Andrés de León considère que la fièvre quarte naît de la bile noire et des aliments mélancoliques :

> "Hazese la quartana de melancolia negra, y esta es en dos maneras : la una es continua, y la otra intermitente. La continua se haze de melancolia podrida en las venas : y la intermitente se haze de melancolia podrida, mas es fuera de las venas"[5].

Enfin, au XVIIème siècle, Gaspar Bravo de Sobremonte affirme également les liens de la bile noire avec la fièvre quarte[6]. L'association de Saturne et de la mélancolie à la fièvre quarte n'est pas le seul fait des médecins, mais apparaît aussi chez les philosophes et les astrologues : dans le *De anima et vita* Luis Vives affirme que ceux qui souffrent de fièvre quarte deviennent facilement mélancoliques[7] et, pour Jerónimo Cortés, toute année placée sous le signe de

---

[1] Alonso Chirino de Cuenca, *Menor daño de la medicina*, p. 69.
[2] B. Anglicus/ V.de Burgos, *Libro de propietatibus rerum*, fol. nj verso.
[3] B. Anglicus/ V.de Burgos, *Libro de propietatibus rerum*, fol. nj verso.
[4] F. López de Villalobos, *Sumario de la medicina*, p. 425.
[5] Andrés de León, *Libro primero de annathomia*, fol. 103r. Au fol. 103v, A. de León affirme que la fièvre quarte est provoquée par les aliments mélancoliques.
[6] G. Bravo de Sobremonte, *Resolutionum et consultationum medicarum*, p. 415-416 et p. 723.
[7] Luis Vives, *Tratado del alma*, dans *Obras completas*, II, p. 1229.

Saturne –c'est-à-dire, commençant un samedi– se caractérise par des épidémies de fièvre quarte et tierce[1]. Mélancolie et manifestations fébriles sont donc étroitement liées dans la pensée du XVIème et du XVIIème siècle.

(2)   Mélancolie et épilepsie

Le système de représentation associe également mélancolie et épilepsie. Le *Corpus Hippocratum* affirmait déjà que le mélancolique est particulièrement enclin à l'épilepsie[2] et le *Problème XXX,1* fait d'Hercule, considéré comme épileptique par la médecine antique, un mélancolique :

> "En effet ce dernier [Héraclès] paraît bien avoir relevé de ce naturel [mélancolique] ; ce qui explique aussi que les maux des épileptiques, les anciens les ont appelés, d'après lui, *maladie sacrée* "[3].

Pour Isidore de Séville, l'épilepsie est due à un surplus d'humeur mélancolique qui envahit le cerveau et l'oppresse[4]. Bodin affirme que les peuples méridionaux, mélancoliques, sont particulièrement enclins au haut mal[5].

En Espagne, les médecins sont nombreux à associer également la mélancolie à l'épilepsie. Gordonio et Villalobos imputent l'épilepsie à des humeurs épaisses ou à des vapeurs corrompues qui bouchent les conduits vitaux et conseillent contre cette maladie une thérapie destinée à lutter contre l'humeur mélancolique[6]. Pour Andrés Velásquez, la bile noire obstrue les ventricules du cerveau, provoquant l'épilepsie : "la gota coral, que se causa por obstrucion de los ventriculos del celebro hecha del humor melancholico"[7]. De même, Abreu, García Carrero et Santa Cruz considèrent l'épilepsie comme un mal mélancolique[8].

---

[1] Jerónimo Cortés, *Lunario nuevo, perpetuo y general*, p. 34.

[2] Hippocrate (*Epidémies*, VI, 8, 31). Sur ce point, voir Klibansky, Panofsky, Saxl, *Saturne et la mélancolie*, p.53 n. 55.

[3] Aristote, *L'homme de génie et la mélancolie*, p. 83.

[4] Isidore de Séville, *Etymologiae/ Etimologías*, éd. bilingue de José Oroz Reta, Madrid, BAC, 1982, I, p. 490-491.

[5] Jean Bodin, *Les six livres de la République*, t. V, p. 36.

[6] B. Gordonio, *Lilio de medicina*, fol. 61 r. F. López de Villalobos, *Sumario de la medicina*, p. 326.

[7] Andrés Velásquez, *Libro de la melancholia*, fol. 60r.

[8] Alexo Abreu, *Tratado de la siete enfermedades*, fol. 129 v. P. García Carrero, *Disputationes medicae*, p. 242. A. de Santa Cruz, *Dignotio et cura affectuum melancholicorum*, p. 6.

A la suite d'Hippocrate, Cristóbal de Vega et Andrés Velásquez conçoivent la mélancolie et l'épilepsie comme les deux facettes d'une même maladie :

> "Cum enim humor melancholicus cerebrum occupat, & infestat, si noxa ab eo proveniens in corpus vergat, morbum comitialem effciet, si vero in animam, mutationem temperamenti, melancholiam morbum generavit"[1].

> "Si el humor melancholico dañare el celebro como parte instrumental, o destruyendolo, causarse a la enfermedad que llamamos gota coral (...). Mas viniendo aquel humor al celebro le muda, corrompe y daña el temperamento (...) causar se a la enfermedad de que tractamos, que es melancholia"[2].

De même, pour Pedro Garcia Carrero, l'humeur mélancolique, selon qu'elle occupe le corps ou l'esprit, produit l'épilepsie ou la mélancolie :

> "Dum melancholicus humor vergit ad corpus cerebri, facere epilepsiam, dum vero ad animam ipsius melancholiam"[3].

La mélancolie se mue facilement en épilepsie et, inversement, l'épilepsie débouche souvent sur la mélancolie, comme l'affirment Cristóbal de Vega, Pedro Garcia Carrero et Andrés Velásquez :

> "morbo comitiali laborantes fieri melancholicos & econoverto"[4].

> "melancholici magna ex parte fiunt epileptici"[5].

> "Hase tambien de notar (...) que estas dos enfermedades [melancolia y gota coral] se pueden convertir una en otra. De este modo : que de la gota coral se haze enfermedad que llaman melancholia. Y desta enfermedad melancholia, se haze la gota coral "[6].

L'association de la mélancolie à l'épilepsie est hautement significative. Comme la mélancolie, l'épilepsie constitue une maladie qui a fasciné et intrigué les esprits depuis l'Antiquité. Elle est associée au divin (on la nomme "maladie sacrée") mais aussi au diabolique : jusque fort tardivement, elle fut tenue pour un mal démoniaque (à titre d'exemple, l'édition de 1673 de la *Práctica de exorcistas* de Noydens contient un psaume contre l'épilepsie[7]). Enfin, le " mal caduc" était

---

[1] Cristóbal de Vega, *Opera*, p. 409.

[2] A. Velásquez, *Libro de la melancholia*, fol. 59v-60r.

[3] P. García Carrero, *Disputationes medicae*, p. 244.

[4] Cristóbal de Vega, *Opera*, p. 409.

[5] Pedro Garcia Carrero, *Disputationes medicae*, p. 229.

[6] Andrés Velásquez, *Libro de la melancholia*, fol. 60 r. Voir aussi Murillo, *Aprobación de ingenios*, fol. 93 r et v.

[7] Benito Remigio Noydens, *Práctica de exorcistas*, Madrid, Andrés García de la Iglesia, 1673. p.

considéré comme une maladie affectant les grands hommes, comme Hercule : à travers son association à la maladie sacrée, la mélancolie se trouve aussi rattachée à l'idée de mal héroïque. Reliée aux héros, au divin comme au démoniaque, l'épilepsie contient –et éclaire– de nombreux aspects propres à la mélancolie.

(3)   La rage

Considérée par les médecins comme une maladie mentale, la rage a souvent été assimilée à la mélancolie. Dans les textes théoriques, les symptômes de la rage présentent une analogie frappante avec ceux de la mélancolie. Remplis de crainte et de tristesse, les enragés font des rêves effrayants, recherchent la solitude et refusent la nourriture comme la boisson :

> "los mordidos del perro ravioso sueñan siempre cosas terribles & son muy pavorosos & se ensañan sin causa & se dudan de ser vistos de las gentes & aullan como perros & sobre todas cosas temen el agua"[1] .

> "Andan en el principio de su enfermedad tristes, y solitarios, no comen ni beven, aunque padecen hambre y sed"[2] .

Pour le *Libro de propietatibus rerum*, la rage est causée par la *cholera adusta* et pensée comme l'envahissement du corps par une substance vénéneuse :

> "la mordedura del perro ravioso es mortal & venenosa segund dize costantino. Ca el perro es frio & seco & ha en el la colera negra la senoria la qual lo haze rabiar quando es podrida. Ca la fumosidad de la colera sube al çelebro & le corrompe & lo haze venenoso"[3] .

La rage n'est pas liée à toute bile noire mais à la seule *melancholia adusta*. Pour l'auteur du *Libro de propietatibus rerum*, la rage advient principalement en automne –saison de la mélancolie– ou en été, où l'excessive chaleur favorise la production d'humeurs brûlées[4]. De même, García Carrero attribue l'origine de la rage à l'*atrabilis* et déclare que cette maladie rend le tempérament mélancolique et "vénéneux" :

> "Accidit cani rabies, quae es conversio suae complexionis ad melancholiam malam,

---

379-380.

[1] B. Anglicus/ V. de Burgos, *Libro de propietatibus rerum*, fol. o v recto.

[2] Gerónimo de Huerta, *Traducion de los libros de Caio Plinio segundo...*, fol. 276r.

[3] B. Anglicus/ V. de Burgos, *Libro de propietatibus rerum*, fol. oiiij verso.

[4] B. Anglicus/ V. de Burgos, *Libro de propietatibus rerum*, fol. oiiij verso.

malignam, venenosam (…) nam si quis affirmaret prius venenum, quod est in rabientibus humorem mutare, & atrabiliam reddere quam everteretur temperamentum partis a quo fieret, optime posset dicere fui ab atrabile"[1].

Juan de Pineda affirme également que la mélancolie peut déboucher sur la rage[2] ; enfin, Pedro Mercado nomme la mélancolie "mal de ravia"[3], suggérant, par la dénomination proposée, un lien avec la rage que d'autres textes rendront explicite.

A travers son association à la rage –conçue comme une fureur chaude et sèche qui se déclare de préférence en été– la mélancolie se trouve assimilée à la thématique de la fureur caniculaire, au chien –considéré comme un animal mélancolique– et à l'imagerie de la substance vénéneuse. Cependant, la rage n'est pas uniquement négative : dans la littérature médico-philosophique antique, cette maladie se charge d'un caractère divin que contestera Hippocrate dans la *Maladie sacrée*[4]. La rage illustre donc une multitude de thèmes associés à la mélancolie : le poison, la fureur –mais aussi la relation au divin–, l'imagerie canine et caniculaire.

(4)   La lycanthropie

Parfois appelée *mania lupina* ou *melancholia lupina,* la lycanthropie constitue une maladie éminemment mélancolique. La notion de lycanthropie requiert une brève mise au point : si, dans l'Antiquité, certains auteurs crurent à la transformation réelle de l'homme en loup, en revanche, pour les auteurs du XVIème et du XVIIème siècle, la lycanthropie n'est qu'un dérangement de l'esprit –et jamais une métamorphose effective, interdite par le dogme chrétien[5]– dans laquelle, comme le rappellent García Carrero et Murillo, les malades "imitent" les agissements du loup ("idem quod lupina insania quando qui sic affecti sunt lupos

---

[1] Pedro García Carrero, *Disputationes medicae*, p. 286.

[2] Juan de Pineda, *Diálogos familiares de la agricultura cristiana*, vol. II, p.309.

[3] Pedro Mercado, *Diálogos de philosophia...*, fol. 115v.

[4] Sur ce sujet : Jackie Pigeaud, *La maladie de l'âme*, p. 470-472

[5] Les théologiens médiévaux, à la suite de Saint Augustin, refusent toute métamorphose effective susceptible de remettre en cause le pouvoir du Créateur. Sur la théorie de la lycanthropie et la métamorphose, voir les excellents articles de Laurence Harf-Lancner ("De la métamorphose au Moyen Age") et Carolyn Oates ("Démonologues et lycanthropes : les théories de la métamorphose au XVIème siècle"), dans *Métamorphose et bestiaire fantastique au Moyen Age*, études réunies par Laurence Harf-Lancner, Paris, ENS de Jeunes Filles, 1985, p. 3-25 et 71-105.

imitantur"[1]) ou encore "s'imaginent" être des loups ou des chiens ("la qual enfermedad Melancholica llaman los Griegos Lycanthropia, en la qual se imaginan que son perros"[2]). L'association de la mélancolie à la lycanthropie est ancienne et répandue chez les autorités classiques et européennes. Dans son ouvrage sur la mélancolie, Aetius décrit un "morbo lupino sive canino" étroitement lié à la mélancolie mais aussi à la rage[3] . La traduction du *Pantegni* élaborée par Stéphane d'Antioche et connue sous le nom de *Liber Regalis* ou *Regalis dispositio* évoque une *melancholia canina*[4] . Enfin, en Italie, Garzoni et Tommaso Campanella font de la bile noire l'origine de la lycanthropie[5] .

Les médecins espagnols sont nombreux à associer mélancolie et lycanthropie. Pour García Carrero, la *lupina insania* constitue, avec l'amour, l'une des maladies mélancoliques ("melancholicas passiones") distinguées par les médecins[6] . Alonso de Santa Cruz affirme que la lycanthropie est provoquée par l'*atrabilis* ("exusta bilis haec atra") :

> "exusta bilis haec atra ferina deliramenta creans mania, seu furor vocatur, quosdam noctu campos, & monumenta visitantes causat humor hic teter, ullulando more canum, quam Latini lupinam insaniam, Graeci lycanthopiam dicunt"[7] .

La lycanthropie est souvent considérée comme une variété de mélancolie -on la nomme alors *melancholia lupina* ou *canina*. Valles de Covarrubias et Murillo, pour lequel la lycanthropie est "un género de melancholia"[8] , la décrivent en ces termes :

> "Inter alia insaniae genera, illa sunt celebratissima, quod se in aliorum animalium formas esse imaginantur, faciuntque, & patiuntur omnia quasi re vera ita esset ; alii in canes, & latrant ; alii in lupos, & exeunt noctum domo quaeruntque sepulchra, & versantur cum

[1] Pedro García Carrero, *Disputationes medicae*, p. 284.

[2] Murillo, *Aprobación de ingenios*, fol. 20 r et v.

[3] Selon Lawrence Babb, *Elizabethan malady*, p.44.

[4] Selon Michael R. Mc Vaugh dans son éd. d'Arnau de Vilanova, *Arnaldi de Villanova opera medica omnia*, Barcelone, Université de Barcelone, 1985, introduction, p. 16.

[5] Tommaso Campanella, *Del senso delle cose e Della magia*, dans *Opere di G. Bruno e di T. Campanella*, éd. A. Guzzo et R. Amerio, Milan, Ricciardi, 1956, p.1053. Sur Garzoni, voir Lawrence Babb, *Elizabethan malady*, p. 44.

[6] Pedro García Carrero, *Disputationes medicae*, p. 284.

[7] A. de Santa Cruz, *Dignotio et cura affectuum melancholicorum*, p. 6.

[8] Murillo, *Aprobación de ingenios*, fol. 35 v.

cadaveribus. (...) Vocatur enim canina melancholia, & lupina, Graecis lycanthropia"[1].

"les suceden [a los melancolicos] afectos terribles y monstruosos, como son los afectos lupinos, que aborrecen el ganado, y acometen a el como los lobos lo hazen, la qual enfermedad Melancholica llaman los Griegos Lycanthropia, en la qual se imaginan que son perros"[2].

Les liens unissant mélancolie et lycanthropie apparaissent aussi dans le *Diccionario de Autoridades* :

"Mania lupina. Cierta especie de malancholía (sic), con la qual el que la padece suele salirse de casa de noche, y andar al rededor del Lugar hasta el amanecer, en quatro pies, como los brutos, y aullando como los lobos. Busca las sepulturas y saca y despedaza los cadaveres, y de dia huye de los vivos. Algunos muerden como perros"[3].

Comme chez Aetius, la *melancholia lupina* présente ici des caractéristiques qui la rapprochent d'une autre maladie mélancolique, la rage.

La lycanthropie amplifie et exacerbe certains des traits de la mélancolie. Le mélancolique est maigre et velu, doté d'un appétit vorace ; il recherche les lieux sombres et déserts, les tombeaux, l'obscurité et, souffrant d'insomnie, il erre souvent de nuit : tous ces traits du tempérament mélancolique contiennent en germe l'image du loup. A travers son association à la lycanthropie, la mélancolie se trouve reliée à l'errance concrète, spatiale –thème qui apparaît déjà dans le Bellérophon mélancolique du *Problème*– mais aussi à l'errance de l'esprit. Enfin, à travers la lycanthropie, la mélancolie se trouve également reliée à la possession démoniaque, et des auteurs comme Murillo amalgament volontiers ces trois maux :

"Geronimo Mercurial (...) quenta de uno que tenia enfermedad demoniaca, que se juzgava lobo, que es un genero de Melancholia que se llamava insania lupina"[4].

Ces confusions montrent bien que les frontières du concept de mélancolie au XVIème et au XVIIème siècle sont floues et perméables, permettant l'assimilation de cette maladie à diverses formes d'aliénation.

Comme la mélancolie, la lycanthropie fait partie de ces *mirabilia* qui fascinèrent la Renaissance : démesure des humeurs, la mélancolie est associée à des

---

[1] F. Valles de Covarrubias, *De sacra philosophia*, p. 625.
[2] Murillo, *Aprobación de ingenios*, fol. 20 r et v.
[3] *Diccionario de Autoridades*, s. v. "mania lupina".
[4] Murillo, *Aprobación de ingenios*, fols 31v et 35v, respectivement.

comportements extrêmes et effrayants, qui éveillent l'*admiratio* et l'*horror*. Accès de fièvre, rage, épilepsie, lycanthropie, ces maladies mélancoliques évoquent le débordement irrationnel, l'irruption des forces obscures de l'organisme et suggèrent l'existence d'un lien étroit entre la mélancolie et la fureur. Mais la mélancolie, dont la caractéristique est d'allier les contraires, est aussi associée aux maladies de la léthargie et de la pralysie.

b)   Les maladies de la paralysie et de défaillance

Froide, sombre et épaisse, la mélancolie est pensée comme l'origine d'une série de maladies caractérisées par l'insensibilité, la paralysie et l'extinction des forces vitales, dans lesquelles le sujet défaille, perd conscience et semble retourner au néant et à la mort. Le *Problème XXX,1* relie notamment la mélancolie à l'engourdissement, affirmant que "la bile noire est froide par nature (…) si elle est en excès dans le corps, elle produit (…) des torpeurs"[1] . Pour le *Libro conplido en los iudizios de las estrellas*, Saturne provoque des paralysies et des hydropisies[2] . Le *Libro de propietatibus rerum* et le *Sumario de la medicina* de Villalobos imputent la paralysie, l'hébétude et la léthargie ("litargia") à des humeurs froides et épaisses qui bouchent les conduits vitaux[3] . Pour Bernardo Gordonio la "congelacion" –définie comme une "passion (...) por la qual el omne pierde el seso & el movimiento de todo su cuerpo"– est due à l'humeur mélancolique :   .

> "Esta passion [la congelacion] viene de opilacion de la parte postrera del celebro fecha de mala complision fria & seca : o de humor melanconico frio & seco & gruesso"[4] .

Enfin, au XVIIème siècle, Murillo déclare que la *melancholia adusta* est à l'origine de nombreuses "enfermedades atonitas"[5] .

Pour la tradition médicale, l'apoplexie est une forme de paralysie, causée

---

[1] Aristote, *L'homme de génie et la mélancolie*, p. 95.
[2] Ali Aben Ragel, *Libro conplido en los iudizios de las estrellas*, p. 224.
[3] B. Anglicus/ V. de Burgos, *Libro de propietatibus rerum*, fol. 1 viij recto. F. López de Villalobos, *Sumario de la medicina*, p. 327 et 328.
[4] Bernardo Gordonio, *Lilio de medicina*, fol. 52 r.
[5] Murillo, *Aprobación de ingenios*, fol. 85v.

par une humeur épaisse qui obstrue les conduits du cerveau :

> "Apoplesia es passion del celebro que quita el sentido & el movimiento a todo el cuerpo adesora & subito anticipando una grande boz por la opilación que esta en los meatos & ventriculos del celebro"[1] .

L'association de la mélancolie à l'apoplexie est le fruit d'une tradition ancienne. Selon le *Problème*, l'excès de bile noire débouche sur l'apoplexie[2] et, pour Hippocrate (*Aphorismes*, VI, 56), les altérations de la bile noire au printemps et à l'automne produisent l'apoplexie et les spasmes. Fidèles à la tradition médicale, de nombreux auteurs du XVIème et du XVIIème siècle verront dans l'apoplexie un mal mélancolique. Dans sa *Disputatio* sur la mélancolie, García Carrero s'oppose à Fernel, affirmant que la bile noire est à l'origine de l'apoplexie :

> "Sed an fieri possit a melancholico humore nullum Medicum vidi haesitare praeter Fernelium (...) quid negat, sed re vera dubium non debet esse quin ab hoc humore fieri possit, id fatetur Hypocrates"[3] .

De même, Murillo écrit que beaucoup de mélancoliques sont victimes de crises d'apoplexie : "es tal el Melancholico, que causa apoplexias, pues muchos Melancholicos mueren dellas"[4] .

La bile noire est également considérée comme l'origine de multiples étourdissements et syncopes dûs à l'épuisement de la chaleur et de l'humidité vitales par la froideur et la sécheresse de la mélancolie. Villalobos attribue l'origine du vertige à des vapeurs qui montent à la tête, suivant un schéma qui rappelle puissamment la mélancolie hypocondriaque :

> "Vértigo no es otro sino un remolino,
> y es que hay nel celebro un vapor retorcido,
> o sube de abaxo como un torbellino"[5] .

Pedro Mercado affirme que la mélancolie cause des pâmoisons et des défaillances :

> "Conviene tambien remediar los accidentes que la melancolia haze, entre los quales el principal es el desmayo de coraçon"[6] .

---

[1] Bernardo de Gordonio, *Lilio de medicina*, fol. 64 v.
[2] Aristote, *L'homme de génie et la mélancolie*, p. 95.
[3] Pedro García Carrero, *Disputationes medicae*, p. 375.
[4] Murillo, *Aprobación de ingenios*, fol. 23r.
[5] F. López de Villalobos, *Sumario de la medicina*, p. 324.
[6] Pedro Mercado, *Diálogos de philosophia...*, fol. 123 r.

Selon Alexo Abreu, la mélancolie cause des "vagidos, temblores de coraçon", des palpitations et des syncopes[1]. Enfin, Murillo affirmera que beaucoup de mélancoliques sont victimes de convulsions[2]. Paralysies, apoplexies, évanouissements développent l'image d'un sujet envahi par une force obscure qui l'immobilise et l'aliène. Dans cette perspective, entre les maladies de la fureur et celles de la paralysie, l'opposition est moindre, finalement, que la correspondance. L'extrême fureur –incarnée par la rage et l'épilepsie– conduit à un état d'emportement où le sujet ne se possède plus, et l'image que nous fournit Villalobos de la "congelación" est presque une description de l'extase :

> "(…) alguno está elado
> sin senso y sin moto, espantado adormido,
> los ojos abiertos como hombre pintado,
> ni oye ni vee, y asi trasportado
> que piensa la gente que al cielo es ya ido"[3].

Maladies de l'hébétude et maladies de la fureur se rejoignent autour de la notion d'égarement et de perte de soi.

3.   Les maladies viles

La mélancolie est reliée à des maladies élevées impliquant, comme la "maladie sacrée", une possible communication avec la transcendance. Cependant, suivant le principe d'une conjonction des extrêmes qui caractérise la représentation de la mélancolie, la bile noire est également associée aux maladies les plus viles, entourées de réprobation morale et de rejet. Le système de pensée du XVIème et du XVIIème siècle tisse une relation révélatrice –sur laquelle les études sur la mélancolie ont pourtant négligé de se pencher– entre la bile noire et deux maladies hautement significatives, la lèpre et la syphilis.

a)   Mélancolie et maladies de peau

L'un des premiers textes à relier la mélancolie aux maladies de peau est le

---

[1] Alexo Abreu, *Tratado de las siete enfermedades*, fol. 129 v -130v.
[2] Murillo, *Aprobación de ingenios*, fol. 23r.

Problème, qui écrit que "si elle [la bile noire] est trop chaude, elle est à l'origine (…) des éruptions d'ulcères et autres maux de cette espèce"[1]. Aristote fait aussi de Lysandre et d'Heraclès, sujets tous les deux aux ulcérations, des mélancoliques[2].

Au Moyen Age, Guy de Chauliac impute à la bile noire plusieurs maladies de peau ainsi que les apostèmes, les chancres, les escarres ("schirres") et les verrues[3].

Selon Alonso Chirino de Cuenca, la mélancolie engendre le pire des chancres, qui exige une thérapie destinée à lutter contre la bile noire :

> "Destas durezas ay otra muy mala e la peor de todas e es llamada en arávigo çaratán e dízenle cáncer o llaga cancerosa (…). E en el comienço conviene regirse de buena viandas e guardarse de todas las malenconías e deve purgar la malenconía"[4].

Le *Libro de propietatibus rerum* fait de la bile noire non naturelle la source de divers chancres[5]. Villalobos affirme que la mélancolie est la cause de "la negra morfea" –une maladie de peau caractérisée par des "manchas nel cuero que le an afeado"[6] – et des chancres :

> "El cancer es un apostema causado
> de colora adusta o de melanconia,
> (…) es negro y redondo, y extiendese y cria"[7].

Ces conceptions persistent à la Renaissance. Pour Della Porta, la bile noire "fait sortir des ulcères au corps"[8] et pour Sabuco de Nantes les maladies de peau – notamment la gale, la lèpre, les poux, les apostèmes– guettent les gens tristes :

> "a éstos [los tristes] suele venir la ética y enfermedades del cuero, como sarna, piojos, lepra, apostemas y otras malas nacidas"[9].

Maladie mélancolique, la gale est engendrée, selon Andrés Laguna, par tous les aliments qui augmentent la proportion de bile noire dans l'organisme :

---

[3] F. López de Villalobos, *Sumario de la medicina*, p. 319.
[1] Aristote, *L'homme de génie et la mélancolie*, p. 95.
[2] Aristote, *L'homme de génie et la mélancolie*, p. 83.
[3] Guy de Chauliac, *La grande chirurgie*, p. 132, 403 et 432. Sur les relations de la mélancolie avec diverses maladies de peau, voir aussi les p. 416, 418 et suiv.
[4] Alonso Chirino de Cuenca, *Menor daño de la medicina*, p. 113-114.
[5] B. Anglicus/ V. de Burgos, *Libro de propietatibus rerum*, fol. e vii recto.
[6] F. López de Villalobos, *Sumario de la medicina*, p. 447.
[7] F. López de Villalobos, *Sumario de la medicina*, p. 438.
[8] Giambattista Della Porta, *La physionomie humaine…*, p. 27.
[9] Miguel Sabuco de Nantes, *Nueva filosofia de la naturaleza del hombre*, p. 96

"conviertense [las habas] en humor melancolico, y engendran mucha sarna por todo el cuerpo"[1]. Au XVIIème siècle, Santa Cruz conçoit la bile noire –et en particulier la néfaste *melancholia adusta*– comme l'origine de nombreuses maladies de peau et de divers chancres, ulcères et vitiligos[2]. Enfin, Murillo affirme que les mélancoliques sont prédisposés aux maladies de peau ("los melancholicos tienen cancros, alephantiases, scabies, lepra, y vitiligines negras y tumores"[3]) et Bravo de Sobremonte tient la bile noire pour responsable des chancres, escarres et ulcères[4]. Ce sont souvent les maladies de peau les plus hideuses qui sont attribuées à la mélancolie : pour Alonso Chirino de Cuenca, la mélancolie est à l'origine du chancre le plus malin et Guy de Chauliac attribue à la "cholere deux fois bruslée" l'origine d'un "ulcère corrosif, serpigneux, horrible, puant et virulent" dont le nom est révélateur, le "Noli me tangere"[5]. A travers ces différents maux, la mélancolie est reliée aux maladies les plus basses et répugnantes, à l'imagerie de la corruption, de la putréfaction, de la dépravation.

b) La lèpre, mal mélancolique

L'association de la lèpre à Saturne et à la mélancolie est très ancienne. Galien enseignait que la lèpre était une maladie fréquente à Alexandrie en raison du climat chaud –favorisant la combustion des humeurs et leur transformation en *atrabilis*– et des coutumes alimentaires impliquant la consommation de nombreux aliments mélancoliques[6]. Le *Libro conplido en los iudizios de las estrellas* affirme que l'influence de Saturne rend l'individu "gafo"[7]. La plupart des médecins

---

[1] Andrés Laguna, *Pedacio Dioscorides Anazarbeo*, p. 191.

[2] Alonso de Santa Cruz, *Dignotio et cura affectuum melancholicorum*, p. 5-6.

[3] Murillo, *Aprobación de ingenios*, fol. 141 v.

[4] Gaspar Bravo de Sobremonte, *Resolutionum et consultationum medicarum*, p. 723.

[5] Guy de Chauliac, *La grande chirurgie*, p. 321.

[6] D'après Françoise Bériac, "Connaissances médicales sur la lèpre et protection contre cette maladie au Moyen Age", dans *Maladie et société (XIIème-XVIIIème siècles). Actes du colloque de Bielefeld*, Paris, Editions du CNRS, 1989, p.145-146. Cependant, après avoir constaté le rapport entre la mélancolie et la lèpre, F. Bériac n'en tire aucune conclusion concernant l'une ou l'autre maladie. On consultera aussi : Geneviève Pichon-Berruyer, *La représentation médiévale de la lèpre*, Thèse dactylographiée de 3ème cycle, Paris, Université de Paris X, 1979, 2 vol.

[7] Ali Aben Ragel, *Libro conplido en los iudizios de las estrellas*, p. 262.

médiévaux attribuent la lèpre à un excès de bile noire et, vers 1200, il est banal d'affirmer, comme le fait le *Compendium medicinale* de Gilbert l'Anglais, que "la lèpre est une maladie grave provenant de la diffusion de la mélancolie dans tout le corps, affectant la forme et l'union de ses membres"[1]. De même, la *Chirurgia magna* de Guy de Chauliac attribue la lèpre à la *melancholia adusta* :

> "La cause conjointe [de la ladrerie] est la melancholie espandue par tout. A raison de quoy il faut sçavoir, (...) que la melancholie est double, naturelle et non naturelle. La ladrerie n'est pas faite de la naturelle, ains de la non naturelle : et non de quelle que ce soit, ains de celle qui est faite par adustion"[2].

Jean Bodin affirme que les éléphants et les peuples du Sud, de complexion mélancolique, sont particulièrement exposés à la lèpre :

> "ils [les Anciens] assurent qu'il n'y a que ceste beste là [l'éléphant] qui ait le sang froid, et la plus melancholique de toutes : chose qui le rend ladre, comme aussi sont les peuples de Midy, qui sont fort sujects à la ladrerie"[3].

Les mêmes conceptions associant la lèpre à la mélancolie apparaissent dans les textes écrits ou traduits en espagnol. Le *Libro de propietatibus rerum* déclare que la lèpre est causée par une bile noire corrompue et non naturelle :

> "Toda lepra ha su comienço de la corrupçion de malenconia. E por esto dize costantino que es enfermedad fria & seca que viene de malenconia podrida /& peçe por defuera del cuerpo"[4].

Pour Gordonio, les mélancoliques sont particulièrement menacés par la lèpre :

> "E sean guardados los melanconicos & los maniacos en el verano : & en el otoño con luengo uso de tomar epitimo & suero de leche de cabras : que esta cosa universalmente guarda que no venga lepra ni qualquiera otra passion melanconica"[5].

Le *Tratado de la lepra* d'Enrique de Villena et le *Sumario de la medicina* de Villalobos attribuent la lèpre à la *cholera adusta* :

> "es su diffiniçion, segunt acordança de los filosofos & medicos, tal lepra es dolençia mala, que viene de esparçimiento de la colera negra en todo el cuerpo, corrompiendo la conplixion de los mienbros & figura de aquellos"[6].

---

[1] Gilbert l'Anglais, *Compendium medicine*, Lugduni, Jacobum Sacconi, 1510, fol. 336. D'après Françoise Bériac, "Connaissances médicales sur la lèpre...", p. 146.

[2] Guy de Chauliac, *La grande chirurgie*, p. 401-403.

[3] Jean Bodin, *Les six livres de la République*, t. V, p. 35-36.

[4] B. Anglicus/ V. de Burgos, *Libro de propietatibus rerum*, fol. o iij recto. Voir aussi le fol. e vii recto.

[5] Bernardo Gordonio, *Lilio de medicina*, fol. 57 r.

[6] Enrique de Villena, *Tratado de lepra*, dans "Tres tratados de Enrique de Villena", *Revue*

> "La lepra es passion muy maldita y dañada,
> de colora adusta o de melancolia
> la qual por los miembros está derramada,
> y no podrescida, mas es conculcada,
> y asi les podresce y corrompe y resfria"[1] .

Pour Andrés Laguna, la bière et le fromage –aliments mélancoliques– sont à l'origine de la lèpre qui affecte les peuples du Nord [2] . Miguel Sabuco de Nantes assure que le chagrin rend les individus lépreux ("gafos") :

> "Por todo lo cual les vienen tantos géneros de enfermedades, y tantas muertes repentinas, cuando el enojo o pesar es grande. Y cuando es menos los pone gafos"[3] .

L'association de la lèpre à la mélancolie est largement répandue dans le système de pensée, apparaissant chez Alonso de Santa Cruz[4] et Sebastián de Covarrubias :

> "La lepra cubre el cuero con una fea costra o escama por partes blanca, por partes negra ; proviene de la colera adusta"[5] .

Maladie mythique qui inspirait la terreur et le rejet, la lèpre occupait une place toute particulière dans le système de représentation. Sebastián de Covarrubias remarque bien le caractère singulier de cette maladie en s'interrogeant :

> "Es de considerar ¿qué más tenía la enfermedad de gafo o leproso de la del paralítico, el ciego, el coxo, el manco y todos los demás enfermos y lisiados, para que ella sola fuesse infame y afrentosa, y las demás no?"[6] .

La lèpre, en regard des autres maladies, se dote d'un statut spécial, de la même manière que la mélancolie occupe une position particulière parmi les autres humeurs et tempéraments. Comme la mélancolie, la lèpre fait l'objet d'une vision fortement moralisée. Aux lépreux, la tradition médicale attribue toutes sortes de vices –notamment une concupiscence démesurée–, et Sebastián de Covarrubias fait

---

Hispanique, XLI, Paris- New York, 1917, p. 203-204. Il convient de rappeler que, pour Enrique de Villena, la lèpre ne s'attaque pas seulement à l'homme mais aussi aux animaux et à l'inanimé : ainsi la rouille, par exemple, ou encore les murs "lépreux" sont conçus par Villena comme des exemples de lèpre.

[1] F. López de Villalobos, *Sumario de la medicina*, p. 439. Contre la lèpre, Villalobos conseille l'éllébore, remède traditionnel de la mélancolie.

[2] Andrés Laguna, *Pedacio Dioscorides Anazarbeo*, p.183. Voir aussi p. 193.

[3] Miguel Sabuco de Nantes, *Nueva filosofia de la naturaleza del hombre*, p. 83. Voir aussi p. 96.

[4] Alonso de Santa Cruz, *Dignotio et cura affectuum melancholicorum*, p. 5.

[5] Sebastián de Covarrubias, *Tesoro...*, s. v. "lepra".

[6] Sebastián de Covarrubias, *Tesoro...*, s. v. "lepra".

de la lèpre l'image du péché et de l'hérésie :

> "La lepra sinifica la dotrina falsa ; de donde por los leprosos se pueden entender los hereges"

> "porque la lepra trahia consigo todos estos trabajos y afrentas, y tan gran aborrecimiento a los que estavan sanos ; adequadamente parece averse llamado el pecador leproso, y en particular el descomulgado, del qual nos apartamos como de apestado"[1].

Pour Villena, la lèpre fut le châtiment des vices et péchés des Cananéens :

> "engendraron los cananeos [lepra] en sus casas biviendo viciosamente (…), mayormente en las culpas de la luxuria & de la gula, comiendo viandas muchas & curiosas quales non podia el estomago digerir, por cuya yndigestion se causaba fetor en los sudores (…). Non menos desto causava la luxuria por ellos desmesuradamente usada, mayormente con los vientres llenos de viandas, las quales por aquel acto corrompian & podreçian. E tal substançia infecta rescebian los miembros, por do mudavan sus conplisiones in natas"[2].

La lèpre se trouve ainsi associée à la faute, au péché et aux images de la corruption : "lepra es en el alma la culpa mortal"[3], conclut Villena. Enfin, à travers l'exemple de Job, la lèpre symbolise aussi l'épreuve envoyée par Dieu :

> "El santo Job fue tentado de Satán, permitiendole assi Dios para más gloria suya, y de pies a cabeça le plagó"[4].

Le rattachement de la lèpre à la bile noire éclaire de manière particulièrement significative la mélancolie qui se trouve par là reliée à la thématique de l'infection, au péché et au châtiment, mais aussi à l'épreuve.

c) La syphilis

(1) Lèpre et syphilis

On le sait, la syphilis fut reliée à ses débuts à la lèpre[5]. Médecin et professeur à Ferrare, Niccolò Leoniceno débat longuement des liens entre la lèpre et la syphilis, et Gaspar Torrella, médecin né à Valence en 1452, affirme dans son *Tractatus cum consiliis [contra] Pudendagram seu morbum Gallicum* (Rome, 1497) que le remède souverain contre le mal de Naples est d'éviter le contact avec

---

[1] Sebastián de Covarrubias, *Tesoro*…, s. v. "lepra", pour les deux citations
[2] Enrique de Villena, *Tratado de lepra*, p. 206-207.
[3] Enrique de Villena, *Tratado de lepra*, p. 212.
[4] Sebastián de Covarrubias, *Tesoro*…, s. v. "gafo".
[5] Sur ce point : Françoise Bériac, "Connaissances médicales…", p. 150-156 et Claude Quétel, *Le Mal de Naples. Histoire de la syphilis*, Paris, Seghers, 1986, p. 38.

les lépreux[1]. Cette association trouve ses racines dans la représentation médiévale de la lèpre : pour les médecins médiévaux, cette maladie était censée se transmettre, comme la syphilis, par voie sexuelle ou par infection congénitale. La lèpre était aussi reliée à la lubricité –trait que les lépreux partagent avec les syphilitiques et les mélancoliques– et aux rapports pendant les règles ou la grossesse. La luxure supposée des mélancoliques, des lépreux et des syphilitiques est significative, faisant apparaître la maladie comme le salaire du péché. Enfin, on sait que les syphilitiques furent soignés dans les anciennes léproseries[2], qui ensuite accueillirent les fous. Autour de la mélancolie se tisse ainsi un réseau de maladies maudites comprenant la lèpre et la syphilis, auxquelles viendra se joindre la folie.

(2)   Saturne et la syphilis

Le mal de Naples est classé parmi les maladies associées à l'astre de la mélancolie et, pour de nombreux médecins et astrologues, l'origine de l'épidémie de syphilis trouvait sa cause dans la conjonction, le 25 novembre 1484, de Saturne et de Jupiter dans le signe du Scorpion et la maison de Mars[3]. Fracastoro –dont le poème *Syphilidis* donnera son nom à cette maladie– place le *morbus gallicus* sous le signe de Saturne :

"Ergo hanc per miseras terras Saturnus agebat
Pestem atrox, nec saeva minus crudelis (...)"[4].

Villalobos attribue aussi l'origine du *mal de bubas* à Saturne et conseille, de "consommer l'acte de Vénus et de Mars" hors de l'influence de l'astre de la mélancolie :

"Astrologos dizen que por conjuncion
de Saturno y Mares [sic] el tal daño ha sido ;
Saturno es señor de la adusta passion,
y Mars [sic] de los miembros de generacion ;
y en hallarse Mares [sic] en este lugar
tan mal con Saturno, enemigo muy fiero,
quando hora los actos queremos usar

---

[1] Cl. Quétel, *Le Mal de Naples*, p. 12 et 27.
[2] Cl. Quétel, *Le Mal de Naples*, p. 13-14.
[3] Cl. Quétel, *Le Mal de Naples*, p. 18 et p.42.
[4] Girolamo Fracastoro, *Syphilidis*, éd. bilingue de Prosper Yvaren, Paris, Baillière, 1847, p. 104.

de Venus y Mares, vamos a mirar
no esté alli Saturno, ques mal compañero"[1].

Juan Almenar, astronome et médecin de Valence, consacre à la syphilis un *Libellus
ad evitandum et expellendum morbum gallicus* (Venise, 1502), où d'emblée, il
propose d'appeler cette maladie "passio turpis saturnina" car elle est, selon lui, due
à Saturne :

> "Convenerunt sapientes quidam ut hic morbus [quod] apud Italos appellatur gallicus, nunc
> dicatur Patursa, quod interpretatur passio turpis saturnina, turpis enim morbus est, qua
> mulieres incastas ac religiosas reputari facit, & generaliter omnes deturpat. Et saturninus,
> quia a Saturno propter eius ingressum in ariete, allis coeli dispositionibus coadiuvantibus
> originem traxit. Et si illi influxus cessaverint, non propter hoc morborum cessare necesse
> fuit, quoniam plura corpora infecta remanserunt"[2].

(3)   Mélancolie et syphilis.

Nombreux sont les médecins à mettre le mal de Naples sur le compte de la
mélancolie. Niccolò Leoniceno attribue le *morbus gallicus* à la bile noire *adusta*
mêlée au phlegme et à la cholère ("Necesse est illic ex melancholia & phlegmate
quae admiscentur cholerae" ; "Sed cur tale apostema factum ex sanguine grosso
malo adusto ") et conclut que le mal de Naples "sit ex sanguine melancholico
superassato"[3]. Gaspar Torrella affirme que la syphilis naît des humeurs viciées et,
en particulier, de la mélancolie[4] et, pour Villalobos, la "sarna egipiciaca" –c'est
ainsi qu'il nomme la syphilis– est due à la bile noire mêlée à du phlegme :

> "Los medicos dizen [de las pestiferas buvas] que fué de abundança [sic]
> de humor melanconico y flema salada
> que en todos miembros a hecho su estança"[5].

Pour le médecin espagnol, l'origine de la "gale d'Égypte" réside aussi dans les

---

[1] F. López de Villalobos, *Tratado sobre las pestiferas buvas*, p. 455.
[2] Juan de Almenar, *Liber perutilis de morbo gallico*, dans *Nicolai Masae... Liber de morbo
gallico... Ioannes Almenar Liber perutilis de morbo gallico... Nicolai Leoniceni...
Compendiosa ejusdem morbi cura* ; *Angelo Bolognini... Libellus de cura ulcerum exteriorum et
de unguentis... in quibus multa ad curam morbi gallici pertinentia inserta sunt*, s. l., s. i., 1532
(B.N. Paris Rés. Td 43. 12), fol. 90 r.
[3] Niccolò Leoniceno, *De morbo gallico*, dans *Nicolai Masae... Liber de morbo gallico ...*, fols.
142r et 143 r
[4] Gaspar Torrella, *Tractatus contra pudendagram seu morbus gallicus*, Rome, P. de la Turre,
1497, fol. 5 r et v.
[5] F. López de Villalobos, *Tratado sobre las pestiferas buvas*, p. 456

aliments mélancoliques et dans les "humores adustos"[1] : incluant des saignées, des purges, des bains, le recours à l'éllébore et un régime bannissant les aliments mélancoliques, la thérapie contre la syphilis préconisée par Villalobos repose donc sur les mêmes principes que le traitement traditionnel de la mélancolie. De même, le *Libro de las quatro enfermedades cortesanas* de Luis Lobera de Avila attribue l'origine du "mal de bubas" à la bile noire naturelle et non naturelle :

> "La quarta enfermedad cortesana que es mal frances o bubas por otro nombre (...). Algunos médicos y cirujanos modernos no quieren curar esta enfermedad al principio diziendo que esta enfermedad viene de humor melancholico : y este humor melancholico es inobediente a natura e ha menester muchos dias para digerirse y evacuarse"[2].

Au XVIIème siècle, Alonso de Santa Cruz associe également la mélancolie au le *morbus gallicus*[3]. Enfin, dans le dernier chapitre de l'*Aprobación de ingenios*, Murillo affirme que les mélancoliques et les syphilitiques souffrent des mêmes maux et présentent les mêmes symptômes : "son tan parecidos el morbo gallico, y la hypochondria melancolica, que casi tienen las passiones mismas" : mélancolie et *morbo gallico* exigeront donc un même traitement, fondé sur l'évacuation des mauvaises humeurs[4].

L'association de la syphilis à la mélancolie confirme la vision fortement critique de cette dernière dans les traités médicaux les plus attachés à la tradition galénique. La mélancolie, par sa relation avec la syphilis, se trouve reliée à une maladie qui, à l'image de la lèpre, frappe l'imagination, fascine et effraye, comme le montrent les multiples superlatifs qu'emploie Villalobos à son sujet :

> "Fue una pestilencia no vista jamás
> en metro ni en prosa, ni en sciencia ni estoria ;
> muy mala y perversa y cruel sin compás,
> muy contagiosa y muy suzia en demás,
> muy brava y con quien no se alcanza vitoria"[5].

---

[1] F. López de Villalobos, *Tratado sobre las pestiferas buvas*, p. 462-463.

[2] Luis Lobera de Avila, *Libro de las quatro enfermedades cortesanas que son catarro, gota arthetica sciatica, mal de piedra y de riñones e hijada. E mal de buas : y de otras cosas utilissimas*, Tolède, Juan de Ayala, 1544, fol. 74.

[3] Alonso de Santa Cruz, *Dignotio et cura affectuum melancholicorum*, p. 6.

[4] Murillo, *Aprobación de ingenios*, fol. 141 v.

[5] F. López de Villalobos, *Sumario de la medicina*, p. 453-454.

Enfin, comme la mélancolie et la lèpre, le *mal de bubas* fait l'objet d'une vision fortement moralisée. Pour Villalobos, il s'agit d'une maladie "muy gran vellaca," qui "a començado/ por el mas vellaco lugar que tenemos"[1] et pour beaucoup de médecins ou d'auteurs spirituels, comme Bartolomé Carranza, la syphilis constitue un châtiment divin :

> "En esta nuestra edad ha hallado Dios un remedio nuevo nunca oído, para castigar la lujuria ; y es un nuevo linaje de lepra que llaman «bubas», o «mal francés», o «lepra napolitana» (...). Con esta lepra castiga Dios agora a los deshonestos"[2] .

Mélancolie et syphilis font l'objet d'un discours sévère qui les condamne sans appel : au portrait extrêmement critique que Furió Ceriol trace du mélancolique répond le blâme qui entoure les syphilitiques. Du reste, syphilis, mélancolie et lascivité ne font qu'un, puisque les médecins attribuaient aux mélancoliques un appétit sexuel débordant en raison de leur tempérament venteux.

d)   Autres maladies

Selon certains théoriciens, le mélancolique est sujet aux rhumes et aux maladies pulmonaires. Pour Abraham Ben Ezra et Ali Aben Ragel, Saturne engendre des maladies des poumons :

> "En Aries, Saturno da enfermedad de pecho"[3] .

> "E si el mas apoderado destos signos fuere Saturno o infortunado de Saturno significa que las mas enfermedades que avra el nacido seran de manera de tisica"[4] .

Pour le *Corbacho* les mélancoliques sont "gargajosos"[5] . L'association de la mélancolie à ces maladies trouve son origine dans le lien qui unit la mélancolie à l'hiver, moment où ces maux sont les plus fréquents.

Enfin, selon Andrés Velásquez et Tomás Murillo, la bile noire *adusta* est à l'origine de dysenteries mortelles : "esta atra bilis, (...) es corrosiva, pegandose en

---

[1] F. López de Villalobos, *Sumario de la medicina*, p. 453-454.

[2] Bartolomé Carranza, *Catecismo cristiano* (1558), éd. de J. I. Tellechea, Madrid, B.A.C., 1972, t. II, p. 90-91. Nous avons extrait le texte de Bartolomé Bennassar, *Los españoles. Actitudes y mentalidad desde el siglo XVI al siglo XIX*, Madrid, Swan, 1984, p. 248-249.

[3] Ben Ezra, *De nativitatibus* dans Messalah/ Ben Ezra, *Textos astrológicos medievales*, p. 200-201.

[4] Ali Aben Ragel, *Libro conplido en los iudizios de las estrellas*, p. 224.

algunas partes, como lo vemos en algunas disenterias, que por la mayor parte son mortales, en derivandose y procediendo deste humor"[1]. Pour sa part, Gaspar Bravo de Sobremonte attribue à la bile noire l'origine de diverses affections des viscères[2]. A travers son association aux maux affectant les poumons et les viscères, la mélancolie se trouve rattachée à des maladies basses et nauséabondes, engendrant une diarrhée mortelle ou des expectorations répugnantes.

Les différentes maladies reliées à la mélancolie éclairent cette notion de manière singulière. La mélancolie se trouve reliée à des maladies spectaculaires et prestigieuses, comme l'épilepsie, mais aussi et surtout à des maladies honteuses, reliées au péché, à l'exclusion et faisant l'objet d'un discours moralisé. Elles constituent des maux que l'on rejette et que l'on écarte. Dans cette perspective, Laguna –non sans quelque orgueil nationaliste– note que la lèpre est surtout répandue dans les pays du Nord, en raison de leur consommation excessive de bière et de fromage[3] : cette maladie apparaît implicitement comme le châtiment d'une blâmable intempérance alimentaire et d'un amour immodéré pour cette boisson alcoolisée. Par son association à la lèpre et à la syphilis, la mélancolie se trouve rattachée à la faute, apparaissant comme une maladie du corps, mais aussi comme un mal qui souille l'âme.

C.   L'AMOUR, MAL MELANCOLIQUE

L'une des formes les plus célèbres de mélancolie –à laquelle les traités médicaux consacrent divers chapitres et paragraphes– est la mélancolie érotique. Au XVIème siècle et au XVIIème siècle, la notion de mélancolie amoureuse

---

[5] Alfonso Martínez de Toledo, *El Corbacho*, p. 138.

[1] Andrés Velásquez, *Libro de la melancholia*, fol. 49v. Voir aussi, Murillo, *Aprobación de ingenios*, fol. 82 r.

[2] Gaspar Bravo de Sobremonte, *Resolutionum et consultationum medicarum*, p. 723.

[3] Andrés Laguna, *Pedacio Dioscorides Anazarbeo*, p. 183 : "Convierte[se] tambien la cerveza en sangre melancolica y gruessa, de la qual suele nacer la lepra, y ansi consta, que en todo el resto del mundo, no se hallan tantos leprosos, como en aquelllas regiones septentrionales, porque no hay lugarejo de tres vezinos, que no tenga una casa dedicada a Sant Lazaro, lo cual nace del infinito queso que comen, y de la mucha cerveza que beben".

constitue un véritable *topos* : ainsi, à l'image du frontispice de l'*Anatomy of melancholy* de Robert Burton, qui représente, parmi d'autres emblèmes de la mélancolie, un amoureux ("Innamorato")[1] et de la préface du *Décaméron,* qui glose la notion de mélancolie amoureuse et cite plusieurs remèdes contre elle[2], la plupart des textes théoriques associent l'amour à la mélancolie.

Les études sur la maladie d'amour signalent à plusieurs reprises l'existence de liens étroits entre la mélancolie et l'amour mais ne précisent à aucun moment leur nature. Comme le remarque Mary Frances Wack[3] : négligeant d'expliquer la base humorale du mal d'amour, les médecins mettent plutôt l'accent sur le diagnostic –à travers une liste de *signa*– et sur la thérapie. A l'orée du XVIIème siècle, les liens entre la mélancolie et l'amour sont suffisamment puissants –et problématiques– pour que Pedro García Carrero s'interroge sur leur nature : "ante omnia se offert inquirendum cur amor inter passiones melancholicas ponatur, & qui ita afficitur ut melancholia laborans curari debeat"[4]. A une époque où les passions ne peuvent être pensées sans un substrat physique et humoral, l'amour fait l'objet d'une conception qui laisse une large part à la physiologie : comme la mélancolie, il est conçu comme une maladie et fait l'objet d'une présentation largement médicalisée[5]. Les penseurs sont persuadés que l'amour peut engendrer la mélancolie et qu'il existe une mélancolie amoureuse.

---

[1] Klibansky, Panofsky, Saxl, *Saturne et la mélancolie*, fig. 133.

[2] Giovanni Boccaccio, *Le Décaméron*, trad. de Jean Bourciez, Paris, Garnier, 1963, p. 4-5.

[3] Mary Frances Wack, *Lovesickness in the Middle Ages. The Viaticum and its commentaries*, Philadelphia, University of Pennsylvania Press, 1990, p. 14.

[4] Pedro García Carrero, *Disputationes medicae*, p. 298.

[5] Sur le développement du concept de "maladie d'amour", depuis l'Antiquité et au Moyen Age : Massimo Ciavolella, *La "malattia d'amore" dall'Antichità al Medioevo*, Rome, Bulzoni, 1976 ; Mary Frances Wack, *Lovesickness in the Middle Ages. The Viaticum and its commentaires*, Philadelphia, University of Pennsylvania Press, 1990 ; Arnau de Vilanova *Arnaldi de Villanova opera medica omnia*, éd. de Michael R. Mc Vaugh, Barcelone, Université de Barcelone, 1985, introduction, p. 11-39. Michel Simonin ("Aegritudo amoris et res literaria à la Renaissance. Réflexions préliminaires", dans *La folie et le corps*, Paris, Presses de l'E.N.S., 1985, p. 87) affirme qu'au XVIe siècle, "l'habitude de médicaliser la présentation de l'amour est générale, d'autant plus qu'elle a reçu, chemin faisant, le renfort du ficinisme vulgarisé".

1. L'amour, source de mélancolie

La mélancolie amoureuse peut se déclarer chez les deux sexes mais, le plus souvent, les textes fournissent la version masculine de ce mal : considéré comme plus sec et chaud que la femme, l'homme est plus prédisposé qu'elle à cette maladie. Les mécanismes suivant lesquels le désir amoureux engendre la mélancolie sont multiples et bien connus. Passion chaude, le désir dilate le coeur et réchauffe l'organisme mais, s'il demeure longtemps insatisfait, il finit, comme l'explique Alonso de Santa Cruz, par surchauffer les humeurs, engendrant de la *melancholia adusta* et suscitant un déséquilibre humoral qui perturbe les opérations vitales[1]. D'autre part, la crainte et la tristesse que les textes théoriques attribuent à l'amoureux insatisfait contractent le coeur, refroidissent et dessèchent l'organisme, où croît la proportion de bile noire naturelle. Par ailleurs, l'abondance de semence –de nature venteuse– insuffisamment évacuée favorise l'envahissement de l'organisme par des vapeurs mélancoliques. Troublée par les passions de l'âme, la digestion se fait mal, provoquant une coction insuffisante ou excessive des humeurs et engendrant un surplus de bile noire. Enfin, selon les médecins, l'amour s'accompagne d'insomnies et d'une activité intellectuelle intense qui consument les esprits vitaux, refroidissent et dessèchent le corps :

> "El palor y descolorimiento de la faz delgada [de los amantes] suele ser de grande flaqueza, y de poca fuerza del calor natural, que no puede digerir bien, ni hacer buena sangre. Pero debe proceder por ventura en los que aman de tristeza y profundo cuidado ; porque arrebatados en consideración de lo que desean, gastan y destruyen la propia virtud, y impiden sus operaciones con la vigilia y trabajo de sus espíritus."[2]

La mélancolie de l'amoureux est ainsi due, en partie, aux mêmes causes que celle de l'homme de lettres ou de l'étudiant. Si toute passion amoureuse ne débouche pas sur la mélancoie, c'est cependant aux aspects mélancoliques de l'amour que les médecins consacrent l'essentiel de leur attention.

---

[1] Alonso de Santa Cruz, *Dignotio et cura affecttum melancholicorum*, p. 33.

[2] Herrera, *Anotaciones*, dans *Garcilaso de la Vega y sus comentaristas*, p. 395.

2. *L'amour, passion mélancolique*

L'association de l'amour à la mélancolie trouve ses sources les plus anciennes chez Oribase et Galien[1]. Le traité *Des maladies aiguës et chroniques* de Caelius Aurélien distingue une *mania* appelée "eroticon" et classe l'amour parmi les sous-espèces de la *mania*[2]. Le *Viaticum* de Constantin l'Africain fait de la tristesse l'une des composantes essentielles du mal d'amour[3] ("amor hereos"), qu' à une surabondance de bile noire :

> "Aliquando huius amoris necessitas nimia est nature necessitas in multa humorum superfluitate expellenda. Unde Rufus : Coitus, inquid, valere videtur quibus nigra colera et mania dominantur"[4].

Constantin affirme aussi que si le mal d'amour n'est pas guéri rapidement, le malade –appelé "eriosus"– devient mélancolique :

> "Unde si non eriosis succuratur ut cogitatio eorum auferatur et anima levigetu, in passionem melancholicam necesse est incidant. Et sicut ex nimio labore corporis in passionem laboriosam incident, itidem ex albore ex labiore anime in melancoliam"[5].

Enfin, dans le *Pantegni*, Constantin définit l'amour comme une *passio melancholica*[6]. Les conceptions de Constantin –qui fait de la mélancolie à la fois la cause, le signe et la conséquence du mal d'amour– seront reprises et amplifiées par de nombreux penseurs médiévaux.

Avicenne distingue une espèce de mélancolie due à un amour violent. Deux des chapitres du *Canon* (les chapitres 24 et 25 du Livre III, fen. I, tract. IV) évoquent une maladie nommée "ilisci" –de l'arabe "al-ishq"– définie comme une

> "sollicitudo melancholica similis melancholie, in quo homo sibi iam induxit incitationem

---

[1] Sur ce point : A. de Vilanova, *Arnaldi de Villanova opera medica omnia*, introd. de Michael R. Mc Vaugh, p. 18-19.

[2] Mary Frances Wack, *Lovesickness in the Middle Ages*, p.11.

[3] Constantin l'Africain, *Viaticum*, éd. de Mary Frances Wack, dans *Lovesickness in the Middle Ages*, p. 186.

[4] Constantin l'Africain, *Viaticum*, éd. de Mary Frances Wack, dans *Lovesickness in the Middle Ages*, p. 188.

[5] Constantin l'Africain, *Viaticum*, éd. de Mary Frances Wack, dans *Lovesickness in the Middle Ages*, p. 188.

[6] Constantin l'Africain, *Liber Pantegni*, dans *Opera omnia Isaac*, Lyon, 1515, fol. 42v et 99v. Ces références sont empruntées à Michael R. Mc Vaugh dans son introduction à Arnau de Vilanova, *Arnaldi de Villanova opera medica..*, p. 16.

cogitationis sue super pulchretudinem quarundam formarum et figurarumque insunt ei"[1].

A la suite d'Avicenne, de nombreux auteurs caractériseront l'amour comme une "sollicitudo melancholica". Gérard de Berry, qui associe la tradition du *Viaticum* à celle du *Canon*, définit la maladie d'amour ("amor hereos") comme une "solicitudo melancholica"[2], et affirme que ce mal se fonde sur un dysfonctionnement de la l'imagination et de la faculté de juger[3]. De même, Gérard de Solo définit l'*amor hereos* comme "sollicitudo melancolica (...) similis melancolie"[4]. Enfin, Gordonio définit également l'*amor hereos* comme une "sollicitudo melanchonica" : "Amor que hereos se dize es solicitud melanconica por causa de amor de mugeres"[5]. En accolant constamment le terme "melancholia" ou l'adjectif "melancholica" à la maladie d'amour, les théoriciens médiévaux suggèrent l'existence d'une parenté profonde entre l'amour et la mélancolie.

Ces conceptions persistent au XVIème et au XVIIème siècle. Le *Sumario de la medicina* de Villalobos caractérise le mal d'amour comme une "corrupta imaginacion" ("Amor hereos segun nuestros autores/ es una corrupta imaginacion/ por quien algun hombre se aquexa de amores"[6]), définition qui, pour beaucoup d'auteurs, est aussi celle de la mélancolie. Leone Hebreo décrit dans les *Dialoghi d'amore* les liens de l'amour et de la mélancolie à travers l'image du myrte, consacré à Vénus. De la même manière que le myrte produit des fruits noirs, l'amour engendre la mélancolie :

> "además el fruto del mirto es negro, para indicar que el amor produce fruto melancólico y angustioso"[7].

Hebreo classe du reste la mélancolie parmi les *signa* de l'amour :

> "[El amor] lo convierte [al enamorado] en enemigo de placer y de compañía, amigo de la

---

[1] Avicenne, *Liber canonis*, Venise, 1507, Livre III, fen. I, tract. IV, chap. 24 et 25, fol. 190v. Cité par Michael R. Mc Vaugh, introduction à *Arnaldi de Villanova opera medica omnia*, p. 19.

[2] Selon Michael R. Mc Vaugh, introduction à *Arnaldi de Villanova opera medica omnia*, p. 22.

[3] D'après Michael R. Mc Vaugh, introduction à *Arnaldi de Villanova opera medica omnia*, p. 23.

[4] Michael R. Mc Vaugh, introduction à *Arnaldi de Villanova opera medica omnia*, p. 36.

[5] Bernardo de Gordonio, *Lilio de medicina*, fol. 57v.

[6] F. López de Villalobos, *Sumario de la medicina*, p. 322.

[7] Leone Hebreo, *Diálogos de amor*, p. 95.

soledad, melancólico, lleno de pasiones, rodeado de penas ; la aflicción le atormenta, le martiriza el deseo, vive de esperanza, estimulado por la desesperación, llenos de sospechas y aseatado por los celos ; está atribulado, sin descanso, continuamente fatigado, siempre le acompañan dolores, suspira a menudo y le trabajan constantemente temores y despechos"[1] .

De même, Luis Mercado décrit l'amour comme un mal mélancolique, et consacre l'une des parties de son oeuvre à la description de la "melancholia ex amore"[2] . Herrera représente une Vénus triste, associée à une gestuelle –le *caput velatum*, la main à la maisselle– qui suggère la mélancolie :

"Dice San Jerónimo (...) que pintaban el simulacro de esta diosa en el monte Líbano, con la cabeza cubierta, en semblante triste ; y que sustentaba el rostro con la mano izquierda dentro del vestido ; y parecía a la vista de los que miraban, que manaba lágrimas"[3] .

La nature mélancolique de l'amour apparaît aussi dans la *Vénus* de Velázquez, représentée dans la pose typique de la mélancolie –la main à la mâchoire–, accompagnée d'un angelot –attribut fréquent des représentations allégoriques de la mélancolie– dont les yeux sont tournés vers le sol.

Chez Sabuco de Nantes, la physiologie de l'amour est analogue –voire identique– à celle de la tristesse : dans les deux cas, l'individu se dessèche et se consume, l'âme végétative ne remplit plus ses fonctions, l'esprit et le corps sont en discorde. Pour l'un et l'autre mal, Sabuco emploie les mêmes mots, à tel point que les deux passages semblent interchangeables. Sur l'amour, le médecin écrit :

"mueren sin frío ni calentura, secándose, porque como en aquello que mucho aman, y desean, tienen empleado su entendimiento y voluntad, y todas las potencias del alma, no toma gusto en otra cosa del mundo (...) y así la vegetativa no hace su oficio,y vase consumiendo, porque la discordia del cuerpo y alma estorba la operación del cuerpo"[4] .

La tristesse est décrite en des termes très similaires :

"los tristes se secan y consumen sin calentura, porque cesa su vegetación con esta discordia y descontento, a la cual llamó Platón discordia del alma y cuerpo"[5] .

Le *Discours de la conservation de la veue, des maladies melancholiques, des catarrhes et de la vieillesse* d'André Du Laurens (Paris, J. Mettayer, 1597)

---

[1] Leone Hebreo, *Diálogos de amor*, p. 38.
[2] Luis Mercado, *Opera omnia*, t. 3-4, p. 102.
[3] Herrera, *Anotaciones*, dans *Garcilaso de la Vega y sus comentaristas*, p. 443.
[4] Sabuco de Nantes, *Nueva Filosofía de la naturaleza del hombre*, p. 104.

présente l'amour comme l'une des "maladies melancholiques" annoncées par le titre. Pour Du Laurens, il existe une "mélancolie érotique" :

> "Il y a une espèce de mélancolie assez fréquente (…) que les médecins appellent érotique pour ce qu'elle vient d'une rage et furie d'amour"[1].

De même, Pedro García Carrero décrit une "melancholia ex amore", à laquelle il consacre l'un des chapitres de sa *Disputatio XIIII* sur la *mania*. En accord avec Avicenne, García Carrero définit l'amour comme une "sollicitudo melancholica" :

> "[amor esse passionem melancholicam] quam Avicena fen I. lib.3. Tract.4. c.22. appellat Aylisci ; eam (…) ita explicat appellat hylisci ; (…). Est solicitudo melancholica similis melancholie in qua homo sibi iam induxit inciatione cogitationis su[ae], super pulchritudine quarundam formarum, & figurarum, quae insunt ei"[2].

Pour le médecin espagnol, le mal d'amour et ses symptômes trouvent leur origine dans la bile noire ("quia vero Paulus loquebatur de amore inquantum symptomatis rationem habet proceditque a melancholico humore quantum ad primam radicem"[3]). Enfin, Alonso de Santa Cruz évoque une "melancholiae ortae ab amore"[4] : pour le médecin de Valladolid, l'amour débouche sur la mélancolie lorsque la *melancholia adusta*, engendrée par un brûlant désir qui consume les humeurs, envahit l'organisme et altère l'esprit. Le cerveau et le coeur des amoureux sont enténébrés par la bile noire :

> "qui ex amore insaniunt, non solum repente in cerebrum atrabiliario succo et spiritu animalem, et cerebri facultates plurimum evetente, fieri amantes dicuntur sed etiam cordis morbo ab his humoribus divexantur"[5].

La disposition des unités textuelles consacrées à l'amour et à la mélancolie illustre la relation étroite tissée entre ces deux concepts.

3. La disposition des textes

Amour et mélancolie sont souvent évoqués dans un seul et même chapitre,

---

[5] Sabuco de Nantes, *Nueva filosofía de la naturaleza del hombre*, p. 96.
[1] Cité par Roger Duchêne, "Eros chez le médecin", *Quaderni del seicento francese*, 8 (1987), p. 178.
[2] Pedro García Carrero, *Disputationes medicae*, p. 298.
[3] Pedro García Carrero, *Disputationes medicae*, p. 299
[4] Alonso de Santa Cruz, *Dignotio et cura affectuum melancholicorum*, p. 33.
[5] Alonso de Santa Cruz, *Dignotio et cura affectuum melancholicorum*, p. 33.

ou dans des chapitres juxtaposés. Certaines versions médiévales du *Viaticum* de Constantin l'Africain traitent l'amour et la mélancolie dans un seul et même chapitre (intitulé "De melancolia et amore qui ereos dicitur"), suggérant une quasi-équivalence entre les deux maladies[1]. De même, la traduction du *Pantegni* élaborée par Stéphane d'Antioche connue sous le nom de *Liber Regalis* ou *Regalis dispositio*, associe en un seul chapitre, intitulé *"De melancolia et canina et amore causisque et eorum signis"*, amour et mélancolie[2]. Gordonio, Villalobos et García Carrero évoquent le mal d'amour immédiatement après les passages ou les chapitres consacrés à la mélancolie[3], suggérant l'existence d'un lien étroit entre les deux phénomènes.

D'autre part, les passages sur le mal d'amour sont souvent intégrés dans des unités textuelles plus larges consacrées à la mélancolie : le *Discours de la conservation de la veue, des maladies melancholiques, des catarrhes et de la vieillesse* (Paris, chez J. Mettayer, 1597), d'André Du Laurens, contient deux chapitres –le chapitre X (*"D'une autre espèce de melancholie qui vient de la furie d'amour"*) et le chapitre XI (*"Le moyen de guarir le fol et melancholique amour"*)– consacrés à l'amour, qui apparaît comme l'une des "maladies mélancoliques" annoncées par le titre. Chez Luis Mercado, la "melancholia ex amore" est évoquée au sein d'une série de chapitres sur la mélancolie[4]. De même, c'est à l'intérieur de leurs traités sur la mélancolie qu'Alonso de Santa Cruz et Murillo évoquent le mal d'amour[5]. Associant étroitement mélancolie et maladie d'amour, l'organisation des textes suggère la nature mélancolique de l'amour, que

---

[1] Sur ce sujet voir Michael R. Mc Vaugh, introduction à *Arnaldi de Villanova opera medica omnia*, p. 16, n. 15.

[2] *Liber totius medicine (...) quem (...) regalis dispositionis nomen assumpsit*, Lyon, 1523, fol. 104 r et v. Cette indication est extraite de Michael R. Mc Vaugh, introduction à *Arnaldi de Villanova opera medica omnia*, p. 16.

[3] F. López de Villalobos, *Sumario de la medicina*, p. 321-323. Bernardo Gordonio, *Lilio de medicina*, fol. 55r ("De mania & melancolia") et fol. 57v (De amor que se dize hereos"). P. García Carrero, *Disputationes medicae*, p. 298-300 (*De melancholia ex amore*)

[4] Luis Mercado, *Opera omnia*, t. 3-4, p. 102-103.

[5] A. de Santa Cruz, *Dignotio et cura affectuum melancholicorum*, p. 6 et 33 ; Murillo, *Aprobación de ingenios*, fol. 137 r et v.

certains iront jusqu'à considérer comme une sous-espèce de mélancolie.

4. *La maladie d'amour, sous-espèce de la mélancolie*

L'amour est parfois considéré comme une variété de mélancolie, nommée "melancholia ex amore" ou "mélancolie amoureuse". Gordonio affirme, dans son chapitre sur l'*amor hereos* "que verdaderamente esta passion [el amor hereos] es una especie de melancolia"[1]. Pedro García Carrero déclare que l'amour est unanimement considéré par les médecins comme un mal mélancolique et le classe parmi les passions mélancoliques : "Omnes medici praeter amorem constituunt inter melancholicas passiones"[2]. De même, Murillo fera du mal d'amour une sous-espèce de mélancolie :

"el herotico afecto, o amor, es genero de melancholia "[3].

Enfin, l'assimilation de l'amour à la mélancolie apparaît avec éclat chez Jacques Ferrand. Auteur d'un ouvrage célèbre consacré à la mélancolie amoureuse, édité en 1612 et réédité –sous un titre différent– en 1623, Jacques Ferrand établit dans ses deux titres une équivalence entre l'amour, la "mélancolie amoureuse" et la maladie d'amour. Le premier traité, publié en 1612 et brûlé à Toulouse en 1620 sur ordre de l'autorité religieuse, s'intitule *Traité de l'essence et guérison de l'amour ou mélancolie érotique* (Toulouse, chez la veuve de J. Colomiez, 1612) ; celui réédité en 1623, chez Moreau, à Paris, *De la maladie d'amour ou mélancolie érotique*[4]. Employée dans les deux titres, la conjonction "ou" n'exprime pas une alternative mais une identification : pour le médecin agenais, qui adhère aux conceptions de son époque, mélancolie érotique, amour et maladie d'amour désignent un seul et même référent.

---

[1] Bernardo de Gordonio, *Lilio de medicina*, fol. 58r
[2] Pedro García Carrero, *Disputationes medicae*, p. 284.
[3] Murillo, *Aprobación de ingenios*, fol. 137v.
[4] Sur ces deux traités, voir Yvonne David-Peyre, "La mélancolie érotique selon Jacques Ferrand l'Agenais ou les tracasseries d'un tribunal ecclésiastique", *Actes du 97e congrès national des sociétés savantes (Nantes, 1972)*, Paris, Bibliothèque Nationale, 1979, p. 561-572.

5. *La melancholia ex amore*

a) Une maladie mentale

Chez la plupart des auteurs, l'amour est considéré comme une véritable maladie mentale. Suivant l'exemple médiéval, la plupart des médecins classent l'amour ou la *melancholia ex amore* parmi la manie, la mélancolie, la frénésie, l'hydrophobie, la lycanthropie, la corruption de la mémoire et de l'imagination. Paul d'Egine ouvre son chapitre sur l'amour en affirmant qu' "il n'y a rien d'illogique à classer l'amour parmi les autres maladies du cerveau"[1]. Le *Viaticum* de Constantin l'Africain considère le mal d'amour comme une maladie du cerveau ("Amor qui et eros dicitur morbus est cerebro contiguus"[2]) et Pedro García Carrero insère son chapitre sur la *melancholia ex amore* dans une *Disputatio* consacrée à la mania. Gordonio associe à plusieurs reprises mal d'amour et folie :

> "E por esso en tanto es su cobdicia [de los amadores] que se tornan locos"
> " sy los hereos no son curados : caen en mania"[3].

De même Alonso de Santa Cruz affirme "amor species est insaniae"[4]. Décrivant la mélancolie érotique, la plupart des auteurs insistent sur le dérangement de l'esprit produit par la bile noire, qui corrompt la *virtus estimativa* (le malade juge que l'aimée a toutes les qualités) et la *virtus imaginativa* (l'amoureux se représente de manière obsédante l'objet aimé) :

> "Desta passion es corrompimiento determinado por la forma & la figura que fuertemente esta aprehensionada : en tal manera que quando algun enamorado esta en amor de alguna muger : & asi concibe la forma & la figura & el modo que cree & tiene opinion que aquella es la mejor & la mas fermosa & la mas casta & la mas honrrada & la mas especiosa & la mejor enseñada en las cosas naturales & morales que alguna otra : & por esto muy ardientemente la cobdicia sin modo & sin medida : teniendo opinion que sy la pudiesse alcançar que ella seria su felicidad & su bien aventurança. E tanto esta corrompido el iuyzio & la razon que continua mente piensa en ella"[5].

---

[1] Cité par Mary Frances Wack, *Lovesickness in the Middle Ages*, p. 13.
[2] Constantin l'Africain, *Viaticum*, éd. de M. F. Wack, dans *Lovesickness in the Middle Ages*, p. 186.
[3] Bernardo de Gordonio, *Lilio de medicina*, fol. 57v, pour les deux citations.
[4] A. de Santa Cruz, *Dignotio et cura affectuum melancholicorum*, p. 33.
[5] Bernardo de Gordonio, *Lilio de medicina*, fol. 57v.

Cette même idée –un *topos*– est reprise par Herrera :

> "porque el amante se engaña muchas veces, cuando juzga de sí, o de la cosa que ama ; y porque es ciego, que no considera lo que hace ; y porque amando una fea, la estima por hermosa"[1] .

Considérée comme une maladie mentale, la *melancholia ex amore* héritera parfois de traits issus de la rage, ou de la lycanthropie : comme les individus frappés par la *melancholia lupina*, les amoureux mélancoliques refusent de boire et de manger, recherchent la solitude et errent de nuit dans des endroits lugubres. Ainsi, Murillo expose les relations étroites qui unissent la mélancolie érotique à la lycanthropie et, pour García Carrero, la *lupina insania* constitue l'une des possibles conséquences de la mélancolie érotique[2] .

b) Les signa de la mélancolie amoureuse

Célèbres, les symptômes de la mélancolie amoureuse apparaissent dans les textes médicaux, mais aussi dans de nombreux écrits encyclopédiques et dans la littérature. Ces signes sont doubles, psychiques autant que physiques. L'individu frappé de mélancolie érotique est pensif, sombre, inquiet. Constantin l'Africain définit le mal d'amour par des "cogitationes nimias" et des "sollicitudines ad invenienda et habenda ea que desiderant"[3] . Comme le moine frappé d'*acedia,* l'amoureux vit dans une perpétuelle in-quiétude :

> "cupiditate nimia & aestu amoris, cor illis impense amantibus fervet, exaestuat, premitur : unde inquieti, anxii, moeroris & solicitudinis pleni vivunt [.] Nec solum in animum impetum facit amor, verum & in corporis saepenumero tyrannidem exercet vigiliis"[4] .

Chez Gordonio l'amoureux mélancolique est triste ("tienen pensamientos escondidos & fondos con sospiros llorosos"), il se complaît de manière morbide dans son affliction et est distrait pour tout ce qui ne concerne pas la personne aimée ("dexa todas sus obras : en tal manera que sy alguno fabla con el non lo

---

[1] Herrera, *Anotaciones a Garcilaso,* dans *Garcilaso de la Vega y sus comentaristas,* p. 330.

[2] Murillo, *Aprobación de ingenios,* fol. 137v. P. García Carrero, *Disputationes medicae,* p. 284.

[3] Constantin l'Africain, *Viaticum,* éd. de M. F. Wack, dans *Lovesickness in the Middle Ages,* p. 188.

[4] A. de Santa Cruz, *Dignotio et cura affectuum melancholicorum,* p. 33.

entiende")[1] . Ne pouvant trouver le repos, il erre –dans tous les sens du terme– :

> "E por esto se mueve & anda de dia & de noche despreçiando lluvia & nieve & calor & frio : & todo peligro de qualquier condiçion que sea : porque no puede el su cuerpo folgar"[2] .

Le sujet atteint de *melancholia ex amore* se caractérise par un comportement variable, paradoxal et contrasté. Il est tour à tour brûlant comme le feu et froid comme la glace : "¿Por qué las partes externas de los amntes una vez están frías y otras cálidas ?", s'interroge Herrera[3] . L'amoureux mélancolique pleure et rit à la fois, passant sans transition de l'excitation à l'abattement, de la crainte à l'audace, du silence au bavardage, de la tristesse à la joie :

> "Praeterea ea contrarietate semper versantur, ut plorando rideant, ac prae tristitia cantent, & taciturni secum semper loquantur, & inter ea, quae loquuntur tacent : audaces sunt et timent, pusillanimes & non raro temerarii, desperati & praeconfidentia gaudentes, adeo"[4] .

> "E sy oyen cantares de apartamiento de amores luego comiençan a llorar & se entristeçer. & sy oyen de ayuntamiento de amores : luego comiençan a reyr y a cantar"[5] .

La mélancolie érotique reproduit au plus haut point la dialectique des contraires, le passage d'un extrême à l'autre qui caractérise la représentation de la mélancolie au Siècle d'Or.

Les symptômes physiques de mélancolie amoureuse sont également très proches de ceux de la mélancolie en général. Constantin l'Africain attribue à l'amoureux mélancolique des yeux caves ("oculi semper concavi"), des paupières lourdes ("palpebre eorum graves"), un teint jaunâtre ("citrinum ipsum colores") ou olivâtre, un pouls violent ("pulsus induratur")[6] . L'amoureux mélancolique perd le sommeil et l'appétit, il s'affaiblit, devient pâle et maigre :

> "Verasle al paciente perder sus continos
> negocios y sueños, comer y beuer,
> congoxas, sospiros y mil desatinos,
> desear soledades y lloros mesquinos,

---

[1] Bernardo de Gordonio, *Lilio de medicina*, fol. 57v.

[2] Bernardo de Gordonio, *Lilio de medicina*, fol. 57 v.

[3] Herrera, *Anotaciones a Garcilaso*, dans *Garcilaso de la Vega y sus comentaristas*, p. 330.

[4] Luis Mercado, *Opera omnia*, t. 3-4, p. 103.

[5] Bernardo de Gordonio, *Lilio de medicina*, fol. 57v.

[6] Constantin l'Africain, *Viaticum*, éd. de M. F. Wack, dans *Lovesickness in the Middle Ages*, p. 188.

que no ay quien le valga ni le pueda valer ;
perdida la fuerça, perdido el color,
quando le hablan d'amor luego llora,
y el pulso es sin orden y mucho menor
y nunca s'esfuerça y se haze mayor
sino quando puede mirar su señora"[1].

"Son que pierden el sueño & el comer & el bever & se enmagresce todo su cuerpo : salvo los ojos"[2].

Luis Mercado décrit ainsi les individus affectés par la *melancholia ex amore* :

"exsuccatos atque macilentos protinus efficit, squalidos & adspernabiles reddidit, elumbes, impotentes, exanimes ac deformes dimisit "[3].

La peau des amoureux est, selon les auteurs, pâle, jaune ou terreuse. Selon le *Regimen sanitatis salernitatum*, la mélancolie érotique engendre un teint terreux et verdâtre[4]. Herrera consacre une annotation au teint jaune des amoureux[5] et, comme Livin Lemnius[6], Luis Mercado attribue à l'individu frappé de la mélancolie érotique un teint pâle tirant sur le jaune ("colorem corporis ac faciei pallidum")[7]. Les soupirs incessants font également partie des symptômes de la mélancolie amoureuse :

"cum ad compressum diu cordis recreationes copiosius aer attractus forti spiritu cum vaporibus diu prefocatis interius expellatur, oritur in eisdem alta suspiriorum emissio"[8].

En effet, comme l'explique savamment Herrera, le coeur, surchauffé par le désir, doit être constamment refroidi par un souffle, qui n'est rien d'autre que le soupir[9]. Les lèvres de l'amoureux se dessèchent, il bégaie au lieu de parler; son pouls est irrégulier ; faible et inégal, il s'accélère à la vue de la personne aimée ou lorsqu'on évoque son nom :

"In omni vero desiderati occursu seu etiam mentione pulsus mutari sensibiliter invenitur,

[1] F. López de Villalobos, *Sumario de la medicina*, p. 323.
[2] Bernardo de Gordonio, *Lilio de medicina*, fol. 57v.
[3] Luis Mercado, *Opera omnia*, t. 3-4, p. 103.
[4] Babb, *Elizabethan malady*, p. 136, n. 63.
[5] Herrera, *Anotaciones*, dans *Garcilaso de la Vega y sus comentaristas*, p. 395.
[6] Babb, *Elizabethan malady*, p. 136, n. 63.
[7] Luis Mercado, *Opera omnia*, t. 3-4, p. 103.
[8] A. de Vilanova, *Tractatus de amore heroico*, dans *Arnaldi de Vilanova opera medica...*, p. 52
[9] Herrera, *Anotaciones*, dans *Garcilaso de la Vega y sus comentaristas*, p. 395-396.

cuius causa quia patens est ad presens relinquitur"[1].

"E el pulso dellos es diverso & non ordenado : pero es veloz & frequentivo & alto sy la muger que ama viniere a el : o la nombraren : passare delante del"[2].

L'irrégularité du pouls des amoureux constitue un véritable top*os* de l'écriture médicale illustré par l'historiette, très populaire au XVIème et au XVIIème siècle, d'Antiochus et Stratonice. Rapportée par Valerius Maximus, Appien, Plutarque, Lucien, Galien, mais aussi par Bernardo Gordonio, Luis Mercado ou Alonso de Santa Cruz[3], cette anecdote est présente dans la plupart des textes médicaux ou encyclopédiques, dans les écrits littéraires et constitue également un motif iconographique[4]. Les symptômes de la maladie d'amour et de la mélancolie sont très proches. Sans réduire explicitement le mal d'amour à la mélancolie, les traités médicaux soulignent constamment le caractère mélancolique de la passion amoureuse.

Dans système de représentation du XVIème et du XVIIème siècle, l'amour et la mélancolie constituent des domaines qui empiètent l'un sur l'autre et l'existence d'une grande proximité entre ces deux notions conduira certains médecins à considérer le premier comme une sous-espèce de la seconde. Toutefois, l'identité entre la maladie d'amour et la mélancolie érotique est rarement affirmée de manière explicite. Sans doute eût-elle heurté les esprits, car il existe une tradition médicale qui traite l'amour et la mélancolie dans des unités textuelles séparées. Entre maladie d'amour et mélancolie érotique, on assiste plutôt des rapports de superposition et de recoupement qu'à une identité proclamée.

La mélancolie amoureuse ne rend pas compte –loin de là– de la totalité des

---

[1] A. de Vilanova, *Tractatus de amore heroico*, dans *Arnaldi de Vilanova opera medica…*, p. 52.
[2] Bernardo de Gordonio, *Lilio de medicina*, p. 57v.
[3] Bernardo de Gordonio, *Lilio de medicina*, fol. 57v. Luis Mercado, *Opera omnia*, t. 3-4, p. 103. A. de Santa Cruz, *Dignotio et cura affectuum melancholicorum*, p. 33.
[4] Sur l'historiette d'Antiochus et Stratonice et sa diffusion dans la Péninsule sous forme de thème littéraire : Ruth Lee Kennedy, "The theme of Stratonice in the drama of the Spanish Peninsula", *Publications of the Modern Language Association*, LV, 1940, p. 1010-1032. Sur cette historiette comme motif iconographique : Wolfang Stechow, "The love of Antiochus with Faire Stratonica in Art", *Art Bulletin*, 27 (1945), p. 221-237.

conceptions rattachées à l'amour mais de ses seuls aspects pathologiques, qui sont ceux qui intéressent les médecins. Cependant, dans le système de représentation, la figure de l'amoureux mélancolique constitue une image traditionnelle, étayée par un large substrat culturel : au XVIème et au XVIIème siècle, parler de maladie d'amour est, en premier lieu, parler de mélancolie.

D. MELANCOLIE ET *AMOR HEREOS* : VERS UNE MELANCOLIE HEROÏQUE ?

1. *Mélancolique érotique et amour héroïque*

En 1914, un article de John Livingstone Lowes[1] changea radicalement l'interprétation de l'expression "amor hereos" qui, jusque là, avaient été comprise comme une simple référence à Eros : selon Lowes, "hereos" –ou "ereos"– dérivait de l'«éros» grec mais était également perçu en fonction du latin "heros", ce qui faisait de l'amour un mal noble qui affecte les héros. Selon les médecins médiévaux, la maladie d'amour –que le *Viaticum* de Constantin l'Africain nomme "amor hereos"– est un mal mélancolique qui frappe surtout les nobles. Arnau de Vilanova, auteur d'un *Tractatus de amore heroico*, composé vers 1260, définit l'*amor heroicus* comme une "assidua cogitatio supra rem desideratam cum confidentia obtinendi delectabile apprehensum ex ea"[2] et donne une interprétation de ce terme : le médecin catalan associe le mal d'amour au "heros" latin ("le héros") mais aussi à "herus" ("le maître, le seigneur"), affirmant que l'amour est appelé "heroicus" non seulement parce qu'il affecte les seigneurs, mais aussi parce qu'il asservit l'âme[3]. Le *Lilio de medicina* de Gordonio consacre un chapitre au "amor que se dize hereos", affirmant qu'il s'agit d'un mal qui frappe essentiellement

---

[1] John Livingstone Lowes, "The Loveres Maladye of Hereos", *Modern Philology*, 11 (1914), p. 494-546.

[2] Arnau de Vilanova, *Tractatus de amore heroico*, dans *Arnaldi de Villanova opera medica omnia*, p. 46.

[3] Arnau de Vilanova, *Tractatus de amore heroico*, dans *Arnaldi de Villanova opera medica omnia*, p. 50-51 : "Dicitur autem amor heroicus, non quia solum accidit dominis, sed aut quia dominatur subiciendo animam et cordi hominis imperando, aut quia talium amantium actus erga

les aristocrates et les gens aisés :

> "E se dize hereos : porque los ricos & los nobles por los muchos plazeres que han acostumbran de caer : o incurrir en esta passion"[1] .

L'idée d'un amour "héroïque" et noble est largement répandue dans l'Espagne de la Renaissance, comme l'atteste l'annotation que lui consacre Herrera :

> "Sócrates le da unas veces nombre de la fortaleza, otras de la virtud heroica que parece en el amor. Pero Antonio Minturno en el *Panegírico* lo llama así, porque aprieta y liga juntamente y con fuerza los corazones nobles y gentiles"[2] .

Mal "héroïque", le mal d'amour est aussi un mal mélancolique et la mélancolie amoureuse se charge d'une série de connotations qui la rattachent aux nobles et aux héros. Alonso de Santa Cruz conçoit l'amour héroïque (appelé "herotico affectu" ou encore "insaniam, quae heros vocatur") comme un mal mélancolique, engendré par la *melancholia adusta* :

> "Non novum est etiam juvenes amore inescatos, assiduis cogitationibus et desideriis consequutis, tristitia magna affici et inde sanguinis ustionem promanare, quo quidem sanguine melancholico exusto nimis corde cerebroque affectis oriri mentis illam insaniam, quae heros vocatur"[3] .

De même Murillo souligne le caractère héroïque de la mélancolie amoureuse en orthographiant "herotico" avec un "h" puis en affirmant explicitement sa nature supérieure ("llamase vulgarmente heroico") :

> "El herotico afecto, o amor, es genero de melancholia, llamase vulgarmente heroico, y tiene peculiar curacion"[4] .

A travers son association à l'*amor hereos*, la mélancolie hérite d'une partie des représentations rattachées à l'amour héroïque. Au Siècle d'Or, ces conceptions rejoignent celles qui voient dans la mélancolie un mal supérieur, qui ne frappe que les plus parfaits.

2. *La mélancolie, mal aristocratique et maladie des héros*

Issue d'une tradition ancienne, la mélancolie héroïque fascina

---

rem desideratam similes sunt actibus subditorum erga proprios dominos".

[1] Bernardo de Gordonio, *Lilio de medicina*, fol. 57 v

[2] Herrera, *Anotaciones a Garcilaso*, dans *Garcilaso de la Vega y sus comentaristas*, p. 329.

[3] A. de Santa Cruz, *Dignotio et cura affectuum melancholicorum*, p. 6.

[4] Murillo, *Aprobación de ingenios*, fol. 137v.

indubitablement les penseurs du XVIème et du XVIIème siècle. Selon le *Problème XXX, 1* la mélancolie est le propre des hommes d'exception et des "héros" –le mot est répété à plusieurs reprises–, comme Héraclès, Ajax et Bellérophon :

> "Pour quelle raison tous ceux qui ont été des hommes d'exception (...) sont-ils manifestement mélancoliques, et certains au point même d'être saisis par des maux dont la bile noire est l'origine, comme ceux que racontent, parmi les récits concernant les héros, ceux qui sont consacrés à Héraclès? En effet ce dernier paraît bien avoir relevé de ce naturel ; ce qui explique aussi que les maux des épileptiques, les anciens les ont appelés, d'après lui, *maladie sacrée*. L'accès de folie dirigé contre ses enfants comme, avant sa disparition sur l'Oeta, l'éruption d'ulcères, rendent tout cela manifeste. (...) Ajoutons ce qui concerne Ajax et Bellérophon ; l'un devint absolument fou, et l'autre recherchait les lieux secrets (...). Et bien d'autres héros ont, de toute évidence, souffert des mêmes affections que ceux-là"[1] .

Pour un certain nombre de penseurs de la Renaissance la mélancolie engendre l'excellence et les mélancoliques sont supérieurs aux autres hommes. Philippe Melanchton qui, selon Winfried Schleiner, fait preuve d'une véritable "fascination vis-à-vis de la mélancolie héroïque" écrit dans le *Commentarius de anima* que la mélancolie est à l'origine de grandes actions[2] . Fracastoro affirme que les mélancoliques sont supérieurs aux autres tempéraments par les facultés de leur esprit ou par l'excellence de leurs actions ("ingenii magnitudine, et excellentia quadam actionum praestant")[3] et Campanella déclare que plusieurs grands hommes –notamment Socrate, Callimaque, Scot, Hercule et Mohammed– étaient atteints de mélancolie[4] . Enfin, glosant le *Problème*, Giambattista Della Porta affirme longuement la supériorité des mélancoliques,

> "Aristote dit (...) que tous les grands personnages, qui se sont rendus recommandables ou pour l'excellence de leur esprit, ou qui sont devenus grands Philosophes, ou se sont comportez prudemment en l'administration de la Republique ou ont esté excellents Poëtes, ou ont fait merveille dans les autres Arts, ont tous esté melancholiques"[5] .

Et l'auteur du *De humana physiognomia* ajoute :

> "N'est-il pas vray que plusieurs autres de ces *Heros*, ont esté travaillez de ce mal? Nous

---

[1] Aristote, *L'homme de génie et la mélancolie*, p. 83-85.

[2] Winfried Schleiner, *Melancholy, genius and utopia*, p. 62.

[3] Girolamo Fracastoro, *Opera*, Venise, 1555, fol. 203r. La citation est tirée de Babb, *Elizabethan malady*, p. 66. Elle apparaît aussi chez W. Schleiner, *Melancholy, genius and utopia*, p. 127-128.

[4] Tommaso Campanella, *Del senso delle cose e Della magia*, dans *Opere*, p. 1058. La référence est empruntée à W. Schleiner, *Melancholy, genius and utopia*, p. 50.

[5] Giambattista Della Porta, *La physionomie humaine ...*, p. 26.

avons appris qu'aux siecles derniers Empedocle, Socrate, Platon & un nombre infiny d'autres excellens personnages, entre lesquels il faut compter la plus grande partie des Poëtes, ont esté tous melancholiques (...). Phavorin appelle cette affection Heroique, comme s'il vouloit dire qu'estre sujet a la bile noire, c'est le propre des Heros & grands personnages"[1].

En Espagne, Pedro Mercado clôt son *Diálogo sexto de la melancolia* en développant l'idée d'une mélancolie propre aux hommes supérieurs. En effet, selon le médecin grenadin, la mélancolie affecte les "hombres de subtil ingenio", les "hombres de mucha memoria", les "hombres de mucho estado"[2] et les hommes de bien :

> "sigue [la melancolia] tambien a hombres de honra. Porque estos, desseando conservarse en ella : temen perderla e (...) toman demasiada tristeza, y solicitud, hasta hazerse melancholicos. Porque el señor Antonio si no queda curado, a lo menos quedara consolado que esta es enfermedad de hombres de bien y de mucho aviso"[3] .

A la fin du XVIème siècle, Bartolomé Felipe reprend l'opinion du *Problème* aristotélicien, affirmant que "muchos excellentes varones fueron como dize Aristotiles melancholicos"[4], et explique que la mélancolie constitue, par excellence, la complexion –et la maladie– des héros :

> "Aun que la complession melanchonica no sea tan buena como la colerica y sanguinea los authores comunmente la llaman complesion heroica porque no recelan dezir la verdad sin tener cuenta con peligro alguno"[5] .

Enfin, un certain nombre d'auteurs se livrent, à propos de la mélancolie, à des variations lexicales sur une série de termes –*heros, heroico, herotico, heroas*– rappelant directement l'idée de héros. Se référant à Aristote, Miguel Medina attribue la mélancolie aux hommes remarquables et aux "heroas" :

> "Omnes, inquit Aristoteles, qui claruerunt ingenios, vel studiis philosphicae, vel in republica administranda, vel in carmine pangendo, vel in artibus exercendis, melancholicos fuisse videmus, & quedam ita, ut vitio atrae bilis infestarentur, ceu inter heroas de Hercule fertur"[6] .

---

[1] Giambattista Della Porta, *La physionomie humaine...*, p. 26

[2] Pedro Mercado, *Diálogos de philosophia...*, fol. 128r.

[3] Pedro Mercado, *Diálogos de philosophia...*, fol. 128r.

[4] Bartolomé Felipe, *Tractado del conseio y de los consejeros de los principes*, fol. 42 r et v.

[5] Bartolomé Felipe, *Tractado del conseio y de los consejeros de los principes*, fol. 42 r et v.

[6] Miguel Medina, *Christianae Paraenensis sive de recta in deum fide*, Venise, Iordani Zileti, 1564, fol. 66v.

De même, Juan de Horozco rappelle que

> "según el problema de Aristoteles, todos los estudiosos, *y los que llama heroas* son melancholicos"[1] .

Mélancolie et maladie héroïque sont confusément –mais aussi puissamment– associées dans le système de représentation du XVIème et du XVIIème siècle.

En accord avec ces conceptions, la mélancolie se dote parfois de connotations aristocratiques et les textes médicaux enregistrent plusieurs cas de mélancolie affectant des nobles. Alonso de Santa Cruz décrit la mélancolie amoureuse qui frappe un jeune aristocrate :

> "*Octavus ager amore melancholicus factus.* Nobilis quidam vir perdite pulcherrrimam amabat foeminam, appetitione illa, qua Plato bonum sibi adesse semper quemque ; desiderare dicebat, & iure amor istius erat secundum Plotinum actus animae bonum desiderans : & desiderium pulchritudinis Marsilii"[2] .

Dans le *Diálogo sexto de la melancolia* de Pedro Mercado, c'est un gentilhomme ("cavallero") qui est atteint de mélancolie[3] . L'assimilation de la mélancolie à un mal héroïque est le fruit d'une double tradition, celle qui l'assimile à l'*amor heroicus* et celle du *Problème* aristotélicien : en accord avec ce double héritage, la mélancolie apparaît au Siècle d'Or comme la maladie des hommes supérieurs.

Le discours médical ne précise pas toujours quelle sorte d'humeur noire est à l'origine de telle ou telle espèce de mélancolie. Cependant, il importe moins de savoir de quel type de bile noire relèvent ces maladies que de considérer l'éclairage qu'elles apportent à la mélancolie. A travers les différentes maladies mélancoliques et les diverses espèces de mélancolie, la bile noire est mise en relation avec des maux qui, comme l'épilepsie, le mal d'amour, la lèpre, la syphilis, l'hypocondrie intriguent et frappent l'imagination. Ces maladies fascinent par leur excès ou parce

---

[1] Juan de Horozco, *Tratado de la verdadera y falsa prophecia*, Ségovie, Juan de la Cuesta, 1588, fol. 82 r.

[2] A. de Santa Cruz, *Dignotio et cura affectuum melancholicorum*, p. 33.

[3] Pedro Mercado, *Diálogos de philosophia...*, fol. 114r. Le titre exact du dialogue sur la mélancolie est *Diálogo sexto de la melancolia, en el qual un cavallero llamado Antonio, lleno de temor y tristeza, se quexa a Ioanicio Medico*.

que, en elles, l'individu est envahi par une force obscure.

La perturbation mentale constitue la caractéristique des principales maladies mélancoliques. Plus que toute autre humeur ou maladie, la mélancolie agit sur la vie de l'âme : "es causa la melancholia de perturbar el anima", écrit Murillo[1]. Apparaissant comme un principe d'aliénation aux multiples visages, la mélancolie fascine –et inquiète– les médecins en raison de son pouvoir sur l'esprit.

Le discours médical associe à la mélancolie un large ensemble d'affections et de maladies. Loin d'être le résultat d'une accumulation anarchique, celles-ci semblent répondre à une dialectique opposant –et réunissant– le froid et la chaleur, le bas et l'élevé, l'activité et l'inactivité. La mélancolie affecte les puissances les plus hautes de l'esprit mais frappe aussi les viscères, les intestins et les organes les plus obscurs. Elle cause des maladies héroïques, comme l'épilepsie ou la maladie d'amour, mais engendre également des maux honteux, qui inspirent le dégoût ou suscitent une violente condamnation morale. De même, tout comme la bile noire peut, selon Aristote, passer rapidement du froid à la chaleur, l'éventail de maux associés à la mélancolie comprend deux groupes antithétiques d'affections : d'une part des maladies caractérisées par une subite et spectaculaire dépense d'énergie, souvent reliées à la bile noire chaude et, d'autre part, des maladies caractérisées par le froid et l'hébétude, associées de préférence à la bile noire naturelle. La mélancolie –c'est là une constante dans le système de pensée– associe les extrêmes, incluant le plus bas comme le plus élevé, la fureur effrénée et la paralysie stupide. Mais, dans les deux cas, soit qu'il se consume dans une excessive fureur, soit que la paralysie le fasse revenir à l'état de matière sans intelligence, l'abîme du néant guette le mélancolique.

---

[1] Murillo, *Aprobación de ingenios*, fol. 22v.

Chapitre quatre : MELANCOLIE SACREE, MELANCOLIE DEMONIAQUE

Les penseurs du XVIème et du XVIIème siècle accordent une attention très vive à l'influence de la mélancolie sur la conduite morale et religieuse. A une période qui exalte l'action et le zèle dans le service de Dieu, l'ennemi le plus dévastateur du salut apparaît précisément comme la torpeur du corps et de l'esprit, la perte de la joie, qui conduit au péché, au dégoût de Dieu et prépare la voie du démon. Le théâtre reflète ces préoccupations. Comme l'a bien montré Teresa Scott Soufas, Tirso de Molina met en scène dans *El condenado por desconfiado* la rencontre du sujet avec la mélancolie et la tentation du désespoir[1]. Au même moment, comme le signale Donald Beecher, la dramaturgie élizabéthaine multiplie les pièces où l'abattement apparaît comme le plus sombre ennemi du salut[2]. Dans une Europe confrontée au développement de l'illuminisme et à la naissance de formes nouvelles de spiritualité, la préoccupation pour l'incidence de la mélancolie sur la vie spirituelle est générale et, en Espagne, il n'y a pratiquement pas d'écrit sur la mélancolie qui n'aborde ce sujet.

A. DE L'ACEDIA A LA MELANCOLIE

Les études sur le concept de mélancolie ont mis en évidence ses relations avec *l'acedia* ainsi qu'avec des notions affines, comme la *desperatio,* la *tristitia,* la

---

[1] Teresa Scott Soufas, *Melancholy and the secular mind...*, p. 37 -63.
[2] Donald Beecher, "Spenser's Redcrosse Knight and his encounter with Despair : some aspects of the Elizabethan malady", *Cahiers Elisabéthains*, 1980. n° 30, p. 1-15.

pigritia [1]. Leurs conclusions –auxquelles nous avons ajouté quelques réflexions personnelles– permettent de discerner les liens entre ces différents concepts.

Etabli depuis le *De institutis coenobiorum* de Cassien (c. 415-420), le concept d'*acedia* appartint à la tradition des Pères de l'Eglise avant d'être employé par Saint Thomas d'Aquin. Véritable *topos* des écrits religieux, l'*acedia* figure, au Moyen Age, dans la liste des péchés capitaux, mais demeure très différente du concept médical de mélancolie : l'*acedia* est un péché de l'esprit, une faute purement spirituelle, sans fondement physiologique déclaré. Elle se caractérise par une inquiétude sans cause, par une tristesse, un état de torpeur spirituelle, un sentiment de lassitude et d'échec voire par une désespérance –au sens le plus fort du mot– qui amollit la volonté et sape le désir d'accomplir l'entreprise spirituelle. Enfin, à ses débuts, l'*acedia*, comme l'a montré Reihard Kuhn[2], constitue une notion purement religieuse, reliée à la vie monastique, à la figure de l'ermite ou du moine qui cherche la perfection à l'écart du monde, dans la préoccupation exclusive des choses de Dieu.

1. *Les ambivalences de l'*acedia

Toutefois, le concept d'*acedia* ne fut jamais fixé de manière définitive. La preuve de cette ambivalence réside dans le flottement du vocabulaire : *démon de midi* ("meridianum daemonem"), *ennui, taedium, acedia, pigritia, tristitia* sont autant de noms qui la désignent. Chez les moralistes espagnols du XVIème siècle, comme l'a signalé Anne Milhou-Roudié, l'*acedia* demeure essentiellement ambiguë, amalgamant trois concepts (et trois termes) : "acedia", "pereza" et "tristeza"[3]

---

[1] Voir notamment : Noel L. Brann, "Is Acedia Melancholy? A Re-examination of this question in the Light of Fra Battista da Crema's *Della cognitione et vittoria di se stesso* (1531)", *Journal for the history of medicine and allied sciences*, 34, 1979, p. 80-99 ; Reinhard Kuhn, *The demon of noontide : ennui in Western literature*, Princeton, Princeton University Press, 1976 ; Siegfried Wenzel *The sin of sloth : acedia in medieval thought and literature*, Chapel Hill, University of North Carolina Press, 1967.

[2] Reihard Kuhn, *The Demon of Noontide...*, p. 39.

[3] Anne Milhou-Roudié, *Paresse et travail chez les moralistes espagnols*, Thèse dactylographiée, Bordeaux, Université de Bordeaux III, 1985, p. 30 et suiv.

Dès ses origines l'*acedia* fut ambivalente. La tradition médiévale classe les péchés en "arbres" ou en "familles" et conçoit l'*acedia* comme un tronc à plusieurs branches, qui, parfois, se confondent avec le péché principal lui-même. Chez Cassien, les branches –ou les *filiae*– de l'*acedia* sont la *malitia* (la haine du bien, voire le péché le plus grave qui soit, la haine de Dieu), le *rancor* (la révolte de la mauvaise conscience contre ceux qui exhortent au bien), la *pusillanimitas* (littéralement la "petitesse d'âme", la peur scrupuleuse devant les difficultés et les exigences de la vie spirituelle), la *desperatio* (la présomptueuse certitude d'être par avance condamné à l'Enfer), la *torpor* (la stupeur qui paralyse tout geste susceptible d'amener la guérison), l'*evagatio mentis* (l'inquiétude d'un esprit qui ne connaît pas le repos), la *curiositas* et l'*importunitas mentis* (l'incapacité de l'âme à se fixer sur un objet)[1]. Les différentes ramifications de l'*acedia* expliquent l'ambiguïté du terme et son évolution ultérieure en plusieurs sens : certaines des facettes de l'*acedia* réapparaîtront dans les descriptions de la mélancolie au XVIème et au XVIIème siècle ; d'autres, comme la paresse, s'affranchiront de la tutelle de l'ancienne *acedia* pour devenir des concepts indépendants à part entière.

Enfin, l'*acedia* se manifeste par des symptômes divers, voire contradictoires : l'ennui, la lassitude, la somnolence, mais aussi les scrupules exacerbés et l'inquiétude maladive. Déjà, Cassien affirmait qu'il existe deux espèces d'*acedia* : l'une qui précipite les âmes dans le sommeil, l'autre qui les pousse à déserter leur cellule[2]. L'*acedia* est à la fois une chose et son contraire : en raison de son ambivalence originelle, ce concept connaîtra une série d'évolutions qui le rapprocheront progressivement de la mélancolie.

2.   *Vers une sécularisation de l'*acedia

A son origine, l'*acedia* ne concerne que les religieux et les communautés monastiques mais, à partir du XIIème siècle, les penseurs lui attribuent des

---

[1] Giorgio Agamben, *Stanze*, p. 21 et suiv. Yves Hersant, "Acedia" , *Le débat*, n° 29, mars 1984, p. 45.
[2] Giorgio Agamben, *Stanze*, p. 21 et suiv.

applications séculières. Robert Ricard, puis Anne Milhou-Roudié, ont montré qu'en Espagne, à la fin du Moyen Age, l'*acedia* se laïcise et l'une de ses contreparties séculières devient la paresse, l'ennui, qui distrait l'étudiant de ses livres[1]. Le *Secretum* de Pétrarque, écrit en 1342, illustre également la sécularisation progressive de l'*acedia* et son glissement vers une signification plus large qui permettra sa fusion avec la mélancolie : dans ce texte, qui n'est pas un traité théologique mais une confession personnelle, Pétrarque emploie le terme d'«acedia» pour signifier la tristesse, le chagrin, la maladie de l'âme, inhérente à tout homme. Comme l'a montré Wenzel[2], la fin du Moyen Age se caractérise par une extension et une laïcisation du concept d'*acedia* : celle-ci n'est plus limitée au seul monde monastique mais désigne la tristesse spirituelle, la démission coupable de la volonté devant le bien spirituel qui peut affecter tout croyant.

3.   De l'esprit à la chair : acedia et physiologie

Eminemment ambiguë, l'*acedia* se situe à la limite de la chair et de l'esprit : elle constitue un péché spirituel, mais a des effets concrets sur la chair, incitant à la mollesse et à la somnolence. La *Somme* de Saint Thomas d'Aquin insistera sur cette double nature de l'*acedia* en affirmant qu'elle constitue un péché, mais qu'elle pourrait aussi être considérée comme une maladie ou un désordre humoral[3]. Siegfried Wenzel observe que, vers la fin du Moyen Age, suivant la voie inaugurée par Saint Thomas, certains penseurs ecclésiastiques commencent à attribuer à l'*acedia* une causalité humorale, l'associant à la physiologie et au tempérament. A la mi-XIIIème siècle, le franciscain David d'Augsburg affirmera que l'*acedia* peut provenir d'humeurs mélancoliques et qu'elle relève alors du médecin et non plus du prêtre[4] : l'état spirituel n'est plus détaché de son fondement physiologique et la tristesse qui s'empare de l'individu se teinte d'une causalité humorale qui permettra

---

[1] Robert Ricard, "En Espagne : jalons pour une histoire de l'*acedia* et de la paresse", dans *Nouvelles études religieuses*, Paris, Centre de Recherches de l'Institut Hispanique, 1973.
[2] S. Wenzel, *The sin of sloth*, p. 179.
[3] Anne Milhou-Roudié, *Paresse et travail...*, p. 34.
[4] D'après S. Wenzel, *The sin of sloth*, p. 160.

la jonction de l'*acedia* avec la notion de mélancolie.

Progressivement laïcisée et reliée aux humeurs, la notion d'*acedia* s'élargit, perd son identité initiale pour se fondre dans d'autres concepts, comme la paresse, la tristesse et, bien sûr, la mélancolie. La représentation de la mélancolie s'est ainsi superposée à celle de l'*acedia*, et chez certains penseurs, le premier terme a parfois remplacé le second : en effet, c'est bien "melancolia" (et non "acidia" ou "acedia") que Sainte Thérèse emploie dans le *Livre des fondations* pour évoquer un mal qui trouble la vie monastique et entrave la pratique religieuse. Ce changement lexical est le signe d'une modification au niveau des concepts : comme le remarque Donald Beecher, la notion médiévale d'*acedia* n'existe plus *per se* au XVIème et au XVIIème siècle ou, du moins, ne s'y conçoit plus comme au Moyen Age[1].

Enfin, l'assimilation de l'*acedia* à la mélancolie ne laisse pas de soulever de graves problèmes ayant trait à la responsabilité du sujet : confondre ces deux concepts, attribuer l'*acedia* aux humeurs, c'est suggérer que le sujet ne peut en être tenu pour responsable de sa démission devant le bien. En dépit de la sécularisation de l'*acedia,* de ses parentés avec la mélancolie, les représentations visées par ces deux concepts peuvent difficilement être ramenées l'une à l'autre, tant par leur portée différente que par les champs de savoir distincts qu'ils mettent en jeu. Toutefois, malgré des différences fondamentales entre les deux notions, la représentation de l'*acedia* pèsera de manière considérable sur la conception de la mélancolie.

B.   UNE MELANCOLIE RELIGIEUSE ?

Pour les théoriciens   du XVIème et du XVIIème siècle, il existe une mélancolie "a lo divino", qui affecte la vie spirituelle des religieux aussi bien que celle des laïcs. Cette notion trouve son origine chez certaines autorités médicales. Aretée de Cappadoce distingue une "manie religieuse" ou une "insania religiosa" qui pousse les individus à se mutiler en espérant obtenir la faveur divine :

---

[1] D. Beecher, "Spenser's Redcrosse Knight...", p. 8.

"quiam membra sibi conscindunt, quos id a se exposcere credunt, e religiosa quadam religione gratificari se existimantes"[1].

Constantin l'Africain évoque une mélancolie qui frappe les religieux :

"Très nombreux sont les hommes pieux et saints qui deviennent mélancoliques à cause de leur grande piété et de leur crainte de la colère divine, ou à cause de leur désir ardent de Dieu, qui finit par dominer et vaincre leur âme (...). Ils tombent dans la mélancolie comme des amoureux ou des voluptueux, ce qui nuit autant aux capacités de l'âme qu'à celles du corps"[2].

Toutefois, les autorités demeurent relativement laconiques à propos de la mélancolie religieuse. En revanche, ce thème fera l'objet d'un développement privilégié à la Renaissance.

Burton évoque l'existence d'une "mélancolie religieuse" ("religious melancholy") et le frontispice de l'*Anatomy of melancholy* représente, parmi plusieurs emblèmes de mélancolie, un moine en robe de bure[3]. Timothy Bright admet que les personnes de constitution mélancolique sont prédisposées à une forme de tristesse religieuse[4]. En Espagne, Sainte Thérèse consacre à la mélancolie un chapitre du *Libro de las Fundaciones*, intitulé "*De cómo se han de haber con las que tienen melancolía. Es necesario para las perladas*". Ancien médecin, le religieux Cristóbal de Acosta affirme que la vie monacale peut provoquer la mélancolie :

"Pues melancholia, no os faltara, que allende la vuestra natural, la divina escriptura llama triste al que vive solo y sin compañia, y que no tiene quien le levante despues de caydo y quando no fuera por mas bastara esta para estar mejor acompañado que solo"[5].

Enfin, Pedro Mercado évoque une "melancolía" affectant la pratique religieuse[6].

---

[1] Arétée de Cappadoce, *Aretaei Cappadocis Opera Omnia*, éd. Carolus Gottlob Kuhn, Leizpig, in officina libraria Car. Cnoblochii, 1828, (*Medicorum graecorum opera omnia quae exstant*, tome 24), p. 24. Sur cette "manie religieuse" distinguée par Arétée, voir aussi J. Pigeaud, *Folie et cures de la folie chez les médecins de l'Antiquité*, Paris, Les Belles Lettres, 1987, p. 93-94.

[2] Constantinus Africanus, *Opera*, Bâle, 1536, vol. I, p. 283. Cité par Klibansky, Saxl, Panofsky, *Saturne et la mélancolie*, p. 146.

[3] Babb, *Elizabethan Malady*, p. 47. Klibansky, Panofsky, Saxl, *Saturne et la mélancolie*, fig. 133.

[4] Timothy Bright, *A Treatise of Melancholie*, Londres, Thomas Vautrollier, 1586, p.184.

[5] Cristóbal de Acosta, *Tratado en contra y en pro de la vida solitaria*, Venise, Giacomo Cornetti, 1602, fol. 9v- 10r.

[6] Pedro Mercado, *Diálogos de philosophia...*, fol. 124 r et v.

1. Quelques exemples

La descriptions de la mélancolie religieuse se fait souvent, chez les auteurs théoriques, à travers l'exposition de "cas" individualisés. Dans les *Fioretti di San Francesco*, un religieux est pris d'une mélancolie inspirée par le démon :

> "Frère Rufin, des plus nobles d'Assise, compagnon de Saint François, et homme de grande sainteté, fut un temps très violemment tourmenté et tenté en son âme par le démon au sujet de la prédestination ; et il en demeurait tout mélancolique et triste, car le démon lui suggérait au coeur qu'il était damné, et qu'il n'était pas des prédestinés à la vie éternelle, et que ce qu'il faisait dans l'Ordre était perdu. Cette tentation dura de longs jours et il eut honte de la révéler à Saint François, néanmoins il continua à faire ses prières et abstinences accoutumées ; aussi l'ennemi commença-t-il à lui susciter tristesse sur tristesse et à ajouter par de fausses apparitions une lutte extérieure à la lutte intérieure. Ainsi lui apparut-il une fois sous la forme du Crucifié et lui dit-il : «O frère Rufin, pourquoi te tourmentes-tu par la pénitence et pas la prière, puisque tu n'es pas des prédestinés à la vie éternelle? Et crois-moi, car je sais qui j'ai élu et prédestiné (...) : tu es certainement au nombre des damnés» (...). Sur ces paroles, frère Rufin commença à être si enténébré par le prince des ténèbres que déjà il perdait toute la foi et l'amour qu'il avait eus pour Saint François, et il ne se souciait pas de lui en parler"[1] .

Pedro Mercado rapporte comment deux moines, poursuivis par une culpabilité imaginaire, croyaient ne jamais être suffisamment purs pour se confesser ou célébrer la messe :

> "De dos monjes quenta fray Franciso de Osuna a esse proposito, del uno que nunca creya jamas averse aparejado para la confession, aunque un mes entero pensasse y se arrepintiese de sus peccados. Y assi nunca creya quedar absuelto. Porque dezia este monje, que aunque por tiempo bastante avia pensado en ellos, que se avia divertido a otras cosas, que interrumpian este tiempo, hasta tanto que su provincial recabo del Pontifice que por qualquier breve tiempo que se aparejasse para la confession, le bastasse. Y de otro monje quenta, que era tan escrupuloso que no osava celebrar, porque nunca creya de si que consagrava ni que dezia las palabras de la consacracion. Y que por dezir hoc, con.c. dezia hoquest con.q. Y ninguna cosa aprovechava dezirle, que dezia hoc, y que consagrava"[2] .

De même, Sainte Thérèse évoque le cas d'une religieuse et d'une soeur converse qui, tenaillées par un intense désir de pureté, voulaient sans cesse communier :

> "Están en un monesterio de éstos una monja y una lega, la una y la otra de grandísima oración acompañada de mortificación y humildad y virtudes, muy regaladas del Señor (...). Comenzáronles unos ímpetus grandes de deseo del Señor, que no se podían valer. Parecíales se les aplacaba cuando comulgaban ; y ansí procuraban con los confesores fuese a menudo, de manera que vino tanto a crecer su pena, que si no las comulgaban cada día, parecía que se iban a morir. (...) No paraba sólo en ésto ; sino que a la una, eran tantas sus

---

[1] *Les Petites Fleurs de Saint François d'Assise*, trad. d'Alexandre Masseron, Paris, Gaultier-Languereau, 1964, p. 87.
[2] Pedro Mercado, *Diálogos de philosophia...*, fol. 124 r et v.

ansias, que era menester comulgar de mañana para poder vivir, a su parecer"[1] .

Alonso de Santa Cruz rapporte les tourments d'un jeune religieux devenu mélancolique à force de pénitences et raconte comment il fut guéri :

"Religiosus quidam fuit, nondum vigesimum secundum attinens annum, biliosus & sanguineus, gracili & effaeminata corporis habitudine. Hic (inquam) continuis ieiuniis & poenitentiae differentiis se implicuit, quae omnia causa fuerunt cuiusdam febris lentae diurnae, quae (...) illud exiccavit, aridumque una cum hoc cerebrum reddidit. Hinc vigiliae & caetera omnia quae melancholicis evenire solent, praecipue falsae multae & horrendae imaginationes. Modus, quo malo huic obviavimus, talis fuit. Cum tempus calidissimae aestatis esset, balneare illum iussi in fluvio horae unius spatio, triginta aut quadriginta diebus continuis, irrigando caput interim dum nudus influvio sedebat. Summo mane absque interpollutione haustum syrupi boraginis ex aqua buglosae sumebat. Singulis quindecim diebus bolos cassiae & confectionis hamech simpl. deglutiebat aliquando diluta haec in aqua buglossae & haec continuando, intra trium mensium spatium convaluit"[2] .

La pratique religieuse peut engendrer une forme de mélancolie qui préoccupe vivement les penseurs du XVIème et du XVIIème siècle.

2.   Les signa de la mélancolie religieuse

Les théoriciens attribuent plusieurs symptômes à la "mélancolie religieuse" –pour reprendre l'expression de Burton–. Certains –l'ennui, la léthargie spirituelle, la tristesse, la paresse dans l'accomplissement du service de Dieu, le vagabondage de l'esprit ou le désespoir du salut–, sont hérités de l'ancienne *acedia* mais d'autres –comme l'anxiété morbide, le zèle religieux suspect, la culpabilité exacerbée– constituent des traits nouveaux.

La mélancolie religieuse affecte le croyant aux moments de chaleur. Sans doute inspiré par la représentation de l'ancienne *acedia*, "démon de midi" qui tourmentait les moines aux heures les plus chaudes de la journée, Alonso de Santa Cruz décrit comment un jeune religieux devint mélancolique au plus fort de l'été ("cum tempus calidissimae aestatis esset")[3] . La mélancolie religieuse hérite ainsi de la thématique caniculaire associée à l'ancienne *acedia*.

La mélancolie religieuse se caractérise d'abord par l'ennui et par un

---

[1] Teresa de Jesús, *Libro de las fundaciones*, I, p. 156
[2] A. de Santa Cruz, *Dignotio et cura affectuum melancholicorum*, p. 37-38.
[3] A. de Santa Cruz, *Dignotio et cura affectuum melancholicorum*, p. 37-38.

dangereux vagabondage de l'esprit. Pour Pedro Mercado, la mélancolie distrait l'individu de ses tâches pour le plonger dans de vaines pensées qui attirent le démon :

> "tengo por muy malo dexar vuestros negocios, por ocuparos en vanas imaginaciones, porque desenfrenays al demonio para que con mayor diligencia os persigua"[1].

L'ennui et la haine de soi guettent celui qui s'adonne à la vie solitaire s'il ne sait s'occuper profitablement :

> "Y sabed que el hombre que va a buscar reposo en la soledad convienele estar contino en buenos exerçiçios ocupado, (...) porque no hay cosa en esta vida que sea tan enemiga de la virtud como es la ociosidad y mas en la soledad, porque de los oçiosos momentos y superfluos pensamientos nace la perdición al hombre, porque el oçioso en la soledad siempre anda malo, flaco, tibio, triste, enfermo, pensativo, sospechoso, desganado y de si aborrecido, y de aqui viene que de darle al coraçon mucho a pensar, viene despues a desesperar"[2].

La condamnation de la mélancolie religieuse devient condamnation de l'oisiveté : comme l'a montré A. Milhou-Roudié, l'*otium*, autrefois célébré par l'Antiquité gréco-latine, est considéré au XVIème siècle d'une manière de plus en plus critique et conçu comme une porte ouverte au démon et aux pensées coupables.

La mélancolie religieuse est aussi décrite à travers les images et le lexique de la sécheresse. "Tan seco y flaco para obrar", "desgana y sequedad"[3] : tels sont les mots qu'emploie Juan de Santiago pour décrire la tristesse spirituelle. Alonso de Santa Cruz rapporte qu'un jeune religieux "se desseché" ("exiccavit") sous l'effet de la mélancolie[4]. Dans son autobiographie, Sainte Thérèse fera maintes fois allusion à cette "sécheresse", déplorant à plusieurs reprises la "gran sequedad" qui la tourmente ou encore "la sequedad y mala disposición para oración ni para ningún bien : parece que ahoga el alma y ata el cuerpo, para que de nada aproveche"[5]. La "sécheresse" –l'une des deux qualités fondamentales de la bile noire– désigne aussi l'état de torpeur stérile qui paralyse le croyant devenu mélancolique.

---

[1] Pedro Mercado, *Diálogos de philosophia...*, fol. 126 r et v.

[2] Cristóbal de Acosta, *Tratado en contra y en pro de la vida solitaria*, fol. 8v.

[3] Juan de Santiago, *Recuerdo de dormidos y socorro de agonizantes*, Madrid, Melchor Sánchez, 1672, fol. 4r -5r.

[4] A. de Santa Cruz, *Dignotio et cura affectuum melancholicorum*, p. 37-38.

Comme l'*acedia*, la mélancolie religieuse se caractérise également par le désespoir du salut. Sabuco de Nantes déclare que la mélancolie "acarrea desesperación"[1], Murillo affirme que certains mélancoliques doutent de leur salut : "otros [melancólicos] se asustan, y dizen, que estan condenados"[2] et Alonso de Santa Cruz rapporte que certains mélancoliques se croient si coupables qu'ils désespèrent de la miséricorde de Dieu et passent leurs nuits à se lamenter et à pleurer : "alii divinae misericordiae diffidentes noctu diuque in continuo fletu & planctu erant"[3]. Le désespoir du mélancolique peut le pousser à se suicider ou à commettre des crimes, entraînant la perdition définitive de l'âme. Ainsi, Pedro Mercado, A. Velásquez et Murillo rapportent plusieurs cas de mélancoliques qui se sont suicidés par désespoir[4]. Félix Platter affirme que certains mélancoliques, désespérés, ont commis des crimes atroces ("ad blasphemiam erga Deum, ad multa horrenda perpetranda, ad manus violentas sibi inferendas, maritum, uxorem, liberos, vicinos, principem interficiendos, nulla zelotypia, nulla invidia erga illos"[5]). Enfin, comme l'a montré Teresa Scott Soufas[6], le *Condenado por desconfiado* de Tirso illustre comment la mélancolie religieuse conduit à désespérer et à perpétrer des crimes qui damneront réellement le sujet. L'enjeu de la mélancolie religieuse – le salut ou la perdition– est donc fort grave. Suivant un mécanisme paradoxal, la conviction injustifiée d'avoir péché suscite finalement une faute véritable : insensiblement, l'imposture se renverse en vérité, le péché fictif devient faute réelle et l'obsession imaginaire de la perdition conduit à une damnation effective.

Enfin, la mélancolie religieuse donne lieu à une culpabilité exacerbée,

---

[5] Teresa de Jesús, *Libro de la vida*, Madrid, Espasa Calpe, 1971, p. 140 et 169, respectivement.
[1] Sabuco de Nantes, *Nueva filosofía de la naturaleza del hombre*, p. 98.
[2] Murillo, *Aprobación de ingenios*, fol. 102v.
[3] A. de Santa Cruz, *Dignotio et cura affectuum melancholicorum*, p. 17.
[4] Pedro Mercado, *Diálogos de philosophia...*, fol. 116 r. A. Velásquez, *Libro de la melancholia*, fol. 68 r et v. Murillo, *Aprobación de ingenios*, fol. 102r.
[5] Félix Platter, *Praxeos seu de cognoscendis, praedicendis, praecauendis, curandisque affectibus homini incommodantibus tractatus*, Bâle, 1602, p. 98-99. La citation est tirée de Babb, *Elizabethan Malady*, p. 48.
[6] T. Scott Soufas, *Melancholy and the secular mind...*, p. 37 -63.

accompagnée d'incessants scrupules. Le malade se sent indigne de la miséricorde divine :

> "ampliando los daños y penas, estrechando los favores de la pequeña culpa, que en los tales casos les ponen, hazen infierno y tristeza profundisima, y ningun contentamiento reciben de la mucha esperanza que les dan, dixeles su confesor, que para la confession se aparejaron, y que cumplieron penitencia, y no lo creen. Y creen al demonio o a su imaginacion, que les dize no averse aparejado, ni cumplido la penitencia"[1] .

Pedro Mercado raconte que certains mélancoliques sont persuadés d'avoir perpétré des crimes qu'ils n'ont pas commis :

> "Otros tienen tan gran temor a la justicia, que dia y noche no imaginan otra cosa, fingiendo contra si testimonios de delitos feos ; y de ellos por todo extremo aborrecidos. Y creen averlos de suceder a cada passo la pena de ellos"[2] .

Les mélancoliques s'accusent de péchés qu'ils n'ont fait qu'imaginer :

> "Como la imaginacion imagina naturalmente, sin poder impedirla, y nuestro imaginar es en las cosas que mas tememos, imaginan los peccados dichos, y como el consentimiento de lo imaginado, se pueda hazer en tan breve tiempo, el imaginarlos, creen ser consentirlos. Y asi nunca reposan sus consciencias ni tienen hora de paz, ni la dan a los que con ellos conversan"[3] .

Chacun de leurs actes, même les plus estimables, leur semble porter la marque du démon :

> "que en hazer las obras indifferentes y aun buenas que soleys [los melancholicos] hazer, pensays quedar vencidos del demonio"[4] .

La culpabilité exacerbée des mélancoliques se manifeste à travers un thème (et un terme) récurrent dans le discours théorique, celui des scrupules, qui apparaît dès le titre du dialogue que Pedro Mercado consacre à la mélancolie :

> "*Dialogo sexto de la melancolia, en el qual un cavallero llamado Antonio, lleno de temor y tristeza se quexa a Ioanicio Medico, el qual se la haze escrupulos y caso de conciencia : y lo remite a Basilio Theologo. (...) Y se declara que cosa sea melancolia (...) con muchos avisos y razones contra escrupulos".*

Basilio, le théologien, décrit comment les mélancoliques importunent leurs confesseurs par leurs scrupules non fondés[5] et Antonio, l'interlocuteur

---

[1] Pedro Mercado, *Diálogos de philosophia...*, fol. 124 r.

[2] Pedro Mercado, *Diálogos de philosophia...*, fol. 118r.

[3] Pedro Mercado, *Diálogos de philosophia...*, fol. 128 r et v.

[4] Pedro Mercado, *Diálogos de philosophia...*, fol. 126r.

[5] Pedro Mercado, *Diálogos de philosophia...*, fol. 114v.

mélancolique des *Diálogos de philosophia natural y moral*, décrit son mal comme une spirale de scrupules dans laquelle s'enfonce le sujet :

"luego tenemos otras dudas de la misma especie, que nos dan la misma fatiga y mayor, porque multiplicando los escrupulos, nos parece multiplicar los peccados y culpas"[1] .

Rempli de doutes quant à sa vertu et à son salut, le mélancolique vit dans un perpétuel examen de conscience :

"Ya se consuelan y animan, ya se recelan y entristecen, ya se condenan, ya se absuelven, ya en discordia se remiten a sus confesores y predicadores"[2] .

De même, Andrés Velásquez déclare que beaucoup de mélancoliques sont "escrupulosos"[3] et Murillo rapporte que certains mélancoliques "de qualquiera cosa por minima que sea forman escrupulos y cansan a los Confessores"[4] . La lutte contre la mélancolie exige un combat contre les scrupules : c'est pourquoi, dans son *Diálogo de la melancolia*, Pedro Mercado accumule de nombreux arguments contre les doutes qui envahissent la conscience mélancolique[5] .

Les scrupules font intervenir plusieurs thèmes récurrents associés à mélancolie : l'imagination déréglée, l'intervention du démon -souvent conçu comme l'inspirateur de ces doutes-, la crainte –qui constitue, avec la tristesse, l'un des deux traits pertinents de la mélancolie. Les scrupules montrent que le propre des mélancoliques est le "timor de re non timenda" : la peur de péchés qui n'existent pas. Le discours théorique procède aussi par analogie : noire, visqueuse, la mélancolie véhicule une imagerie de la tache. Persuadé d'avoir commis un grave péché, le mélancolique est obsédé par l'idée de la souillure intérieure.

Toutefois, cette culpabilité n'est pas innocente, mais entachée d'un plaisir morbide et, comme le souligne Pedro Mercado, la culpabilité mélancolique n'exclut pas une part de complaisance :

"Es porque todo lo interpretan en su perjuyzio, creyendo y aun quiriendo aver cometido

---

[1] Pedro Mercado, *Diálogos de philosophia...*, fol. 125 v-126r.
[2] Pedro Mercado, *Diálogos de philosophia...*, fol. 115v.
[3] A. Velásquez, *Libro de la melancholia*, fol. 67v.
[4] Murillo, *Aprobación de ingenios*, fol. 102v.
[5] Pedro Mercado, *Diálogos de philosophia...*, fol. 124v- 126r.

todo lo que escrupulan"[1] .

"Creyendo y aun quiriendo aver cometido todo lo que escrupulan" : la culpabilité n'est pas seulement déplorée mais cultivée, voire créée de toutes pièces pour satisfaire une âme qui, de manière étrange se complaît dans le sentiment d'avoir fauté et dans la pénitence.

Enfin, la culpabilité exacerbée débouche souvent sur une piété excessive et spectaculaire, qui privilégie la pénitence et la contrition. Pedro Mercado évoque le cas d'un moine mélancolique qui ne cessait de méditer ses péchés et de s'en repentir[2] . Sainte Thérèse raconte longuement –nous l'avons montré– comment deux religieuses voulaient sans cesse communier et expose le cas d'une femme "grandísima sierva de Dios" qui, sous l'impulsion d'une tentation démoniaque, souhaitait communier chaque jour[3] . Une telle piété est impure puisque, loin de se fonder sur une authentique tension de l'âme vers Dieu, elle trouve sa source dans la plus sombre des humeurs qui nous composent.

3.   Un souci de distinction

Les auteurs religieux et scientifiques du Siècle d'Or abordent les manifestations de culpabilité et de piété avec une méfiance nouvelle : le développement d'un zèle religieux excessif, le souci constant de se mortifier et de s'humilier, l'obsession de la damnation, la complaisance dans la désolation et la pénitence, autrefois célébrés, seront souvent attribués à l'action de la bile noire. De manière très moderne, les penseurs du XVIème et du XVIIème siècle découvrent que le zèle religieux et la peur maladive de la damnation peuvent être le symptôme d'un trouble mental.

La mélancolie pouvant conduire à une ferveur religieuse qui présente toutes les apparences de la plus pure des dévotions, le principal souci des théoriciens sera de distinguer la religiosité authentique de la piété maladive. Le but de cette

---

[1] Pedro Mercado, *Diálogos de philosophia...*, fol. 124v.
[2] Pedro Mercado, *Diálogos de philosophia...*, fol. 124r.
[3] Teresa de Jesús, *Libro de las fundaciones*,I , p.156-158 et 161-163.

démarche est de purifier la foi de toute cause pathologique, qui non seulement enlève tout mérite à la pratique religieuse, mais, pire encore, peut devenir l'instrument du démon. Le cas inverse –prendre une dévotion véritable pour de la mélancolie– suscite également une vive inquiétude car l'enjeu est grave : un fidèle animé par un repentir sincère risque d'être damné si son confesseur ou son médecin, prenant sa piété pour de la mélancolie, le détournent de la saine contrition qui eût permis le rachat de son péché. Certains textes apportent quelques éléments pour une distinction qui reste, à tous points de vue, délicate. Ainsi, la plupart des auteurs s'accordent sur le critère suivant : la culpabilité pathologique s'accompagne des signes habituels de la mélancolie tandis que la piété véritable se reconnaît à l'absence de ces symptômes. Toutefois, ces critères demeurent fragiles et révèlent un réel malaise des penseurs autour de la dépression religieuse et des manifestations de la piété. Tout se passe comme si, après avoir encouragé une dévotion spectaculaire dans le cadre de la Contre-Réforme, les autorités spirituelles s'étaient vues débordées par une religiosité exubérante qui leur semblait d'autant plus menaçante qu'elle échappait à leur contrôle.

4. *Les causes de la mélancolie religieuse et la polémique autour de la vie solitaire*

La vie religieuse, par sa nature même, peut engendrer la mélancolie. Comme l'exposent Porta, Freylas, Santa Cruz, Cristóbal de Vega et Murillo, les rigueurs ascétiques, les privations alimentaires, le jeûne, la méditation, la veille consécutive à l'étude des textes sacrés et aux oraisons nocturnes, le souci du salut, et la tension constante de l'esprit vers l'objet de son adoration consument les esprits vitaux, dessèchent et refroidissent le corps et favorisent la mélancolie[1]. Les religieux trop zélés et soucieux de leur salut deviennent ainsi mélancoliques.

L'une des causes de la mélancolie, la vie solitaire, sera au centre d'une

---

[1] Giambattista della Porta, *La Physionomie humaine…*, p. 28. Cristóbal de Vega, *Opera*, p. 409. Murillo, *Aprobación de ingenios*, fol. 73v-74r et 84r. A. de Santa Cruz, *Dignotio et cura affectuum melancholicorum*, p. 37. Alonso de Freylas, *Si los melancholicos…*, p. 1.

véritable polémique au XVIème et au XVIIème siècle. En effet, la solitude de certains ermites est considérée comme une source de mélancolie :

> "La soledad le es muy contraria [al hombre], y causa melancolía, cuando no hay compañía, sino consigo mismo"[1] .

La vie solitaire fut d'abord mise en question par Erasme, auteur d'une *Declamation en deux parties, la première contre la vie monastique, la deuxième pour cette vocation*. En Espagne, Alonso de Santa Cruz ouvre son dialogue sur la mélancolie par une controverse sur la vie solitaire : à Aristippe, qui fait un éloge de l'existence retirée, s'oppose Sophronius, qui défend le point de vue contraire, soulignant ses dangers, parmi lesquels figure bien sûr la mélancolie. A la fin de cette controverse, Sophronius invite Aristippe à quitter sa retraite pour exercer une activité plus profitable à la République : la médecine, qui lui permettra de secourir les mélancoliques[2]. Se limitant à confronter des opinions opposées, le médecin de Valladolid ne semble pas –en apparence– prendre position dans le débat sur l'opportunité de la solitude. On notera toutefois que le personnage qui, dans le dialogue, souligne les inconvénients de la vie solitaire et fait l'éloge de la médecine n'est autre que celui qui représente le savoir (Sophronius) : il serait alors possible de considérer dans la position de ce personnage l'opinion de Santa Cruz lui-même.

Le chapitre V du *Livre des Fondations*, qui précède de peu –ce n'est pas un hasard– le chapitre VII sur la mélancolie, évoque la controverse sur l'opportunité de la solitude dans la pratique religieuse. Très critique vis-à-vis des religieuses mélancoliques, Sainte Thérèse est aussi fort méfiante vis-à-vis de religiosité solitaire :

> "Mirá, hermanas, si quedará bien pagado el dejar el gusto de la soledad. Yo os digo, que no por falta de ella dejaréis de disponeros para alcanzar esta verdadera unión que queda dicha, que es hacer mi voluntad una con la de Dios. Esta es la unidad que yo deseo y querría en todas, que no unos embebecimientos muy regalados que hay, a quien tienen puesto el nombre de unión. (...) Aquí, hijas mías, se ha de ver el amor ; que no a los rincones, sino en mitad de las ocasiones".
>
> "el verdadero amante en toda parte ama y siempre se acuerda del amado. Recia cosa sería,

---

[1] Miguel Sabuco de Nantes, *Nueva filosofía de la naturaleza del hombre*, p. 132.
[2] A. de Santa Cruz, *Dignotio et cura affectuum melancholicorum*, p. 1-2.

que sólo en los rincones se pudiera traer oración"[1] .

La piété solitaire –avertit la Sainte– est narcissique, égoïste et fondée sur l'amour propre :

"¿de qué procede el desgusto que por la mayor parte da, cuando no se ha estado mucha parte del día muy apartados y embebidos en Dios, aunque andemos empleados en estotras cosas? A mi parecer, por dos razones : la una, y más principal, por un amor propio, que aquí se mezcla, muy delicado, y ansí no se deja entender : que es querernos más contentar a nosotros que a Dios. Porque está claro que después que un alma comienza a gustar *cuán suave es el Señor*, que es más gusto estarse descansando el cuerpo sin trabajar y regalada el alma"[2] .

La méfiance vis-à-vis de la mélancolie va de pair avec une prévention vis-à-vis de la religiosité solitaire et contemplative, à laquelle Sainte Thérèse oppose une dévotion active qui trouve sa place dans le monde.

Enfin, dernier acteur du débat autour de la vie solitaire, Cristóbal de Acosta publie en 1602, à Venise, un *Tratado en contra y en pro de la vida solitaria*. Ce traité s'inspire étroitement de la structure de l'opuscule d'Erasme sur la vie monastique : comme l'auteur de l'*Eloge de la folie*, Acosta commence par exposer les inconvénients et dangers de la solitude pour décrire dans un deuxième temps ses avantages. Bien qu'il ne déclare pas ouvertement ses préférences, l'auteur du traité semble pencher pour la vie solitaire, dont les bienfaits sont longuement exposés : l'apologie de la retraite n'est finalement qu'un plaidoyer *pro domo*, puisque, dès l'ouverture du livre, Acosta affirme pratiquer la vie solitaire. A l'image de la mélancolie, la vie solitaire est, au XVIème et au XVIIème siècle, un sujet à la mode, qui suscite de nombreuses interrogations et fait l'objet d'une méfiance nouvelle : comme la mélancolie, la solitude peut apporter les plus grands bienfaits comme les dangers les plus extrêmes.

---

[1] Teresa de Jesús, *Libro de las fundaciones*, I, p. 147 et 149, respectivement.
[2] Teresa de Jesús, *Libro de las fundaciones*, I, p. 140.

5. *Sainte Thérèse : le chapitre VII du* Livre des Fondations

a) Le mal des couvents

Sainte Thérèse consacre un long chapitre du *Libro de las Fundaciones* à la mélancolie qui affecte religieux et religieuses, entravant le service de Dieu et la bonne marche de la vie conventuelle. La Sainte rattache ce chapitre à une actualité récente, en l'illustrant par des exemples tirés de sa propre expérience et en affirmant que ce sont les religieuses elles-mêmes, confrontées à ce problème, qui lui ont demandé d'écrire à ce sujet :

> "Estas mis hermanas de San Josef de Salamanca, adonde estoy cuando esto escribo, me han mucho pedido diga algo de cómo se han de haber con las que tienen humor de melancolía"[1].

Qu'entend Sainte Thérèse par "mélancolie" ? De fait, la Sainte réussit un véritable tour de force, qui consiste à parler pendant un chapitre entier d'un objet qu'elle ne définit à aucun moment, se contentant de le désigner par des périphrases ou des allusions ("este mal", "este humor", "esta enfermedad"). Pour Sainte Thérèse la mélancolie qui affecte les religieuses est un phénomène très grave ("U que si tiene humor de melancolía. Puédele hacer muy gran daño"[2]), un mal funeste (la Sainte le désigne par la périphrase "este tan dañoso mal"[3]) qui perturbe gravement le couvent et met en danger l'intégrité de la communauté. En conséquence, le premier avis de la Sainte est très clair : il faut éviter d'accueillir des mélancoliques au couvent ("andamos procurando no tomar las que le tienen [el humor de melancolía]"[4]). Dans une lettre, elle dira même : "hasta más valdría no fundar que llevar melancólicas que estraguen la casa"[5].

---

[1] Teresa de Jesús, *Libro de las fundaciones*, I, p. 166. Sur le chapitre que Sainte Thérèse consacre à la mélancolie, on peut lire Juan José López Ibor, "Ideas de Santa Teresa sobre la melancolía", *Revista de Espiritualidad*, XXII (1963), p. 432-443 et Yvonne David-Peyre, "La melancolía según Santa Teresa", *Asclepio*, 17 (1965), p. 171-180.

[2] Teresa de Jesús, *Libro de las fundaciones*, I, p. 155.

[3] Teresa de Jesús, *Libro de las fundaciones*, I, p. 167.

[4] Teresa de Jesús, *Libro de las fundaciones*, I, p. 166.

[5] *Carta al Padre Jeronimo Gracián*, sans date. Citée par Juan José López Ibor, "Ideas de Santa Teresa sobre la melancolía", p. 432.

Au désordre intérieur des humeurs correspond une subversion de la vie conventuelle qu'il faut à tout prix éviter. Aucune rigueur n'est de trop contre les mélancoliques. Il faut les maîtriser, les réduire à l'obéissance, les écraser :

> "Si no bastasen palabras, sean castigos ; si no bastasen pequeños, sean grandes ; si no bastase un mes de tenerlas encarceladas, sean cuatro, que no pueden hacer mayor bien a sus almas"[1].

Ce texte est étonnamment dur pour quelqu'un qui évoque une maladie, c'est-à-dire un phénomène physique, dont le sujet –en principe– n'est pas responsable. Cette rigueur s'explique par les conceptions de l'époque, qui considèrent la mélancolie comme un instrument du diable et l'assimilent à la coupable *acedia*. Fléau des couvents, la mélancolie décrite par Sainte Thérèse met en péril à la fois le corps et l'âme.

b)   Entre mal et maladie

Chez Sainte Thérèse, la mélancolie apparaît en premier lieu comme une maladie, dont les symptômes s'accordent aux descriptions des médecins. Mais ce mal recouvre des faits très divers et s'étend sur un large éventail de sens et de situations, pouvant aller de quelques troubles bénins jusqu'à la totale perte de la raison. La Sainte distingue plusieurs échelons dans la mélancolie. Certaines mélancoliques sont incurables et résolument dangereuses pour la communauté ; d'autres sont plus obéissantes ; d'autres enfin sont de simples malades qu'un changement de régime de vie guérira :

> "Hase de advertir que no todas las que tienen este humor son tan trabajosas, que cuando cae en un sujeto humilde y de condición blanda, aunque consigo mesmo traiga trabajo no dañan a los otros, en especial si hay buen entendimiento. Y también hay más y menos de este humor"[2].

Mais la reconnaissance de divers degrés de mélancolie n'est que le signe d'une polysémie beaucoup plus grave et plus inquiétante, qui plonge le discours de la Sainte dans d'inévitables contradictions. Celles-ci apparaissent dans la structure même du chapitre. Dans un premier temps, le texte se livre à une vive

---

[1] Teresa de Jesús, *Libro de las fundaciones*,I , p. 169.
[2] Teresa de Jesús, *Libro de las fundaciones*, I , p. 166-167.

condamnation de la mélancolie, décrite comme une manifestation démoniaque ("el demonio en algunas personas le [el humor de melancolía] toma a por medianero, para si pudiere, ganarlas"[1]), qu'il faut à tout prix extirper du couvent. Mais dans un second temps la mélancolie apparaît comme une maladie vis-à-vis de laquelle il faut plutôt se montrer patient et indulgent, et qui nécessite un traitement médical plutôt qu'un châtiment. La Sainte emploie alors à plusieurs reprises le terme "pobrecita" à l'égard de la religieuse mélancolique et suggère qu'il faut prendre pitié de ces femmes, qui ne sont que des malades :

"porque como la pobrecita en sí mesma no tiene quien la valga para defenderse de las cosas que la pone el demonio".

"Por cierto, yo las tengo gran piadad".

"Que los que están enfermos de este mal, es para haberlos piedad, mas no dañan"[2].

Sainte Thérèse affirme que la mélancolie assujettit la raison et que les religieuses mélancoliques ne sont pas plus responsables de leurs actes que ne le sont les fous :

"Porque como lo que más este humor hace es sujetar la razón, ésta escura, ¿qué no harán nuestras pasiones? Parece que si no hay razón, que es ser locos ; y es ansí"[3].

Mais d'autre part, elle conseille de les traiter comme des personnes saines et de les punir comme telles. Les remèdes que la Sainte propose contre la mélancolie associent donc la sévérité, les châtiments corporels et la réclusion à une grande indulgence[4]. La Sainte est consciente de son incohérence : "parece que me contradigo, porque hasta aquí he dicho que se lleven con rigor"[5]. Les contradictions de Sainte Thérèse illustrent les hésitations du système de pensée du XVIème et du XVIIème siècle, où la mélancolie oscille entre le mal physique, que l'on doit excuser, et le mal moral, qu'il faut condamner. Cherchant à définir les limites de la maladie et de la faute, la Sainte s'empêtre dans les distinctions, finissant par affirmer simultanément la responsabilité et l'irresponsabilité des

---

[1] Teresa de Jesús, *Libro de las fundaciones*, I, p.167.

[2] Teresa de Jesús, *Libro de las fundaciones*,I , p. 168, 173, et 167 respectivement.

[3] Teresa de Jesús, *Libro de las fundaciones*,I , p. 167.

[4] Teresa de Jesús, *Libro de las fundaciones*, I , p. 172.

[5] Teresa de Jesús, *Libro de las fundaciones*, I , p. 172.

mélancoliques :

"aunque alguna vez –u veces– no puedan [las melancólicas] consigo, como no es locura confirmada que disculpe para la culpa (aunque algunas veces lo sea, no es siempre, y queda el alma en mucho peligro)"[1].

Mal double et équivoque, la mélancolie se situe aux limites troubles de la maladie et de la faute.

Le lexique employé par Sainte Thérèse reflète ces ambiguïtés : la Sainte utilise en effet des termes comme "enfermedad", "humor", appartenant au lexique de la maladie et de la médecine[2], mais recourt aussi au vocabulaire de la condamnation morale. Cependant, tout au long du chapitre VII du *Livre des Fondations*, la Sainte emploie le plus souvent "mal", terme amphibologique, signifiant à la fois la faiblesse physique et la faiblesse morale. La mélancolie recouvre à la fois le mal physique –dont le sujet n'est pas responsable et pour lequel il ne saurait être blâmé– et le mal moral. L'interprétation que Sainte Thérèse donne de la mélancolie oscille entre le rejet immédiat et sans appel que suscite la présence du démon et la compréhension qu'engendre la maladie. Entre ces deux pôles s'étend le large spectre de sens occupé par la mélancolie.

La mélancolie religieuse désigne un ensemble conceptuel complexe et recouvre des phénomènes très variés, allant de l'ennui à l'inquiétude, de la religiosité exacerbée à la tiédeur envers Dieu. Elle apparaît avant tout comme un mal paradoxal, qui affecte les religieux et les hommes pieux, non pas malgré leur piété, mais précisément à cause d'elle. Comme le note Pedro Mercado, ce sont les plus parfaits, les plus engagés dans la voie spirituelle, qui sombrent dans la mélancolie :

"sigue tambien esta passion [la melancolia] a los mas recogidos, y que con mayor cuydado zelan sus conciencias. Porque como todo su intento, sea estar en gracia, a cada passo creen perderla y cometer mil generos de peccados consintiendo en ellos"[3].

---

[1] Teresa de Jesús, *Libro de las fundaciones*, I , p. 169.
[2] Voir notamment Teresa de Jesús, *Libro de las fundaciones*, I , p. 166 -167 et 174.
[3] Pedro Mercado, *Diálogos de philosophia...*, fol. 128 r.

Tout le paradoxe de la mélancolie religieuse réside en ce qu'elle est engendrée par la pratique religieuse elle-même. La mélancolie apparaît comme le rejeton monstrueux d'une pratique religieuse qui, en elle-même, était droite. Comme le souligne Sainte Thérèse, une piété innocente peut paradoxalement déboucher sur une ferveur impure :

> "¡Oh desventurada miseria humana, que quedaste tal por el pecado, que aun en lo bueno hemos menester tasa y medida, para no dar con nuestra salud en el suelo de manera que no lo podamos gozar!"[1] .

Dans le système de représentation du XVIème et du XVIIème siècle, la mélancolie constitue ce qui peut sauver l'individu comme ce qui peut le perdre.

C.   MELANCOLIE, MAL ET PECHE

Dans beaucoup d'écrits médicaux, la mélancolie est désignée comme une humeur peccante qu'il faut faire sortir du corps –un peu comme si on expulsait un démon. Humeur maligne, la mélancolie l'est à double titre, parce qu'elle perturbe le corps mais aussi parce qu'elle souille l'âme et entretient un rapport privilégié avec le péché, l'inconduite et le mal.

1.   La mélancolie, conséquence, signe et châtiment du péché

De nombreux textes conçoivent la mélancolie comme l'indice du péché et de la conscience impure. On sait que Hildegarde de Bingen relie l'humeur mélancolique au péché originel, affirmant que "lorsque Adam viola la loi divine, (…) sa bile se mua en amertume et sa mélancolie en noirceur"[2]. Christoval de Vega raconte dans ses *Casos raros de la confessio* plusieurs histoires édifiantes où la mélancolie apparaît comme la conséquence de la faute. Pelayo, un vertueux berger devenu ermite, succombe à la tentation diabolique et tombe dans une profonde mélancolie :

> "Ventse Pelayo vençut, donali una malanconia y tristeza tant profunda, que no podia sossegar ; tenia en son entendiment varios pensaments. (…) Amb aquesta lutxa de pensaments hisqué a la porta de la hermita, y va veure passar un en hàbit de Peregri, que

---

[1] Teresa de Jesús, *Libro de las Fundaciones*, I , p. 154.
[2] Cité par Klibansky, Panofsky, Saxl, *Saturne et la mélancolie*, p. 140-141.

li digué : Pelayo, que es açó, com te deixes llevar de aqueixa profunda melancolia, que qui serveix a tan bon Deu no es just que estiga trist ; y si acas lo ha ofès, procura fer penitencia (…). Si vols eixir de aquesta tristeza confessa't, y tornaràs a la antiga pau, y alegria"[1]

Le même auteur expose aussi le cas d'un usurier qui blasphéma, puis devint mélancolique et mourut :

"Escandelizarense molt los amichs, de ohir tant grant blasfemia, afearonlo, reprehenguerenlo, y resta trist amb la correcció, tornà a casa malancholich, posàs en lo llit"[2]

La mélancolie recouvre ainsi à la fois le mal physique et le mal moral.

Signe du péché, la mélancolie peut aussi apparaître comme sa punition. Chez Sainte Hildegarde, la mélancolie est aussi "poena Adae" (le châtiment d'Adam)[3]. Pedro Mexía raconte dans la *Silva de varia lección* comment un roi transgressa la loi divine et fut puni par une violente tristesse envoyée par Dieu :

"Esta ley (…) es cosa divina y dada por Dios (…) por eso, ninguno osó tocar ni tomar della nada. Y Teopompo, que se atrevió a tomar parte della, y vistiéndola y adornándola de rhetórica (…) fue herido por divina mano de terrible turbación en el entendimiento y tristeza y pena de coraçón muy grande"[4]

Au Siècle d'Or, ces conceptions sont illustrées par les exemples bibliques de Nabuchodonosor et de Saül, qui apparaissent dans les textes médicaux et encyclopédiques comme deux cas exemplaires de mélancolie. Les penseurs décrivent comment Saül, premier roi d'Israël, fut puni de sa conduite ingrate et de sa désobéissance vis-à-vis de Dieu par une terrible mélancolie, que seule pouvait apaiser la harpe de David. Quant à Nabuchodonosor, il incarne le tyran pécheur et iconoclaste, qui oblige ses sujets à adorer des idoles : la fin du chapitre que le *Libro de propietatibus rerum* consacre à la mélancolie décrit sa folie mélancolique, interprétée comme une punition divine ("le fue en puniçion dada de dios")[5]. A travers ces deux exemples, la mélancolie se dote d'un rôle expiatoire, où la maladie incarne la punition et le rachat de la faute.

---

[1] Christoval de Vega, *Casos raros de la confessió*, Gérone, Antoni Oliva, 1679, p. 43- 44.
[2] Christoval de Vega, *Casos raros de la confessió*, p. 43- 44.
[3] Klibansky, Panofsky, Saxl, *Saturne et la mélancolie*, p. 140-141.
[4] Pedro Mexía, *Silva de varia lección*,II , p. 342- 343.
[5] B. Anglicus/ V. de Burgos, *Libro de propietatibus rerum*, fol. evij verso.

2. Caïn mélancolique

Les liens unissant la mélancolie, le péché et son châtiment se manifestent de manière significative à travers la figure de Caïn, que plusieurs auteurs considèrent comme mélancolique. Jerónimo Planes fait de Caïn un mélancolique :

> "Tal fue la primera enfermedad [la melancolia] que escrive la sagrada Escriptura causó el demonio en el maldito Cain, la qual fue tan grave, que le derribó la cabeça, y ojos al suelo ; y aunque vino Dios a curarle, no quiso admitir remedio. Caso estraño! humor pestifero! enfermedad mortal, que despidio al soberano medico : lo qual pondero san Iuan Chrysostomo (...) porque dize después, que vido Dios a Cain triste y melancolico, no le desprecio, antes (...) vino a curar su hijo Cain dandole la mano, para que no se despeñasse, y queriendo sanar su melancolia, le pregunta, lo que el ya sabia. Porque andas cabizcaydo Cain?"[1] .

Murillo décrit également la mélancolie de Caïn :

> "El primero que lo padeció [el achaque de hipocondria] en el Mundo fue Cain, es sentir de un grandísimo Expositor, y sino es opinion comun, la haze la indicacion verdadera, que aquel temerlo todo, es afecto conocido deste pernicioso accidente (...). Formava su fantasia exercitos armados de las sombras, y cada passo que dava le parecia a su dañada imaginacion un precipicio. Honda raiz tuvo esta vehemente passion en lo grave de su culpa ; pero ayudava al tormento [de Caín] la fuerça de la Melancholia que es origen de la hipochondria morbus"[2] .

En faisant de Caïn le premier mélancolique, les textes théoriques rattachent la mélancolie à la faute, au châtiment et, surtout, à la peur coupable.

3. La malignité mélancolique

L'association de la mélancolie au péché et au mal apparaît à travers un thème qui, par sa fréquence, constitue un véritable *topos* du discours théorique : la malignité mélancolique et saturnienne. Selon la plupart des astrologues, Saturne incline à mal faire et les saturniens sont envieux, pervers, fourbes et vindicatifs. "A l'égard de l'âme, il [celui né sous le signe de Saturne] est méchant, perfide, traître, mélancolique et de mauvaise vie"[3] , écrit Albert le Grand. Pour Jerónimo Cortés, les individus nés sous le signe de Saturne sont "llenos de engaños, perfidos"[4] .

De manière similaire, le mélancolique est décrit comme un être vicieux,

---

[1] Jerónimo Planes, *Tratado del examen de las revelaciones verdaderas y falsas*, fol. 261 v.
[2] Murillo, *Aprobación de ingenios*, "Censura y aprobación del libro", sans pagination.
[3] Albert le Grand, *Les admirables secrets d'Albert le Grand*, p. 26.
[4] Jerónimo Cortés, *Lunario nuevo, perpetuo y general*, p. 34.

malveillant, prédisposé au crime et au péché. Teresa Scott Soufas a montré que l'action du *Caballero de Olmedo* et de trois drames d'honneur caldéroniens trouvait sa source dans une théorie selon laquelle le mélancolique est prédisposé à la jalousie meurtrière[1]. Pour Miguel Sabuco de Nantes les aliments mélancoliques "ponen malos pensamientos, incitan a malos y bajos vicios"[2]. Pour l'auteur du *Corbacho*, les mélancoliques sont "muy ynicos, maldizientes (...), sañudos (...) mentirosos, engañosos"[3]. Furió Ceriol affirme que le mélancolique "es malicioso"[4] et Murillo déclare que les mélancoliques sont "renegadores, astutos (...), injuriosos, amigos de hazer mal"[5]. Parmi les caractéristiques que le discours théorique attribue aux mélancoliques se trouvent de nombreux traits associés à la malfaisance et au crime : les mélancoliques sont retors, envieux, jaloux, rancuniers, hargneux, peu enclins à l'indulgence, à la pitié et à la charité. Cupides et avares, ils ignorent la noble générosité qui permet le pardon et sont toujours portés aux passions malignes.

L'esprit que de nombreux penseurs prêtent aux mélancoliques apparaîtra souvent comme une intelligence infléchie par une intention mauvaise. Glosant la *Lettre à Damagète* d'Hippocrate, Huarte affirme que la *cholera adusta* engendre la fourberie :

> "De lo cual admirado Hipócrates, le preguntó de qué servían aquellos animales así, a lo cual [Demócrito] le respondió que andaba a buscar qué humor hacía al hombre desatinado, astuto, mañoso, doblado y caviloso, y había hallado (haciendo anatomía de aquellas bestias fieras) que la cólera era la causa de una propiedad tan mala"[6].

Pour Huarte, les mélancoliques en qui prédomine la *cholera adusta* –que l'auteur de l'*Examen de ingenios* nomme "coléricos"– sont particulièrement enclins au mal :

> "los que tienen mucha imaginativa son coléricos, astutos, malinos y cavilosos, los cuales están siempre inclinados a mal y sábenlo hacer con mucha maña y prudencia"[7].

---

[1] Teresa Scott-Soufas, *Melancholy and the secular mind...*, p. 64-100.
[2] Miguel Sabuco de Nantes, *Nueva filosofía de la naturaleza del hombre*, p. 237.
[3] A. Martínez de Toledo, *El Corbacho*, p. 138.
[4] Fadrique Furió Ceriol, *El Concejo y consejeros del príncipe*, p. 332-333.
[5] Murillo, *Aprobación de ingenios*, fol. 38r.
[6] Huarte, *Examen de ingenios*, p. 373-374.
[7] Huarte, *Examen de ingenios*, p. 452-453.

Le thème de la malfaisance mélancolique imprègne intensément le discours théorique mais ne repose sur aucune justification rationnelle, se fondant davantage sur les connotations négatives de la bile noire que sur un raisonnement logique ou des observations tirées de l'expérience : noire, visqueuse, acide et corrosive, l'humeur mélancolique ne peut engendrer que des passions funestes. La pensée scientifique procède par analogie : les sombres couleurs de la bile induisent une noirceur de l'âme et le déséquilibre des humeurs entraîne un désordre moral. Dans le système de représentation du Siècle d'Or, une multitude de liens associent la mélancolie au péché : faute et maladie sont englobées dans une culpabilisation globale, où le mal physique s'accompagne d'un mal moral.

D.   MELANCOLIE, DEMON ET POSSESSION DEMONIAQUE

L'un des chapitres de la *Disputatio* que García Carrero consacre à la mélancolie s'intitule "An detur melancholia facta a Daemone" ("La mélancolie peut-elle provenir du Démon ?")[1]. La relation que la mélancolie entretient avec le Malin constitue l'un des sujets qui a fasciné la plupart des penseurs du XVIème et du XVIIème siècle. Elle repose sur une conception ancienne, qui rattache la maladie à l'action du démon.

1.   *Maladie et démon*

L'indisposition physique peut dissimuler une présence satanique et, comme le formule Benito Remigio Noydens, le démon peut se servir de la maladie pour se rendre maître d'un individu :

"Muchas señales de los Energumenos, y hechizados, simbolizan con las enfermedades naturales, y assi el demonio muchas vezes se aprovecha dellas, para mejor encubrir su maldad, y para que las criaturas, por el grande trabajo, y dolor, caigan en algun despecho, y aborrecimiento de Dios"[2].

"Lo que mas en cuidado pone al Exorcista, es, quando el Demonio, con capa de enfermedad, de tal modo se retira y esconde, que sea tan dificultoso el conocerlo"[3].

---

[1] P. García Carrero, *Disputationes medicae* p. 250.
[2] Benito Remigio Noydens, *Práctica de exorcistas*, p. 9.
[3] Benito Remigio Noydens, *Práctica de exorcistas*, p. 16.

Les penseurs du XVIème et du XVIIème siècle admettent que le démon puisse produire des maladies :

> "la causa desta enfermedad es el demonio, el qual como causa externa puede obrar en dos maneras : primero despertando las enfermedades y dexandolas despiertas, v.g. moviendo los humores y dexandolos desconcertados"[1].

Il existe donc, comme l'affirme Francisco Ruda, des "enfermedades mágicas" et des "enfermedades demoníacas"[2] où le mal physique est le signe et la conséquence d'une intervention démoniaque. Ces conceptions se manifestent avec force, au Siècle d'Or, à travers les liens tissés entre la mélancolie et le démon.

2. *Mélancolie et démon*

L'association de la mélancolie au démon est ancienne. Elle apparaît dans le *Lilium medicinae* de Gordonio, qui rapporte que la mélancolie peut être causée par le démon :

> "E dize Avicena que algunas vezes se dize que viene [la melancolia o mania] por causa del diablo : & dize que aquel que muestra la fisica no se deve en esto entremeter en qualquiera manera que vaya el negocio"[3].

De même, Arnau de Vilanova, dans le *De somniorum interpretatione*, affirme, à propos de l'humeur mélancolique, que "los incubos y esto semejantes son proporcionados por este humor"[4]. Toutefois, certains médecins humanistes s'opposeront à l'interprétation démonologique des maladies. Ainsi, pour Livin Lemnius, les maladies ne sont pas dues à des esprits malins, mais à une cause purement naturelle, le dérèglement des humeurs :

> "Or est-ce chose fort impertinente, voire frivole d'attribuer la cause de tels effects aux malings esprits, puis que tous ils [les effets] gisent en la pourriture & inflammation, ou en la qualité & superfluité des humeurs"[5].

---

[1] Francisco Ruda, *Tratado unico de las enfermedades, y cura dellas, y sobre los obsessos, y possesos de los demonios y astucias dellos*, dans *Ruta in daemones*, Barcelone, Antonio Lacavalleria, 1690, p. 477.

[2] Francisco Ruda, *Tratado unico de las enfermedades…*, p. 472 ("Del conocimiento verdadero de las enfermedades magicas"), p.480 ("Como se pueden curar las enfermedades demoniacas?").

[3] Bernardo Gordonio, *Lilio de medicina*, fol. 55 v.

[4] Arnau de Vilanova, *De la interpretación de lo sueños (De somniorum interpretatione)*, éd. et trad. de José Francisco Ivars, Barcelone, Labor, 1975, p. 11.

[5] Livin Lemnius, *Les Occultes merveilles et secrets de Nature*, fol. 128v.

Suivant une perspective similaire Huarte affirmera à l'ouverture de l'*Examen de ingenios* que les maladies, comme le génie, ont une causalité naturelle et non surnaturelle[1]. Cependant, contre cette attitude de pensée se développe vers la mi-XVIème siècle une véritable démonologisation de la mélancolie. Pour Pedro Mercado, les effets de la mélancolie sont ceux du démon :

"sus effectos [de la melancolia] son verdaderamente de demonio amonestando siempre cosas que contradicen a la salvacion de la anima. Assi impidiendeles [sic] el aprovechamiento de el tiempo (teniendolos supensos en vanas imaginaciones y tristes) como en persuadirles el aborrecimiento de si mismos, amonestandoles mil generos de desesperaciones, proponiendoles medios para executarlas sin dexarlos un solo momento"[2].

L'emploi du verbe "dexarlos" –dont le sujet est la mélancolie, le mélancolique n'étant que l'objet de l'action décrite– suggère l'image de la possession, l'idée d'une puissance redoutable envahissant un sujet amoindri et impuissant. De même, Valles de Covarrubias affirme que, plus que tout autre tempérament, le mélancolique peut être séduit par le démon ("daemones facilius apprehendunt hos [melancholicos] quam alios homines"[3]) et Alonso de Freylas expose comment le démon agit sur le mélancolique :

"es cierto que se junta el demonio con el humor melancholico, porque halla en el muy grande disposición para hazer grandes daños, (...) muchas vezes andan juntas la melancolia y el demonio, y es menester conocerlos por sus señales"[4].

Entre la mélancolie et le démon se tisse donc une relation privilégiée dont il importe de cerner les modalités.

Selon une opinion en vigueur depuis le Moyen Age, la mélancolie constitue un "balneum diaboli" que le démon a le pouvoir de manipuler. Selon Sainte Thérèse le démon peut utiliser la bile noire pour séduire l'individu :

"Cierto, creo que el demonio en algunas personas le [el humor melancolico] toma por medianero, para, si pudiese, ganarlas ; y si no andan con gran aviso, sí hará".

"Yo he miedo que el demonio, debajo del color de este humor como he dicho, quiere ganar muchas almas"[5].

[1] Huarte, *Examen de ingenios*, p. 235.
[2] Pedro Mercado, *Diálogos de philosophía...*, p. 116r.
[3] F. Valles de Covarrubias, *De sacra philosophia*, p. 270.
[4] Alonso de Freylas, *Si los melancholicos...*, p. 7.
[5] Teresa de Jesús, *Libro de las Fundaciones*,I , p. 167 et 171, respectivement.

Pour les médecins aussi l'humeur noire constitue un instrument du démon. Huarte déclare que le démon utilise la *cholera adusta* pour nuire aux hommes : "De la cual [prudencia dada por cólera adusta] siempre usa el demonio para hacer mal a los hombres"[1] et, selon Valles, le démon peut se servir de la bile noire, qu'il a le pouvoir de modifier en quantité et en qualité, pour troubler l'individu et le rendre mélancolique[2]. Enfin, à la fin du XVIIème siècle, Murillo attribuera au démon le pouvoir d'agir sur l'humeur mélancolique : "el qual [demonio] puede mover los humores melancholicos, con permision de Dios, "[3].

Capable de manipuler la bile noire, le démon l'emploie essentiellement pour engendrer la mélancolie et perdre l'individu. En effet, selon une théorie admise au XVIème et au XVIIème siècle, le démon peut altérer la bile noire et constituer l'une des causes de mélancolie :

> "Daemon, melancholicum succum agitando & augendo, melancholica intulit symptomata"[4].

A la question posée au début du chapitre VIII de sa *Disputatio XIII* –"An detur melancholia facta a daemone"–, Pedro García Carrero répond par l'affirmative, déclarant que le démon peut engendrer la maladie mélancolique :

> "Ex hoc fundamento colligitur Angelos morbos facere sola applicatione agentium naturalium, ita faciunt melancholiam morbium movendo humorem"[5].

Jerónimo Planes affirme aussi que la mélancolie peut avoir une origine satanique :

> "Y assi particularmente ponen [los demonios] sus assechanças a los melancholicos ; y comunmente causan enfermedades de melancolia y tristeza"[6]

Le démon provoque la maladie mélancolique dans le but de tenter l'individu et de le posséder.

---

[1] Huarte, *Examen de ingenios*, p. 374.
[2] F. Valles de Covarrubias, *De sacra philosophia*, p. 220-221.
[3] Murillo, *Aprobación de ingenios*, fol. 73v -74 r.
[4] F. Valles de Covarrubias, *De sacra philosophia*, p. 220 et 221.
[5] Pedro García Carrero, *Disputationes medicae*, p. 251.
[6] Jerónimo Planes, *Tratado del examen de las revelaciones...*, fol. 261r et v.

3. *Mélancolie et possession démoniaque*

Au XVIème et au XVIIème siècle, c'est un véritable *topos* que d'affirmer que le démon s'introduit dans le corps à la faveur de l'humeur noire, comme l'explique Jerónimo Planes :

> "el mismo autor [Martin del Rio] dize que los demonios huelgan con la melancolia y la dessean en los hombres. Por lo que escriven maravillosamente Conrado Ubimpina, y Francisco Vallesio, que mas frecuentemente se apoderan los demonios de los que abundan de humor melancolico"[1] .

Murillo affirme que la mélancolie favorise l'immixtion du démon :

> "Algunos autores dizen que el demonio se alegra con el humor Melancholico, y negro, y reside en él, por ser humor tenebroso, obscuro, y pessimo"[2] .

Les auteurs spirituels ne sont pas moins sévères. Benito Remigio Noydens affirme que la possession démoniaque peut naître des "humores pecantes"[3] et de la tristesse :

> "Empero de ordinario los pecados son causa deste tan gran trabajo [la posesión]. Otras vezes es causa el demasiado sentimiento, y la desesperacion, por alguna perdida de los bienes temporales"[4] .

Dans une perspective similaire, les textes astrologiques affirment que l'influence de Saturne favorise la possession démoniaque. Le *Libro complido en los iudizios de las estrellas* affirme que les possédés naissent sous le signe de Saturne[5] et, en 1576, l'astrologue Amador de Velasco, accusé de pratiques de sorcellerie par l'Inquisition, mettra ses agissements démoniaques sur le compte de l'astre de la mélancolie[6] .

En accord avec ces conceptions, les signes de la possession démoniaque présentent une homologie troublante avec les symptômes de la mélancolie. Selon Valerio Polidoro, la possession démoniaque se caractérise par des accès de misanthropie ("fugiunt a domo, & conversatione"), par l'inclinaison de la tête ou du

---

[1] Jerónimo Planes, *Tratado del examen de las revelaciones...*, fol. 261r et v.

[2] Murillo, *Aprobación de ingenios*, fol. 31r.

[3] Benito Remigio Noydens, *Práctica de exorcistas*, p. 9.

[4] Benito Remigio Noydens, *Práctica de exorcistas*, p. 10.

[5] Ali Aben Ragel, *Libro conplido en los iudizios de las estrellas*, p. 220.

regard vers le sol ("demissio faciei"), par des crises où le malade est "lunatique", par une mutité persistante, des tumeurs de couleur noire ("cedrinum colorem"), ainsi que par des douleurs d'estomac, de contractions abdominales, une mauvaise digestion, une gêne à la déglutition, des borborygmes, des vapeurs ou émanations acides et brûlantes venant du ventre ("ventrem ventum discurere frigidissimum ; aliquando vero vaporem, quasi flamma ignis, ardentissimum")[1]. Toute cette symptomatologie est très exactement celle de l'hypocondrie. Dans le système de pensée mélancolie et possession démoniaque tendent à se recouper et à s'amalgamer.

4. Saül mélancolique

Un personnage, Saül, matérialise l'association de la mélancolie au démon. Comme Nabuchodonosor et Caïn, Saül apparaît dans les textes théoriques comme un mélancolique exemplaire, mais sa mélancolie se double de possession démoniaque. J. E. Nieremberg déclare que le démon se sert de la mélancolie pour posséder l'individu et illustre ces affirmations par l'exemple de Saül :

> "En el primer libro de los reyes, en el cap. 16. se nos propone Saul endemoniado ; pero aliviado con el harpa de David, que tocandola le dexava el mal espiritu (...). Ayudavase aquel Demonio como los otros que ocupan los cuerpos humanos de los organos, potencias, afectos y humores de Saul, y principalmente de su melancolia. (...) Quiere el Demonio alteracion, confusion, turbaciones, melancolia, tristeza, y otros humores dispuestos para su fin"[2].

Pedro García Carrero recourt à Saül pour montrer que la mélancolie peut être causée par un démon :

> "David musica alliciebat animum Saulis qui laborabat melancholia morbo a daemone"[3]

De même, pour Valles et Pedro de Figueroa, l'histoire de Saül illustre comment les démons peuvent s'introduire dans le corps à la faveur de la mélancolie[4].

---

[6] D'après Julio Caro Baroja, *Vidas Mágicas e Inquisición*, Madrid, Taurus, 1967, I, p. 279.
[1] Valerio Polidoro, *Practica exorcistarum*, Patavii, apud Paulum Meietum, fol. 6 r- 7v.
[2] Juan Eusebio Nieremberg, *Oculta filosofia de la simpatia y antipatia de las cosas*, Madrid, Imprenta del Reino, 1633, fols. 19v-20v.
[3] Pedro García Carrero, *Disputationes medicae*, p. 253.
[4] F. Valles de Covarrubias, *De sacra philosophia*, p. 272. Pedro de Figueroa, *Avisos de principes, sus aforismos politicos y morales meditados en la historia de Saúl*, Madrid, Diego Diaz, 1647, p.

5. *Mélancolie et illusion de possession diabolique*

Toutefois, la possession démoniaque induite par la mélancolie peut aussi être purement imaginaire. Au XVIème siècle se développe une théorie nouvelle – défendue notamment par Johann Weyer– selon laquelle la possession démoniaque dont se plaignent certaines personnes de complexion mélancolique est illusoire. S'inspirant de Guillaume d'Auvergne, les auteurs du *Malleus Maleficarum* affirment que la mélancolie peut être à l'origine de l'illusion de la femme qui se juge –à tort– harcelée par un incube :

> "Voilà pourquoi Guillaume souvent cité dit : Bien des apparitions fantasmatiques proviennent de la maladie mélancolique chez beaucoup, surtout des femmes, comme on le voit par leurs rêves et leurs visions. La raison de cela, disent les médecins, c'est l'âme des femmes qui par nature est beaucoup plus facilement et rapidement impressionnable que celle des hommes. (Il ajoute) : Je sais que j'ai vu une femme qui se croyait "connue" de l'intérieur par le diable et se disait sentir des choses aussi incroyables. Ainsi parfois des femmes se croient fécondées par des incubes"[1] .

Pedro Mercado rapporte que certains mélancoliques se croient persécutés par le démon voire transformés en démons :

> "Otros [melancolicos] temen tanto al demonio, que no imaginan en otra cosa, sino en el mal que les ha de hazer. Otros creen estar convertidos en demonios"[2] .

Sabuco de Nantes déclare que la mélancolie "es mentirosa y falsa, en tanto que algunas [mugeres] parecen endemoniadas, y no lo son"[3] . De même, Murillo admet que la possession démoniaque, chez le mélancolique, soit imaginaire : "dize [Galeno] de la Melancholia, que juzgan los que la tienen, que tienen a los Demonios dentro de si"[4] .

Les exorcistes se montrent encore plus circonspects. Certaines femmes mélancoliques, affirme Noydens, croient être possédées par le démon :

> "Mas porque ay muchas personas, principalmente mugeres de complexion melancolica, en que obra poderosamente la fantasia, fabricando tal vez sucessos no pesados [sic] ; no dará

---

207 et suiv.

[1] Henri Institoris et Jacques Sprengen *Malleus Maleficarum. Le marteau des sorcières,* trad. d'Armand Danet, Grenoble, Jérôme Millon, 1990, p. 391.

[2] Pedro Mercado, *Diálogos de philosophia...,* fol. 118r.

[3] Sabuco de Nantes, *Nueva filosofia de la naturaleza del hombre,* p. 98.

[4] Murillo, *Aprobación de ingenios,* fol. 31v.

el Exorcista fácilmente crédito a las cosas ya referidas, sin cotejarlas primero con otras señales, que sacadas de la Sagrada Escritura, y de graves Autores, asseguran mas en particular la entrada y assistencia del demonio"[1].

Plus encore, si la bile noire est la seule cause de possession démoniaque l'individu, considéré comme un malade, doit être remis aux médecins :

"y si hallare que la enfermedad se origina de humores pecantes, y que solamente procede de causa natural, le remita a las reglas de la medicina"[2].

Vue sous cet angle, la relation que la mélancolie entretient avec le démon change radicalement de sens : le commerce avec le démon étant purement imaginaire, il faudra considérer ces mélancoliques non comme des possédés à exorciser, mais comme des malades qui relèvent de la science médicale.

Pouvant donner lieu à la vraie aussi bien qu'à la fausse possession démoniaque, la mélancolie entretient avec le démon des rapports qui sont profondément ambigus. De la même manière que de nombreux médecins cherchent à différencier la piété authentique de la religiosité pathologique, la préoccupation principale de nombreux auteurs sera de distinguer la vraie possession démoniaque de la fausse. Animé par ce souci, Benito Remigio Noydens fournit une liste de traits distinctifs de la possession démoniaque, parmi lesquels figurent les crises furieuses, la perturbation des sens, la divination, la recherche de la solitude et du désert, l'aptitude à parler le latin ou à exceller brusquement dans un art sans l'avoir jamais appris[3]. Or ces symptômes sont aussi, finalement, ceux de la mélancolie : la distinction entre possession illusoire induite et vraie possession devient caduque, la mélancolie pouvant engendrer l'une comme l'autre. Les théoriciens se trouvent plongés dans un labyrinthe conceptuel, où vraie et fausse possession, être et paraître se rencontrent et se mêlent inextricablement au sein de la mélancolie.

E.   LA MELANCOLIE, ELAN VERS LA TRANSCENDANCE

Toute mélancolie n'est pas funeste et inspirée par le Diable : certains

---

[1] Benito Remigio Noydens, *Práctica de exorcistas*, p. 11.
[2] Benito Remigio Noydens, *Práctica de exorcistas*, p. 9.
[3] Benito Remigio Noydens, *Práctica de exorcistas*, p. 11-19.

penseurs concoivent au contraire une mélancolie féconde qui conduit à la divinité.

1. *Pénitence, contrition et mélancolie*

Comme l'expose le *Libro de propietatibus rerum*, la mélancolie peut apparaître comme le châtiment d'un péché mais aussi comme une forme de pénitence envoyée par Dieu :

> "no mucho ha que un noble hombre vino en tanta ynsipiençia que se pensava ser gato (...)/ & por ventura esta pena le fue a el dada de dios por mayor puniçion de sus pecados o por penitencia en este mundo" [1].

Cesare Ripa souligne la nature mélancolique de la Pénitence :

> "Il seroit difficile, à mon advis, de la mieux representer [la Pénitence] que par cette Figure, qui est celle d'une Femme extremement maigre, melancolique, & fort mal vestüe. Elle tient une discipline en une main, un poisson en l'autre, un gril à son costé, une Croix devant, & les yeux fixes au Ciel. La Penitence, qui est une douleur des pechez commis, que l'on ressent plus pour l'amour de Dieu, que pour aucune crainte de la peine, contient en soy trois parties principales, qui sont la Contrition, la Confession, & la Satisfaction. La première est denotée par son visage blesme et melancolique"[2].

Les premières semaines des *Exercices spirituels* de Saint Ignace insistent sur le rôle de la tristesse, de la recherche des ténèbres et de la contrition dans la progression spirituelle :

> "*Sixième addition* : Refuser de penser à des sujets de bonheur ou d'allégresse, tels que la gloire, la résurrection etc. Car pour sentir la souffrance, la douleur et les larmes de nos péchés, toute considération de joie et d'allégresse est un obstacle. Mais garder devant moi ma volonté d'endurer la souffrance, me remettant davantage en mémoire la mort, le jugement.
> *Septième addition* : Me priver de toute lumière, pour le même effet. Fermer portes et fenêtres pendant que je serai dans ma chambre, excepté pour l'office, la lecture et les repas.
> *Huitième addition* : Ne pas rire (..)
> *Dixième addition* : La pénitence. Elle peut être intérieure ou extérieure. Intérieure : c'est la douleur de ses péchés, avec le ferme propos de ne plus les commettre"[3].

> "*Troisième semaine* : *Premier jour* : (...) M'efforcer, tandis que je m'habille de faire naître en moi tristesse et douleur pour tant de douleur et de souffrance du Christ (...) ne pas essayer de faire naître des pensées joyeuses, même bonnes et saintes, mais au contraire m'inciter moi-même à la douleur, à la souffrance et au déchirement "[4].

---

[1] B. Anglicus/ V. de Burgos, *Libro de propietatibus rerum*, fol. evij verso.

[2] Cesare Ripa, *Iconologie*, p.146-147.

[3] Ignace de Loyola, *Exercices spirituels*, trad. de François Courel, Paris, Desclée de Brouwer, 1960, p. 58.

[4] Ignace de Loyola, *Exercices spirituels*, p. 108 et 111.

En tant que maladie, la mélancolie peut aussi favoriser le salut. Pour Cristóbal de Acosta, les souffrances, l'affliction et les larmes issues de la maladie sont le terreau profitable de la vertu et du cheminement vers Dieu :

> "[Dios] la cava [la vida terrena] con el açada de las enfermedades, para que desta manera labrada, pueda ser vergel del sennor, y de flores de pensamientos sanctos, y oraçiones devotas acompañadas con dolorosos suspiros, y amorosas lagrimas"[1].

Comme le démontre Acosta à travers l'exemple de Nabuchodonosor[2], la maladie purifie et conduit à Dieu. Enfin, la pénitence –et plus particulièrement la contrition– est volontiers associée à la mélancolie, notamment dans l'iconographie, qui représente volontiers les ermites et saints pénitents dans la position codifiée de la mélancolie. La pénitence a l'ambiguïté de la mélancolie : associée à une conduite coupable, elle peut cependant conduire au salut.

2.   *Une tristesse bénéfique*

La mélancolie dans le parcours spirituel n'est pas uniquement néfaste. Au Moyen Age, l'*acedia* ne vient qu'aux plus parfaits, à ceux qui, à l'écart du monde, cherchent l'élévation. Giorgio Agamben et Yves Hersant ont montré que, face à la *tristitia mortifera,* il existe dans la pensée occidentale une *tristitia salutifera* qui conduit à Dieu[3]. L'idée d'une tristesse bénéfique apparaît aussi dans la *Scala Paradisi* de Jean Climaque : dans cette "échelle qui mène au Paradis", le septième échelon est occupé par le "deuil qui donne la joie", défini comme "une tristesse de l'âme, une affliction du coeur toujours en quête de ce qui étanchera sa soif ardente"[4]. La mélancolie peut ainsi devenir le signe d'une méditation pieuse et authentiquement religieuse. De même, au XVIIème siècle, Cesare Ripa figure une série de huit Béatitudes allégoriques dont trois (les Béatitudes III, V, VIII), accablées et affligées, incarnent une désolation qui mène au salut[5].

En Espagne, plusieurs textes théoriques conçoivent une tristesse bénéfique

---

[1] Cristóbal de Acosta, *Tratado en contra y en pro de la vida solitaria*, fol. 80r.
[2] Cristóbal de Acosta, *Tratado en contra y en pro de la vida solitaria*, fol. 81r-82r.
[3] Giorgio Agamben, *Stanze*, p. 21-33. Yves Hersant, "Acedia", p. 47-48.
[4] Giorgio Agamben, *Stanze*, p. 21-33.
[5] Cesare Ripa, *Iconologie*, deuxième partie, p.110-113.

qui conduit à Dieu. Arnau de Vilanova évoque une tristesse salutaire, produite par la considération des péchés :

> "Sinó aytant con rahó nos conceyla que agam tristor dels vicis et cobegem belea de la ànima"[1] .

L'écoeurement et l'accablement qui saisissent le mélancolique ou le sujet frappé d'*acedia* peuvent se révéler féconds dans un parcours spirituel. Adoptant un ton presque pascalien, l'augustin Fray Lope Fernández de Minaya affirme dans l'*Espejo del alma* que les plaisirs fallacieux du monde finissent par susciter un ennui, un dégoût et une tristesse dont naîtra la possibilité du salut. Le *Libro de la tribulaciones*, du même auteur, explique que l'affliction ennoblit l'âme et l'élève vers Dieu :

> "El tercer provecho que la tribulación faze al ánima o persona tribulada es que le alimpia e purga de toda su maldad e suziedad mala"[2] .

De même, pour Acosta, la douleur purifie et les larmes constituent un second baptême qui lave les péchés :

> "Descanso traen consigo las lagrimas de penitençia. Las quales dize San Isidoro, que son reputadas delante de Dios por bautismo"[3] .

Même chez Sainte Thérèse, qui pourtant condamne vivement la mélancolie, la tristesse peut être le signe d'une illumination divine. A la fin du chapitre VI du *Livre des fondations* –précédant, précisément, celui sur les religieuses mélancoliques–, la tristesse subite et inexpliquée qui s'empare d'une jeune femme apparaît comme un signe divin et comme l'indication d'une vocation spirituelle :

> "Comenzando la niña a gozar de los trajes y atavíos del mundo (…) aun no había dos meses que era desposada, cuando comenzó el Señor a darla luz ; aunque ella entonces no lo entendía. Cuando había estado el día con mucho contento con su esposo (…) dábale una tristeza muy grande viendo cómo se había acabado aquel día y que ansí se habían de acabar todos. ¡Oh grandeza de Dios, que del mesmo contento que le daban los contentos de las cosas perecederas, le vino a aborrecer! Comenzóle a dar una tristeza tan grande, que no la podía encubrir a su esposo, aunque él se lo preguntaba (…). Mas luego le descubrió

---

[1] Arnau de Vilanova, *Regiment de Sanitat*, dans *Obres catalanes*, II, p. 132-133.

[2] Lope Fernández de Minaya, *Libro de las tribulaciones*, dans *Prosistas españoles del siglo XV* (tome II), BAE, vol CLXXI, (Madrid, Atlas,1964), p. 274. Voir aussi les p. 281 et suiv., 288-289 et 293- 294.

[3] Cristóbal de Acosta, *Tratado en contra y en pro de la vida solitaria*, fol. 86r.

el Señor la causa de su pena : que era el inclinarse el alma a lo que no se ha de acabar"[1]

La tristesse, l'in-quiétude, la désolation ne sont pas nécessairement funestes : elles peuvent être signe de Dieu, chemin vers l'éternel et *scala Paradisi*, échelon vers le paradis.

3.   *Méditation, vie spirituelle et mélancolie*

Détaché du monde, enclin à la réflexion et à la méditation, le mélancolique apparaît, chez divers penseurs et médecins du Moyen Age et de la Renaissance, comme le tempérament le plus apte à la spiritualité et à l'élévation vers Dieu. Jean Bodin affirme que les peuples méridionaux, de complexion mélancolique, sont plus inclinés à la religion que les autres :

> "Aussi plus on tire vers le Midy, plus on y trouve les hommes devots, plus fermes et constants en leur Religion, "[2].

En effet, ajoute Bodin, la complexion mélancolique de ces peuples les pousse à la contemplation et à l'élévation vers le divin :

> "non pas que Dieu ait acception des lieux ou des personnes, ou qu'il ne face luire sa lumiere divine sur tous : mais ainsi que le Soleil se void beaucoup mieux en l'eau claire et nette, qu'en eau trouble, ou en bourbier fangeux : aussi la clarté divine, ce me semble luit beaucoup plus és esprits nets et purifiez, que non pas en ceux qui sont souillez et troublez d'affections terrestres. Et s'il est ainsi que la vraye purgation de l'ame se fait par le rayon divin, et par la force de la contemplation au subject le plus beau, il est croyable que ceux-la y parviendront plutost qui auront des aisles qui ravissent l'ame au ciel : ce que nous voyons advenir aux personnes d'humeur melancholique, qui ont l'esprit posé, et adonné à la contemplation"[3].

Dans le domaine de la littérature emblématique, Guillaume de La Perrière fait de Saturne l'image de l'âme qui, assoiffée de Dieu, éprouve la nostalgie de l'éternité[4]. Enfin, l'iconographie associe volontiers la position codifiée de la mélancolie (les yeux baissés, la main à la mâchoire) au recueillement et à la vie spirituelle. Ainsi, la *Conversión de Don Miguel de Mañara* de Juan de Valdés Leal, conservée à la City

---

[1] Teresa de Jesús, *Libro de las fundaciones*, I, p. 199-200.

[2] Jean Bodin, *Les six livres de la république*, t. 5, p. 40.

[3] Jean Bodin, *Les six livres de la république*, t. 5, p. 39.

[4] Guillaume de La Perrière, *La Morosophie*, Lyon, par Macé Bonhomme, 1553, emblème 7. Dans Arthur Henkel et Albrecht Schöne, *Emblemata handbuch zur sinnbildkunst des XVI und XVII Jahrhunderts*, Stuttgart, 1967, p. 1813.

of New York Art Gallery, relie la méditation religieuse à la position mélancolique :
le protagoniste est représenté la main contre la joue, les yeux baissés, penché sur
des livres –attribut topique des mélancoliques– tandis qu'un ange lui montre le ciel.
De la même manière qu'il existe une tristesse positive, il existe une mélancolie qui
aiguille l'âme vers Dieu.

4. *De la mélancolie érotique à l'amour sacré*

Les liens entre mélancolie et vie spirituelle apparaissent aussi à travers une
certaine tradition, qui relie l'amour sacré à la mélancolie amoureuse. Mary Frances
Wack a montré qu'au Moyen Age les *signa* de la mélancolie érotique furent
appliqués à la description de l'amour mystique ; à cet égard, le *Cantique des
cantiques* constitue un texte fondamental, où les signes de la mélancolie érotique
se marient à ceux de l'amour divin, permettant à certains théoriciens médiévaux
d'affirmer qu'il existe une langueur bénéfique, qui conduit au salut[1]. Parallèlement,
pour la tradition médicale arabe, la maladie d'amour ("ishk") constitue un
mouvement vers la perfection qui peut devenir quête passionnée de Dieu[2]. A ces
théories s'ajoute l'influence du néoplatonisme, qui conçoit l'amour comme une voie
d'élévation vers Dieu. L'amour sacré s'imprègne des signes de l'amour profane, et
la maladie érotique devient susceptible de signifier l'amour spirituel. Au XVIème
siècle, l'assimilation de l'amour sacré à la mélancolie érotique ne choque pas. Ainsi,
pour Bodin, les peuples du Sud se caractérisent à la fois par une aptitude à l'amour
et une disposition particulière pour la contemplation :

> "et au peuple Meridional [revient] la contemplation, et en outre l'inclination
> Venerienne"[3].

La mélancolie amoureuse prépare la voie de l'amour divin. Caractérisés par les
mêmes signes, les deux types d'amour –sacré et profane– tendent à se confondre

---

[1] Mary Frances Wack, *Lovesickness in the Middle Ages*, p. 21-24.

[2] Mary Frances Wack, *Lovesickness in the Middle Ages*, p. 35-36. Voir aussi Joseph Norment
Bell, *Love Theory in Later Hanbalite Islam*, Albany, New York State University Press. 1979, p.
34-45 et 162-167 ainsi que Ioan P. Couliano, *Eros and Magic in the Renaissance*, trad. de
Margaret Cook, Chicago, University of Chicago Press, 1987, p. 16 et suiv.

[3] Jean Bodin, *Les six livres de la république*, t. 5, p. 43.

et, d'une certaine manière, la mélancolie érotique n'est pas étrangère aux démarches les plus saintes.

5.   *L'iconographie*

L'iconographie, qui représente volontiers certains saints dans la pose typique de la mélancolie, associe également la mélancolie –ou, du moins de la position codifiée qui lui est attribuée– au recueillement et à l'élévation de l'âme. Saturne est le patron des ermites : c'est pourquoi les saints ermites ou pénitents sont souvent représentés dans la pose topique de la mélancolie –"la main à la maisselle", entourés de cavernes, de pierres ou d'arbres secs. L'attitude mélancolique est alors associée à une méditation sur la vanité –incarnée par le crâne que contemple le sujet–, destinée à élever l'âme vers les plus hautes aspirations. Saint Antoine, on le sait, a souvent été représenté en position mélancolique, notamment chez Jérôme Bosch. Un *Crucifix* (1317) de Giotto conservé au Museo Civico de Padoue représente Saint Jean, la main à la mâchoire. De même, Ribera a représenté à deux reprises Marie Madeleine, pénitente, dans la position codifiée de la mélancolie.

Saint Jérôme est l'un des saints le plus souvent associés à la pose de la mélancolie. Patron des traducteurs, il est relié à la connaissance de la langue des Juifs, sur lesquels règne Saturne, et au travail intellectuel, activité hautement mélancolique. Souvent représenté dans son étude, penché sur ses livres, Saint Jérôme a la mélancolie de ceux qui se livrent à la vie intellectuelle, comme le montre un *Saint Jérôme* (vers 1520) que l'on doit à l'entourage de Massys conservé au Kunstmuseum de Düsseldorf : le saint y apparaît la main à la maisselle, penché sur un livre ouvert, la main sur un crâne, entouré de symboles incarnant la fuite du temps. Mais Saint Jérôme peut aussi s'associer à la mélancolie par sa qualité de pénitent et d'ermite : ainsi le *Saint Jérôme* d'Antonio Pereda, conservé au Musée du Prado, représente le saint la tête appuyée contre la main, accompagné d'un livre et d'un crâne –attributs fréquents des allégories de la mélancolie.

L'iconographie attribue aussi à la Vierge et Saint Joseph une attitude mélancolique. Zurbarán a représenté à deux reprises la Vierge dans la pose caractéristique de la mélancolie. *La Vierge enfant*, conservée à la collégiale de Jerez, associe la position de la mélancolie –la tête appuyée contre la main, les yeux clos, la main tenant un livre– à l'idée de de méditation et de recueillement spirituel. Dans *L'enfant Jésus se blesse à la couronne d'épines* (vers 1630), conservé au Musée des Beaux-Arts de Cleveland, la Vierge est associée aux signes topiques de la mélancolie : elle a la "main à la maisselle", la paupière lourde –l'air presque somnolent– et tient à la main –comme les acédieux– un ouvrage sur lequel elle a cessé de travailler : la Vierge est mélancolique car elle pressent –les mélancoliques étaient censés pouvoir deviner l'avenir–, à la vue du sang du Christ, les épreuves à venir. De même, Saint Joseph est très souvent représenté dans la pose typique de la mélancolie. La *Nativité et l'annonce aux bergers* de Giotto (vers 1304-1306), conservée à Padoue, dans la chapelle Scrovegni, représente Saint Joseph, les yeux baissés et presque clos, la main à la mâchoire. Plusieurs nativités catalanes médiévales figurent Saint Joseph dans la pose de la mélancolie : la *Nativité* du parement d'autel de Sagàs, près de Solsona, conservée au Musée Diocésain de Vich, représente Saint Joseph vêtu de noir, la main à la mâchoire, les yeux baissés ; même, dans la *Nativité* du parement d'autel d'Avià, près de Berga, conservée au Musée d'Art de Catalogne à Barcelone, Saint Joseph se tient assis, dans la position de la mélancolie, "la main à la maisselle". Plusieurs raisons ont pu pousser les artistes à représenter Saint Joseph dans la pose de la mélancolie. Pour Abu Masar, Saturne a pouvoir sur "les pères, les grand-pères, les frères aînés"[1] et pour Alcabitius, Saturne règne sur "les pères, (...), les frères aînés, les ancêtres"[2] : comme Saturne, Saint Joseph incarne la paternité.

Enfin, dans le système de représentation médiéval, le Christ est parfois associé à la mélancolie ou à la position mélancolique. Mary Frances Wack a montré comment le Christ, époux sacré du *Cantique des cantiques*, incarne pour

---

[1] Klibansky, Panofsky, Saxl, *Saturne et la mélancolie*, p. 206-207.
[2] Klibansky, Panofsky, Saxl, *Saturne et la mélancolie*, p. 207-208.

de nombreux commentateurs médiévaux le mal d'amour qui oriente la quête de Dieu et mène au salut[1]. Dans le domaine iconographique, Maxime Préaud signale qu'au XVème et au début du XVIème siècle le Christ est parfois représenté dans une attitude mélancolique[2]. Par la suite se développe en revanche une vision de plus en plus critique de la mélancolie qui inhibe de telles représentations.

Reflet d'un certain nombre de conceptions théoriques qui voient dans la mélancolie la condition de la spiritualité, l'iconographie associe donc volontiers la mélancolie à la vie spirituelle voire à la sainteté. Un léger hiatus semble toutefois apparaître entre le discours écrit et l'iconographie : si, dans celle-ci les saints, le Christ, la Vierge sont représentés dans la position de la mélancolie, en revanche les sources écrites ne les décrivent jamais explicitement comme mélancoliques. Une telle affirmation, en effet, aurait subordonné de manière intolérable leur sainteté à une donnée physique –le tempérament. En revanche, les images, qui se contentent se suggérer une telle relation sans l'affirmer explicitement, disposent d'une liberté de représentation plus grande.

F. UN SUJET POLEMIQUE : MELANCOLIE ET ILLUMINATION MYSTIQUE

En 1672, Murillo écrit "son Melancholicos, o como los llama el vulgo, alumbrados"[3]. Du Moyen Age aux dernières décennies du XVIIème siècle, les textes théoriques associent la mélancolie aux phénomènes visionnaires, authentiques ou non.

1. Mélancolie et révélation

Pour un certain nombre de penseurs, la mélancolie constitue une sorte de grâce qui permet d'accéder à la contemplation, voire au rapt mystique. Pour Guillaume d'Auvergne, la mélancolie écarte le sujet des plaisirs du monde et

---

[1] Mary Frances Wack, *Lovesickness in the Middle Ages*, p. 24 et suiv.
[2] Maxime Préaud, *Mélancolies*, Paris, Herscher, 1982, p. 35 et suiv.
[3] Murillo, *Aprobación de ingenios*, fol. 21v.

conduit à la révélation[1] . Prosper Calanio affirme que, chez les mélancoliques, l'âme peut dépasser les formes sensibles pour arriver à une connaissance d'ordre spirituel[2] . Fracastoro et Jason Van der Velde assurent que le mélancolique peut recevoir les esprits célestes[3] . Enfin, le *Théâtre de la mémoire* de Giulio Camillo associe Saturne à la vie spirituelle, à l'union mystique et à l'ascension de l'âme vers le ciel[4] . Toutefois, les partisans les plus célèbres de la mélancolie divinement illuminée demeurent Ficin et Agrippa. L'auteur du *De triplici vita* affirme qu'une mélancolie convenablement tempérée peut susciter l'élévation de l'esprit dans une sorte de ravissement sacré qui met le sujet en contact avec les essences divines :

> "Hinc philosophi singulares evadunt, praesertim quum animus sic a externis motibus atque corpore proprio se uocatus, & quam proximus diuinis, diuinorum instrumentum efficiatur"[5] .

L'esprit du mélancolique se place alors sous l'influence céleste ("unde divinis influxibusque") et devient capable de grandes révélations[6] . De même Agrippa affirme qu'un certain type de bile noire produit une extase divinement inspirée, où les esprits célestes pénètrent le mélancolique :

> "La transe des mélancoliques est si violente qu'elle peut entraîner les démons célestes à venir dans le corps humain"[7] .

Le mélancolique peut alors accéder à la révélation et connaître les plus hautes vérités de la foi :

> "lorsque l'âme s'éveille tout entière à la vie de l'esprit, elle devient alors le vase d'élection des plus hautes entités. Par elles elle connaît les secrets divins, les mystères relevant de l'harmonie divine et de l'ordre des anges, elle atteint la science des choses éternelles et connaît le salut des âmes. Dans cet état l'âme humaine peut aussi prévoir l'avenir et connaître les événements qui dépendent de la divine Providence comme les prodiges ou le miracles à venir ainsi que les nouveaux prophètes et les changements de la Loi Divine"[8] .

---

[1] Klibansky, Saxl, Panofsky, *Saturne et la mélancolie*, p. 131-132.

[2] W. Schleiner, *Melancholy, genius and utopia*, p. 29, n. 24.

[3] Jason Van der Velde *De cerebri Morbis*, Bâle, 1549, p. 262. Girolamo Fracastoro, *Opera*, Venise, 1555, fol. 203r. Ces références sont extraites de Babb, *Elizabethan malady*, p. 65- 66.

[4] D'après F. A. Yates, *L'Art de la mémoire*, dépliant sans pagination. L'ouvrage de Camillo est commenté aux p. 144 et suiv.

[5] *De Vita Triplici*, Bâle, 1549, p. 19. La référence est tirée de Babb, *Elizabethan malady*, p. 64.

[6] *De Vita Triplici*, Bâle, 1549, p.19-20. La référence est tirée de Babb, *Elizabethan malady*, p. 65

[7] Henri Cornélius Agrippa, *La magie naturelle*, p. 174-175.

[8] Henri Cornélius Agrippa, *La magie naturelle*, p. 174-175.

L'iconographie, qui relie étroitement la position codifiée de la mélancolie aux phénomènes visionnaires, reflète ces conceptions. Le *Saint Jean l'Evangéliste à Patmos* de Giotto (vers 1320), conservé dans l'église Santa Croce de Florence, représente le saint la main contre la joue, entouré des symboles qui figurent le contenu de sa vision. De même, l'*Apparition au chapitre d'Arles* de Giotto (1325), conservée au même endroit, associe l'apparition à l'attitude mélancolique d'un des assistants, vêtu de sombre, la main à la mâchoire, le regard au sol. *Le songe de Jacob* de Ribera représente Jacob la main à la mâchoire, appuyé contre une souche d'arbre, tandis que -signe de révélation- une lumière venue du haut éclaire le personnage. Suivant une perspective similaire, la *Vision de Saint Pierre Nolasque* de Zurbarán associe la position codifiée de la mélancolie (la main contre la joue) au rêve visionnaire. Dans ces cas, l'attitude mélancolique est reliée à l'idée de songe ou de vision divinement inspirée : révélation et la mélancolie partagent le même code de représentation. Toutefois, en réaction à certaines opinions associant la mélancolie à la révélation, se développe au XVIème et au XVIIème siècle l'idée que les mélancoliques sont sujets à des fausses visions, nullement inspirées par la divinité mais produites par la bile noire ou par le démon.

2.   *L'inquiétude vis-à-vis des fausses visions*

Dès le Moyen Age se développe une vision critique des rapts mystiques lorsqu'ils coïncident avec des traits pathologiques[1]. Cette préoccupation vis-à-vis des phénomènes visionnaires s'intensifie au Siècle d'Or et se traduit par la publication de nombreux ouvrages sur ce sujet. Le *Livre des Fondations* de Sainte Thérèse consacre aux visions pieuses le chapitre VIII (intitulé "Trata de algunos avisos para revelaciones y visiones"), placé –ce n'est pas un hasard– précisément après celui sur la mélancolie. Le *Tratado tercero* du *Jardin de flores curiosas* (1570) d'Antonio de Torquemada évoque les visions et l'intervention du démon[2]

---

[1] Voir par exemple, Bernardo Gordonio, *Lilio de medicina*, fol. 52 v.
[2] Antonio de Torquemada, *Jardín de flores curiosas*, éd. de Giovanni Allegra, Madrid, Castalia, 1983, p. 246-332.

En 1588, Juan de Horozco y Covarrubias publie un *Tratado de la verdadera y falsa prophecia*. En 1634, Jerónimo Planes publie à Valence un long *Tratado del Examen de las revelaciones verdaderas y falsas, y de los raptos* qui aborde à plusieurs reprises la question de la mélancolie. Enfin, en 1650, à Madrid, est imprimée la *Luz clara en la noche oscura. Unico exemplar de confessores y penitentes, sobre la materia de revelaciones, y espiritu de profecia* de l'augustin Hernando de Camargo y Salgado. Cette vive inquiétude vis-à-vis des fausses visions coïncide avec la publication de nombreux traités sur la mélancolie : en effet, les deux phénomènes sont liés dans le système de pensée.

3.   *Mélancolie et fausses visions*

La mélancolie est posée à l'origine de nombreuses illusions visionnaires. Paul d'Egine et Rhasis rapportent que certains mélancoliques se croient doués de dons prophétiques ou visionnaires[1]. Dans les *Fioretti di san Francesco*, le démon apparaît à Frère Rufin –devenu mélancolique– "sous la forme du Crucifié"[2]. Luther affirme que la bile noire, manipulée par le démon, peut susciter de fausses visions mystiques[3]. De même, Fracastoro affirme que les personnes pieuses, devenues mélancoliques, voient "Deos et angelorum choros et similia"[4] et Johann Weyer évoque un mélancolique qui affirmait pouvoir faire apparaître les anges Gabriel et Michel[5].

Les écrits espagnols rapportent des cas semblables. Comme l'expose Gordonio, certains mélancoliques se croient capables de miracles, ou sont persuadés d'être inspirés par le Saint Esprit[6]. Selon Furió Ceriol, les mélancoliques ont gâté toutes les religions du monde à cause de leurs fausses

---

[1] Babb, *Elizabethan Malady*, p. 48- 49.
[2] *Les Petites Fleurs de Saint François d'Assise*, p. 87.
[3] W. Schleiner, *Melancholy, genius and utopia*, p. 68.
[4] Girolamo Fracastoro, *Opera omnia*, Venise, 1555, fol. 199 v. La référence est tirée de Babb, *Elizabethan malady*, p. 48
[5] Johann Wier, *De praestigiis*, Bâle, 1528, p. 228. La référence est tirée de Babb, *Elizabethan Malady*, p. 48.
[6] Bernardo Gordonio, *Lilio de medicina*, fol. 56r.

visions ("los desta complision han gastado y destruido todas las religiones del mundo con sus sueños y nescias fantasmas"[1]). Alonso de Freylas mentionne le cas de personnes pieuses, de complexion mélancolique, induites en erreur par de fausses visions mystiques :

> "y estos tales sin culpa suya, ni pacto hecho con el demonio, son engañados, y aprovechandose el demonio del humor melancholico moviendole en el cuerpo, representando con la ymaginacion algunas cosas debaxo de especie de bien, co[n] resplandores que parecen celestiales : para dar a entender que es revelacion del Cielo : como suele acontecer a alguna gente recogida melancolica, de quien el demonio pretende algunas veces ser estimado y adorado, tomando figura de Angel de la Luz, poniendo en las tales personas grandes dulçuras en sus raptos y extasis, para por este camino derribarlas del buen estado en que estan con nota de vana gloria, o de otro vicio"[2] .

Alonso de Santa Cruz affirme que des pénitences excessives peuvent produire, chez certains dévots une forme de mélancolie engendrant des états de ravissement mystique illusoire, dûs à une imagination faussée par la bile noire[3]. De même, pour Jerónimo Planes, la mélancolie peut conduire à de fausses révélations qui ne sont que le fruit d'une imagination dérangée ou de l'influence du démon :

> "Los antecedentes, y primeras señales mas remotas de las revelaciones, dize Martin del Rio, son la complexion natural del cuerpo (...). Porque si esta es poco constante, y firme ; si tiene abundancia de melancolia ; si ay demasiada flaqueza, y hambre, y falta sobrada de sueño ; si hay lesion en el celebro y cascos ; si es demasiado aprehensivo, o de la imaginacion alborotada, y vehemente, es menester considerarse. Porque los tales, como suele dezirse, aun velando piensan que veen, oyen y gustan lo que ni el gusto, ni el oïdo, ni los ojos perciben. Y assi concluye que a los tales facilmente engaña el demonio ; porque dispuestos con estas faltas, sobras, y enfermedades nocivas, tenazmente afirman, y aprehenden, y dan credito a las falsas imaginaciones y visiones"[4] .

Murillo attribue aux mélancoliques une imagination déréglée suscitant de fausses visions mystiques :

> "he visto algunas viejas, y aun mozas, melancholicas, que dizen que ven al Niño Iesus, y a la Virgen nuestra Señora, y a la Santissima Trinidad ; y no es assi, sino fuerça sola de la imaginativa, que puede engañar a muchos Confessores, y varones insignes "[5] .

Comme les autres illusions des mélancoliques, les illusions mystiques font même l'objet d'historiettes à rire :

---

[1] Fadrique Furió Ceriol, *El Concejo y consejeros del principe*, p. 333.
[2] Alonso de Freylas, *Si los melancholicos...*, p. 6-7.
[3] A. de Santa Cruz, *Dignotio et cura affectuum melancholicorum*, p. 15.
[4] J. de Horozco, *Tratado de la verdadera y falsa prophecia*, fol. 261 r.
[5] Murillo, *Aprobación de ingenios*, fol. 71r et v.

"En un ocasion una mugercilla dixo que avia visto las dos personas de la Santissima Trinidad ; y conociendo su locura, se le preguntó, que quantos vasos de vino bebia quando cenava? Y dixo que dos, y se le respondió, que bebiesse tres, y las veria a todas las tres personas ; en que se conocio su enfermedad del entendimiento"[1] .

Les auteurs spirituels se montrent encore plus préoccupés par ces manifestations. Sainte Thérèse fait preuve dans le chapitre V du *Livre des Fondations* de la plus grande méfiance vis-à-vis des phénomènes visionnaires :

"¡U que cuando dicen –y les parece– andan embebidas en la Divinidad y que no puedan valerse sigún andan suspendidas ni hay remedio de divertirse, que acaece muchas veces!"[2] .

En effet, pour Sainte Thérèse, le démon peut employer la mélancolie pour inspirer des visions pieuses qui inciteront l'individu au péché d'orgueil et à la perdition. La Sainte raconte en particulier comment certaines religieuses, devenues mélancoliques à force de privations, sont sujettes des ravissements ("embobecimientos") qui, loin de constituer un véritable rapt mystique, se fondent sur un dérangement physiologique[3] . La Sainte conclut : "yo ninguna ganancia hallo en esta flaqueza corporal, que no es otra, salvo que tuvo buen principio"[4] . Toutefois, Sainte Thérèse nuancera son propos dans le chapitre VIII du *Livre des Fondations*, dans lequel elle manifeste son irritation à l'égard des confesseurs qui suspectent toutes les visions religieuses, même celles qui sont authentiques[5] . La mélancolie est donc associée à divers phénomènes visionnaires mais -insistent les auteurs- toutes ces manifestations, loin de répondre à une véritable grâce divine, sont engendrées par la bile noire ou par une inspiration démoniaque.

4. L'urgence d'une différenciation

A nouveau, comme lorsqu'ils se trouvent confrontés à la piété maladive engendrée par la mélancolie ou aux illusions de possession démoniaque, les théoriciens sont animés par un souci de distinction, cherchant à différencier les

---

[1] Murillo, *Aprobación de ingenios*, fol. 71v.
[2] Teresa de Jesús, *Libro de las fundaciones*, I, p. 160.
[3] Teresa de Jesús, *Libro de las fundaciones*,I, p. 150-152.
[4] Teresa de Jesús, *Libro de las fundaciones*, I, p. 153.
[5] Teresa de Jesús, *Libro de las fundaciones*, I, p. 175

vraies visions des fausses et les marques de Dieu de celles du diable. En Espagne, le *De catholicis institutionibus* de Diego de Simancas, publié en 1569, aborde dans le *Titulus XXI* la question de la distinction des vraies et des fausses visions[1]. De même, Juan de Horozco se propose dans son ouvrage de "diferenciar la verdadera prophecia de la que no lo es"[2]. Dans ce but, Murillo propose trois critères qui semblent faire l'unanimité. Les révélations sont imaginaires si le sujet ne présente pas les signes apparents du bon chrétien –la modestie, la dévotion, l'obéissance– et s'il présente au contraire les symptômes de la mélancolie[3] ; elles sont fausses aussi si ses visions ne sont pas conformes aux Saintes Ecritures et s'il s'en vante :

"las visiones verdaderas piden por condicion especial el que sean conformes a la Sagrada Escritura, a los dichos de los Santos Padres, y semejantes a otras visiones aprobadas, como de Santa Brigida, Santa Catalina de Sena (...) ; y los que tratan y escriven de revelaciones exageran grandemente la virtud de la humildad, como principio para que Dios infunda su gracia, y visiones verdaderas. Al contrario las niega al que con sobervia curiosidad, vanagloria y presunción de Santidad solicita tenerlas"[4].

La lecture du texte de Murillo laisse l'impression d'un souci de la norme, d'une volonté de soumettre à des règles ce qui, par essence, échappe à la raison. Les visions doivent être conformes à celles des textes sacrés et le sujet doit correspondre au modèle du bon chrétien. La mélancolie et ses visions apparaissent comme des errances loin de la norme : en conséquence, elles ne pourront être qu'erreur, folie, ou, pire, présence démoniaque.

Le thème des fausses visions met en évidence le caractère subversif de la mélancolie dans le système de représentation du Siècle d'Or espagnol : source de révélations fallacieuses, la bile noire a quelque chose sacrilège, effectuant la perversion suprême, la substitution de Dieu par le démon. Enfin, à travers le thème des fausses visions des mélancoliques, le discours théorique institue un jeu subtil entre l'être et le paraître, entre la présence et l'absence. Lorsqu'elle coïncide avec la

---

[1] Diego de Simancas, *De catholicis Institutionibus*, Compluti, apud Andream de Angulo, 1569, fol. 89 v.

[2] J. de Horozco, *Tratado de la verdadera y falsa prophecia*, "Al licenciado don Antonio de Covarrubias", sans pagination.

[3] Murillo, *Aprobación de ingenios*, fol. 72r.

[4] Murillo, *Aprobación de ingenios*, fol. 73r.

mélancolie, la vision mystique est le signe d'une présence du démon ; la présence apparente de Dieu est le signe de son absence ; l'absence apparente du démon devient le signe de sa présence cachée. La mélancolie se trouve ainsi au centre d'un jeu inquiétant entre le réel et l'imaginaire, entre l'être et le paraître, où les apparences sont l'exacte inversion d'une essence qui demeure toujours cachée, retenue par les théoriciens dans le domaine du secret qu'eux seuls se donnent le pouvoir d'interpréter.

G. MELANCOLIE ET SPIRITUALITE : QUELQUES ELEMENTS POUR UNE CONCLUSION

1. Du mal physique à la maladie de l'âme : un mal double

Pedro Mercado ouvre le *Diálogo séptimo de la melancolía* par l'interrogation suivante : la mélancolie est-elle une maladie de l'âme ou du corps? Et, corrélativement, *qui* doit soigner la mélancolie, le médecin, spécialiste du corps, ou le prêtre, médecin de l'âme ? A cette question, le médecin grenadin répond en affirmant la double nature de la mélancolie, mal physique autant que moral[1]. De même, Alonso de Ledesma affirme dans les *Conceptos espirituales y morales* que la mélancolie affecte l'âme aussi bien que le corps :

"Con su mal de coraçon
esta la melancolia
dando mil golpes al alma
que es mal que hasta el alma tira"[2].

En conséquence, le discours sur la mélancolie évoque autant la maladie du corps que le péché qui souille l'âme.

2. Vers une culpabilisation de la mélancolie

La mélancolie frappe ceux qui ont péché ou ceux qui sont possédés du démon. Comme l'affirme Jerónimo Cortés, à une complexion maladive correspond une âme noire : " y aun la bondad y malicia del alma muchas veces sigue la buena o

---

[1] Pedro Mercado, *Diálogos de philosophia...*, fol. 114v.
[2] Alonso de Ledesma, *Conceptos espirituales y morales*, éd. d'Eduardo Juliá Martínez, Madrid,

mala complision del cuerpo"[1] . Pour Murillo, la maladie du corps est souvent l'effet d'un péché de l'âme :

> "esté advertido, y tenga consideracion el medico, si acaso la enfermedad que se padece es causada, y le vino al enfermo por sus pecados : Porque es de Fe Catolica, que por nuestros pecados enfermamos muchas vezes, como lo dan a entender los sagrados Canones en el Texto : *Cum infirmitas corporalis nonnunquam ex peccato proveniat praesente decreto satim, & praecipimus Medicis corporum, ut cum eo ad infirmos vocari contingat, ipso : ante omnia moneant, ut Medicos advocent animarum, ut postquam di spirituali salute sit pervissum ad medicina corporalis remedia salubrius procedatur, cum causa cessante cessat effectus.* Y el Santo Padre San Ignacio de Loyola (...) instituyo en Roma, que los Medicos no curen el cuerpo antes de que esté curada el alma con el Santissimo Sacramento de Penitencia, y Sagrada Comunión, y Confession Sacramental"[2] .

Dans la mélancolie, le corps est solidaire de l'esprit, mal physique et mal moral ne font qu'un. Malgré les précautions prises par certains auteurs, qui cherchent à distinguer le mal de la maladie, et malgré l'idée d'une tristesse bénéfique à la vie spirituelle, à la fin du XVIème siècle et au XVIIème siècle se développe un vaste processus de culpabilisation de la mélancolie. Transposée dans le registre de la faute et du démon, la mélancolie apparaît comme un terreau coupable où pousse le péché et sur lequel le démon bâtit son influence. A la maladie du corps correspond un mal moral et l'écriture médicale glisse insensiblement vers la moralisation.

3. *Un vocabulaire moralisé*

La mélancolie est le plus souvent entourée d'un halo de condamnation morale. Pedro Mercado, Velásquez ou Murillo décrivent comment plusieurs mélancoliques, désespérés, se sont suicidés, "perdiendo sus almas y la salud espiritual"[3] , et conçoivent la mélancolie comme un mal qui peut conduire à la damnation. La mélancolie se trouve reliée à certains maux –comme la lèpre ou la syphilis– entourés de réprobation et souvent considérés comme un châtiment divin.

Le discours sur la mélancolie mêle le lexique médical au vocabulaire moral. Sainte Thérèse –nous l'avons montré– emploie des termes appartenant au lexique

---

CSIC, 1969, II, p. 344.
[1] Jerónimo Cortés, *Phisonomia...*, "*Prologo al lector*", sans pagination.
[2] Murillo, *Aprobación de ingenios*, fol. 28v-29r.
[3] Murillo, *Aprobación de ingenios*, fol. 102r.

de la maladie et au langage de la réprobation morale. De même, à propos de la mélancolie, Alexo Abreu emploie à plusieurs reprises l'adjectif "mal" ou "malo" :

"por el mismo modo con que se socorre el coraçon se socorre juntamente al cerebro, por ser miembros a quien principalmente este malo humor acomette".

"la fuerça y acrimonia, assi del mal humor como de los vapores del"[1].

Sabuco, pour qui "los alimentos melancólicos (…) : hacen *mal* acondicionado : (…) ponen *malos* pensamientos, incitan a *bajos y malos vicios*"[2], emploie un lexique qui appartient autant à la description médicale qu'à la condamnation morale. Dans une perspective similaire, Andrés Velásquez assimile le sang au "bon" vin, à la "buena naturaleza" et la mélancolie au "mauvais" vin et aux "malos humores" :

"si el que se embriaga, es de buena naturaleza y sanguino : por la mayor parte se vera, que suele ser alegre, y hazer actos con que mueve a risa (…). Pero si el vino es malo, turbio y basto, y el tiene malos humores agudos o melancholicos, no es de espantar, que lo faga furioso y bravo, o triste"[3].

La description de la complexion tempérée chez Jerónimo Cortés emploie à trois reprises le terme "bien", suggérant une vision moralisée des tempéraments :

"Los que tienen las quatro qualidades en devida proporcion, son templados y viven sanos, y comen y beven bien con gusto y gana, y andan alegres y contentos, duermen bien y con reposo, sientense ligeros, (…) suelen tener el rostro colorado : en el tacto son calientes, cuyos cinco sentidos hacen bien sus officios"[4].

La thérapie de la mélancolie sera donc une lutte entre le bien et le mal : contre la mélancolie –le "mal"– Alexo Abreu recommande des aliments "de buena substancia"[5] et Murillo conseille "un buen mantenimiento"[6]. La mélancolie fait l'objet d'un lexique moralisé qui montre que la malignité de l'humeur noire ne s'exerce pas seulement sur le plan du physique, mais aussi du moral. Au sein de l'écriture médicale s'interpénètrent la description scientifique et le jugement moral.

---

[1] Alexo Abreu, *Tratado de la siete enfermedades*, fols. 129 v et 131 r, respectivement.

[2] Miguel Sabuco de Nantes, *Nueva filosofia de la naturaleza del hombre*, p. 237.

[3] Andrés Velásquez, *Libro de la melancholia*, fol. 45v-46r.

[4] Jerónimo Cortés, *Phisonomia...*, fol. 2 v-3r.

[5] Alexo Abreu, *Tratado de la siete enfermedades*, fol. 123 v.

[6] Murillo, *Aprobación de ingenios*, fol. 106v.

4. L'imbrication du médical, du moral et du religieux

En accord avec la double nature de la mélancolie, le discours sur la mélancolie se place sous le double patronage des auteurs –et des modèles– spirituels et médicaux. L'écriture médicale recourt volontiers aux exemples tirés de l'Ecriture Sainte et aux auteurs sacrés : les personnages bibliques –Caïn, Nabuchodonosor, Saül– deviennent des cas exemplaires de mélancolie, Huarte s'appuie autant sur les autorités médicales que sur Saint Paul ou le texte biblique[1], Pedro García Carrero recourt à Saint Thomas pour décrire la mélancolie[2] et, enfin, dans le *De sacra philosophia*, Francisco Valles de Covarrubias examine des questions médicales à la lumière des textes spirituels. Le discours théorique sur la mélancolie s'écrit à partir d'une double autorité, médicale et morale, s'inspirant à la fois des textes scientifiques et des écrits sacrés.

Inversement, la médecine sert à appuyer les affirmations des moralistes. Fray Lope Fernández de Minaya, dans son *Libro de las tribulaciones*, recourt à l'exemple des purges et des médicaments employés par le médecin pour justifier sa conception du salut de l'âme[3]. De même, Jerónimo Cortés emploie ses connaissances médicales pour justifier les exigences de la religion, expliquant que les quatre grands jeûnes annuels ont été prévus pour limiter la poussée nocive des humeurs propres à chaque saison[4]. Le salut de l'âme et la réforme des moeurs passent par la santé du corps, et réciproquement. Science et religion, santé du corps et salut de l'âme s'imbriquent et s'entremêlent.

5. La démonologisation de la mélancolie

Malgré la prudence de certains penseurs qui, comme Weyer ou Noydens, se refusent à assimiler systématiquement la mélancolie à la possession démoniaque et à sanctionner cette dernière trop sévèrement lorsqu'elle n'est causée que par la bile

---

[1] Voir, par exemple, Huarte, *Examen de ingenios*, p. 189, 374, 385 et 189.
[2] P. García Carrero, *Disputationes medicae*, p. 251.
[3] Lope Fernández de Minaya, *Libro de las tribulaciones*, p. 274-276.
[4] Jerónimo Cortés, *Phisonomia...*, fol. 108 r et v.

noire, la plupart des auteurs considèrent que la mélancolie facilite –voire détermine– l'action du démon, et on assiste à la fin du XVIème et au XVIIème siècle à une véritable démonologisation de la mélancolie.

La bile noire, qui envahit l'organisme, enténèbre le cerveau, et s'empare de l'individu à son insu, est décrite à travers des catégories qui sont celles de la possession diabolique. Certes, l'association de la mélancolie au démon constitue un thème usuel depuis le Moyen Age, mais cet aspect acquiert une importance accrue à la fin du XVIème et au XVIIème siècle, où se développe une véritable démonologisation de la mélancolie, comme en témoigne ce passage de Murillo :

> "los espiritus inmundos residen en los humores Melancholicos, es la razon porque son amargos, tristes, turbulentos, y perniciosos"[1].

De manière générale, toute la psychiatrie ancienne, comme l'a signalé J. B. Ullersperger[2], subit le poids et l'influence de la démonologie, mais c'est au sein de la pensée de la mélancolie que ces conceptions se manifestent avec le plus d'éclat.

6. *L'ambiguïté des signes*

Le discours du XVIème et du XVIIème siècle se caractérise par une prudence nouvelle vis-à-vis des phénomènes mettant en jeu l'intervention de la transcendance, qu'elle soit divine ou diabolique, et les visions mystiques comme les cas de possession démoniaque sont abordés avec un scepticisme nouveau. Les penseurs se heurtent à l'ambiguïté des signes : la mélancolie peut aussi bien s'associer au vrai péché qu'à une culpabilité non fondée ; elle peut engendrer une possession démoniaque réelle autant qu'imaginaire ; enfin, elle conduit à la contemplation aussi bien qu'aux fausses visions. Le grand souci des théoriciens sera donc de différencier ce qui vient de Dieu et ce qui vient du diable, le naturel et le surnaturel. Cependant, malgré les efforts des penseurs, la distinction entre ces différents domaines demeure fragile. La pensée du XVIème et du XVIIème siècle

---

[1] Murillo, *Aprobación de ingenios*, fol. 33 r et v.
[2] J. B. Ullersperger, *Historia de la psiquiatría y de la piscología en España*, trad. de Vicente Peset, Madrid, Alhambra, 1954, p. 11.

ressent de manière aiguë le caractère équivoque de la voix de Dieu, découvrant qu'il existe une similitude essentielle entre le rapt mystique et la possession démoniaque, entre l'influence satanique et l'inspiration sainte :

> "*Quatrième règle* : C'est le propre de l'ange mauvais, qui se transforme en ange de lumière, d'aller d'abord dans le sens de l'âme fidèle, et de l'amener finalement dans le sien. C'est-à-dire qu'il propose des pensées bonnes et saintes, en accord avec l'âme juste, et ensuite peu à peu, il tâche de l'amener à ses fins en entraînant l'âme dans ses tromperies secrètes et ses intentions perverses"[1].

Ainsi, pour Sainte Thérèse, il existe une humilité qui vient de Dieu et une humilité inspirée par le diable[2]. De la même manière, ajoute-t-elle, il y a un *desasosiego* diabolique, mais aussi une inquiétude bénéfique qui vient de Dieu :

> "No sosegaba mi espíritu, mas no era desasosiego inquieto, sino sabroso : bien se vía que era Dios"[3].

Au sein de la mélancolie, le vrai et le faux, l'apparence et l'essence, le divin et le diabolique s'interpénètrent en un réseau inextricable. Disposition contemplative autant que possession démoniaque, voie vers la divinité autant qu'irruption des forces obscures, la mélancolie ne se départ jamais d'une certaine ambiguïté et constitue précisément le lieu où la main du diable peut prendre le visage de Dieu. Elle peut aussi bien s'associer au vrai péché qu'à une culpabilité imaginaire ; elle peut aussi bien donner lieu à une véritable possession démoniaque qu'à une possession purement imaginaire et se situe à la frontière de la vraie piété et de la fausse religiosité : au coeur même de l'ambiguïté des signes, la mélancolie apparaît comme un terrain glissant et un objet qui est loin d'être univoque. A mi-chemin entre la perdition possible et la voie vers Dieu, elle a toutes les ambivalences de l'épreuve, dans laquelle l'individu peut aussi bien se perdre que s'améliorer. Elle est le plus grand des maux mais peut conduire à de grands biens et, pour certains auteurs spirituels le plus grand malheur est de ne jamais en avoir été atteint.

---

[1] Ignace de Loyola, *Exercices spirituels*, p. 175.
[2] Teresa de Jesús, *Libro de la vida*, p. 169 ("Esta es una humildad falsa, que el demonio inventaba para desasosegarme").
[3] Teresa de Jesús, *Libro de la vida*, p. 186.

Chapitre cinq : MELANCOLIE, FUREUR ET INSPIRATION

Aristote associe dans le *Problème* la mélancolie à la transe inspirée des sibylles et du poète[1] et Burton, dans l'*Anatomy of Melancholy*, relie les Muses à la tristesse[2]. Dans le système de représentation du XVIème et du XVIIème siècle, la mélancolie est reliée à l'inspiration par un réseau complexe de relations, constitué par des phénomènes très différents : la mélancolie peut être posée comme l'origine de la fureur (poétique, prophétique ou autre), de l'*ingenium* ou de dons particuliers qui prédisposent le mélancolique à la vie intellectuelle, à l'étude ou à divers arts et sciences.

A.   LA QUESTION POLEMIQUE DE LA DIVINATION MELANCOLIQUE

Les rapports de la mélancolie et de l'inspiration se manifestent de manière frappante à travers un thème polémique, qui passionna les penseurs du XVIème et du XVIIème siècle : celui des pouvoirs divinatoires des mélancoliques[3]. Ce que nous nommons –faute de mieux– divination mélancolique recouvre des capacités diverses : en effet, pour certains penseurs, le mélancolique peut, dans un état de fureur inspirée, deviner l'avenir, parler le latin et les langues étrangères, écrire des

---

[1] Aristote, *L'homme de génie et la mélancolie*, p. 85 et 97.

[2] Sur ce point : Babb, *Elizabethan malady*, p. 26.

[3] Sur ce sujet : Vicente Peset Llorca, "Las maravillosas facultades de los melancólicos (un tema de la psiquiatría renacentista)", *Archivos de neurobiología*, 18 (1955) p. 980-1002.

vers ou philosopher sans l'avoir jamais appris auparavant. Cette question est au coeur des principaux écrits sur la mélancolie. Andrés Velásquez déclare à l'orée du *Libro de la melancholia* :

> "yo determine hazer este tratadillo de Melancholia, y sacar en limpio, lo mejor que pudiere esta verdad. Si el rustico labrador, que teniendo melancholia, habla Latin, y trata de preceptos de philosophia, lo puede hazer sin tener demonio"[1] .

Alonso de Freylas, auteur d'un opuscule dont le titre complet est *Si los melancolicos pueden saber lo que esta por venir, o adivinar el sucesso bueno o malo, con la fuerça de su ingenio o soñando*, définit ainsi sa démarche :

> "pongo el intento en declarar, si es possible naturalmente, que con la fuerça y naturaleza del humor Melancholico, se pueda saber y pronosticar lo que está por venir sin consulta de algun espiritu bueno o malo : lo qual se a de entender en las obras verdaderamente naturales ; que el juyzio de las libres, que dependen de la libre voluntad y arbitrio del hombre, quedan reservadas para solo Dios"[2] .

Le même problème est formulé de manière similaire, en 1672, par Murillo, qui cherche à savoir "si un hombre estando Hipochondriaco, Melancolico, Frenetico o Maniaco puede hablar Latin sin averlo estudiado antes, y tratar de preceptos de Philosophia, y componer versos como si fuera poeta"[3] .

1. *L'intérêt pour la divination*

La controverse sur les dons des mélancoliques est un des signes de l'intérêt accru que les théoriciens portent à la divination et dont témoigne la publication de nombreux ouvrages sur le sujet. A la fin du XVème siècle et au XVIème paraissent de nombreuses éditions et commentaires des *Parva naturalia* d'Aristote –collection de traités concernant précisément les songes et la prophétie–. La *Philosophie occulte ou Magie* d'Henri Cornélius Agrippa contient deux chapitres sur la divination, dont l'un est consacré à l'enthousiasme mélancolique. Un des chapitres des *Occultes merveilles et secrets de nature* de Livin Lemnius est consacré au même sujet et intitulé "*Les melancholiques, moniaques, phrenetiques, & qui par quelque autre cause son esmeuz de fureur, parlent un langage estrange, qu'ils*

---

[1] Andrés Velásquez, *Libro de la melancholia*, fol. 7 v.
[2] Alonso de Freylas, *Si los melancolicos ...* , p. 1.

n'ont jamais apprins sans toutes fois estre demoniaques"[1] . Le *Commentarius de generibus divinationum* de Joachim Camerarius (Leipzig, 1575), le *De somniis ac synesi per somnia* de Celso Mancini (Ferrare, 1591), le *De divinatione* de Girolamo Zanchi (Hanovre, 1610) évoquent également la divination et les dons des mélancoliques. En Espagne, Diego de Simancas consacre le *Titulus XXI* de son *De catholicis institutionibus* à la divination et plusieurs chapitres de l'*Oculta Filosofia* de Juan Eusebio Nieremberg traitent de la prophétie[2] . La plupart des auteurs qui écrivent sur la mélancolie –de Huarte à Murillo, en passant par Pedro Mercado, Andrés Velásquez, Pedro García Carrero, Alonso de Freylas, Alonso de Santa Cruz– abordent la question de la divination, à laquelle les différentes études sur la mélancolie n'ont consacré, pourtant, qu'une attention limitée.

2.   *Les théories de la divination mélancolique*

Selon une certaine tradition de pensée, le mélancolique, sous l'effet d'une inspiration d'origine divine ou naturelle, peut prophétiser ou acquérir spontanément des connaissances poussées dans des sciences et arts qu'il n'a jamais étudiés. Aristote affirme dans le *Problème* que certains mélancoliques peuvent prédire l'avenir comme les Sibylles ou écrire des vers sous l'effet d'un enthousiasme poétique similaire à celui de Maracus le Syracusain[3] . Ces assertions trouvent une confirmation dans certains passages de la *Divinatione per somnum* (*Parva naturalia*, 463b, 464a-b), où il est écrit que les mélancoliques peuvent avoir des rêves prophétiques. D'autres penseurs de l'Antiquité attribuent aux mélancoliques des pouvoirs prophétiques. Le *De divinatione* (I, 81) de Cicéron rapporte –sans adhérer à cette opinion– que les mélancoliques peuvent être pris d'une fureur inspirée qui leur permet de deviner l'avenir. Aretée, dont les écrits furent édités de nombreuses fois au XVIème siècle, affirme qu'une fureur féconde permet aux

---

[3] Murillo, *Aprobación de ingenios*, fol. 5r.
[1] Livin Lemnius, *Les occultes merveilles et secrets de nature*, livre II, chap. II, fols. 132v- 135r.
[2] Diego de Simancas, *De catholicis institutionibus*, fols. 85v-86 r. J. E. Nieremberg, *Oculta Filosofia,* chap. 71 (fols. 73 à 75) et chaps. 85 à 92 (fols. 172 v à 178).
[3] Aristote, *L'homme de génie et la mélancolie*, p. 97.

aliénés et aux mélancoliques de connaître des sciences "sine praeceptore" et de devenir poètes "comme s'ils étaient inspirés par les Muses" :

"Species autem sunt innumerae. Qui ingeniosi et eruditi sunt, astronomiam sine praeceptore, philosophiam per se ipsos callent, poeticae tanquam ad adflatu musarum periti sunt ; ita vel in morbis aliquid emolumenti habet liberalis institutio"[1].

La théorie de la divination mélancolique émise par le *Problème* n'eut qu'une résonance discrète parmi les penseurs médiévaux. Toutefois, Thorndike mentionne un traité sur les poisons du XIVème siècle, dans lequel il est affirmé que les mélancoliques peuvent parler le latin ou le grec sans avoir auparavant appris ces langues[2]. En revanche, la divination mélancolique fascina incontestablement les penseurs de la Renaissance. Livin Lemnius affirme que les mélancoliques peuvent prophétiser, parler des langues étrangères qu'ils n'ont jamais apprises, ou encore user admirablement de la rhétorique, par la seule vertu des humeurs, sans intervention démoniaque :

"les humeurs [sont] si vehementes, si tost qu'elles sont ou enflammees ou corrompues, que la fumee d'icelles estant montée au cerveau (...) fait parler un langage estrange. Que si cela se faisoit par les malings espris, telles maladies point ne se guerriroyent par medecines laxatives, ny ne s'en iroyent à force de dormitoires".

"les humeurs alterent les hommes quand toute la force & vehemence de la maladie a rempli les sinuositez du cerveau, & a commencé à troubler l'entendement, & les espris vitaux & animaux, tellement que nous en avons aucuns en fievres chaudes (...) lesquels estoyent arguts & eloquents a disputer de quelque matiere, & mesment usoyent d'un parler elegant & poly, & d'un langage, duquel apres estre retournez en convalescence ils ne pouvoyent user : lesquels j'ai toujours soutenu n'estre point vexez de l'esprit malin, ny ne faire telles choses par l'instinct du diable, ains par la seule force de la maladie, & la violence des humeurs"[3].

Dans le *De cerebri Morbis*, Jason Van der Velde écrit que certains mélancoliques

---

[1] Arétée de Cappadoce, *Aretaei Cappadocis opera omnia*, p. 80-81. Ce passage sera repris par de nombreux théoriciens du XVIème et du XVIIème siècle. Voici la traduction qu'en donnent Andrés Velásquez (*Libro de la melancholia*, fol. 69v) : "sin dubda son infinitas y sin numero las especies de locura. Porque los ingenios y agudos, y los habiles para ser enseñados, penetran y saben la Astrologia sin ser enseñados, ni tener maestro, son Philosophos, sin ser enseñados, y saben Poesia como si las musas se la infundieran" et Murillo (*Aprobación de ingenios*, fol. 6v) : "dize [Areteo] que son sin genero de dudas infinitas, y sin numero las especies de locura en esta enfermedad [la melancolía] : porque los ingeniosos y agudos (...) penetran, y saben la Astrologia sin ser enseñados, ni tener maestro ; son Philosophos, sin ser enseñados, y saben Poesia, como si las Musas se la infundieran"
[2] Lynn Thorndike, *A history of magic and experimental science*, III, p. 533.

peuvent deviner l'avenir et acquérir des connaissances dans des domaines qu'ils n'ont jamais étudiés, devenant ainsi poètes, prophètes ou oracles[1]. De même, des auteurs comme Girolamo Fracastoro, Prosper Calanio ou Garzoni affirment les dons merveilleux des mélancoliques[2]. Toutefois, les partisans les plus fervents de la divination mélancolique demeurent Ficin et Agrippa. L'auteur du *De triplici Vita* écrit qu'une mélancolie convenablement tempérée peut susciter une sorte d'extase où le sujet prophétise l'avenir et forme des idées qu'il n'avait jamais conçues[3]. Combinant les théories aristotéliciennes et ficiniennes, Agrippa affirme dans le *De Occulta Philosophia* que le mélancolique peut devenir expert dans des sciences ou des arts qu'il n'a jamais étudiés et deviner l'avenir :

"les mélancoliques, en raison même de la violence de leur agitation, prévoient souvent l'avenir avec exactitude"[4].

Un mélancolique ignorant et grossier peut ainsi prophétiser et devenir un merveilleux poète :

"Plusieurs mélancoliques étaient pourtant à leur origine des gens grossiers, sots, à l'esprit malade, comme Hesiode, Ionis, Tynnichus, Homère et Lucrèce. Mais souvent ces mélancoliques frappés de crises se sont changés en poètes, mettant dans leurs chants des mystères divins si merveilleux qu'eux-mêmes les comprennent à peine"[5].

En accord avec cette perspective, Giambattista Della Porta expose dans le *De humana physiognomonia* les pouvoirs divinatoires engendrés par la bile noire et attribue aux sibylles une complexion mélancolique[6].

Jusqu'au dernier tiers du XVIème siècle plusieurs auteurs espagnols sont favorables à la divination mélancolique. Déjà, le *Libro conplido en los iudizios de las estrellas* attribuait au saturnien le don de prophétie : l'influence de Saturne, jointe à celle de Jupiter fait que "el nacido (...) divina lo que a de seer" ; jointe à

---

[3] Livin Lemnius, *Les occultes merveilles*, fol. 133r et 134 v, respectivement.
[1] Jason Van der Velde *De cerebri morbis*, Bâle, 1549, p. 262. D'après Babb, *Elizabethan malady*, p. 65
[2] Babb, *Elizabethan malady*, p. 66. W. Schleiner, *Melancholy, genius and utopia*, p. 29 et 44.
[3] Marsile Ficin, *De Vita Triplici*, Bâle, 1549, p. 19-20. La référence est tirée de Babb, *Elizabethan malady*, p. 65
[4] Agrippa, *La magie naturelle*, p. 173.
[5] Agrippa, *La magie naturelle*, p. 174.

celle de Vénus, elle rend le sujet "adevinador" ; associée à celle de Mercure, elle permet à l'individu "si acaece una cosa, prophetiza[r] por aquella otra"[1] . Villalobos admet que des individus sous l'emprise de la *mania* –maladie très souvent identifiée à la mélancolie– aient pu deviner l'avenir :

" (...) algunos manjacos y profetizaron
las cosas presentes y las venideras"[2] .

A la fin du *Diálogo sexto de la melancolía*, Pedro Mercado suggère que les mélancoliques disposent de capacités prophétiques, affirmant qu'ils vivent "imaginando mil inconvenientes y desastres, que suelen acaecer"[3] . Bartolomé Felipe, qui publie son ouvrage en 1584, est l'un des derniers défenseurs de la divination mélancolique :

"y muchas veces adevinan y dizen [los melancólicos] lo que ha de succeder"[4] .

Enfin, en 1606, Freylas semble affirmer la complexion mélancolique des Sibylles :

"Y desta mesma templança [melancólica] fueron tambien las Sybillas, de quien tan g[r]andes Profecias se quentan : porque deste humor les procedia, como de natural principio y disposicion, con una vehemente ymaginacion, ayudadas para ello de los lugares apartados, y cuevas obscuras y tenebrosas, para que la luz exterior no les escureciesse o estorvasse la claridad y sutileza de su ingenio : a la qual disposicion se encamina el espiritu profetico, guardando el orden natural"[5] .

Cependant, le plus fervent partisan d'une divination due à des causes purement naturelles demeure incontestablement Huarte, dont les opinions provoqueront une véritable levée de boucliers à la fin du XVIème et au XVIIème siècle. Le chapitre IV de l'*Examen de ingenios* affirme qu'un ignorant ("rústico") peut, sous l'effet de la mélancolie, de la manie ou de la frénésie, parler des langues qu'il n'a jamais apprises, faire des vers, devenir savant dans des sciences qu'il n'a jamais étudiées et deviner l'avenir, sans qu'il y ait intervention démoniaque ou divine :

"De esta manera pudo el frenético encontrar con la lengua latina y hablar en ella sin haberla en sanidad aprendido ; porque desbaratándose por la enfermedad por la

[6] Giambattista Della Porta, *La Physionomie humaine...* , p. 28.
[1] Ali Aben Ragel, *Libro conplido en los iudizios de las estrellas*, p. 184.
[2] F. López de Villalobos, *Sumario de la medicina*, p. 321.
[3] Pedro Mercado, *Diálogos de philosophía...*, fol. 128r.
[4] Bartolomé Felipe, *Tractado del conseio y de los consejeros de los principes*, fol. 42 r et v.
[5] Alonso de Freylas, *Si los melancholicos...* , p. 2.

enfermedad el temperamento natural de su celebro, pudo hacerse por un rato como el mesmo que tenía el que inventó la lengua latina, y fingir como que los mesmos vocablos"[1].

Pour Huarte, l'homme peut connaître le futur par des causes purement naturelles, notamment à travers l'imagination et l'entendement :

"que el hombre fue hecho a semejanza de Dios, y que participa de su divina providencia, y que tiene potencias para conocer todas tres diferencias de tiempo : memoria para lo pasado, sentidos para lo presente, imaginación y entendimiento para lo que está por venir".

"Y si los demonios alcanzan lo que está por venir, conjeturando y discurriendo por algunas señales, eso mesmo puede hacer el ánima racional (...) tiniendo aquella diferencia de temperamento que hace al hombre con providencia"[2].

Afin d'illustrer ses affirmations, Huarte rapporte plusieurs "cas" ou historiettes sur les dons des mélancoliques. Il décrit notamment comment un "rústico labrador", pris de frénésie, fit un discours "con tantos lugares retóricos, con tanta elegancia y policía de vocablos como Cicerón lo podía hacer delante del Senado", ajoutant qu'une telle fureur inspirée trouve sa cause dans la bile chaude et sèche (cholère ou *melancholia adusta*)[3]. Les affirmations de Huarte s'inscrivent dans un contexte polémique, comme le suggère le médecin navarrais en répondant par avance aux objections qui pourraient lui être opposées :

"Ya me parece que oigo decir a los que huyen de la filosofia natural que todo esto es gran burla y mentira, y, si por ventura fue verdad, que el demonio, como es sabio y sutil, permitiéndolo Dios se entró en el cuerpo de esta mujer y de los demás frenéticos que hemos dicho, y les hizo decir aquellas cosas espantosas. Y aun confesar esto se les hace cuesta arriba, porque el demonio no puede saber lo que está por venir, no tiniendo espíritu profético. Ellos tienen por fuerte argumento decir : «esto es falso, porque yo no entiendo cómo puede ser», como si las cosas dificultosas y delicadas estuviesen sujetas a los rateros entendimientos y de ellos se dejasen entender"[4].

Il n'est pas sans intérêt de remarquer qu'une partie des passages où Huarte affirme la divination mélancolique fut expurgée[5] : comme celle d'Agrippa, l'opinion de Huarte allait rencontrer de multiples détracteurs.

---

[1] Huarte de San Juan, *Examen de ingenios*, p. 314-315.
[2] Huarte de San Juan, *Examen de ingenios*, p. 317 et 319, respectivement.
[3] Huarte de San Juan, *Examen de ingenios*, p. 305-307.
[4] Huarte de San Juan, *Examen de ingenios*, p. 310.
[5] Huarte de San Juan, *Examen de ingenios*, p. 318.

3. *La réaction contre la divination mélancolique*

A partir de la fin du XVIème siècle et au XVIIème se développe en Espagne comme dans les autres pays d'Europe un mouvement contre la mélancolie inspirée qui nie les dons extraordinaires engendrés par la bile noire ou les met sur le compte de l'inspiration démoniaque. Dès la mi-XVIème siècle des voix s'élèvent, parmi les médecins et penseurs européens, contre la divination mélancolique : ainsi, dans le *Commentarius de generibus divinationum*, Joachim Camerarius affirme ne pas partager l'opinion de ceux qui expliquent la divination par l'action de la bile noire[1]. En Espagne, à la fin du XVIème siècle et au XVIIème, la divination mélancolique est de plus en plus vivement contestée. Six médecins –A. Velásquez, A. de Freylas, F. Valles de Covarrubias, P. García Carrero, A. de Santa Cruz et T. Murillo– examinent en détail la question des aptitudes extraordinaires des mélancoliques et dénient quasi unanimement aux mélancoliques toute faculté prophétique reposant sur des causes purement naturelles. Contre Huarte, A. Velásquez affirme que seule l'intervention démoniaque explique les prophéties et les dons admirables des mélancoliques[2]. De même, Valles de Covarrubias condamne sans appel les auteurs qui, plus soucieux d'étonner leur lecteur que de rechercher la vérité ("Philosophos minus exactos, & qui admirationi magis student quam veritati"), ont affirmé les dons merveilleux des mélancoliques. Ces opinions, pour l'auteur du *De sacra philosophia*, sont absurdes et contraires au dogme chrétien ("Verum dictas assertiones constat sapientiu omnium consensu censeri iam absurdas, & esse dogmatibus ecclesiasticis dissonas") : les mélancoliques accomplissant de telles prouesses le font nécessairement au moyen d'une inspiration démoniaque ("teneri a spiritibus inmundis, atque spriritus inmundos talium morborum causas esse")[3]. De même, Alonso de Freylas conclut son petit

---

[1] Joachim Camerarius, *Commentarius de generibus divinationum*, Leipzig, 1575, p. 17-18. Cette indication est empruntée à W. Schleiner, *Melancholy, genius and utopia*, p. 83.
[2] Andrés Velásquez, *Libro de la melancholia*, fol. 79 v.
[3] F. Valles de Covarrubias, *De sacra philosophia*, p. 225-226. La divination mélancolique est

opuscule sur les dons des mélancoliques en affirmant que ceux-ci ne peuvent, par des causes purement naturelles, deviner l'avenir, parler des langues qu'ils n'ont jamais apprises ou devenir savants en des sciences qu'ils n'ont jamais étudiées :

"a mi parecer es impossible que aya en ningun hombre natural fuerça con ninguna templança ni humor, ni con poderosa imaginacion, para saber lo que está por venir".
"aunque hay otros autores que digan que los melancolicos pueden hablar diferentes lenguas que no saben, como Latin, Griego, o Hebreo, es imposible que esto sea en orden natural, sino que quando esto acontece esta el demonio en el tal sugeto, o mueve los instrumentos para aquellas obras"[1].

Toutefois Freylas, en s'inspirant de la théorie du *Divinatione per somnum* aristotélicien, admet que certains individus, et en particulier les mélancoliques, puissent connaître "algo de lo que está por venir" par "compassion, o alteracion, o comunicacion"[2]. Enfin, ajoute Freylas, les hommes peuvent avoir une connaissance imparfaite du futur, ou encore parler le latin de manière merveilleuse à travers les rêves :

"durmiendo un hombre el sueño pacifico y blando y sosegado de la mañana, cozido el mantenimiento, y distribuydo por todas partes del cuerpo, limpio el celebro de vapores y escrementos crudos, aviendo tomado de parte de noche con vehemente ymaginacion, principio de algun gran discurso de lo que no se sabe, o esta por venir, naturalmente continuando el tal discurso con las especies recebidas en la ymaginacion, en la vigilia, podria durmiendo entender algo de lo que esta por venir"[3].

Le tempérament mélancolique est le plus approprié pour ce genre de révélations imparfaites :

"pienso que con la fuerça del humor melancholico : ayudado de congeturas, o de causa interior natural que nos mueva, de quien tenemos interior principio y alteracion : se podria de alguna manera dezir algo de lo que esta por venir, en la forma referida. Y es muy cierto, que el sugeto mas dispuesto a recebir el principio efectivo de la profecia, o adivinacion en quanto natural, es el melancolico"[4].

Cependant, ajoute prudemment Freylas, ces prémonitions ne peuvent être à proprement parler appelées prophéties, car elles sont incomplètes. De manière similaire, Pedro García Carrero et Alonso de Santa Cruz concluent leurs réflexions

---

également condamnée aux p. 170 et 171.
[1] Alonso de Freylas, *Si los melancólicos...*, p. 6 et 7-8, respectivement.
[2] Alonso de Freylas, *Si los melancólicos...*, p. 8.
[3] Alonso de Freylas, *Si los melancólicos...*, p. 9.
[4] Alonso de Freylas, *Si los melancólicos...*, p. 10.

respectives sur la divination mélancolique en affirmant son caractère démoniaque[1].

Enfin, dernier acteur du débat, Murillo affirme que seule la possession démoniaque explique les dons de certains mélancoliques :

> "porque para la divinacion es necessaria potencia sobrenatural, para hablar lenguas que no se han estudiado, ni se tiene noticia dellas ; lo qual no pueden saber los Melancholicos, aunque lleguen a tener el agudeza de ingenio que quisieren, sino es por arte diabolica".

> "porque permitiendolo Dios, y entrando [el demonio] en el cuerpo de aquellos Melancholicos, vienen a dezir, y a hablar aquellas cosas de que los demás se admiran"[2].

L'opinion des médecins est relayée par les textes encyclopédiques. Ainsi, dans le *Jardín de flores curiosas*, Torquemada affirme que, malgré les dires des médecins, seule la possession démoniaque explique les dons des mélancoliques :

> "Y cuando estos filósofos eran preguntando qué mal era el de los que estaban endemoniados, decían que era una pasión que procedía de humor melancólico, y que la melancolía puede hacer aquellos efectos ; y así, aun ahora los más de los médicos quieren defenderlo, y de manera que confiesan y sustentan, cuando el demonio habla diversas lenguas, y en ellas cosas delicadas subidas por la boca de un rústico labrador, que todo procede del humor melancólico ; pero este es un yerro muy manifiesto"[3].

Juan de Pineda récuse fermement que les mélancoliques puissent, sous l'effet de la bile noire, parler des langues qu'ils n'ont jamais apprises ou prophétiser, affirmant l'origine démoniaque de ces phénomènes :

> "el hablar de los melancólicos en lenguas que no saben, y decir cosas ocultas o prevenir es obra del demonio y no de la facultad humana, por más elevada que la queráis pintar".

> "de ahí pueden haber asido los que la aplican a ella [la melancolía] el hablar misterios el paciente, pues no los habla sino el demonio, que con la entrada que le da la mala disposición del enfermo, se apodera dél. (...) y como decir sentencias y hablar lenguas sea obra de inteligencia, siempre tuve que era obra de mal espíritu"[4].

Les auteurs spirituels ne sont pas moins sévères. Le *De catholicis institutionibus* de Diego de Simancas affirme que la divination ne peut être due à des causes naturelles, comme la bile noire, mais seulement à l'influence du démon[5]. Pour Juan

---

[1] P. García Carrero, *Disputationes medicae*, p. 256-262 ; A. de Santa Cruz, *Dignotio et cura affectuum melancholicorum*, p. 5.

[2] Murillo, *Aprobación de ingenios*, 23 r et v et fol. 30v, respectivement. La refus de la divination mélancolique apparaît aussi aux fols. 7 r et v, 23r, 27r, 37r

[3] Antonio de Torquemada, *Jardín de flores curiosas*, p. 250.

[4] Juan de Pineda, *Diálogos familiares de la agricultura cristiana*, vol. II, p. 309 et 310, respectivement.

[5] Diego de Simancas, *De catholicis institutionibus*, fols. 85v-86 r.

de Horozco, les dons merveilleux des mélancoliques ou de certains malades ne s'expliquent que par l'inspiration démoniaque :

> "es de advertir que se engañaron mucho los que pensaron (...) que los enfermos adevinavan, porque se adelgaza el humor, y el alma se halla mas libre para juzgar las cosas, y entenderlas, porque aunque sea verdad que suele suceder esto, quanto a lo que es menester para el discurso natural ninguno puede llegar a saber lo que está por venir. Y si ya se ha visto en algunos enfermos que realmente han adevinado es, porque el demonio ha hablado en ellos aprovechandose del humor, particularmente si es melancholico"[1].

Enfin, l'aptitude du sujet à prophétiser, à parler le latin sans le connaître, à pratiquer des sciences ou des arts qu'il n'a jamais appris apparaît dans les traités d'exorcisme comme l'un des signes les plus clairs de la possession démoniaque :

> "secundum signum rationis est ; & est, quod si obsessus lingua alienarum nationum loqueretur ; si de rebus ardui, & doctissimis, & et idiota fuerit ; si oculta revelaret ; si vere remota nunciaret"[2].

Benito Remigio Noydens réaffirme ces conceptions :

> "Y unos de los indicios mas claros [de la posesión demoníaca] es el hablar, o entender Latin, v.g.r. sin aver estudiado, y tratar sutilissimamente de los altos misterios de la Fe, y Sagrada Escritura, siendo un Ignorante ; y descubrir o revelar secretos y pecados, que no puede saber, sino el mismo que los cometio"[3].

> "tambien es señal conocida [de la posesión demoníaca] el saber, o exercitar algun arte, que nunca aprendieron. Assi se vio en cierta ocasion, que sacando los espiitus a una Labradora un sacerdote por curiosidad (...) preguntó al Demonio que sabia, y él respondió : que era musico : y trayendo una vihuela, de tal manera meneava los dedos, que parecia el hombre mas diestro del mundo"[4].

Pour Noydens, l'inspiration, telle que la conçoit Platon, est très proche de la possession démoniaque. A travers l'exemple de Cervantes, la littérature reflète ces conceptions.

Cervantes s'est intéressé à deux reprises à la question de la divination. Lors de l'épisode du *retablo* de Maese Pedro, Don Quichotte affirme que les prophéties du singe devin proviennent nécessairement du démon, lequel ne peut deviner que le passé et le présent :

> "debe de tener hecho algún concierto con el demonio de que infunda esa habilidad en el mono, (...). Y háceme creer esto el ver que el mono no responde sino a las cosas pasadas o

---

[1] Juan de Horozco, *Tratado de la verdadera y falsa prophecia*, fol. 80r.

[2] Valerio Polidoro, *Practica exorcistarum*, fol. 7 r.

[3] Benito Remigio Noydens, *Práctica de exorcistas*, p. 13.

[4] Benito Remigio Noydens, *Práctica de exorcistas*, p. 14-15.

presentes, y la sabiduría del diablo no se puede extender a más ; que las por venir no las sabe si no es por conjeturas, y no todas veces ; que a solo Dios está reservado conocer los tiempos y los momentos, y para El no hay pasado ni porvenir, que todo es presente. Y siendo esto así, como lo es, está claro que este mono habla con el estilo del diablo ; y estoy maravillado como no le han acusado al Santo Oficio"[1] .

Cervantes évoque de nouveau la divination dans le *Colloque des chiens*, où la Cañizares affirme que le démon ne peut avoir une connaissance certaine de l'avenir :

"Muchas veces he querido preguntar a mi cabrón qué fin tendrá nuestro suceso ; pero no me he atrevido, porque nunca a lo que le preguntamos responde a derechas, sino con razones torcidas y de muchos sentidos. Así, que a este nuestro amo y señor no hay que preguntarle nada, porque con una verdad mezcla mil mentiras ; y a lo que yo he colegido de sus respuestas, él no sabe nada de lo por venir ciertamente, sino por conjeturas"[2] .

Dans la polémique sur la divination, les personnages cervantins semblent adopter une position conservatrice —opposée à celle de Huarte–, selon laquelle seul le démon peut expliquer des dons prophétiques qui, du reste, ne concernent que le passé et le présent, la connaissance du futur étant réservée à Dieu.

A travers la polémique autour de la divination mélancolique, la bile noire se trouve liée à la révélation, au rêve prophétique, à l'inspiration divine ou démoniaque. L'examen du discours sur les dons extraordinaires attribués aux mélancoliques révèle une nette évolution chronologique, qui affecte l'attention portée à cette question comme les réponses fournies par les théoriciens. L'intérêt pour la divination mélancolique se modifie puissamment au cours du temps : alors que les écrits les plus précoces —de Bernardo Gordonio, Luis Mercado, Luis Lobera de Avila–, font à peine allusion à la question des prophéties mélancoliques, ce sujet devient la préoccupation centrale des traités de Velásquez, Freylas ou Murillo. L'examen de la chronologie fait aussi apparaître une condamnation de plus en plus radicale de la divination en général et de la prophétie mélancolique en

---

[1] Miguel de Cervantes, *El ingenioso hidalgo don Quijote de la Mancha* (II, chap. XXV) Madrid, Espasa Calpe, 1979, p. 453-454.
[2] Miguel de Cervantes, *Novelas ejemplares*, éd. de Harry Sieber, Madrid, Cátedra, 1982, II, p. 339. La position de Cervantes sur la divination est étudiée par Alban K. Forcione, *Cervantes and the humanist vision. A study of four exemplary novels*, Princeton, Princeton University Press, 1982, p. 225-316.

particulier : au fur et à mesure que la fin du XVIème siècle approche, la divination mélancolique s'entoure d'une suspicion croissante, progressant vers une démonologisation de plus en plus nette qui culmine dans les écrits de Velásquez et Murillo.

B.   MELANCOLIE, FOLIE ET FUREUR INSPIREE

Pour un certain nombre de théoriciens de la Renaissance, il n'est pas d'inspiration sans folie ou sans extase. Or la pensée du XVIème et du XVIIème siècle relie la mélancolie à diverses figures de l'aliénation, faisant de la bile noire l'une des conditions de l'enthousiasme furieux et du délire fécond.

1.   Mélancolie et frénésie

Caractérisée par la tradition médicale galénique comme une maladie de l'esprit causée par l'inflammation des phrènes (ensemble de membranes entourant le cerveau), la frénésie ("frenesis" ou "frenesía") constitue l'une des figures de l'aliénation, à laquelle les médecins consacrent leur attention. Alonso Chirino de Cuenca et Andrés de León la définissent en ces termes :

"quando el enfermo está fuera de sesso con calentura muy aguda e la lengua negra, e mayormente si riye desvariadamente es peligroso que llaman frenesís"[1] .
"Frenitis es lo mismo que frenesi, el qual es un morbo que se haze por inflamarse las membranas del cerebro"[2] .

Le *Tesoro* de Sebastián de Covarrubias et le *Diccionario de Autoridades* caractérisent respectivement la "frenesía" comme

"una especie de locura causada accidentalmente de la gran calentura".

"una especie de locura causada accidentalmente de la gran calentura en una especie, sin razón ni fundamento"[3] .

La plupart des médecins distinguent la frénésie de la mélancolie par la présence de manifestations fébriles. La frénésie constitue une aliénation du cerveau

---

[1] Alonso Chirino de Cuenca, *Menor daño de medicina*, p. 129.
[2] Andrés de León, *Libro primero de annathomia*, fol. 105v.
[3] Sebastián de Covarrubias, *Tesoro…*, s. v. "frenesía" ; *Diccionario de Autoridades*, s. v. "frenesía".

accompagnée de fièvre, alors que la mélancolie, comme le signale Lobera de Avila, aliène sans fièvre :

> "no todas maneras de desatino llamamos melancholia propiamente : sino quando el desatino y corrupcion del juyzio esta inclinado a temor y tristeza sin furor ni fiebre : porque quando ay fiebre aguda y aliencaion/ es propiamente frenesia"[1] .

De la même manière, Villalobos et García Carrero distinguent la mélancolie de la frénésie par l'absence de fièvre[2].

Cependant, un certain nombre de penseurs mettent en rapport la frénésie avec la bile noire et la mélancolie. Cette assimilation remonte au *Corpus Hippocraticum*, qui affirme que "les malades atteints de frénésie présentent, en ce qui concerne le trouble de leur état mental, la plus grande ressemblance avec les mélancoliques"[3]. Au Siècle d'Or, la notion de *cholera adusta*, sèche et chaude, permettra aux médecins d'attribuer la frénésie et ses manifestations fébriles à la bile noire non naturelle. Pour Isidore de Séville, la frénésie constitue une "attaque biliaire"[4] pouvant provenir de la bile jaune ou de la bile noire. Pour Villalobos, la frénésie est le résultat d'une humeur surchauffée[5], tandis que pour Gordonio et Andrés de León la frénésie trouve sa cause dans la *cholera adusta* :

> "Del frenesis uno es verdadero : & otro non es verdadero. El verdadero es quando la colera rubia quemada : o el vapor de la sangre que fierve en el figado & en el coraçon se allegare a los paniculos del celebro"[6] .

> "Engendrase este frenesi de colera adusta"[7] .

Ces conceptions contribuent à rapprocher la mélancolie de la frénésie, voire parfois à les assimiler. L'association des deux notions révèle l'existence, dans le système de pensée du Siècle d'Or, de profondes affinités entre la mélancolie et l'aliénation.

---

[1] Luis Lobera de Avila, *Remedio de cuerpos humanos*, fol. 37r.
[2] F. López de Villalobos, *Sumario de la medicina*, p. 321. P. García Carrero, *Disputationes medicae*, p. 228
[3] Hippocrate, *De morbis*, I, 30. D'après Hubertus Tellenbach, *La mélancolie*, p. 24.
[4] Isidore de Séville *Etymologiae/ Etimologías*, I, p. 486-487.
[5] F. López de Villalobos, *Sumario de la medicina*, p. 31.
[6] B. Gordonio, *Lilio de medicina*, fol. 59r.
[7] Andrés de León, *Libro primero de Annathomia*, fol. 105v.

2. *Mélancolie et folie*

Dans les textes théoriques du XVIème et du XVIIème siècle, la folie est désignée par des termes variés, *insania, amentia* en latin, *locura, mania, insania, amencia,* en espagnol, mais le mot le plus fréquent pour la nommer demeure celui de *mania,* que Huarte définit comme "una destemplanza caliente y seca del celebro"[1].

a) La distinction

Certains auteurs distinguent la *mania* de la *melancholia,* en leur attribuant des causes humorales différentes ou des effets dissemblables. Pour Villalobos, la mélancolie serait engendrée par la *cholera adusta* tandis que la manie trouverait sa cause dans le phlegme ou le sang brûlé :

"la melancolia desta [la mania] es apartada
porquesta de colera adusta se haze,
mas la otra de flema o de sangre quemada"[2].

Pour le *Libro de propietatibus rerum,* manie et mélancolie affectent des facultés différentes, la première frappant l'imagination et la seconde la raison :

"Hay una especie de locura que llaman mania y todo es uno (...). Esta enfermedad es una ynfeçion de una camara delantera de la cabeça que quita la ymaginaçion assi como dezimos que malenconia es la ynfeçion de la camara mediana del celebro la qual empacha la razon (...). Estas dos passiones son diferentes la una de la otra. La amençia atormenta la ymaginaçion/ & la malenconia la razon"[3].

Cependant, en accord avec la tradition médicale, la plupart des théoriciens tendent à associer mélancolie, manie et folie.

b) L'assimilation : la *melancholia sive mania*

Une longue tradition assimile la mélancolie à la folie et à la manie. Le *Problème XXX,1* fait d'Ajax, qui "devint absolument fou", un mélancolique[4]. En grec ancien vulgaire, le terme "melancholicos", tel qu'il est employé par exemple

---

[1] Huarte, *Examen de ingenios,* p. 179.
[2] F. López de Villalobos, *Sumario de la medicina,* p. 321.
[3] B. Anglicus/ V. de Burgos, *Libro de propietatibus rerum,* fol. 1 viij recto.
[4] Aristote, *L'homme de génie et la mélancolie,* p. 83.

dans la *Politeia* (IX, 573 c) et le *Phèdre* (268 E) de Platon– désigne le fou, l'esprit égaré et dérangé[1]. Hippocrate affirme que, parmi les mélancoliques, "nombre d'entre eux deviennent aussi déments" (*De morbis*, I, 30) et que les altérations de la bile noire peuvent produire la manie (*Aphorismes*, VI, 56). Enfin, pour Aretée de Cappadoce, la mélancolie n'est qu'une variété de la manie[2].

Ces conceptions subsistent au XVIème et au XVIIème siècle, où le frontispice de l'*Anatomy of melancholy* de Robert Burton représente, parmi d'autres images emblématiques de la mélancolie, un "maniacus" à demi-nu et enchaîné[3]. Comme la plupart des médecins européens qui furent leurs contemporains, les auteurs espagnols considèrent qu'il n'existe pas de claire démarcation entre la mélancolie, la *mania* et la folie. Bernardo Gordonio traite la manie et la mélancolie dans le même chapitre du *Lilio de medicina* (le chapitre XIX du livre II, intitulé "De mania & melancolia") suggérant ainsi, entre ces deux maladies, une identité que le texte ne dément à aucun moment[4]. Dans une perspective assez similaire, le chapitre que P. García Carrero consacre à la mélancolie érotique est contenu dans la *Disputatio XIV* sur la *mania*, insinuant que cette mélancolie n'est qu'une sous-espèce de la manie. D'ailleurs, pour García Carrero, mélancolie et manie sont toutes deux des "délires sans fièvre"[5]. Enfin, Alonso de Santa Cruz évoque la "melancholia sive mania"[6]. Plus explicitement, Luis Lobera de Avila proclame l'équivalence de la mélancolie et de la folie en intitulant l'un de ses paragraphes du *Remedio de cuerpos*, *"De la melancholia que quiere dezir locura"*[7]. Enfin, pour Pedro Mercado, la mélancolie n'est que folie ("locura") : "La misma melancolia que es sino locura? Y los melancolicos de locos

---

[1] D'après H. Tellenbach, *La mélancolie*, p. 28.
[2] J. B. Ullersperger, *Historia de la psiquiatria y de la psicología en España*, p. 20
[3] Klibansky, Panofsky, Saxl, *Saturne et la mélancolie*, fig. 133.
[4] B. Gordonio, *Lilio de medicina*, fol. 55 r et v.
[5] P. García Carrero, *Disputationes medicae*, p. 281.
[6] A. de Santa Cruz, *Dignotio et cura affectuum melancholicorum*, p.18.
[7] Luis Lobera de Avila, *Remedio de cuerpos humanos*, fol. 36 verso.

en solo la pronunciacion se diferencian"[1] .

L'association de la mélancolie à la manie peut prendre plusieurs formes. Le plus souvent, la bile noire est posée comme l'origine de la manie. Pour de nombreux auteurs, comme Vives, P. García Carrero et Alonso de Freylas, la bile noire –en particulier sous sa forme *adusta*– est la cause de la *mania*[2]. A. Velásquez soutient une opinion similaire :

"alguna vez, por la mucha adustion de la colera, que los medicos llaman flava, se viene a (engendrarse) colera negra [y] vienese deste humor assi engendrado a hazer la enfermedad que llaman insania : a la qual llaman los Griegos Mania, con cuyo impetu y fuerça se buelven los hombres posseydos de esta enfermedad desenfrenados, y sin razon, a manera de fieras. (...) Y este humor [melancholico], no como quiera dispuesto causara la Mania, sino aviendo recebido alguna mala ustion, o putrefaction"[3] .

Abreu et Murillo affirment également que la manie trouve son origine dans la bile noire[4] . Enfin, Sebastián de Covarrubias fait de la *cholera adusta* la cause de la folie :

"Entre loco, bovo y tonto ay mucha diferencia, por causarse estas enfermedades de diferentes principios y calidades. La una de la cólera adusta, y la otra de la abundancia de flema"[5] .

Cependant, à l'instar d'Alexandre de Tralles[6] , la *mania* peut aussi apparaître comme un degré au-delà de la mélancolie :

"mania y melancolia solo diffieren (como quiere la común escuela de los médicos) en más o en menos"[7] .

"solo difieren [insania, manía y melancolía] mas o menos, es una misma enfermedad pues la especie no se muda, por diferir en menos o en mas"[8] .

---

[1] Pedro Mercado, *Diálogos de philosophia...*, fol. 116v.

[2] Luis Vives, *Tratado del alma*, dans *Obras completas*, II, p. 1202. P. García Carrero, *Disputationes medicae*, p. 282-283. Alonso de Freylas, *Si los melancholicos...*, p. 2.

[3] A. Velásquez, *Libro de la melancholia*, fol. 56v-57r. Le même passage est repris par Murillo, *Aprobación de ingenios*, fol. 90r.

[4] Alexo Abreu, *Tratado de la siete enfermedades*, fol. 129 v. Murillo, *Aprobación de ingenios*, fol. 89 r et v.

[5] Sebastián de Covarrubias, *Tesoro...*, s. v. "loco".

[6] Alexandre de Tralles, *Alexandri Tralliani Medici Absolutissimi Libri Duodecim*, Venise, 1555, fol. 32r : "Nihil enim aliud est insania, quam Melancholiae ad maiorem feritatem ingenio". Nous empruntons la citation à Babb, *Elizabethan malady*, p. 36, n. 107.

[7] Andrés Velásquez, *Libro de la melancholia*, fol. 56r.

[8] Murillo, *Aprobación de ingenios*, fol. 89v-90r.

La folie (*mania* ou *insania*) est la suite logique de la mélancolie, lorsque cette dernière n'est pas soignée :

> "no remediandose con el tiempo tienen [los melancólicos] disposiciones para que vengan a parar en locos"[1] .

Pour Juan de Pineda, la manie provient de la bile noire, et ne constitue, finalement, qu'une mélancolie aggravée, comme le suggère la construction syntaxique ("venir a parar en") :

> "Bien es verdad que la melancolía es tan terrible humor, cuando está en su pujanza de adustión, que viene a parar en manía"[2] .

Dès lors, la seule distinction établie entre folie et mélancolie est une différence de degré et non de nature : les deux concepts ne se distinguent plus par une différence qualitative, mais seulement quantitative et leurs frontières deviennent perméables.

Enfin, la mélancolie peut aussi être conçue comme une forme pacifique d'aliénation, une folie plus tolérable que la *mania*. Les textes tendent alors à opposer la *mania*, égarement agressif, dangereux, susceptible d'enfermement, à la mélancolie, aliénation pacifique, permettant l'intégration au tissu social. Luis Lobera de Avila distingue la manie de la mélancolie, affirmant que la première s'accompagne de violentes fureurs alors que la seconde, plus pacifique, se caractérise surtout par la crainte et la tristesse :

> "no todas maneras de desatino llamamos melancholia propiamente : sino quando el desatino y corrupcion del juyzio esta inclinado a temor y tristeza sin furor ni fiebre (…) : y quando el desatino es con furor y renzillas se llama mania"[3] .

Pedro Mercado oppose les mélancoliques –aliénés mais inoffensifs et utiles à la société–, aux fous, enfermés et exclus du corps social :

> "Los melancolicos no confirmados, aunque padescen daño en la imaginacion, y los confirmados lo manifiestan por palabras, ninguna furia ni pelea tienen los unos ni los otros, como los locos que llaman maniacos. Los quales aliende de la corrupcion que tienen en la razon estan en continua furia y pelea, y estos ya salen de melancolia, y entran en furia y mania, y son los que el vulgo llama locos, y a los que aprisionan y atan en las casas de orates, y no a los melancolicos por ser pacificos, antes se sirven de ellos mas aprovechadamente que de otros sirvientes, porque la solicitud y cuydado que la melancolia

---

[1] Murillo, *Aprobación de ingenios*, fol. 80r.
[2] Juan de Pineda, *Diálogos familiares de la agricultura cristiana*, II, p. 309.
[3] Luis Lobera de Avila, *Remedio de cuerpos humanos*, fol. 37r

214

les causa : los hace muy presurosos y diligentes"[1] .

García Carrero reprend cette distinction en opposant la folie ("mania"), caractérisée par la fureur agressive et l'agitation, à la mélancolie, délire pacifique :

> "Differt etima [melancholia] a mania, quia haec potius cum furore, illa vero cum metu, & tristitia est, ita Avicena propio capite docet sic dicens. Est cum malitia existimationis, & cogitatione corrupta, & timore, & quiete, & non est in ipsa agitatio vehemens : mania vero tota est agitatio & saltus"[2] .

De même, Murillo différencie les mélancoliques –dont le degré d'aliénation est encore acceptable– des vrais fous ("maniacos") agressifs et dangereux :

> "solo difieren [los accidentes de la melancolía y manía], que en la mania son de mucha más intension ; y assi los maniacos son muy furiosos, terribles y peligrosos"[3] .

Il n'est pas sans intérêt de relier ces réflexions à l'enfermement progressif de la folie constaté par Michel Foucault : la mélancolie serait alors une frange de la folie demeurée admissible, une aliénation socialisée et acceptable.

Le discours médical ne distingue pas la mélancolie et la folie de manière tranchée, suggérant entre ces deux affections une différence de degré plus qu'une différence de nature. Cette parenté essentielle de la mélancolie et de la folie – pouvant aller jusqu'à l'identification pure et simple de l'une à l'autre– est entretenue par une série de permutations lexicales.

3.   Les permutations lexicales

A l'amalgame des concepts correspond un amalgame des mots. Les médecins et penseurs font alterner les termes exprimant l'aliénation, employant aussi bien *melancólico* que *maníaco, frénético* ou *insano,* ou encore associant ces différents adjectifs :

> "estas, y otras obras semejantes vemos obrar muchas veces a los Maniacos, o Melancholicos, o Insanos"[4] .

> "el melancholico maniaco no hablafa latin, ni philosophara, si antes no lo sabia"[5] .

---

[1] Pedro Mercado, *Diálogos de philosophía...*, fol. 119 r et v.

[2] P. García Carrero, *Disputationes medicae*, p. 229.

[3] Murillo, *Aprobación de ingenios*, fol. 89r.

[4] Murillo, *Aprobación de ingenios*, fol. 5v.

[5] Andrés Velásquez, *Libro de la melancholia*, fol. 72 v.

A propos des dons merveilleux des mélancoliques, A. Velásquez emploie aussi bien "melancholico" que "maniaco" ou "phrenetico" écrivant "si el rustico puede hablar Latin, sin primero lo aver aprendido, *estando phrenetico, o maniaco*"[1] aussi bien que "si el rustico labrador, que teniendo melancholia, habla Latin y trata de preceptos de Philosophia, lo puede hazer sin tener demonio"[2]. De même, chez Murillo, qui s'inspire étroitement de du texte de Velásquez, "melancholico", "maniaco", "phrenetico", "insano" sont virtuellement synonymes. Le titre du chapitre I de Murillo s'intitule

> "En que se declara si un hombre estando Hipochondriaco, Melancolico, Frenetico o Maniaco, puede hablar Latin sin averlo estudiado"[3].

"Melancolico", "insano", "phrenetico", "maniaco" se permutent et s'associent :

> "Estas y otras obras (...) vemos obrar (...) a los Maniacos, o Melancolicos, o Insanos, que todo significa una misma cosa, segun doctrina de Galeno".

> "es impossible en buena philosophia, que pueda ningun Melancholico, Maniaco, ni Phrenetico hablar latin sin lo saber, y aver estudiado".

> "Porque los Maniacos, Melancholicos, Hipochondriacos, y Phreneticos, si acaso sucede que vengan a hablar Latin, y a philosophar, y entender lenguas ignotas, sin las aver antes sabido, es obra del Demonio"[4].

Murillo assimile et identifie explicitement mélancolie, manie, fureur et *insania* :

> "Ay dos maneras de melancholia (...). La una destas es, la que todos los Medicos, hablando propiamente, llaman melancholia. La otra es, a quien llamaron mania, o como dize Paulo Aegineta, *insania*, y deste mismo nombre usaron Aecio, y Areteo en el lugar citado, lib. I, cap.6. le llama *furor*, de manera que *furor, insania, & mania*, a cerca destos graves Autores, es, y significa una misma cosa : coligese ser esto verdad de las mismas palabras de Paulo (...) y asi dixo tambien Areteo (...), infinitos son en especie los modos de locura ; pero todos caen debaxo de un genero, porque no ay mas en los furiosos, maniacos, insanientes, o melancholicos, que ser una enagenacion de razon, o entendimiento, sin calentura ; y assi todos estos nombres dizen, y significan el ser, y essencia de una misma cosa (....). Y si entre Autores vemos averse hecho diversos capitulos destas enfermedades, ha sido para mas claridad de la doctrina (...) porque los accidentes son unos"[5].

Pour de nombreux auteurs, "melancolico", "hipocondriaco", "insano",

---

[1] Andrés Velásquez, *Libro de la melancholia*, page de garde.
[2] Andrés Velásquez, *Libro de la melancholia*, fol. 7 v.
[3] Murillo, *Aprobación de ingenios*, fol. 5r.
[4] Murillo, *Aprobación de ingenios*, fols. 5v, 7r et 30v, respectivement.
[5] Murillo, *Aprobación de ingenios*, fol. 88v-89r.

"phrenetico", "maniaco" désignent un seul et même référent. Le lecteur assiste donc à une série de glissements terminologiques et de permutations qui montrent que, dans le système de pensée du XVIème et du XVIIème siècle, il n'existe par de claire démarcation entre la mélancolie et ces différentes formes d'aliénation.

4. *Mélancolie et fureur*

Une longue tradition d'interprétation associe la mélancolie à la fureur, inspirée ou non.

a) Mélancolie, ire et colère

Selon certaines thèses, contestées par Corominas, il existerait un rapport étymologique entre la mélancolie ("malenconía"), la colère et la fureur ("encono"). Mais le lexicographe ajoute que l'hypothèse d'un tel lien étymologique est "ingeniosa y nada convincente"[1]. Toutefois, les fausses étymologies sont aussi révélatrices que les vraies, permettant de dévoiler ce qu'une époque donnée voyait dans un terme : il semble bien qu'à travers *malenconia, malenconioso* un certain nombre d'auteurs, surtout au Moyen Age, aient perçu les termes *encono, enconar, enconado, enconía*. La mélancolie est l'humeur de l'*encono*, c'est-à-dire de la rage, de la rancoeur, de la fureur haineuse. *Enconar* –d'où dérive *enconía*–, du latin *inquinare* (tacher, salir, corrompre), signifie "s'enflammer, s'envenimer (une plaie)" et "s'irriter, s'exaspérer (l'âme)" : *enconar* désigne donc une irritation double de l'âme et du corps, un venin qui "empoisonne" la chair et l'esprit. La parenté de ces représentations avec les images véhiculées par le mot et le concept de *melancolia* est flagrante.

Par ailleurs, l'association de la mélancolie à la rage et à la colère repose sur une large tradition théorique qui remonte aux médecins de l'Antiquité. Hippocrate (*Epidémies*, III, 17, 2) classait les crises de colère parmi les symptômes de la mélancolie. D'après Mary Frances Wack, il existe dans la tradition médicale une

---

[1] Joan Corominas, *Diccionario crítico etimológico de la lengua castellana*, Madrid, Gredos, 1974, s. v. "enconar".

théorie selon laquelle le mélancolique s'emporte facilement. Ainsi, Caelius Aurélien associe la bile noire au courroux :

> "Cicéron parle de la bile noire dans le sens d'une colère profonde ; et quand Hercule est agité par un puissant courroux, Virgile dit «et, sur ce, le courroux d'Hercule s'enflamma furieusement avec la bile noire» ; car ceux qui souffrent de mélancolie semblent toujours être enclins à la colère et ne sont presque jamais joyeux et détendus"[1] .

L'association de la mélancolie à la colère apparaît fréquemment dans les textes médiévaux. Le *Corbacho* –qui utilise précisément "malenconía" et "malencónico"– déclare que les mélancoliques "son onbres muy yrados, syn tiento nin mesura (…), mucho rriñosos, e con todos rrifadores"[2] . L'irascibilité distingue le mélancolique des autres tempéraments et le définit :

> "el sanguino es alegre, e el malencónico ome yrado, e el colérico movido, de ligero, e el flemático torpe e perezoso"[3] .

Ces conceptions subsistent au XVIème et au XVIIème siècle. Pour Pedro Mexía, Saturne et l'âge mélancolique (le vieil âge) poussent à "guardar la yra y enojo"[4] . Enfin, en 1672, Murillo affirme que certains mélancoliques sont "colericos y malcontentos"[5] . Une étroite relation associe donc la mélancolie à la colère, à l'irritation et à l'emportement, suggérant l'existence d'une parenté entre la mélancolie et les figures de la fureur.

b)   Mélancolie et fureur

Il existe dans le système de pensée une puissante affinité unissant la mélancolie à la fureur. Jean Bodin affirme que les peuples du Sud, mélancoliques, sont sujets à la fureur :

> "aussi les passions de l'âme qui sont causées par la melancholie abradante ne sont pas faciles à appaiser : qui fait que ceux qui ont fort subjects à ceste humeur là, deviennent plus souvent furieux que les autres, s'ils n'ont moyen d'assouvir leurs affections. (…) C'est pourquoy il y a plus de furieux aux regions meridionales, que vers le pais Septentrional"[6] .

---

[1] Cité par Mary Frances Wack, *Lovesickness in the Middle Ages...*, p.12. C'est nous qui traduisons.

[2] A. Martínez de Toledo, *El Corbacho*, p. 138.

[3] A. Martínez de Toledo, *El Corbacho*, p. 160.

[4] Pero Mexía, *Silva de varia lección*, I, p. 522-523.

[5] Murillo, *Aprobación de ingenios*, fol. 38r.

[6] Jean Bodin, *Les six livres de la République*, V, p. 30-31.

En Espagne, différents textes associent la mélancolie à la fureur, à la transe et à la convulsion. Pour Vives, la bile noire rend les individus "furiosos y maníacos"[1]. García Carrero et Murillo écrivent que les mélancoliques sont enclins aux crises de fureur et l'auteur de l'*Aprobación de ingenios* compare leur comportement à celui des individus piqués par la tarentule[2]. Antonio de Torquemada relie la mélancolie à la fureur et à l'aliénation à travers un court récit :

> "yo vi en un mujer muy cercana parienta mía, que siendo fatigada de una melancolía, que los médicos llaman mirarchia, la cual es muchas veces es causa de hacer perder el juicio y venirse a hacerse furiosos y locos los que la tienen, que nunca pudo acabar de vencerla. Y era cosa de ver la batalla que entre la melancolía y ella pasaba : tanto que hacían a la pobre mujer echarse en el suelo boca abajo, y la melancolía la forzaba a que hiciese pedazos lo que traía sobre sí y que tirase piedras a los que veía, y que arremetiese a los que topaba, y hiciese otros géneros de locuras"[3].

Pour Alonso de Freylas, la bile noire *adusta* engendre des "furores maniacos"[4]. Nieremberg suggère également une équivalence entre la mélancolie et la fureur, employant "melancolico" et "furioso" comme un couple de quasi-synonymes :

> "La causa es porque el veneno, o el humor del enfermo suele ocasionar efectos melancolicos o furiosos"[5].

Enfin, Jerónimo Planes affirme que la bile noire est la cause de phénomènes de "furor y locura" qui ont quelque chose de démoniaque[6]. La mélancolie contient donc un potentiel d'aliénation, de dépossession de soi. Visiblement, la fausse étymologie –par laquelle certains médiévaux semblent lire l'*encono*, l'irritation dans la *malenconia*– et la tradition d'interprétation reliant la mélancolie à la colère s'influencent et se confortent mutuellement, suggérant sans cesse l'idée d'une parenté essentielle entre la mélancolie et la fureur.

Pour Platon, il n'y a pas de génie sans folie et sans fureur. A travers son identification à la folie, à la fureur et à l'aliénation, la mélancolie bénéficie de la

---

[1] Luis Vives, *Tratado del alma,* dans *Obras completas,* II, p.1202.

[2] P. García Carrero, *Disputationes medicae,* p. 243 ; Murillo, *Aprobación de ingenios,* fols. 20v-21r, 23r, 89 r et v.

[3] Antonio de Torquemada, *Jardin de flores curiosas,* p. 248.

[4] Alonso de Freylas, *Si los melancholicos ...* , p. 2.

[5] Juan Eusebio Nieremberg, *Oculta filosofia,* fol. 17r.

[6] Jerónimo Planes, *Tratado del Examen de las revelaciones,* fol. 261 r et v.

puissante tradition qui associe ces notions à l'inspiration et au génie et absorbe une partie du contenu de la *mania* platonicienne.

5. *La mélancolie lue à travers le filtre de la fureur platonicienne*

a) Mélancolie et enthousiasme inspiré : le *Problème* d'Aristote et l'héritage platonicien

Le *Problème XXX,1* d'Aristote ne se contente pas d'affirmer la supériorité intellectuelle des mélancoliques, mais fait de la mélancolie la condition de la fureur inspirée des Sibylles et du poète :

> "beaucoup [parmi les mélancoliques], pour la raison que la chaleur se trouve proche du lieu de la pensée, sont saisis des maladies de la folie ou de l'enthousiasme. Ce qui explique les Sibylles, les Bacis, et tous ceux qui sont inspirés, quand ils le deviennent non par maladie mais par le mélange de leur nature. Et Maracus le Syracusain était encore meilleur poète dans ses accès de folie"[1].

Ls théoriciens du XVIème et du XVIIème siècle s'appuieront sur ce passage pour défendre l'idée d'une mélancolie inspirée en l'assimilant au concept platonicien de divine manie.

A travers sa théorie du divin délire, le platonisme associe fureur, folie et inspiration. Cependant, toute folie n'est pas divine, et le *Phèdre* (244 b) distinguera la folie stérile de la *mania* inspirée. La première, d'origine corporelle, est une folie ordinaire, due à une *ametria* (déséquilibre) qui n'améliore en rien les capacités de l'âme ; la seconde est le résultat d'une mutation provoquée par les dieux : elle n'est pas un déséquilibre mais au contraire une suprême concordance avec le *cosmos* qui élève l'esprit et le rend capable des plus hautes révélations. Or, comme le remarque H. Tellenbach[2], c'est dans le *Phèdre* –où se développe la théorie de la folie inspirée– qu'est employé le terme "melancholicos" (*Phèdre*, 268 E) pour signifier l'esprit égaré : pour Platon, la mélancolie relève de la folie pathologique et non de la divine fureur. La distinction platonicienne est reprise et commentée par Caelius

---

[1] Aristote, *L'homme de génie et la mélancolie*, p. 97.
[2] H. Tellenbach, *La mélancolie*, p. 28.

Aurélien :

> "Platon, dans le *Phèdre*, dit que la manie est double (duplicem furorem), l'une vient d'une tension de l'esprit due à une cause d'origine corporelle ; l'autre est divine, ou inspirée, et son inspirateur est Apollon ; et on l'appelle maintenant «divination» ; mais chez les Anciens on l'appelait «manie» (furorem)"[1].

De même, Cicéron, dans les *Tusculanes* (III, V, 10-11), oppose l'*insania* (la folie ordinaire, stérile, dégradante) à la folie furieuse des héros ou des sages ("furor") :

> "cette folie (insania) qui étant liée au manque de sagesse, est très fréquente, nous la séparons de la folie furieuse (furore). (....) C'est de cette manière que nous disons d'Athanas, d'Ajax, d'Oreste qu'ils sont fous furieux (furere) ; ce sont les gens ainsi atteints à qui les Douze Tables interdisent la disposition de leurs biens ; aussi bien il y est écrit non pas «s'il est insensé» (insanus) mais «s'il est fou furieux» ; on a cru que l'homme privé de sens (insaniam), c'est-à-dire dépourvu de la constance du sage, pouvait cependant s'acquitter des devoirs moyens, et des soins indispensables dans l'usage ordinaire de la vie ; mais la folie furieuse (furor), pensait-on, était un complet aveuglement de l'esprit. Quoique cet état paraisse plus grave que le manque de sens (insania), il est pourtant tel qu'il puisse se rencontrer chez le sage, tandis que le manque de sens ne le peut pas"[2].

A la distinction conceptuelle entre ces deux folies, Cicéron ajoute une distinction terminologique, opposant l'*insania* au *furor*. La première est un manque de sagesse, dû à des causes physiologiques ; en revanche, le second, suggère Cicéron, n'a pas une origine corporelle et n'est pas incompatible avec une clairvoyance supérieure : le sage pourra donc être *furiosus* mais non *insanus*. A travers ces distinctions, aussi bien Platon que Cicéron tentent d'arracher la fureur inspirée au registre du corps.

b)   La pensée de la Renaissance

L'idée de la folie inspirée fut également développée par de nombreux penseurs latins et médiévaux[3], mais ce sont essentiellement les néo-platoniciens italiens de la Renaissance qui exaltèrent ce concept et le transmirent au reste des penseurs européens. Toutefois, soucieux suivre l'exemple platonicien et de légitimer la fureur féconde du poète, un certain nombre de penseurs et de poètes

---

[1] Caelius Aurélien, *Maladies chroniques*, I, 5, 144. Cette indication est empruntée à J. Pigeaud, *La maladie de l'âme*, p. 456.

[2] Cicéron, *Tusculanes*, III, V, 10-11. Dans *Les Stoïciens*, p. 298.

[3] Ernst Robert Curtius, *Literatura europea y edad media latina*, Madrid/ Mexico, FCE, 1988, II, p. 667-668.

s'attacheront à la distinguer le délire inspiré, hérité du platonisme, de la folie pathologique. Ainsi, en 1562, dans son *Raggionamento della poesia*, Bernardo Tasso (le père de Torquato) distingue la fureur poétique, d'origine divine, de la folie née de la maladie et des humeurs :

> "E perciò dice Platone nel libro del *Furor poetico* : «Tutti adunque i poeti illustri non per virtù et eccelenza d'arte ma infiammati di divino spirito e quasi pazzi cantano leggiadri e bellissimi poemi». (...) Il qual furore, si come esso filosofo nel medesimo dialogo diffinisce, non è altro che una alienazione di mente la quale in due modi può cadere in noi : l'uno causato da qualche infermità, l'altro dalla grazia di Dio ; quello chiamamo pazzia, questo divin furore. Per quello in un certo modo l'uomo diviene come animale, per questo s'alza sovra llo stato dell'umana natura e passa in Dio, conciò sia che furor divino non sia altro che una illustrazione dell'anima razionale per la quale Dio lei dalle cose alte e divine discesa a queste base e terrene, alle cose celesti richiam e solleva"[1] .

La distinction théorique se double d'une différenciation lexicale : à l'instar de Cicéron qui, dans les *Tusculanes*, avait opposé l'«insania» au "furor", le texte de Tasso oppose la "pazzia" (folie vulgaire) au "furore" (divine fureur). De même, en Espagne, Luis Alfonso de Carvallo distingue la "locura" avilissante du "furor" inspiré :

> "*Zoylo*. Pues esse furor, que otra cosa es sino locura.
> *Lectura*. Antes es muy differente, y porque el furor lo puede tener qualquiera sabio, pero la locura no, que casi en estos terminos lo dize Tulio en la 3. Tusculana, ut furor insapientem (sic) cadere possit : non possit insania, y en llamar yo a este furor, casi divino espiritu y afflato no me alargue mucho, pues de la mano divina gratis es dado, sin que con fuerça humana se pueda adquirir".

> "Ciceron dize, que con un divino espiritu el Poeta es inflamado, y en el segundo libro de su Oratoria, que ninguno podia ser buen Poeta sin el divino espiritu. Este aun por faltar le este furor no pudo ser Poeta, no por esso los llama locos, antes siente muy al contrario, bien claramente confessó este casi divino furor"[2] .

Fidèles au platonisme et soucieux d'ennoblir la fureur inspirée et de la détacher de la physiologie, un certain nombre de penseurs s'appliquent à distinguer folie issue du corps et divine folie. Toutefois, ces efforts de démarcation conceptuelle et lexicale seront, globalement, voués à l'échec.

---

[1] Bernardo Tasso, *Raggionamento Della poesia*, dans B. Weinberg (éd.), *Trattati di poetica e di retorica del Cinquecento*, Bari, Laterza, 1970, vol. II, p. 580-581.
[2] Luis Alfonso de Carvallo, *Cisne de Apolo*, éd. d'Alberto Porqueras Mayo, Madrid, CSIC, 1958, II, p. 198-199, pour les deux citations.

6. *Vers une seule fureur*

a) L'échec d'une terminologie claire

Dans le discours médical comme dans les textes philosophiques, la recherche d'un vocabulaire clair, opposant fureur inspirée du poète et la démence pathologique, s'enlise face à une tendance généralisée à l'amalgame des mots et des notions. Ainsi, pour désigner la divine fureur du poète, Carvallo emploie "insanire"[1] (en principe réservé par Cicéron à la folie vulgaire) et "loco", "locura" , qu'il avait dans un premier temps réservé à la folie pathologique :

> "Como puede ser loco el Poeta ?".
>
> "Platon en cuyo dicho quesiste fundar la locura de los Poetas dize que la poesia es revelacion divina y soberana"[2] .

Diverses explications peuvent être apportées à ces confusions terminologiques. D'une part, l'essor, pendant la Renaissance, des théories de la fureur poétique à la faveur des néo-platoniciens constitue un phénomène relativement récent qui n'est pas doté de vocabulaire propre. Les philosophes emprunteront donc à la médecine les termes destinés à dire l'enthousiasme poétique. La folie prétendument céleste du poète se trouvera ainsi désignée par des termes rappelant directement la physiologie et la double appartenance (philosophique et médicale) du vocabulaire de la fureur engendrera des confusions inextricables. En tout état de cause, les différents mots employés –*melancholia, mania, insania, furor, phrenesis*– ne se départent jamais de leur ambiguïté, désignant une fureur polysémique qui peut être pathologique ou céleste, inspirée ou avilissante, créatrice ou destructrice.

b) Du conflit à la conjonction de deux théories : l'amalgame de la fureur divine et de la fureur issue du corps

L'échec d'une terminologie claire met en évidence une confusion au niveau des concepts. A l'origine, chez Platon, la mélancolie se situe du côté de la folie

---

[1] Luis Alfonso de Carvallo, *Cisne de Apolo*, II, p. 194.

pathologique et ne saurait être confondue avec la *mania* des poètes, dont la source est divine et non physiologique. Mais cette distinction se heurte de front à la théorie du *Problème* d'Aristote qui attribue précisément la fureur inspirée à l'humeur mélancolique. La Renaissance se trouve donc confrontée à deux conceptions incompatibles de l'inspiration : tantôt celle-ci requiert une origine céleste, un "divin esprit", tantôt, à l'opposé, c'est la bile noire, ou encore un *spiritus* issu de la physiologie qui constituent le support de la fureur inspirée. Les hésitations de Dante ou de Cavalcanti à propos de l'inspiration témoignent d'ailleurs de la confusion qui règne dans les esprits[1].

Platon ou Aristote, les penseurs de la Renaissance ne choisissent pas, et optent pour l'amalgame des deux. La doctrine aristotélicienne est lue à la lumière de la *mania* inspirée du platonisme et, inversement, la théorie platonicienne de la fureur poétique s'appuie sur le *Problème* : la mélancolie apparaîtra alors comme la condition physiologique et l'explication scientifique de la divine fureur du platonisme. Cet amalgame était d'autant plus facile que, pour Platon, l'homme capable de divine mania est aussi le plus menacé par la folie pathologique[2]. Soucieux de ne heurter aucune autorité, les médecins et philosophes de la Renaissance affirmeront, avec Platon, l'existence d'une fureur inspirée mais admettront, avec Aristote, que c'est la bile noire qui favorise ces états d'enthousiasme. Aux deux fureurs –divine et pathologique– rigoureusement distinguées par Platon, la plupart des penseurs substituent une seule fureur, dont la divine inspiration est préparée par une base physiologique, la bile noire. Cette synthèse des deux pensées apparaît d'abord chez un certain nombre de penseurs européens qui interprètent la dosctrine de la mélancolie inspirée à travers la divine

---

[2] Luis Alfonso de Carvallo, *Cisne de Apolo*, II, p. 195 et 198, respectivement.
[1] Sur la position de Dante : Robert Klein, "Spirito peregrino" dans *La forme et l'intelligible*, Paris, Gallimard, 1970, p. 31-64. Sur Cavalcanti : Marie-Madeleine Fontaine, "La lignée des commentaires à la chanson de Guido Cavalcanti, *Donna me prega* : évolution des relations entre philosophie, médecine et littérature dans le débat sur la nature de l'Amour", dans *La folie et le corps*, études réunies par Jean Céard, avec la collaboration de Pierre Naudin et Michel Simonin, Paris, Presses de L'E.N.S., 1985, p. 159-178.
[2] H. Tellenbach, *La mélancolie*, p. 28.

fureur du platonisme. Jean Bodin soutient que les mélancoliques peuvent atteindre une extase divine qui leur permet de contempler les plus hautes vérités[1]. Pour Jason Van der Velde, certains mélancoliques ont la capacité de recevoir l'influence des démons célestes ("coelestes daemones") qui leur confèrent des facultés intellectuelles surnaturelles et le don de prophétie :

> "[coelestes daemones] ibi consident, ac deliciantur, tanquam in regione illa clarissimorum syderum uolubili : qui ubi sese commoverint, animum quoque commovent, & mirabiliter afficiunt, coguntque urere... [Quidam fiunt] artium, quas nunquam didicere inventores, legum sanctissimarum conditores, naturalium rerum perscrutatores, diuinorum mysteriorum interpretes, poetae, Prophetae, Vates"[2].

La mélancolie devient inspiration par un divin *daimon* qui insuffle au sujet des connaissances ou des capacités extraordinaires. Girolamo Fracastoro affirme que la mélancolie favorise une fureur inspirée ("apta nimirum est melancholia ad hunc furorem") où un esprit, qui peut être divin, démoniaque ou angélique ("aut Deum, aut Angelum, aut Daemonem"), s'introduit ("immitere") dans le sujet et lui prête des dons extraordinaires :

> "necesse est separatum aliquem intellectum, aut Deum, aut Angelum, aut Daemonem eam divinationem nobis immitere. Quocumque autem modo contingat hominem prophetam fieri, aut casu, aut susceptione separati intellectus, aptissima mihi videtur melancholia ad id praestantum. Si enim furor est quidam haec divinatio, apta nimirum est melancholia ad hunc furorem. Quod si Deus, aut Angelus, se admiscet nobis, rationabile est iis maxime se miscere, qui ingenii magnitudine, et excellentia quadam actionum praestant"[3].

Ficin et Agrippa sont, comme on le sait, les principaux artisans de la lecture des *Problemata* à la lumière de la *mania* platonicienne. Selon Ficin une bile noire convenablement tempérée, jointe à l'influence de Saturne, rend le sujet apte à accueillir en soi, dans une sorte d'extase, l'inspiration divine : rempli par le *spiritus* céleste, le mélancolique devient alors capable d'atteindre les diverses fureurs distinguées par le platonisme[4]. Amalgamant la pensée de Platon et d'Aristote, Agrippa développe une théorie assez proche de celle de Ficin, associant la fureur

---

[1] Sur ce sujet, voir Babb, *Elizabethan malady*, p. 65.
[2] Jason Van der Velde *De cerebri Morbis*, Bâle, 1549, p. 262. D'après Babb, *Elizabethan malady*, p. 65.
[3] Girolamo Fracastoro, *Opera*, Venise, 1555, fol. 203r. D'après Babb, *Elizabethan Malady*, p. 66.
[4] Sur ce sujet : Panofsky, Saxl, Klibansky, *Saturne et la mélancolie*, p. 385 et suiv.

mélancolique à une divine *mania*. Pour l'auteur du *De Occulta Philosophia*, l'échauffement de la bile noire produit une extase divinement inspirée qui peut prendre trois visages :

"La transe des mélancoliques est si violente qu'elle peut entraîner les daemons célestes à venir dans le corps humain. Cela n'a rien d'exceptionnel : tous les auteurs anciens disent que c'est grâce à ces daemons célestes que les hommes peuvent accomplir des oeuvres admirables. Cette possession prend un triple aspect correspondant aux trois modes de manifestation de l'âme : l'imagination, la raison et le mental ["mentis"]. Lorsque l'âme est entraînée par l'humeur mélancolique, elle échappe au joug du corps matériel, brise les chaînes des organes et des membres et devient toute imagination. Aussitôt elle est la demeure des génies inférieurs qui, parfois, lui confèrent des aptitudes admirables aux arts manuels. Nous voyons alors un homme inculte arriver soudain à la maîtrise en peinture, en architecture ou dans un art quelconque. Quand ces sortes d'esprits prédisent des choses futures, ils nous montrent les troubles qui peuvent affecter les éléments comme les pluies à venir, les tremblements de terre, les épidémies, les famines ou les guerres. (...) Lorsque l'âme est plutôt tournée vers la raison, elle peut recevoir les génies du plan intermédiaire moyen. Par eux elle apprend d'un seul coup tout ce qui touche aux sciences de la nature ou aux sciences de l'homme. Ainsi nous voyons un homme quelconque devenir soudain meilleur que le meilleur des philosophes, des médecins ou des orateurs, capable de prédire l'avenir des États et de décider sur les grandes affaires du temps : c'est ce que faisaient les Sibylles chez les Romains. Mais lorsque l'âme s'éveille tout entière à la vie de l'esprit, elle devient alors le vase d'élection des plus hautes entités. Par elles elle connaît les secrets divins, les mystères relevant de l'harmonie divine et de l'ordre des anges, elle atteint la science des choses éternelles et connaît le salut des âmes. Dans cet état l'âme humaine peut aussi prévoir l'avenir et connaître les événements qui dépendent de la divine Providence comme les prodiges ou les miracles à venir ainsi que les nouveaux prophètes et les changements de la Loi Divine"[1].

Enfin, Giambattista Della Porta effectue aussi une synthèse des théories aristotélicienne et platonicienne, affirmant, dans le *De humana physiognomia* que la bile noire produit une fureur poétique et divinatoire qui n'est pas étrangère à celle décrite par le platonisme[2].

En Espagne, les exemples de Carvallo et Huarte montrent comment s'effectue la synthèse, dans la Péninsule, de la fureur mélancolique de l'aristotélisme avec la théorie de la divine *mania* du platonisme. Avec Platon, Carvallo affirme que la fureur du poète est nécessairement divine :

"Platon (...) dize que la poesia es revelacion divina y soberana (...) y Ciceron dize, que con un divino espiritu el Poeta es inflamado"[3].

---

[1] Agrippa, *La magie naturelle*, p. 174-175.
[2] Giambattista Della Porta, *La physionomie humaine...*, p. 25-28.
[3] Luis Alfonso de Carvallo, *Cisne de Apolo*, II, p. 198-199.

Mais à la fin du chapitre consacré à la fureur poétique, Carvallo affirmera aussi, non sans contradiction, que la fureur dépend aussi de la physiologie et de la complexion :

"como esta organizada [el alma] en este cuerpo de barro subjeto a tantas influencias, passiones y mudanças, por su causa y disposicion, viene a estar unas vezes mas apta y prompta para obrar, que otras, y mas en esta arte, que con el calor del cuerpo, y su inflamacion, viene a obrarse en tanto grado, que si uno naturalmente no fuesse Poeta con el calor que le procediesse de la ira, y colera vendria a hacer versos, como ya dixe atestiguando a Oracio. Si natura negat facit indignatio versus. Ansi que segun la disposicion del cuerpo, me parece será la aptitud y vena del Poeta"[1]

"El ultimo furor se llama vena,
consiste en armonía y en concento,
con que inflamado el hombre se enagena,
del comun y ratero pensamiento
(…) mas apto no está siempre para aquesto,
porque es conforme al cuerpo está dispuesto"[2] .

Divine *mania* et fureur issue de la physiologie se confondent et se superposent. De même, comme la plupart des théoriciens de son époque, Huarte admet que la poésie réclame une aliénation inspirée :

"otra diferencia de ingenio se halla, no muy diferente de la pasada, con la cual dicen los que la alcanzan (sin arte ni estudio) cosas tan delicadas, tan verdaderas y prodigiosas, que jamás se vieron, ni oyeron, ni escribieron, ni para siempre vinieron en consideración de los hombres. Llámala Platón *ingenium excellens cum mania*. Con ésta hablan los poetas dichos y sentencias tan levantados, que, si no es por divina revelación (dice Platón) no es posible alcanzarse"[3] .

Mais à la différence de Platon, la folie inspirée n'a pas chez Huarte une origine divine mais une cause physiologique, la bile noire :

"Esta tercera diferencia de ingenio que añade Platón realmente se halla en los hombres, y yo como testigo de vista lo puedo testificar y aun señalar algunos con el dedo si fuere menester. Pero decir que sus dichos y sentencias son revelaciones divinas, y no particular naturaleza, es error claro y manifiesto ; y no le está bien a un filósofo tan grave como Platón ocurrir a las causas universales sin buscar primero las particulares con muchas diligencia y cuidado. Mejor lo hizo Aristóteles ; pues buscando la razón y causa de hablar las Sibilas de su tiempo cosas tan espantables dijo : *id non morbo nec divino spiraculo, sed naturali intemperie accidit*. La razón de esto está muy clara en filosofia natural."[4]

Huarte explique la *mania* inspirée du platonisme à partir du *Problème* d'Aristote,

---

[1] Luis Alfonso de Carvallo, *Cisne de Apolo*, II, p. 219.

[2] Luis Alfonso de Carvallo, *Cisne de Apolo*, II, p. 221.

[3] Huarte, *Examen de ingenios*, p. 202-203.

[4] Huarte, *Examen de ingenios*, p. 203.

refusant l'explication surnaturelle de la fureur pour lui préférer une cause naturelle :

> "Por estas palabras confiesa claramente Aristóteles que, por calentarse demasiadamente el celebro, vienen muchos hombres a conocer lo que está por venir, como son las sibilas ; lo cual dice Aristóteles que no nace por razón de la enfermedad, sino por la desigualdad del calor natural (…). De manera que no solamente admitió Aristóteles por causa principal de estas cosas extrañas el temperamento del celebro, pero aun reprehende a los que dicen ser esto revelación divina y no cosa natural"[1] .

Comme Huarte, la plupart des théoriciens espagnols se refuseront à faire appel aux "divins daemons" des néo-platoniciens pour expliquer les extases mélancoliques. En Espagne, où le platonisme se développa plus difficilement que dans le reste des pays européens, les penseurs, à la différence de Ficin, d'Agrippa, ou de la Pléiade française, ne développent pas une théorie de l'extase mélancolique divinement inspiré, mais préfèrent invoquer des causes physiques. Face au néoplatonisme ambiant, l'originalité des Espagnols réside dans leur réticence face au surnaturel et leur prédilection pour les causes naturelles.

Fascinés par l'action de la mélancolie sur l'esprit, les penseurs du XVIème-XVIIème siècle l'assimilent à toute forme de fureur et d'enthousiasme, qu'il s'agisse de divine *mania*, de démence pathologique, ou encore de folie démoniaque. La bile noire est reliée à l'explosion d'une force dévastatrice, à des moments de fureur exaltée qui, associés au divin ou au démoniaque, éveillent la curiosité et suscitent une puissante fascination.

Assimilée au large et complexe patrimoine de sens rattaché à la folie, héritière de toutes les ambivalences de la fureur, la mélancolie se trouve aussi bien reliée à la tradition de la néfaste *insania* –folie pathologique et stérile– qu'à celle de la divine *mania* du platonisme. Le discours sur l'inspiration et la mélancolie reproduit ainsi la double polarité fondamentale qui caractérise la mélancolie dans le discours scientifique : considérée d'une part comme une substance froide, lourde, épaisse, délétère, la mélancolie paralyse, stérilise, rendant l'homme semblable à la

---

[1] Huarte, *Examen de ingenios*, p. 311-313. Voir aussi les p. 317 et 319.

bête ; mais, d'autre part, la bile noire apparaît aussi comme une humeur chaude, légère, lumineuse, qui élève l'esprit dans une fureur féconde. Avilissante ou inspirée, la mélancolie contient en germe toutes les ambiguïtés du concept de fureur à l'âge classique.

Chapitre six : MELANCOLIE, INGENIO ET DONS DE L'ESPRIT

Le *Problème* d'Aristote affirme, on le sait, l'excellence intellectuelle des mélancoliques. Pourtant, le texte aristotélicien est ambigu et, comme le note Alonso de Freylas, ne donne aucune indication sur les mécanismes physiologiques du génie mélancolique, n'expliquant en rien comment la bile noire peut influencer et exalter l'intelligence :

> "pero como esta virtud natural de entender que llamamos ingenio, nazca (como de causa y principio natural) del humor melancolico, no lo declaró Aristoteles sino lo trata muy confusamente"[1].

Enigmatique et imprécis, le texte d'Aristote laisse subsister de larges zones d'ombre qui permettront aux théoriciens du XVIème et du XVIIème siècle de développer des visions très diverses de la relation qui unit la mélancolie à la prééminence intellectuelle. En particulier, le discours médical consacre une attention accrue à l'influence de la mélancolie sur les facultés de l'âme.

A. LA MELANCOLIE ET LES FACULTES DE L'ÂME

La pensée du XVIème et du XVIIème siècle distingue trois facultés de l'âme : la mémoire, l'imagination et l'entendement (appelé aussi "raison" ou "faculté de raisonner")[2]. Comme l'affirme Pedro García Carrero, il existe au

---

[1] A. de Freylas, *Si los melancholicos...*, p. 3.

[2] Sur ce point, voir en particulier : Bernardo Gordonio, *Lilio de medicina,* fol. 55v ; Fernando de Herrera, *Anotaciones,* dans *Garcilaso de la Vega y sus comentaristas,* p. 322; Andrés Velásquez, *Libro de la melancholia,* fols. 62r-63v; A. de Santa Cruz, *Dignotio et cura affectuum*

XVIème et au XVIIème siècle une polémique sur les facultés affectées par la mélancolie :

> "Sed maioris difficultatis est invenire, cuius facultatis rectricis sit laesio? Fuerunt tamen plures modi dicendi"[1] .

La nature de l'influence -bénéfique ou néfaste- de la bile noire sur les facultés constitue aussi un sujet de débat. En effet, ainsi que le souligne Huarte,

> "nunca acontesce enfermedad en el hombre que, debilitando una potencia, por razón de ella no se fortifique la contraria o la que pide contrario temperamento"[2] .

Destemplanza, la mélancolie pourra donc stimuler ou détériorer les facultés.

1.   La controverse autour de la mémoire mélancolique

La mémoire est conçue par les penseurs du XVIème et du XVIIème siècle comme un entrepôt des impressions fournies par l'imagination et un réservoir des idées procurées par l'âme rationnelle. Au Siècle d'Or, les rapports entre mélancolie et mémoire ne font pas l'unanimité parmi les médecins : au contraire, une controverse larvée se dessine autour du thème de l'influence de l'humeur noire sur la mémoire. Selon une certaine tradition, la mélancolie gâte la mémoire et, à l'instar d'Avicenne et de Rufus d'Ephèse, la majorité des traités médicaux associeront la mélancolie à la *corruptio memoriae.* Arnau de Vilanova affirme que la tristesse "nafra la memòria"[3] et, pour Villalobos, les humeurs froides corrompent la mémoire : "Memoria corrupta es una enfermedad/ con quien la memoria olvida lo que era,/ y viene al celebro con alguna frialdad/ compuesta con humido y sequedad/ de humor (...)"[4] . La plupart des auteurs s'accordent à dire que la mélancolie altère la mémoire par sa froideur :

> "porque para la memoria tenemos necessidad de algo mas intenso calor, (...). Y de aqui es, que aviendo distemperie fria, mas ayna sienta la memoria el daño"[5] .

---

melancholicorum, p. 6 ; Murillo, *Aprobación de ingenios,* fol. 96 r et v.

[1] P. García Carrero, *Disputationes medicae,* p. 245.

[2] Huarte, *Examen de ingenios,* p. 179.

[3] A. de Vilanova, *Regiment de sanitat,* dans *Obres catalanes,* II, p. 132-133.

[4] F. López de Villalobos, *Sumario de la medicina,* p. 320-321.

[5] Andrés Velásquez, *Libro de la melancholia,* fol. 63r.

En 1672, Murillo reprend, globalement, les idées de Villalobos, affirmant que "si uno de repente, perdiesse la memoria, o se le disminuyese, infalible cosa es que a este le procede, y viene de causa fria" et que "otro sympthoma sucede a los melancholicos (...) y es defecto en la memoria"[1]. Enfin, pour Huarte, c'est au contraire le mélancolique au tempérament chaud, *adusto*, qui manque de mémoire : "los melancólicos por adustión (...) todos son faltos de memoria"[2].

Mais l'humeur noire pourra aussi stimuler la mémoire et, pour certains auteurs, le mélancolique apparaît comme le tempérament de la bonne mémoire. Suivant un goût prononcé pour l'analogie, les théoriciens du XVIème et du XVIIème siècle pensent le souvenir en termes d'empreinte et de trace : la mélancolie, qui dessèche et refroidit le cerveau, permet alors une mémoire remarquable en favorisant l'impression durable des souvenirs. Ainsi, Pedro Mercado clôt son *Diálogo sexto de la melancolia* en affirmant que la mélancolie affecte les "hombres de mucha memoria"[3]. Pour Medina, l'humeur noire confère une mémoire particulièrement tenace :

> "Est enim sive vitalis, sive animalis spiritus in calido et sicco, multo subtilior, ratione vero melancholici temperamenti quod frigidum est et siccum, memoria tenacior"[4].

De même, Murillo affirmera

> "con la sequedad adquieren [los melancholicos] en el celebro, y memoria, que tienen feliz, perciben aquellas especies, y vocablos, y saben sus significaciones, o se les estampa en sus memorias lo mismo que oyen a los peritos, y sabios en otras ciencias, y esto sucede algunas vezes, aunque raras, que gozan de tan buena memoria algunos, y algunas mugeres, que si oyen un sermon o otra qualquiera cosa, lo repiten letra por letra"[5].

Astre de la mélancolie, Saturne est associé au souvenir, et le *Libro conplido en los iudizios de las estrellas* lui attribue une mémoire subtile : "[Saturno] a profundos asmamientos e sotil memoria"[6]. Saturne commande aux choses anciennes et le saturnien, tel que le dépeignent les textes théoriques, se caractérise par son goût de

---

[1] Murillo, *Aprobación de ingenios*, fols. 96r et 143r.

[2] Huarte, *Examen de ingenios*, p. 458.

[3] Pedro Mercado, *Diálogos de philosophia...*, fol. 128r.

[4] Miguel Medina, *Christianae Paraenensis*, fol. 66 r et v.

[5] Murillo, *Aprobación de ingenios*, fol. 7 v.

la remémoration et du passé. L'association entre Saturne, la mélancolie et la mémoire se développe également dans les Beaux-Arts : dans un tableau de Maino représentant les Muses associées aux planètes, Polymnie –muse de l'histoire et de la mémoire– est reliée à Saturne et au tempérament mélancolique[1].

En réalité, le mélancolique présente non une absence de mémoire mais des *troubles* de mémoire. La mémoire mélancolique se définit par un souvenir tenace du passé et une incapacité à emmagasiner de nouvelles impressions. Selon le susbtrat théorique du XVIème et du XVIIème siècle, l'humidité du cerveau favorise l'impression de nouvelles données sur le cerveau, tandis que la sécheresse favorise la rétention durable des formes :

> "E por esso la blandura es mejor para tomar las cosas : & la sequedad es mejor para el retener las cosas. E cerca desto dize Galeno : la ligereza del aprender es de la blandura : & la sequedad faze para el retenimiento"[2].

Pour Vives, les tempéraments bilieux ou froids, retiennent difficilement les nouvelles impressions, mais conservent de manière exceptionnellement tenace les souvenirs anciens :

> "Dos son las funciones de la memoria, análogas a las de la mano : asir y retener. Asen o aprehenden fácilmente lo que tienen húmedo el cerebro (…) pero no es duradera esta impresión si la materia no está seca. Esto explica que los biliosos son más aptos para retener lo que una vez aprehendieron"[3].

De même, Gerónimo de Huerta et Andrés Velásquez affirment que les tempéraments secs, comme les mélancoliques, appréhendent avec difficulté les nouveaux souvenirs mais retiennent de manière indélébile les événements passés :

> "Para la facil aprehension, es mejor tener cierta humedad, para la firmeza del retener, cierta sequedad. De donde entiendo yo, que por la mayor parte los melancholicos son memorativos, porque aunque no aprehendan con demasiada facilidad, son en aprehendiendo muy tenaces y tardíos"[4].

> "Ay acerca de la memoria dos partes que son aprehension y retencion, las quales pocas

---

[6] Ali Aben Ragel, *Libro conplido en los iudizios de las estrellas*, p. 12.

[1] D'après Rosa López Torrijos, *La mitología en la pintura española del Siglo de Oro*, p. 303-304. La série de tableaux de Maino sur les Muses a disparu.

[2] Bernardo Gordonio, *Lilio de medicina*, fol. 50 v.

[3] Vives, *Libro del alma*, dans *Obras completas*, II, p.1186.

[4] A. Velásquez, *Libro de la melancholia*, fol. 34 v. Ce passage sera repris par Murillo dans son *Aprobación de ingenios*, fol. 62 v.

vezes se han visto perfectas, ygualmente en uno, porque consisten en diferentes templanças. En los que tienen el cerebro humedo se halla la aprehension mejor, y facilmente reciben en la memoria lo que los sentidos ofrecen : pero retienenlo poco, porque en la humedad facilmente se pierden las figuras hechas, y al contrario es en los celebros secos que con dificultad aprehenden : pero despues con dificultad olvidan"[1].

Incapable de recueillir et de thésauriser de nouvelles impressions, la mémoire mélancolique se condamne à la contemplation d'un passé lointain : elle apparaît comme une mémoire sélective, qui ne retient –et ne contemple– que ce qui est définitivement révolu. D'une certaine manière, le mélancolique ne vise, ne désire, ne considère que les objets qui sont définitivement hors de sa portée. En effet, comme le signale Agrippa, Saturne régit les regrets[2] : la mélancolie est regret qui détourne le sujet du présent et du monde pour le plonger dans la contemplation nostalgique du passé. Comme la mélancolie, la mémoire relève d'une imagerie de la rétention et de l'avarice : les penseurs du XVIème et du XVIIème siècle, la représentent en termes de thésaurisation, la décrivant comme une boîte, un coffre, une armoire, ou encore, chez Montaigne (*Essais*, livre I, chap. 9), comme un magasin. Dans le souvenir, le sujet poétique se ferme au monde extérieur et se replie sur lui-même, se consacrant exclusivement à ses représentations intérieures, comme le suggèrent ces lignes de Vives :

"Es la memoria aquella facultad del alma por la cual aquello que uno conoció mediante algún sentido externo o interno consérvalo en la mente. Así pues, toda su actuación está vuelta hacia adentro, y la memoria es como la tabla que un pintor iluminó"[3].

La mémoire illustre la rétention, la thésaurisation avare et réflexive qui caractérise le mélancolique : elle est regret, c'est-à-dire aussi *regressus*, régression.

Eminemment ambiguë, la mémoire mélancolique se trouve paradoxalement liée à la vanité et à l'éternité : elle est contemplation nostalgique de ce qui a été irrémédiablement perdu mais, par son indélébilité, elle permet d'atteindre une perpétuité qui est celle du souvenir. Associée à la mort et à la vie éternelle dans le souvenir, la mémoire si souvent reliée à l'humeur noire incarne les paradoxes de la

---

[1] Gerónimo de Huerta, *Traducion de los libros de Caio Plinio segundo...*, fol. 59r.
[2] Agrippa, *La magie naturelle*, p. 85.
[3] Luis Vives, *Tratado del alma*, dans *Obras completas*, II, p. 1185.

mélancolie.

2. *Mélancolie et imagination : le topos de la laesa imaginatio*

Il existe, dans la pensée du XVIème et du XVIIème siècle, un rapport privilégié entre la mélancolie et l'imagination. En effet, pour certains, l'imagination est considérée comme la plus humble des facultés mentales et, en conséquence, la plus accessible aux émanations maléfiques de l'humeur terrienne. Le Siècle d'Or conçoit le rôle de l'imagination de manière assez différente de celle de la modernité, lui attribuant une fonction essentiellement interprétative : les impressions captées par les sens transitent par le sens commun; celui-ci les transmet à l'imagination qui les considère, les organise puis les présente à la raison. Seule source d'information des facultés rationnelles, l'imagination est, pour certain théoriciens, la "fenêtre de l'âme". Mais de plus en plus, dans le courant du XVIème siècle, l'imagination sera dotée du pouvoir de concevoir des images, des sensations, des situations autres que celles qui lui sont fournies par les sens : en synthétisant certaines informations et impressions transmises par les sens, l'imagination forge ses propres images. Elle ne crée pas ex nihilo, mais à partir d'un donné qu'elle transforme. Les songes relèvent d'ailleurs de l'imagination qui, pendant le repos des sens, synthétise capricieusement les impressions reçues pendant la journée.

Confrontés à de multiples phénomènes visionnaires, les auteurs du Siècle d'Or sont fascinés par les capacités "créatrices" de l'imagination, par son aptitude à transcender le donné et à former de manière autonome des images différentes de celles qui lui sont fournies. La mélancolie est étroitement liée aux pouvoirs de l'imagination. Chez Pedro Mercado, la réflexion sur la mélancolie devient réflexion sur la liberté de l'imagination :

> "Como la imaginacion imagina naturalmente, sin poder impedirla, y nuestro imaginar es en las cosas que mas tememos, imaginan los peccados dichos, y como el consentimiento de lo imaginado, se pueda hazer en tan breve tiempo, el imaginarlos, creen ser consentirlos "[1].

---

[1] Pedro Mercado, *Diálogos de philosophia...*, fol. 128 r et v.

De même, dans la plupart des traités médicaux, l'intérêt pour la mélancolie aboutit à une réflexion sur les pouvoirs créatifs de l'imagination : A. Velásquez consacre un long passage de son *Libro de la melancholia* aux pouvoirs de l'imagination[1] et l'un des chapitres de l'*Aprobación de ingenios* de Murillo (le chapitre VII, *"Declarase la mucha fuerça que tiene la imaginacion"*) est consacré au même sujet[2]. Comme la mélancolie, l'imagination suscite un véritable intérêt, engendrant une floraison de traités.

Fasciné par l'imagination et par la mélancolie, la pensée du XVIème et du XVIIème siècle prête une attention toute particulière à l'action de la seconde sur la première. La plupart des sujets abordés par le discours médical –les illusions mélancoliques, les fausses visions mystiques mais aussi la divination– mettent en jeu l'influence de la mélancolie sur l'imagination. Dès le titre de son dialogue sur la mélancolie, Pedro Mercado annonce sa volonté d'examiner "las diversas imaginaciones (…) que nacen della [la melancolia]"; ultérieurement, le médecin grenadin définit la mélancolie comme une "mudança de la imaginacion, de su curso natural a temor y tristeza"[3]. La perturbation de l'imagination est le trouble mélancolique par excellence. Alexo Abreu consacre un paragraphe de son traité sur la mélancolie hypocondriaque au sujet *"De la imaginación de los melancólicos"*, dans lequel il déclare notamment que "en los melancólicos pecca mas la imaginación falsa que ninguna de las otras potencias"[4]. En regard de l'attention consacrée aux autres facultés, les textes du XVIème et du XVIIème siècle hypertrophient l'action de la mélancolie sur l'imagination.

L'influence de la mélancolie sur l'imagination peut être fructueuse. La plupart des auteurs suggèrent que la mélancolie stimule l'imagination, accroissant son activité en quantité et en qualité. Dans *Diálogo sexto de la melancolia* de

---

[1] Andrés Velásquez, *Libro de la melancholia*, fol. 41v-42v.
[2] Murillo, *Aprobación de ingenios*, fol. 70v-79r.
[3] Pedro Mercado, *Diálogos de philosophia...*, fol. 114r et 115v.
[4] Alexo Abreu, *Tratado de las siete enfermedades*, fol. 136 r.

Pedro Mercado, Antonio, chevalier mélancolique, déclare à propos de la mélancolie que "cada dia me pone mas flaco e imaginativo", tandis que Ioanicio, le médecin, affirme que la bile noire est à l'origine de multiples "tristezas e imaginaciones"[1]. A propos des mélancoliques, A. Velásquez déclare "son sus imaginaciones tan varias"[2]. Enfin, Christoval Pérez de Herrera affirme dans la glose de son énigme sur la mélancolie que "su efecto propio [de la melancolía] es hacer estar (...) imaginativos a los que la tienen en demasia"[3]. Globalement, l'imagination du mélancolique est remplie par des images plus variées et plus nombreuses que chez les autres tempéraments. Toutefois, les deux auteurs qui développent le plus l'idée d'une action bénéfique de la mélancolie sur l'imagination demeurent sans nul doute Agrippa et Huarte. Le premier affirme que lorsque la mélancolie agit sur l'imagination, l'âme est pénétrée par des esprits célestes inférieurs et l'individu devient capable de connaître l'avenir et de pratiquer de manière admirable les métiers manuels[4] ; pour le second, la chaleur de la bile noire non naturelle confère à l'imagination une excellence particulière [5].

Selon le système de pensée du XVIème et du XVIIème siècle, l'imagination perturbée des mélancoliques avait la capacité de se fixer de manière obsessionnelle sur un objet. Or, pour les théoriciens, la force de l'imagination est telle qu'un sujet, obsédé par une image ancrée dans son imagination, pouvait provoquer des phénomènes physiques merveilleux comme des orages, du tonnerre, des tremblements de terre, des maladies : Giovanbattista Montano, dans le *Consultationum medicinalium centuria secunda* (Venise, 1558) se fait le défenseur de cette idée, dont il attribue la paternité à Avicenne[6]. Une telle affirmation est fondamentale dans la mesure où elle permet à certains penseurs d'expliquer la

---

[1] Pedro Mercado, *Diálogos de philosophia...*, fol. 114v.
[2] Andrés Velásquez, *Libro de la melancholia*, fol. 67r. Les fols. 67r-68r sont consacrés à l'imagination mélancolique.
[3] Christoval Pérez de Herrera, *Proverbios morales...*, p. 281.
[4] Agrippa, *La magie naturelle*, p. 174-175.
[5] Huarte de San Juan, *Examen de ingenios*, p. 340.
[6] Selon W. Schleiner, *Melancholy, genius and utopia*, p. 106.

divination mélancolique : hanté par des idées fixes, le mélancolique pouvait être à l'origine d'événements météorologiques étonnants qu'il était alors en mesure de prédire.

La Renaissance célèbre les capacités créatrices de l'imagination et se livre, notamment chez les néo-platoniciens italiens, à une apologie de la mélancolie. En revanche, à la fin du XVIème siècle et au XVIIème se produit une véritable réaction contre cette double valorisation de l'imagination et de l'action de la bile noire : les théoriciens gloseront désormais les dangers de l'imagination et les effets pervers de la mélancolie. Véritable *topos* du discours médical, le thème de la *laesa imaginatio* des mélancoliques était déjà présent chez les autorités anciennes mais connaît un regain de vigueur à partir de la fin du XVIème siècle : dans les traités publiés à partir de cette époque, l'action de la bile noire sur l'imagination est le plus souvent conçue comme néfaste et le thème de l'imagination déréglée des mélancoliques alimente la conception critique de la mélancolie. Ainsi, pour Pedro Mercado, la mélancolie se caractérise par le "daño en la imaginacion"[1] ; pour Sabuco de Nantes, la mélancolie "trae falsas imaginaciones"[2] et, en 1672, Murillo évoque le thème de l'imagination corrompue des mélancoliques :

> "son sus imaginaciones [de los melancolicos] tan varias y sus obras tan corrompidas, que fuera menester particular libro si de proposito huviera de tratar dellas"[3] .

L'imagination corrompue par la bile noire est illustrée à travers l'exemple de Caïn mélancolique :

> "Formava su fantasia [de Caín] exercitos armados de las sombras, y cada passo que dava le parecia a su dañada imaginacion un precipicio"[4] .

L'imagination pervertie des mélancoliques est à l'origine des craintes irraisonnées des mélancoliques et de leurs absurdes illusions que le discours médical rapporte avec délectation sous la forme d'historiettes. A l'instar de Pedro Mercado, qui

---

[1] Pedro Mercado, *Diálogos de philosophia...*, fol. 119r.
[2] Sabuco de Nantes, *Nueva filosofia de la naturaleza del hombre*, p. 98.
[3] Murillo, *Aprobación de ingenios*, fol. 100r.
[4] Murillo, *Aprobación de ingenios*, "*Censura y Aprobación del libro*", sans pagination.

définit la mélancolie comme une "corrupcion de la imaginacion"[1], la plupart des théoriciens font de la *laesa imaginatio* le trait qui distingue la mélancolie des autres maladies.

Enfin, la théorie selon laquelle les mélancoliques, par la force de leur imagination, avaient la capacité de deviner —mais aussi de produire— des événements admirables, avait aussi son revers. La mélancolie se trouvait par là même reliée aux sorcières, auxquelles on attribuait précisément un tempérament mélancolique et le pouvoir de provoquer des intempéries ou des maladies grâce à leur imagination stimulée par la bile noire. La puissance de l'imagination mélancolique se trouve ainsi associée à des pratiques démoniaques et fait l'objet d'une violente condamnation.

3. Mélancolie, entendement et faculté de raisonner

La troisième faculté de l'âme susceptible d'être influencée par la bile noire est appelée, selon les penseurs, "entendimiento", "razón" ou "raciocinacion". Comme pour les autres facultés, la mélancolie a une influence sur la faculté de juger et de raisonner qui est controversée. Pour de nombreux médecins, qui suivent la perspective galénique, la mélancolie corrompt l'entendement et entrave la raison : pour Cristóbal de Vega, la bile noire "cogitationem vitiat"[2] ; Sainte Thérèse affirme qu'elle obscurcit la raison ("lo que más este humor hace es sujetar la razón[3]) et Pedro Mercado qu'elle trouble l'entendement ("haziendo daño en el anima y perturbando el entendimiento")[4]. García Carrero affirme que, s'il existe une polémique au sujet des facultés affectées par la mélancolie, la plupart des auteurs s'accordent à dire que la bile noire corrompt la faculté de juger et de raisonner ("aliqui arbitrantur necessario laedi actum rationis, sive aestimativae"[5]). Enfin, Andrés Velásquez, Alexo Abreu et Murillo définissent la mélancolie comme

---

[1] Pedro Mercado, *Diálogos de philosophia...*, fol. 115v.
[2] Cristóbal de Vega, *Opera*, p. 409.
[3] Teresa de Jesús, *Libro de las fundaciones*, I, p. 167.
[4] Pedro Mercado, *Diálogos de philosophia...*, fol. 123r.
[5] P. García Carrero, *Disputationes medicae*, p. 245.

une perversion de l'entendement :

> "Viniendo pues a la melancholia (...) Es una enagenacion de entendimiento o razon, sin calentura"[1].

> "Melancolía es un enloquecimiento, alienación, o locura, sin callentura, nascida del humor melancholico que ocupa el cerebro, y pervierte al entendimiento"[2].

> "melancholia (...) es una enagenacion de entendimiento, o razon sin calentura"[3].

Cependant, un certain nombre de penseurs admettent l'opinion contraire, selon laquelle la mélancolie stimule la raison et accroît l'entendement. Pour Huarte, "el entendimiento se aprovecha de la sequedad"[4], qualité propre à a bile noire. La tristesse et la mélancolie favorisent donc l'entendement :

> "Porque la tristeza y aflicción gasta y consume, no solamente la humidad del celebro, pero los huesos deseca ; con la cual calidad se hace el entendimiento más agudo y perspicaz".

> "la tristeza y aflicción deseca y consume las carnes, y por esta razón adquiere el hombre mayor entendimiento".

> "pues la melancolía es uno de los más gruesos y terrestres humores de nuestro cuerpo, y dice Aristóteles que de ninguno otro se aprovecha tanto el entendimiento como de él"[5].

Enfin, pour Huarte, l'influence féconde de la mélancolie sur l'entendement pourra aussi se doubler d'une action bénéfique sur l'imagination.

4. *Entendement et imagination : les dons du mélancolique chaud*

Selon Huarte, l'excellence de l'entendement et celle de l'imagination ne peuvent coïncider en une même personne :

> "donde hay mucho entendimiento, forzosamente ha de haber falta de imaginativa"[6].

Un seul tempérament –selon Huarte– associe la perfection de l'entendement et celle de l'imagination, le mélancolique *adusto,* dont la bile noire, tour à tour froide et chaude, favorise alternativement l'entendement et l'imagination :

---

[1] Andrés Velásquez, *Libro de la melancholia*, fol. 55r.

[2] Alexo Abreu, *Tratado de las siete enfermedades*, fol. 119 v.

[3] Murillo, *Aprobación de ingenios*, fol. 88r et v.

[4] Huarte, *Examen de ingenios*, p. 342. La même idée est développée aux p. 330-331.

[5] Huarte, *Examen de ingenios*, p. 332, 333 et 353, respectivement.

[6] Huarte, *Examen de ingenios*, p. 405.

"De aquí se infiere que los melancólicos por adustión juntan grande entendimiento con mucha imaginativa".

"Pero con todas estas faltas, son [los melancólicos adustos] los más ingeniosos y hábiles para el ministerio de la predicación para cuantas cosas de prudencia hay en el mundo, porque tienen entendimiento para alcanzar la verdad y grande imaginativa para saberla persuadir"[1].

L'influence de la mélancolie sur les facultés ne fait pas l'unanimité parmi les théoriciens. Toutefois la mélancolie est la seule humeur dont on souligne le rôle sur les facultés intellectuelles : elle se trouve ainsi intimement reliée à la vie de l'esprit et de l'intelligence. La relation puissante tissée, dans le système de pensée, entre mélancolie et *ingenium* est bien la preuve du poids de ces conceptions.

B.   MELANCOLIE, INGENIO ET DONS INTELLECTUELS

Selon les conceptions en vigueur au XVIème et au XVIIème siècle, tous les tempéraments ne sont pas égaux en matière de dons de l'esprit :

"se halla un hombre con temperamento caliente, y otro con humedo, y otro con seco, y otro con calido, de lo qual procede, por lo menos, que unos sean ingeniosos, y otros (...) tardos de ingenio"[2].

Or, pour de nombreux penseurs, le mélancolique sera le tempérament de l'intelligence.

1.   *Mélancolie et dons intellectuels*

Une vaste tradition médicale et philosophique affirme que le mélancolique se distingue par l'excellence de son intelligence : le *Problème* aristotélicien attribue, on le sait, la prééminence intellectuelle aux mélancoliques et Rufus d'Ephèse affirme que ceux qui ont l'esprit subtil et pénétrant tombent facilement en mélancolie[3]. Ficin affirme qu'une certaine sorte de bile noire, convenablement mélangée à d'autres humeurs, confère la supériorité intellectuelle[4] ; de même, des

---

[1] Huarte, *Examen de ingenios*, p. 458 et 460-462, respectivement.
[2] Murillo, *Aprobación de ingenios*, fol. 15r.
[3] Rufus d'Ephèse, *Oeuvres de Rufus d'Ephèse*, éd. Charles Daremberg et Charles-Emile Ruelle, Paris, Baillière, 1879, p. 457.
[4] Marsile Ficin, *De vita triplici*, Bâle, 1549, p.18. D'après Klibansky, Panofsky et Saxl, *Saturne et la mélancolie*, p. 405 et suiv.

auteurs comme François Valleriole, Jason Van der Velde[1], Tommaso Campanella[2], Salustio Salviano, Philippe Melanchton[3] et divers auteurs anglais, comme Thomas Elyot, Thomas Cogan, Timothy Bright, Thomas Walkington ou Robert Burton[4] affirmeront que la bile noire –ou, du moins, un certain type d'humeur mélancolique– stimule les facultés intellectuelles et confère au sujet une intelligence particulièrement brillante. Giambattista Della Porta affirme à plusieurs reprises la supériorité intellectuelle des mélancoliques :

> "quand une portion de la bile [noire] est tempérée, c'est à dire, un peu chaude et un peu froide, elle cause que tous les melancholiques excellent en esprit, non pas par un effet de maladie, mais de leur naturel mesme"[5].

En Espagne, l'idée que la mélancolie stimule les facultés intellectuelles est également fort répandue, non seulement chez les médecins, mais aussi chez les lettrés, les écrivains politiques, les moralistes. Dans le *Libro conplido en los iudizios de las estrellas* on lit que l'influence de Saturne, jointe à celle de Mercure, produit un individu "de buen pensamiento, sotil en sossacar por entendimiento una cosa por otra (...), agudo de espirito, espierto, escatimador e escodrinnador en sus demandas, amador de entendimiento e de seso"[6]. Parmi les Espagnols, Huarte et Vives sont ceux qui célèbrent le plus les dons du mélancolique : le premier affirme que "todos cuantos hombres señalados en letras ha habido en el mundo dice

---

[1] François Valleriole, *Enarrationum medicinalium Libri Sex*, (Livre 6, Enarrationum 10) Lyon, 1604, p. 426-430 et Jason Van der Velde, *De cerebri morbis*, Bâle, 1549, p. 259-261. Ces références sont tirées de Babb, *Elizabethan malady*, p. 61.

[2] T. Campanella, *Del senso delle cose e Della magia*, dans *Opere di G. Bruno e di T. Campanella*, p. 1054 ("Ma quando li malanconici sono sensati, avviene perchè il sangue è bene cotto e le fuligini transpirano fuori per mezzo le fibre, e la malinconia molta si ripone nella milza, è questo segno di gran calore, perchè annegrisce e arde il sangue ; dunque produce spiriti sottili e passibili assai come il legno, ardendo, nel principio fa fumo grosso e tetro, poi fumo mediocre e più puro, ma nell'ultimo fumo sottilissimo e invisible per l'azione grande del caldo. Ma vi restano i carboni negri così resta la malinconia alli molto cali, et essa è sengo di spiriti sagaci, ma non causa ; causa è la sottilità e passibilità delli spiriti").

[3] Salustio Salviano, *Variarum lectionum de re medica libri tres*, Rome, 1588, p. 203. D'après Winfried Schleiner, *Melancholy, genius and utopia*, p. 35. Sur Melanchton et la mélancolie, voir les p. 56-58 du même ouvrage. Enfin, sur l'intelligence attribuée aux mélancoliques, voir aussi Gustavo Tanfani, "Il concetto di melancholia nel Cinquecento", p. 145-168.

[4] Babb, *Elizabethan malady*, p. 62-63.

[5] Giambattista Della Porta, *La physionomie humaine...*, p. 28, pour les deux citations.

[6] Ali Aben Ragel, *Libro conplido en los iudizios de las estrellas*, p. 184.

Aristóteles que fueron melancólicos"[1] tandis que, pour le second, la bile noire correctement mélangée à d'autres humeurs engendre un esprit remarquablement subtil : en conséquence, les mélancoliques "profundizan, construyen y descubren muchas cosas con gran lucidez"[2]. Francisco Monzón déclare dans le *Libro primero del espejo del príncipe christiano* les dons intellectuels des Enfants de Saturne[3]. Luis Mercado affirme que la bile noire associée à une chaleur modérée engendre la prudence et l'excellence intellectuelle[4]. De même, Miguel Medina consacre plusieurs lignes de son *Christianae paraenensis* aux aptitudes des mélancoliques, affirmant que la mélancolie donne lieu à un esprit particulièrement vif. Medina déclare citer "volontiers" le passage d'Aristote car il montre –selon le théologien– l'incompatibilité du tempérament sanguin avec l'excellence intellectuelle :

> "Hactenus Aristoteles, cuius verba libenter attulimus, quod perspicue, a viris sapientibus, qualem Christum, etiam divinitate semota, sumus dicturi, calidum et humidum temperamentum, quod inter omnia potius habetur excludat"[5].

Pour Medina, l'intelligence et la sagesse requièrent la présence de l'humeur mélancolique, qui confère à l'esprit sa constance, et de la *cholera adusta*, qui lui apporte prudence et sagacité :

> "acrimonia animi ac prudentia, ex bilioso humore profiscientur, constantia vero & firmitas ex melancholico ; simplicitas autem & stodilitas ex sanguine ; pituitae vero natura, ad mores fingendos inutilis, hactenus Galenus. (...). Vides ergo a duobus totius philosophiae & medicinae principibus, calidum & humidum temperamentum, quod tamen est inter omnia, quantum ad actiones naturales, praecipuum, quod ad animi actiones iudicetur ineptum, a sapietne amoveri, immo illi stodilitatem attribui : & tamen, si quod in humana natura iustitiale temperamentum certum, daretur, illi, calidum & humidum, idest sanguineum temperamentum, proxime accederet. Contra vero ad frigidum & sicum, & calidum & siccum, sapientiam, prudentiam, sagacitatem & animi constantiam referri"[6].

Tout en développant une vision assez critique de la mélancolie, Pedro Mercado affirme que cette maladie frappe des hommes capables d'une grande finesse

---

[1] Huarte de San Juan, *Examen de ingenios*, p. 332.
[2] Luis Vives, *Tratado del alma*, dans *Obras completas*, II, p. 1202.
[3] Francisco Monzón, *Libro primero del espejo del principe cristiano*, Lisbonne, Luis Rodríguez, 1544, fol. xxi verso- xxii recto.
[4] Luis Mercado, *Opera Omnia*, t. 3-4, p.88.
[5] Miguel Medina, *Christianae Paraenensis*, fol. 66 v.

d'esprit :

> "Pero tienen a vezes el juyzio tan agudo y subtil por el gran exercicio de la ymaginacion, y dizen y hazen cosas tan agudas que las alegan por muy notables"[1] .

Le médecin de Grenade clôt son *Diálogo sexto de la melancolia* en affirmant que la mélancolie affecte les individus dotés de "presteza y facilidad (...) en entender" :

> "*Basilio*. Quiero yo consolar al señor Antonio que esta enfermedad sigue a hombres de subtil ingenio. Porque esto con la presteza y facilidad que tienen en entender, descubren en breve tiempo cien mil cosas, entre las quales algunas los an de atormentar y parar tristes : y jamas conoci hombre necio o torpe a quien la melancolia atormentasse"[2] .

Afin d'illustrer son propos, Pedro Mercado rapporte, sous forme d'historiettes, plusieurs *agudezas* de mélancoliques.

Juan de Horozco, pourtant particulièrement méfiant vis-à-vis de la divination induite par la bile noire, attribue aux mélancoliques certains dons intellectuels :

> "Y aunque el humor melancolico por si, haze tan gran alteracion en el hombre ; suele en lo que toca a la disposicion del cerebro adelgaçar los humores, y ser muy aparejado para los discursos"[3] .

Pour Lorenzo Ramírez de Prado, le sang et la mélancolie –deux humeurs antagoniques– se tempèrent mutuellement pour engendrer l'excellence de l'esprit :

> "Los sanguíneos y coléricos, porque tienen mediana mixtura de melancolía para corregir el sobervio movimiento de la sangre, son de grande ingenio y memoria, discurren y eligen bien"[4] .

L'idée des dons intellectuels des mélancoliques persiste jusque chez les auteurs les plus tardifs. Murillo –pourtant farouchement opposé à l'idée de divination mélancolique– admet que la mélancolie puisse conduire à la perspicacité :

> "pruebase lo dicho con Galeno, el qual enseña que el agudeza de ingenio, y la destreza procede del humor bilioso, y la constancia del atrabiliario, y Melancholico"[5] .

Enfin, en 1679, un auteur comme Bravo de Sobremonte affirmera que les mélancoliques sont particulièrement tenaces dans la recherche de la vérité et qu'ils

---

[6] Miguel Medina, *Christianae Paraenensis*, fol. 66 v.

[1] Pedro Mercado, *Diálogos de philosophia....*, fol. 116v.

[2] Pedro Mercado, *Diálogos de philosophia....*, fol. 128r.

[3] Juan de Horozco, *Tratado de la verdadera y falsa prophecia*, fol. 82r.

[4] Lorenzo Ramírez de Prado, *Consejo y consejeros de principes*, p.115.

sont, en raison de leur intelligence, plus doués pour les sciences que les complexions tempérées :

> "si aliquae actiones perfectiori modo fierunt ab homine cum temperamento aequali, maxime operationes propiae sunt speciei, cum istae petant fieri a iustitiali temperamento, quale est homini ponderale : sed huiusmodi operationes fiunt perfectiori modo ab homine melancholico"[1] .

Un large ensemble de représentations associe donc la mélancolie aux dons intellectuels. Toutefois, les talents attribués au mélancolique se cristallisent autour d'un terme, qui revient de manière récurrente dans le discours médical et philosophique : celui d'*ingenio*.

2.   La mélancolie, tempérament de l'ingenio

Au XVIème et au XVIIème siècle, la théorie des *Problemata* aristotéliciens est lue à travers la notion d'*ingenio*. Arétée de Cappadoce déclarait que la bile noire rend certains mélancoliques "ingeniosi"[2] et Cicéron affirmait déjà dans les *Tusculanes* (I, 80) l'*ingenium* des mélancoliques ("omnes ingeniosos melancholicos esse"). Le chapitre VI du livre I du *De vita triplici* de Ficin soutient que les mélancoliques sont "ingeniosi" tandis que le chapitre VII affirme "quo pacto atrabilis conducat ingenio" ("que la mélancolie est propice à l'esprit engin ou entendement", selon la traduction française de 1541)[3] . La traduction espagnole des *Dialoghi d'amore* de Leone Ebreo relie Saturne à l'*ingenio*, tant dans sa version de 1568 que dans celle de 1590, affirmant que "[Saturno] da grande ingenio"[4] . Dans la traduction française du même ouvrage, élaborée par Pontus de Tyard en 1551, on lit que Saturne est "ingénieux " et qu'il "donne en outre grand engin"[5] . Jean Bodin interprète également les dons des mélancoliques à travers la notion

---

[5] Murillo, *Aprobación de ingenios*, fol. 13v-14r.
[1] G. Bravo de Sobremonte, *Resolutionum & consultationum medicarum*, p. 42
[2] D'après W. Schleiner, *Melancholy, genius and utopia*, p. 23.
[3] Klibansky, Panofsky, Saxl, *Saturne et la mélancolie*, p. 681-682.
[4] *La Traduzion del Indio de los tres Diálogos de Amor de Leon Hebreo, hecha de Italiano en Español por Garcillaso Inca de la Vega, natural de la grand Ciudad de Cuzco*, Madrid, 1590, fol. 90v. D'après Klibansky, Panofsky, Saxl, *Saturne et la mélancolie*, p. 681.
[5] Cité dans Klibansky, Panofsky, Saxl, *Saturne et la mélancolie*, p. 680-681.

d'*ingenium*. Selon l'auteur des *Six livres de la République*, les gens du Sud sont mélancoliques et en conséquence, plus "ingénieux" que les autres :

"des peuples de Midi, qui sont beaucoup plus ingenieux que les peuples metoyens"

"le naturel de l'Espagnol, qui pour estre beaucoup plus Meridional, est plus froid, plus melancholic, plus arresté, plus contemplatif, et par consequent plus ingenieux que le François"[1].

Les Espagnols associent également mélancolie et *ingenium*. Pour Vives, les hommes dotés d'un *ingenio* éminent sont mélancoliques :

"la constitución corporal, en los varones de gran ingenio, que les inclina a la bilis negra"[2].

De même, Miguel Medina attribue la mélancolie aux hommes qui brillèrent par leur *ingenium*, affirmant, d'après Aristote, que "omnes (...) qui claruerunt ingenios, melancholicos fuisse videmus"[3]. Alonso de Freylas refuse la prophétie mélancolique, mais accorde que les mélancoliques "son de muy grande ingenio"[4]. Le chapitre XII de la *Disputatio de melancholia* de Pedro García Carrero, intitulé *An melancholici ingeniosi sint & quae sit causa* est consacré à l'affirmation de l'*ingenium* des mélancoliques[5]. Suivant une perspective similaire, Andrés Velásquez affirme dans le chapitre III du *Libro de la melancholia* l'*ingenio* des mélancoliques :

"Estas mayores habilidades, de parecer de Aristoteles, son las que se hallan en algunos melancholicos, y esto es en tanto excesso, que dize que algunos melancholicos tienen tanta fuerça de ingenio, que antes parece cosa divina que humana"[6].

De même, Huarte et Alonso de Santa Cruz affirmeront que la bile noire rend les mélancoliques "ingeniosos"[7]. La littérature reflète ces conceptions. Dans *La prueba de los ingenios*, l'une des discussions savantes auxquelles Florela soumet les prétendants de Laura porte précisément sur la mélancolie et l'*ingenio* :

---

[1] Jean Bodin, *Les six livres de la République*, V, p. 23 et 25, respectivement.

[2] Luis Vives, *Tratado del alma*, dans *Obras completas*, II, p. 1281.

[3] Miguel Medina, *Christianae Paraenensis*, fol. 66v.

[4] Alonso de Freylas, *Discurso si los melancholicos...*, p. 2.

[5] Pedro García Carrero, *Disputationes medicae*, p.262-272.

[6] Andrés Velásquez, *Libro de la melancholia*, fol. 35v-36v.

[7] Huarte, *Examen de ingenios*, p. 458. A. de Santa Cruz, *Dignotio et cura affectuum melancholicorum*, p. 5.

"*Florela.* ¿Sabéis vos, Paris, cuál sea
El mejor temperamento
Para la gran excelencia
del ingenio?
Paris. Sí.
Florela. ¿Cuál es?
Paris. El melancólico. (…).
Florela. (…) Sequedad, melancolía,
Acompañan la grandeza
del ingenio, (…)"[1] .

La *comedia El melancólico* de Tirso développe également l'idée d'une mélancolie productrice d'*ingenium,* affirmant que "Toda melancolía/ ingeniosa, es un ramo de manía"[2] . L'association de la mélancolie à l'*ingenio* constitue donc un véritable *topos* de la pensée du XVIème et du XVIIème siècle.

3. Quelques notations sur la notion d'ingenio

Etroitement lié à la mélancolie dans le système de représentation, l'*ingenio* n'est pas un concept univoque, mais il ne l'était pas non plus au Siècle d'Or : ainsi, avant d'attribuer l'*ingenio* au mélancolique, Alonso de Freylas entreprend une réflexion sur le sens de ce terme et propose de le définir comme une capacité naturelle à comprendre les choses[3] . Les lignes qui vont suivre ne visent qu'à fournir quelques repères pour éclairer cette notion.

L'*ingenio*, que Freylas définissait comme une "virtud natural de entender"[4] , est lié à l'idée de don naturel, de disposition naturelle propre à chacun. Talent infus, l'*ingenium* relève de la *natura*, de la *physis,* par opposition à l'*ars* ou à la

---

[1] Félix Lope de Vega Carpio, *La prueba de los ingenios*, p. 211.

[2] Fray Gabriel Téllez, dit Tirso de Molina, *El Melancólico*, dans *Obras dramáticas completas*, Madrid, Aguilar, 1946, I, p. 234.

[3] A. de Freylas, *Si los melancholicos…*, p. 2-3 : "Es ingenio una fuerça, o potencia natural de entender, con la cual entendemos, conocemos, hallamos, y juzgamos las cosas dificultosas por muy secretas y ocultas que sean ; sin que nadie nos las muestre, y resumiendo su naturaleza en breve digo ; ser una fuerça natural, de entender lo dificultoso con presteza : a esta llamo Nonio Marcello, natural sabiduria, porque con el sin maestro se halla lo que se busca, lo muy dificultoso, entricado [sic], y oscuro ; se entiende con facilidad lo que está confuso, se explica con claridad y distincion : con ella se conoce la verdad, y falsedad de las cosas, las consequencias, propiedades y fines Dellas y de sus contrarios". Le passage auquel Freylas fait allusion est le *De compendiosa doctrina* de Nonus Marcellus.

[4] A. de Freylas, *Si los melancholicos…*, p. 3.

techné, qui peut –ou doit– la perfectionner. C'est précisément à travers l'idée de "disposition naturelle" que l'*ingenium* se trouve relié à la mélancolie et à théorie des tempéraments : faisant partie du donné naturel, la complexion de l'individu détermine son *ingenium* et Huarte radicalisera cette opinion en pensant l'*ingenio* comme une disposition naturelle, dépendant directement du tempérament et des humeurs. D'autre part, la représentation de l'*ingenium* comme "don naturel" l'associe également à la notion de *genium* –le "démon" infus, qui accompagne chaque individu, et qui deviendra au XVIIème siècle, le "talent naturel" propre à chaque individu.

L'*ingenium* se trouve aussi relié à la notion de fureur : les deux concepts ne s'opposent pas, mais relèvent d'une même logique, celle de la "puissance naturelle" qui rend l'homme apte à créer, à comprendre, à concevoir. D'ailleurs, pour Cicéron (*De oratore*, II, 46, 194) *ingenium* et *furor* se combinent car il n'y a pas d'*ingenium* "sine inflammatione animorum et sine quodam adflatu quasi furoris"[1]. En effet, comme l'affirme E. Dubois, l'*ingenium* a deux versants : il constitue le "talent naturel" qui dispose l'individu à toutes sortes d'activités mais il est aussi l'inspiration spontanée, la fureur dont l'origine peut être transcendante –inspiration divine ou illumination issue des Muses– ou immanente –comme la fureur issue de la bile noire[2]. Par opposition au *studium* et à l'*ars*, qui exigent un travail ou un apprentissage volontaire de l'individu, l'*ingenio* et la fureur constituent la disposition naturelle, le je-ne-sais-quoi inexplicable qui rend un individu étonnamment fécond et brillant.

Cependant, tout au long du Siècle d'Or, l'*ingenio* va connaître une série de mutations qui auront un impact sur la conception de la mélancolie. Au XVIème siècle, l'*ingenio* désigne l'intelligence, l'esprit, l'ensemble des capacités intellectuelles. Vives le définit comme "[el] vigor y fuerza de nuestro

---

[1] Cité par Elfrieda Dubois, "*Ingenium* et *judicium* : quelques réflexions sur la nature de la création poétique", dans *Critique et création littéraire en France au XVIIe siècle*, Paris, CNRS, 1977, p. 312.

[2] Elfrieda Dubois, "*Ingenium* et *judicium*...", p. 315.

entendimiento"[1] tandis que, pour Herrera, l' *ingenio* est "aquella fuerza y potencia natural y aprehensión fácil y nativa en nosotros, por la cual somos dispuestos a las operaciones peregrinas y a la noticia sutil de las cosas altas"[2]. Attribuer l'*ingenio* au mélancolique sera lui attribuer la perfection de l'esprit en général mais aussi la sagesse, le bon sens, le *judicium*. En revanche, au XVIIème siècle, l'*ingenio* voit son sens se restreindre pour ne signifier plus que les qualités intellectuelles appliquées à l'inventivité et, en particulier, l'aptitude à faire des pointes, des bons mots, ou à inventer des ruses[3]. Il sera alors pensé comme l'antonyme du *juicio*. Cet infléchissement de la conception de l'*ingenio* aura des conséquences notables sur la conception de la mélancolie.

4. *Mélancolie, sagesse et prudence*

Au XVIème siècle, la notion d'*ingenio* n'exclut pas le discernement et l'*ingenio* attribué aux mélancoliques est donc aussi prudence, sagesse, clairvoyance. J. Pigeaud a montré les similitudes existant entre le comportement du mélancolique et celui du sage dans la médecine antique. Les *Lettres* attribuées à Hippocrate soulignent cette analogie :

> "Il arrive souvent aux mélancoliques des choses de ce genre : ils sont parfois taciturnes, solitaires, recherchant les lieux déserts, ils se détournent des hommes, regardent leur semblable comme un étranger ; mais il arrive aussi à ceux qui se consacrent à la sagesse de perdre toutes les autres préoccupations par le seul état de sagesse"[4].

La tradition chrétienne fait aussi de la tristesse la condition de la sagesse : "Cor sapientium ubi tristitia est et cor stultorum ubi laetitia" lit-on dans l'*Ecclésiaste* (VII, 5). Ces conceptions persistent au Moyen Âge et à la Renaissance. Le *Livre des secrets* attribué à Albert le Grand affirme que Saturne, planète la plus élevée, confère à l'âme clairvoyance et raison :

> "La sphère de Saturne, si l'on croit les astronomes, est immédiatement après le firmament,

---

[1] Luis Vives, *Tratado del alma*, dans *Obras completas*, II, p. 1200.
[2] Herrera, *Anotaciones*, dans *Garcilaso de la Vega y sus comentaristas*, p. 531.
[3] Mercedes Blanco, *Les rhétoriques de la pointe. Baltasar Gracián et le conceptisme en Europe*, Paris, Champion, 1992, p. 44 et 102-103.
[4] D'après J. Pigeaud, *La maladie de l'âme*, p. 457.

et l'âme reçoit de cette planète, le discernement et la raison"[1].

Jean Bodin relie la mélancolie à la sagesse, affirmant que l'éléphant, animal mélancolique, est le plus sensé des animaux :

> "entre les bestes, le prix de la sagesse est donné à l'Elephant, par les anciens qui en ont faict plusieurs livres, où ils disent des choses admirables de sa docilité : et toutesfois ils assuerent qu'il n'y a que ceste beste là qui ait le sang froid, et la plus melancholique de toutes"[2].

Pour Jerónimo de Merola, les mélancoliques sont "sabios"[3] et, pour Vives, la bile noire stimule le jugement, accroît la raison et la prudence : "la bilis negra (...) engendra habilidad de razón, de juicio, de prudencia, de sabiduría"[4]. Enfin, Francisco Monzón affirme le discernement des saturniens ("Por el contrario acontesce a los que nacen reynando Saturno : que son muy rudos quando pequeños y cuando grandes son de muy maduro juizio"), ajoutant que Caton le Censeur, modèle classique de sagesse, était un enfant de Saturne[5].

La Renaissance associe de manière privilégiée la mélancolie à la *prudentia*. S'il n'y a pas lieu de disserter ici sur cette notion, il convient toutefois de rappeler que chez les théoriciens du Siècle d'Or espagnol, la prudence, à la différence de son sens actuel, est avant tout conçue comme la faculté de prévoir l'avenir. Ainsi, pour Bartolomé Felipe, elle consiste à "pressuponer el fin de lo que se consulta"[6]. Or cette capacité à prévoir l'avenir, étroitement liée au thème de la divination, est précisément une qualité que certains penseurs attribuent au mélancolique. Ces conceptions rejoignent le lien tissé entre Saturne et la prudence dans le système de pensée. Au Moyen Age, le *Fulgentius metaforalis* de J. Ridewall fait de Saturne le symbole de la *Prudentia* et de ses trois enfants (Junon-Memoria, Neptune-Intelligentia, Pluton-Providentia) ; chez Bersuire, Saturne incarne la prudence et sa

---

[1] Albert le Grand, *Les admirables secrets....*, p. 17-18.

[2] Jean Bodin, *Les six livres de la République*, t. V, p. 35.

[3] J. de Merola, *República original del cuerpo humano*, fol. 107 r et v.

[4] Luis Vives, *Tratado del alma*, dans *Obras completas*, II, p. 1202.

[5] Francisco Monzón, *Libro primero del espejo del principe cristiano*, fol. xxi verso- xxii recto.

[6] Bartolomé Felipe, *Tractado del conseio....*, fol. 19v.

castration symbolise le refus de la *voluptas carnis* par le sage[1]. A la Renaissance, le *Théâtre de la mémoire* de Giulio Camillo associe Saturne à la prudence en le représentant avec trois têtes de loup, de lion et de chien, symbolisant respectivement le passé, le présent et le futur, ainsi que les trois parties de la prudence (*memoria, intelligentia, providentia*)[2]. De même, Giambattista Della Porta, affirme que les mélancoliques dont la bile noire est tempérée sont particulièrement "prudens" :

> "ceux en qui cette chaleur de bile noire ne domine pas tant ont l'esprit bien plus remis, estant beaucoup plus prudens"[3],

Dans le *Laberinto de Fortuna* de Juan de Mena Saturne règne sur les sages gouvernants[4] tandis que, pour Huarte, la mélancolie est source de prudence et de sagesse :

> "los humores que endurecen las carnes son cólera y melancolía, y destos nace la prudencia y sabiduría que tienen los hombres".

> "Por donde es necesario que se queme la cólera, y se haga atrabilis, para ser el hombre prudente"[5].

A la prudence du mélancolique s'ajoutent d'autres qualités, notamment la capacité à concevoir des objets nouveaux.

5. *Mélancolie, ingenio et inventio : les capacités créatrices de l'esprit mélancolique*

Le Siècle d'Or manifeste un intérêt marqué pour l'*inventio*, comme en témoigne le vif succès remporté en Espagne par le *De inventoribus rerum* de Polidoro Virgilio. L'*inventio*, dont l'activité illustre l'autonomie créatrice de l'esprit humain, captive en particulier les humanistes et cette fascination n'est pas sans relation, à notre sens, avec la vive attention consacrée à la mélancolie et à *l'ingenio* mélancolique. Largement polysémique, l'*inventio* connaît au cours du temps une

---

[1] D'après F. A. Yates, *L'Art de la mémoire*, p. 111 et Jean-Marie Fritz, "Du dieu émasculateur au roi émasculé...", p. 48-49.

[2] F. A. Yates, *L'Art de la mémoire*, p. 177.

[3] Giambattista Della Porta, *La Physionomie humaine...*, p. 28.

[4] Juan de Mena, *Laberinto de Fortuna*, Madrid, Cátedra, 1979, p. 161-162.

[5] Huarte, *Examen de ingenios*, p. 365 et 533, respectivement.

série d'évolutions. Si le terme signifie dans un premier temps la capacité de l'orateur ou du poète à recourir au donné culturel –les *topoi*– pour illustrer son propre discours[1], il dépassera très vite, dès le XVIème siècle, cette conception traditionnelle pour devenir capacité à "inventer" –au sens moderne du terme– de nouveaux objets. Comme l'imagination, l'*inventio* passe d'un rôle interprétatif à un rôle créatif, qui la relie étroitement à l'*ingenio*.

De nombreux penseurs insistent sur la puissance créatrice de l'*ingenium*, en le reliant au latin *ingenere*. Huarte associe l'*ingenio* à la fécondité d'une l'intelligence capable d'enfanter de nouveaux concepts :

> "Y por que el nombre, como dice Platón, es *instrumentum docendi discernendique rerum substantias,* es de saber que este nombre, *ingenio,* desciende de uno de estos tres verbos latinos : *gigno, ingigno, ingenero"*.

> "y esto baste en cuanto al nombre *ingenio,* el cual de este verbo *ingenero,* que quiere decir engendrar dentro de sí una figura entera y verdadera que represente al vivo la naturaleza del sujeto cuya es la ciencia que se aprende"[2].

De même, Sebastián de Covarrubias fait dériver *ingenio* du latin *gigno* ("Latine ingenium, a gignendo, proprie natura dicitur, proprie natura dicitur cuique ingenita indoles") et le définit comme "qualquier cosa que se *fabrica con el entendimiento*"[3]. Talent naturel, l'*ingenio* est l'une des manifestations de la *physis,* qui crée sans cesse de nouveaux êtres. Pour Sebastián de Covarrubias, l'*ingenio* est "una fuerza de entendimiento, investigadora de lo que por razón y discurso se puede alcanzar en todo género de ciencias, disciplinas, artes liberales y mecánicas, sutilezas, *invenciones* y engaños"[4]. *Inventio, ingenio* et mélancolie se rejoignent autour de l'idée de création et d'inventivité.

Mélancolie et *inventio* sont aussi étroitement associées. En 1551, dans la

---

[1] Une définition traditionnelle de l'*inventio* est, de ce point de vue, celle fournie par Luis Alfonso de Carvallo (*Cisne de Apolo,* I, p. 74-75) : "la invencion, dize Tulio, es buscar, y pensar cosas para dezir, verdaderas o fingidas, que son como dixe la materia de la Poesia, viene deste verbo invenio, que quiere dezir hallar. Y en Italiano lo llaman trovar, de donde llaman a la compostura trova. Lo qual pertenece como dixe a la imaginativa".

[2] Huarte, *Examen de ingenios,* p. 186 et 193-194, respectivement.

[3] Sebastián de Covarrubias, *Tesoro...,* s. v. "ingenio".

[4] Sebastián de Covarrubias, *Tesoro...,* s. v. "ingenio".

traduction des *Dialoghi d'amore* d'Hebreo par Pontus de Tyard il est dit que

> "Saturne [est] incliné aux choses terrestres & inventeur ingénieux de maintes choses appartenantes à l'agriculture"

> "[Saturne] donne en outre grand engin"[1] .

Saturne est inventeur d'"engins". Comme le souligne Huarte, l'*ingenium* saturnien et mélancolique est une capacité inventive, une aptitude à produire des artifices et de nouveaux objets :

> "los melancólicos por adustión juntan grande entendimiento con mucha imaginativa (..). Estos son buenos para predicadores (...). Porque aunque les falta la memoria, es tanta la invención propia que tienen, que la mesma imaginativa les sirve de memoria y reminiscencia, y les da figuras y sentencias que decir sin haber menester a nadie"[2] .

Créer des "figuras y sentencias que decir sin haber menester a nadie" : tel pourrait être le pouvoir démoniaque du mélancolique. L'opinion de Sainte Thérèse –qui relie la mélancolie à des "invinciones" funestes mettant en danger la communauté monastique– confirme cette intuition :

> "Son tantas las invinciones que busca este humor para hacer su voluntad, que es menester buscarlas para cómo las sufrir y gobernar sin que haga daño a las otras"[3] .

Dotés d'une puissance créatrice, la mélancolie, l'*ingenio*, et l'*inventio* ont quelque chose de subversif et captivent autant qu'ils effrayent.

De manière générale, à la Renaissance, l'éloge de la mélancolie conduit à une apologie de l'*inventio* ; inversement, vers la fin du XVIème siècle, la condamnation de la mélancolie s'accompagnera d'une vision de plus en plus critique de l'invention. Ainsi, Huarte se livre à un véritable plaidoyer en faveur de l'*inventio* et de l'*ingenio* inventif qui n'est pas sans relation avec son exaltation de la mélancolie. Il est bien plus difficile, affirme l'auteur de l'*Examen de ingenios*, d'inventer des théories nouvelles que de gloser ce qui a déjà été dit :

> "como sea tan dificultoso el inventar cosas nuevas y tan fácil añadir a lo que está ya dicho"[4] .

---

[1] Cité dans Klibansky, Panofsky, Saxl, *Saturne et la mélancolie*, p. 681-682.
[2] Huarte, *Examen de ingenios*, p. 458.
[3] Teresa de Jesús, *Libro de las fundaciones*, I, p. 166.
[4] Huarte, *Examen de ingenios*, p. 164.

En accord avec ces conceptions, Huarte exalte longuement les capacités créatrices de l'*ingenio* et critique la définition qu'en donne Cicéron car, selon le médecin navarrais, elle reflète insuffisamment la vocation inventive de l'*ingenio* :

> "Cicerón difinió el ingenio diciendo : *docilitas et memoria quae fere uno ingenii nomine appellantur*, en las cuales palabras siguió la opinión de la gente popular que se contenta con ver sus hijos disciplinables y con docilidad para ser enseñados de otros, y con memoria que retenga y guarde las figuras que el entendimiento ha concebido. (...) Pero realmente esta definición es muy corta y no comprende todas las diferencias de ingenio que hay ; porque esta palabra, *docilitas*, abraza sólo aquellos ingenios que tienen necesidad de maestro, y deja fuera otros muchos cuya fecundidad es tan grande que con sólo el objeto y su entendimiento, sin ayuda de nadie, paren mil conceptos que jamás se vieron ni se oyeron"[1] .

Par sa capacité créatrice, l'*ingenio* différencie l'animal de l'homme et fait de ce dernier l'égal de Dieu :

> "Una de las mayores injurias que al hombre le pueden hacer de palabra (...) es llamarle falto de ingenio. Porque toda su honra y nobleza (dice Cicerón) es tener ingenio y ser bien hablado (...). En sólo esto se diferencia de los brutos animales y tiene semejanza con Dios"[2] .

La fin du chapitre V fait également l'éloge de l'*inventio* et des capacités créatrices. Huarte y affirme qu'il existe trois types d'intelligence, mais que la dernière, et la plus admirable, est celle qui dépasse l'enseignement des autorités, inventant et découvrant de nouvelles vérités :

> "En el tercer grado hace naturaleza unos ingenios tan perfectos, que no han menester maestro que los enseñen ni les digan cómo han de filosofar ; porque de una consideración que apunta el doctor, ellos sacan ciento, y sin decirles nada se les hinche la boca de ciencia y saber. (...) A éstos tales está permitido que escriban libro y a otros no"[3] .

Inversement, Huarte critique de manière acerbe ceux qui se limitent à répéter les opinions admises :

> "A los demás que carescen de invención no había de consentir la república que que escribiesen libros, ni dejárselos imprimir ; porque no hacen más de dar círculos en los dichos y sentencias de los autores graves, y tornarlos a repetir, y hurtando uno de aquí y tomando otro de allí, ya no hay quien no componga una obra"[4] .

Face aux "ingenios oviles" –les esprits incapables de créativité et d'*inventio*–

---

[1] Huarte, *Examen de ingenios*, p. 194.
[2] Huarte, *Examen de ingenios*, p. 210.
[3] Huarte, *Examen de ingenios*, p. 343-344.
[4] Huarte, *Examen de ingenios*, p. 344.

Huarte fait l'éloge des esprits caprins susceptibles de sortir des sentiers battus[1]. Bien sûr, la défense de l'innovation chez Huarte est un plaidoyer *pro domo*, mais son éloge de l'esprit inventif va aussi de pair avec sa conception très positive de la mélancolie : dans le système de représentation du Siècle d'Or espagnol, mélancolie et *inventio* sont solidaires.

6.   Les images du génie mélancolique

Autour du thème des dons des mélancoliques se tisse un réseau d'images, de métaphores et de mots significatifs qu'il n'est pas sans intérêt de cerner et d'analyser. Les textes consacrés aux capacités extraordinaires des mélancoliques développent en particulier une riche imagerie de la pointe et de l'acuité ainsi qu'un lexique de la finesse et de la pénétration qui se cristallisera autour du terme d'*agudeza*. Selon les conceptions du XVIème et XVIIème siècle, la sécheresse affine, le froid solidifie. Sèche et froide, la mélancolie a la propriété de dessécher, de refroidir et de durcir : elle raffermit les esprits animaux, rendant l'esprit dur et effilé. Suivant un principe d'analogie, l'esprit du mélancolique est représenté en conformité avec son corps : à un corps sec, osseux , tout en angles correspond une intelligence vive et pénétrante, un regard perçant et sagace, une sensibilité subtile. A la ténuité des membres correspond la finesse de l'esprit.

De même, l'*ingenio* –que la plupart des textes s'accordent à attribuer au mélancolique– est conçu comme un regard aigu qui perce à jour les choses les choses les plus secrètes. Sebastián de Covarrubias le définit comme "una fuerza de entendimiento investigadora" qui découvre les réalités les plus subtiles et cachées ("sutilezas, invenciones y engaños")[2]. C'est aussi en termes de pointe que Vives définit l'intelligence :

> "El acumen de la mente se agudiza y se afila más con el saber, como la fuerza muscular se acrecienta con el ejercicio"[3].

---

[1] Huarte, *Examen de ingenios*, p. 344-345.
[2] Sebastián de Covarrubias, *Tesoro...*, s. v. "ingenio".
[3] Luis Vives, *Tratado del alma*, dans *Obras completas*, II, p. 1193.

Le philosophe clôt sa digression sur la mélancolie en décrivant l'*ingenio* de certains mélancoliques comme un regard incisif qui pénètre jusqu'au coeur des choses :

"Aquéllos cuyo ingenio penetra hasta lo profundo de las cosas, tienen gran valor para los asuntos de mucha gravedad e importancia"[1] .

Autour de la mélancolie et de l'*ingenio* se tisse une imagerie de l'aigu, du pénétrant, du piquant. Chez Vives, l'intellect mélancolique est représenté comme un regard perçant, une pointe qui fait éclater l'apparence des choses et atteint leur essence :

"Equilibrados debidamente el calor y las humedades contribuyen a formar un ingenio agudo y sano. La bilis negra enfrena para que pongan atención en lo que hacen los pensamientos que exacerba la bilis amarilla, y que andan vagando sin orden ni concierto (...) ; así es que no anda mariposeando por la superficie de las cosas, como, la llama sobre la estopa y la paja, sino que penetra hasta lo íntimo y profundo en ellas"[2] .

De même Huarte affirme à propos du mélancolique :

"Porque la tristeza y aflicción gasta y consume, no solamente la humedad del celebro, pero los huesos deseca ; con la cual calidad se hace el entendimiento más agudo y perspicaz".[3]

Alonso de Santa Cruz développe autour de l'*ingenio* mélancolique un lexique de la pointe, de la dague –contenue dans le verbe "indagare"–, de l'aiguille subtile qui perce à jour les choses : la mélancolie, selon le médecin de Valladolid, confère l'acuité et la subtilité d'esprit ("Acuitatem, ac ingenii subtilitatem creare succum hunc, dicebat Galenus") et les mélancoliques sont particulièrement brillants "in intellegendi et indagandi"[4] . Pedro Mercado affirme que les mélancoliques sont capables d'une grande finesse d'esprit, employant à plusieurs reprises à leur égard l'adjectif "agudo" : les mélancoliques "tienen a vezes el juyzio tan agudo y subtil " et peuvent "dezir cosas agudas"[5] . De même, Murillo admet que certains mélancoliques "lleguen a tener el agudeza de ingenio" et évoque leur "ingenio (...) agudo"[6] . L'*ingenio* mélancolique se dit donc en termes d'*agudeza,* à travers un

---

[1] Luis Vives, *Tratado del alma*, dans *Obras completas*, II, p. 1204.

[2] Luis Vives, *Tratado del alma*, dans *Obras completas*, II, p. 1202.

[3] Huarte, *Examen de ingenios*, p. 332.

[4] A. de Santa Cruz, *Dignotio et cura affectuum melancholicorum*, p. 5.

[5] Pedro Mercado, *Diálogos de philosophia...*, fol. 116v et 117r.

[6] Murillo, *Aprobación de ingenios*, fols. 23 r-v. et 38r.

lexique de la pointe, de la perspicacité, de la subtilité, de l'acuité. Le fonctionnement de l'intelligence mélancolique est décrit comme une quête du centre, une recherche de l'essence. Dans un mouvement de pénétration presque érotique, l'ingenio mélancolique effeuille les apparences pour accéder au coeur même des choses.

Le mélancolique apparaît aussi comme un être doté d'une sensibilité accrue qui lui permet de voir ce qui reste caché aux autres tempéraments. Dans le *De memoria* (453 a 19), Aristote affirme que les images formées par l'esprit des mélancoliques ont une grande mobilité, ce qui les rend plus sensibles et impressionnables que les autres tempéraments. Le mélancolique apparaît comme un être perméable à toute influence –bénéfique ou maléfique–, venue de l'extérieur : réceptive aux moindres changements du monde, l'intériorité mélancolique maintient avec les choses une proximité douloureuse. Cette sensibilité aiguë fait du mélancolique un "voyant" au sens presque rimbaldien du terme. Mais, en contrepartie, cette intense réceptivité rend le mélancolique d'autant plus vulnérable : plus que les autres tempéraments, il peut sombrer dans la folie ou l'hébétude. Plus sensible, le mélancolique est aussi plus faible –tout le touche, mais aussi tout le blesse et le menace– et plus accessible aux noires suggestions du démon.

Conçu comme une sensibilité accrue, comme un regard aigu qui permet de considérer l'essence par-delà l'apparence, l'*ingenio* mélancolique est également associé à la thématique de la révélation de l'occulte. Pour Pedro Mexía, Saturne et la mélancolie sont associés au vieil âge qui est "desseo de experimentar grandes secretos y cosas escondidas "[1]. Le propre du mélancolique est de révéler la vérité, comme l'affirme Bartolomé Felipe ("asi la melancholia obliga a los melancholicos a hablar verdad"[2]). Enfin, chez Freylas, l'*ingenio* attribué au mélancolique est défini comme ce qui permet d'atteindre le caché, l'obscur : "es ingenio una fuerça, o

---

[1] Pero Mexía, *Silva de varia lección*, I, p. 522-523.
[2] Bartolomé Felipe, *Tractado del conseio...*, fol. 42 v.

potencia natural de entender, con la cual entendemos, conocemos, hallamos, y juzgamos las cosas dificultosas por muy secretas y ocultas que sean"[1]. Le thème polémique de la divination rattache également la mélancolie à la révélation de l'occulte : le mélancolique peut voir –et révéler– ce qui aux autres demeure caché. C'est un visionnaire qui discerne –et exprime– la nature secrète des choses et les correspondances occultes du monde. Toutefois, cette capacité à révéler l'occulte, si elle fascine certains penseurs de la Renaissance, ne laisse pas d'avoir un aspect dérangeant, un relent subversif qui motivera la réaction contre la mélancolie de la fin du XVIème siècle.

7. La réaction contre l'ingenio mélancolique : ingenio vs juicio

Si, dans les deux premiers tiers du XVIème siècle, la plupart des auteurs s'accordent à affirmer les capacités intellectuelles des mélancoliques, à la fin du XVIème siècle et au XVIIème siècle se produit une réaction vis-à-vis de ces conceptions. Déjà dans le *Regiment de Sanitat*, Arnau de Vilanova affirmait que la tristesse "destruu l'enginy"[2]. Dès 1585, Andrés Velásquez -qui sera suivi par d'autres auteurs, comme Freylas ou Murillo- met en doute les dons intellectuels des mélancoliques. Soucieux de respecter l'autorité aristotélicienne, Murillo concède que certains mélancoliques puissent être ingénieux, mais se montre surtout partisan de l'opinion opposée, selon laquelle la mélancolie enténèbre le cerveau et endommage les facultés intellectuelles :

> "Luego hemos de dezir, que el Melancholico no puede hazer actos racionales, supuesto que el instrumento no está dispuesto, puesto que el alma en tanto que esta en el cuerpo, no puede obrar sin instrumentos, y estando éstos dañados, y corrompidos, cómo quieren los Autores de la contraria opinion, y el que compuso el libro de examen de ingenios, que raciocinar los Melancholicos como cuerdos, pues para esso tienen necessidad de buen temperamento (...) y sino digan de que modo obraran, o con que instrumentos, pues no los tienen, sino tan votos y malos como se ha dicho ?"[3].

Pour Murillo, seule la *symmetria* humorale garantit le bon fonctionnement des

---

[1] A. de Freylas, *Si los melancholicos...*, p. 2-3.

[2] Arnau de Vilanova, *Regiment de Sanitat*, dans *Obres catalanes*, II, p. 132-133.

facultés intellectuelles :

> "porque venir uno a ser ingenioso, agudo, discreto, y sabio, le dimanó, y procedió (...) de que aquel alma en aquel cuerpo tuvo bueno y proporcionado temperamento, y acomodados intrumentos"[1] .

La critique de l'*ingenio* mélancolique est faite au nom du bon sens et de la raison ("el Melancholico no puede hazer actos racionales", déclare Murillo) : la mélancolie est au contraire associée à la déraison. Alors que le XVIème siècle ne les dressait pas l'un contre l'autre pas, le XVIIème opposera l'*ingenio* au *juicio* : rattachée au premier, la mélancolie s'éloignera de plus du second, incarnant une extravagance géniale, mais déraisonnable et l'antithèse *ingenio/ juicio* servira les partisans d'une vision critique de la mélancolie.

Les notions d'*ingenium* et de *iudicium* sont issues de la rhétorique latine, de Cicéron, de Quintilien et de l'*Epître aux Pisons* d'Horace[2] . Le *iudicium* –à l'origine un terme juridique– est l'équivalent du grec *criterion* : il constitue la faculté de juger, de distinguer le vrai du faux, le bien du mal. En littérature, le *iudicium* est la faculté de discerner les apports du talent poétique et de les appliquer suivant certaines règles : si l'*ingenium* est relié à l'*inventio,* le *iudicium* contribue plutôt à la *dispositio.* Au XVIème siècle, Vives définit le *juicio* en ces termes :

> "El juicio es una censura, es decir, la aprobación y desaprobación de la razón, o sea el discurso y sus conclusiones, que está en la mente como una cierta o norma o como el fiel de la balanza"[3] .

A la fin du XVIème siècle et au XVIIème en Espagne la conception de l'*ingenio* et ses rapports au *juicio* se modifient et, corrélativement, l'attribution du *juicio* au mélancolique est de plus en plus problématique. Si, auparavant, l'*ingenio* recouvrait l'ensemble des capacités intellectuelles, au XVIIème siècle il tend à ne désigner qu'une certaine forme d'intelligence : celle d'un esprit capable

---

[3] Murillo, *Aprobación de ingenios,* fol. 20r. L'*ingenio* mélancolique est aussi refusé au fol. 22v.

[1] Murillo, *Aprobación de ingenios,* fol. 27r.

[2] Sur ce sujet : Elfrieda Dubois, "*Ingenium* et *judicium...*", p. 311-324.

[3] Luis Vives, *Tratado del alma,* dans *Obras completas,* II, p. 1198-1199.

d'inventivité, susceptible de produire de bons mots et de brillants artifices. Conçu dans un sens plus restreint, l'*ingenio* sera alors opposé au *juicio*. En effet, l'*ingenio*, cet esprit brillant, pénétrant, proche du génie –mais aussi de l'imagination débridée, et de la folie–, aura tendance à manquer de bon sens, de discernement, de jugement (*juicio*). Comme s'il éprouvait une méfiance vis-à-vis de l'intelligence trop créative, comme s'il concevait la déraison comme le prix à payer pour une intelligence trop vive, le XVIIème siècle oppose ainsi *ingenio* et *juicio*.

La modification de la perception de l'*ingenio* et son opposition de plus en plus marquée au *juicio* a des conséquences notables sur la conception des dons intellectuels attribués au mélancolique. Alors que les humanistes des deux premiers tiers du XVIème siècle n'hésitent pas à attribuer la prudence au mélancolique, les penseurs de la fin du XVIème siècle auront tendance à le considérer comme ingénieux mais dépourvu de *juicio* et de discernement. Déjà, dans le *Regiment de sanitat*, Arnau de Vilanova affirmait que la tristesse "escura lo juhi"[1]. Luis Lobera de Avila définissait également la mélancolie comme une "corrupcion del juizio"[2].

Cette vision des choses s'intensifie à la fin du XVIème siècle : ainsi, pour Valles, les mélancoliques sont plus vulnérables à l'influence du démon "quia plus habent imaginationum et minus prudentiae"[3] ; pour García Carrero et Santa Cruz, la bile noire gâte la faculté de juger et la mélancolie est définie comme un égarement du jugement[4]. Enfin, Murillo affirmera que "melancholia quiere dezir desatino del entendimiento, o de juyzio"[5]. Pour ces penseurs, le mélancolique est doué pour le savoir, mais non pour la sagesse : on lui attribue un *ingenio* puissant, mais un *juicio* déréglé qui, ne lui permettant pas d'user de ses dons intellectuels à bon escient, en fera une proie de choix pour le diable. A la faveur de l'opposition

---

[1] Arnau de Vilanova, *Regiment de Sanitat*, dans *Obres catalanes*, II, p. 132-133.
[2] Luis Lobera de Avila, *Remedio de cuerpos humanos*, fol. 37r.
[3] F. Valles de Covarrubias, *De sacra philosophia*, p. 270.
[4] Pedro García Carrero, *Disputationes medicae*, p. 228. A. de Santa Cruz, *Dignotio et cura affectuum melancholicorum*, p. 3.
[5] Murillo, *Aprobación de ingenios*, fol. 80r.

ingenio/ juicio , la mélancolie dérive progressivement vers l'*ingenio*, s'éloignant de la raison et du jugement. Mélancolique, l'«ingenioso hidalgo don Quijote» ne manque pas d'*ingenio*, mais de *juicio*.

8. *La critique de l'*inventio *mélancolique*

La fin du XVIème siècle voit se développer une réaction contre l'invention et la mélancolie. Les auteurs les plus hostiles à l'*inventio* sont aussi ceux qui développent la vision la plus noire de la mélancolie, la reliant au démon, et lui déniant toute capacité divinatoire. Andrés Velásquez, dont l'ouvrage s'inscrit contre Huarte et contre l'interprétation laudative de la mélancolie défendue par certains humanistes, développe simultanément une vision critique de la mélancolie et une réprobation de l'*inventio*. Au début du *Libro de la melancholia*, le médecin d'Arcos de la Frontera se lance dans une diatribe –qui vise implicitement Huarte– contre les auteurs trop innovateurs :

> "Matame ver algunos modernos que de muy bachilleres, tienen el mundo lleno de mal dixo Galeno, mal dixo en el otro. Y creo (si no me engaño) que fuera mejor decir, desta manera, o de aquella, se entiende Galeno en tal lugar. Mas las cosas van ya de manera que casi podemos decir, que en cada cosa, *quot capita tot sententiae* "[1] .

Pour Velásquez le savoir ne repose pas sur l'invention mais sur le respect des autorités :

> "esto no se entiende que lo hemos de hazer con tanta arrogancia, que queramos por nos mostrar inventivos dar de mano a todos los gravissimos authores, que con tanta vigilancia trabajaron en las sciencias. Y que aya quien quiera por su solo parecer negar a Platon, Aristoteles y Galeno, a cada paso por un vano argumento, o una experiencia que vido"[2] .

"Vano argumento", l'*inventio* est le lieu de la vanité : vanité d'un auteur qui cherche à se mesurer aux plus grandes autorités, vanité du savoir qui se dresse contre la tradition. Contre Huarte, contre son éloge de la mélancolie et de l'*inventio*, Velásquez adopte une position très conservatrice ; le bon médecin, ajoute-t-il, est celui qui sait se tenir dans les limites de la tradition :

> "Y assi se ha (a mi parecer) de tener en mucho qualquiera de los modernos, que a costa de su trabajo y estudio, procura, de exponer las sentencias de los graves doctores (...). Y no

---

[1] Andrés Velásquez, *Libro de la melancholia*, fol. 11v-12r.
[2] Andrés Velásquez, *Libro de la melancholia*, fol. 9v.

tiene razon de morder a estos en su examen de ingenio (sic) el Doctor san Iuan (...).
Entienda cada uno, ques muy bueno en qualquiera sciencia, gozar de trabajo ageno"[1].

Un siècle plus tard, l'*Aprobación de ingenios* de Murillo développe aussi une vision très critique de la mélancolie et s'élève en des termes similaires contre toute forme d'invention :

"Algunos por algún vano argumento, o un experiencia que vieron, (...) quieren ultrajar a los padres de las Ciencias, y es malhecho"[2].

"Y es malhecho" : comme la mélancolie, l'*inventio* fait l'objet d'une véritable condamnation morale. Loin de faire l'objet d'une vision laudative, elle apparaît comme un élément subversif qui met en danger, de manière inadmissible, le savant édifice hérité de la tradition médicale. Dans le système de pensée, l'*ingenio* et l'*inventio* partagent avec la mélancolie un même aspect sulfureux et dérangeant, que n'a pas le *juicio*. Ce dernier juge à partir d'un donné qu'il ne modifie pas. En revanche, l'*ingenio* et l'*inventio* des mélancoliques, capables de transformer le monde en y ajoutant de nouveaux objets et, donc, de concurrencer la création divine seront condamnés et associés à la faute.

9. La culpabilisation de l'ingenio mélancolique : inventio, ingenio et fourberie

A la fin du XVIème et au XVIIème, en même temps qu'une condamnation de plus en plus vive de l'*inventio,* se développe une culpabilisation générale de l'*ingenio* mélancolique, désormais interprété en termes de malveillance. Pensé comme une forme d'intelligence qui permet de faire prévaloir la ruse sur la force[3], l'*ingenio* se trouve ainsi allié à l'idée de stratagème, de subterfuge, voire de tromperie perverse. L'«engin» que Leone Ebreo, dans la traduction de Pontus de Tyard, attribuait à Saturne, signifie l'«adresse», l'«industrie» (Littré). De même, Sebastián de Covarrubias et le *Diccionario de Autoridades* associent l'*inventio* au mensonge et à la tromperie :

[1] Andrés Velásquez, *Libro de la melancholia*, fol. 11 r et v.
[2] Murillo, *Aprobación de ingenios*, fol. 2v.
[3] Mercedes Blanco, *Les rhétoriques de la pointe*, p. 44.

"*inventar*. Sacar alguna cosa de nuevo que no se halla visto antes ni tenga imitación de otra. Algunas veces sinifica mentir, y llamamos invencioneros a los forjadores de mentiras"[1].

"*Invención*. Se toma muchas veces por ficcion, engaño o mentira"[2].

L'*ingenium* et l'*inventio* attribués aux mélancoliques permettent de créer de nouveaux objets mais aussi, sous une perspective moins flatteuse, d'inventer des ruses, des machinations et des subterfuges employés à des fins immorales. L'intelligence mélancolique apparaît alors comme une intelligence appliquée à mal faire :

"la cólera requemada y retostada es un humor que enseña al ánima racional de qué manera se han de hacer los embustes y engaños"[3].

Pour Jean Bodin, l'*ingenium* des nations mélancoliques du Sud est aussi art de la tromperie, rendant les hommes des "nationz Meridionales" particulièrement "malicieux" et "rusez"[4]. Les facultés mentales exceptionnelles attribuées aux mélancoliques sont perverties par des intentions mauvaises: l'*inventio* et l'*ingenio* mélancoliques sont ainsi présentés comme pervers car, d'une certaine manière, leur puissance inquiète et engendre la crainte.

10. L'humeur à l'origine du génie

Comme le précise Giambattista Della Porta, toute bile noire n'est pas source d'inspiration et de prééminence intellectuelle :

"pour la seule bile noire elle a le pouvoir d'aider au iugement & de le fomenter ; mais il ne faut pas iuger que cela arrive simplement, car on en voit d'autres effets estant seule noire & epaisse, elle est cause que l'esprit est hébété"[5].

Les médecins sont loin d'être d'accord sur l'humeur mélancolique à l'origine de la prééminence intellectuelle et de la fureur inspirée. Pour certains, la divination et l'*ingenium* des mélancoliques trouvent leur cause dans une bile noire naturelle tempérée, tandis que d'autres attribuent les dons des mélancoliques à la

---

[1] Sebastián de Covarrubias, *Tesoro*..., s. v. "inventar".
[2] *Diccionario de Autoridades*, s. v. "invención".
[3] Huarte, *Examen de ingenios*, p. 385-386.
[4] Jean Bodin, *Les six livres de la République*, V, p. 27.
[5] Giambattista Della Porta, *La physionomie humaine*..., p. 26.

melancholia adusta. Toutefois, malgré la diversité des solutions et des explications proposées, la bile noire conçue comme l'origine des aptitudes mélancoliques se caractérise par un certain nombre de traits récurrents : la sécheresse, la chaleur, ainsi qu'un certain nombre de qualités merveilleuses.

Tous les médecins s'accordent à dire que la bile noire apporte le génie en raison de sa sécheresse. A la suite de l'aphorisme d'Héraclite ("Splendor siccus, animus sapientissimus"), fréquemment cité par les médecins espagnols, la sécheresse est unanimement considérée comme la condition de l'*ingenio* et de la fécondité intellectuelle. Huarte déclare que "todos convienen en que la sequedad hace al hombre muy sabio"[1] et Velásquez fait aussi de la sécheresse la condition de l'intelligence[2]. Pour Sabuco, la sécheresse confère la sagesse :

"en la vejez viene a perfección del juicio, por la sequedad, que no está en los mozos, por la mucha humedad, como está menos en los niños"[3].

En revanche, l'humidité est unanimement considérée comme une source de stupidité :

"De la humidad, es dificultoso saber qué diferencia de ingenio pueda nacer, pues tanto contradice a la facultad racional. A lo menos, en la opinión de Galeno, todos los humores de nuestro cuerpo que tienen demasiada humidad hacen al hombre estulto y nescio"[4].

C'est pourquoi le sang et le phlegme apparaissent comme les deux humeurs les plus opposées à l'intelligence :

"También la sangre, por la mucha humidad, dice Galeno que hace a los hombres simples".

"De manera que la sangre (por ser húmida) y la flema echan a perder la facultad racional"[5].

La plupart des auteurs, même les plus critiques vis-à-vis de la mélancolie, s'accordent à dire que le sang engendre la bêtise en raison de son caractère humide :

"la sangre es señal de simplicidad y boveria : y es la causa la humedad de la sangre, que

---

[1] Huarte, *Examen de ingenios*, p. 332. Sur la sécheresse comme source d'intelligence, voir aussi les p. 330, 331, 342, 648.

[2] Andrés Velásquez, *Libro de la melancholia*, fol. 36r et v.

[3] M. Sabuco de Nantes, *Nueva filosofia de la naturaleza del hombre*, p. 214.

[4] Huarte, *Examen de ingenios*, p. 334.

[5] Huarte, *Examen de ingenios*, p. 331 et 335, respectivement.

para estas obras del alma es impedimento muy grande"[1] .

Le discours médical procède par analogie, concevant l'esprit à l'image de la matière. La sécheresse favorise la réflexion car elle s'associe à une imagerie de la subtilité et de la concentration :

> "Esta calidad [la sequedad] quando seca alguna cosa ella retrahe las partes humidas de la circumferencia al centro/ o de las extremidades al medio"[2] .

La sécheresse affaiblit mais aussi affine :

> "esta calidad [la sequedad] es naturalmente adelgazadora y enflaquesçedora (...) ca ella todo humor que es causa de gordura consume y guasta donde se sigue luego magreza. No menos es enduresçedora de cada una substançia en que es (...) lo mesmo haze quando guasta los humores & haze los espiritus mas sotiles & mas ligeros/ assi que en el cuerpo queda mas sotileza de tanto como los humores salidos lo agravaban por lo qual se sigue que açidentalmente es ella causa de mas presto movimiento en el tal cuerpo sotilizado. Haze tambien esta calidad los espiritus mas apurados por el consumimiento de la humidad/ & no menos sutileza & haze mas prestos"[3] .

Autour de la sécheresse attribuée à la bile noire se tisse une imagerie de la concentration, de la subtilité, de la ténuité. Toutefois, comme le précise le *Libro de propietatibus rerum*, la sécheresse constitue aussi une force de mort[4], comme si l'intelligence, dans le système de représentation du XVIème et du XVIIème siècle ne pouvait s'acquérir qu'au prix d'une déperdition de l'être et de la vie.

La sécheresse étant commune à toutes les humeurs mélancoliques, seule la chaleur pourra faire la différence entre la bile noire stérile et celle féconde pour l'esprit. Cette interprétation s'enracine dans le *Problème XXX,1*, qui distingue deux sortes de bile noire, auxquelles correspondent deux sortes d'éminence intellectuelle : une bile noire très chaude, qui donne lieu à des crises de fureur inspirée, et une bile noire tempérée, source de sagesse, de clairvoyance et de perspicacité[5]. En accord avec l'héritage aristotélicien, le caractère chaud ou tempéré de la bile noire sera donc la condition de la fécondité de l'esprit et de

---

[1] Andrés Velásquez, *Libro de la melancholia*, fol. 37r. Le même passage est repris, textuellement, par Murillo, *Aprobación de ingenios*, fol. 64v.

[2] B. Anglicus/ V. de Burgos, *Libro de propietatibus rerum*, fol. d viij verso.

[3] B. Anglicus/ V. de Burgos, *Libro de propietatibus rerum*, fol. e j verso.

[4] B. Anglicus/ V. de Burgos, *Libro de propietatibus rerum*, fol. e j verso.

[5] Aristote, *L'homme de génie et la mélancolie*, p. 97.

nombreux textes, suivant un raisonnement analogique, associeront le froid à l'hébétude et à la paralysie stérile :

> "todos los médicos echan fuera la frialdad por inútil para todas las obras del ánima racional".

> "Esto tiene la frialdad : que impide los movimientos, no solamente de las cosas corporales, pero aun las figuras y especies, que dicen los filósofos ser espirituales"[1] .

Toutefois, cette "mélancolie chaude" forgée par Aristote sera interprétée de manière différente selon les auteurs du XVIème et du XVIIème siècle. Certains l'assimileront à la *melancholia adusta*, d'autres y verront une bile noire naturelle réchauffée ou tempérée par le mélange à d'autres humeurs plus chaudes, comme le sang ou la cholère. Pour Avicenne, c'est la *cholera adusta* ou *cholera nigra*, chaude et sèche, qui confère à l'esprit des dons pour la réflexion :

> "Et si fuerit cholera nigra pura, tunc cogitatio in ipsa erit plurima, et agitatio su furiositas erit minus : nisi moveatur, et rixetur, et habet odium cuius non obliviscetur"[2] .

Pour Vives, la bile noire susceptible de stimuler les facultés intellectuelles doit être réchauffée et tempérée par d'autres humeurs comme le sang et la cholère :

> "La melancolía se encandece con la agitación de los pensamientos o de los afectos cálidos. Por ellos conviene que esté mezclada con otros humores, principalmente con la bilis amarilla que sirve como de freno para evitar que aquélla, inquieta y antojadiza de suyo, se precipite adonde no debe. "[3]

De même, chez Huarte, la bile noire naturelle et tempérée favorise l'étude, la concentration et la prudence, tandis que l'ardente *melancholia* adusta engendre la fureur inspirée[4] . Enfin, García Carrero afffirme que la mélancolie à l'origine de l'*ingenio* est une bile noire modérément chaude[5] et Freylas oppose le mélancolique doté d'une bile noire froide, stupide et hébété, au mélancolique ingénieux, caractérisé par une bile chaude ou tempérée[6] . En fonction des différents degrés de chaleur, le discours médical attribue des aptitudes différentes aux mélancoliques,

---

[1] Huarte, *Examen de ingenios*, p. 327et 329, respectivement.

[2] Avicenne, *Liber Canonis*, Lib. III, fen. I, tract. 4, chap. 19. Selon W. Schleiner, *Melancholy, genius and utopia*, p. 25, n. 14.

[3] Luis Vives, *Tratado del alma*, dans *Obras completas*, II, p. 1202.

[4] Huarte, *Examen de ingenios*, p. 353 et 372-373.

[5] P. García Carrero, *Disputationes medicae*, p. 262-272.

opposant la bile *adusta* du mélancolique chaud, source de connaissance immédiate et de fureur inspirée, à la bile noire naturelle tempérée associée à la réflexion, la prudence, la sagesse. En tout état de cause, la sécheresse et la chaleur, intense ou modérée, apparaissent comme les traits fondamentaux de l'humeur à l'origine du génie, tandis qu'au contraire l'humidité et la froideur sont reliées à la léthargie, la lenteur, la stérilité, la dilution de l'esprit dans la matière veule.

Fondé pour une large part sur l'analogie et sur des asssociations d'images, le discours sur la mélancolie à l'origine des dons intellectuels se livre parfois à une véritable rêverie sur la matière, imaginant une bile noire aux qualités merveilleuses. Afin d'expliquer les dons des mélancoliques l'écriture médicale développe l'idée d'un mélange subtil, rare et précieux. Ainsi, pour le *De Triplici Vita* seule une combinaison proportionnée de sang, de cholère et de mélancolie –contenant huit parts de sang, deux parts de bile jaune, deux parts de bile noire– peut conférer une intelligence exceptionnelle[1] . De même, Della Porta affirme qu'un mélange délicat de bile noire naturelle, de sang et de cholère confère la supériorité intellectuelle :

> "Il est donc nécessaire qu'elle [la mélancolie] soit fort legere, copieuse, & dans le juste equilibre de la bile & que l'humeur de la pituite maligne n'y défaille pas, afin que de trois elle ne forme qu'un Corps, de sorte qu'il y ait huict parties de sang, deux de la bile jaune & deux de la bile noire"[2] .

La bile noire à l'origine de la supériorité intellectuelle apparaît comme une humeur aux qualités mythiques. Pour Ficin, elle est une "candida bilis", une humeur subtile, brillante, dorée mais susceptible de prendre toutes les teintes de l'arc-en-ciel[3] . Pour Huarte, la bile noire féconde est une substance presque magique, une humeur chaude, lumineuse, légère, aérienne et très pure, comparable au jais :

> " [su] temperamento es vario como el del vinagre (...) pero siempre es seco y de sustancia muy delicada. Cicerón confiesa que era tardo de ingenio porque no era melancólico adusto ; y dice la verdad (...). Tiene otra calidad que ayuda mucho al entendimiento, que es ser espléndida como azabache, con el cual resplandor da luz allá dentro en el celebro para que se vean bien las figuras. Y esto es lo que sintió Heráclito cuando dijo : *splendor*

[6] Alonso de Freylas, *Si los melancholicos*, p. 1.
[1] Marsile Ficin, *De Vita triplici*, Bâle, 1549, p. 17. D'après Babb, *Elizabethan malady*, p. 60-61.
[2] Giambattista Della Porta, *La physionomie humaine...*, p. 26.
[3] Marsilio Ficino, *De Vita triplici*, Bâle, 1549, p.18. D'après Babb, *Elizabethan malady*, p. 60, n. 101.

siccus, animus sapientissimus. El cual resplandor no tiene la melancolia natural, antes su negro es mortecino"[1] .

Cette bile noire merveilleuse décrite par les différents auteurs permet de résoudre toutes les contradictions inhérentes à la mélancolie : elle est terrestre mais aussi légère, sombre mais aussi lumineuse et sa finesse, par une sorte de communication magique ou analogique des facultés, se transmet à l'esprit. De même, Murillo, s'inspirant de Ficin, décrit la bile noire à l'origine de l'éminence intellectuelle comme une substance aux qualités admirables :

"el humor atrabiliario o melancholico, si está bien atemperado del calor natural, o melancholico, si esta bien templado del calor natural, y luciente, y replandeciente, no de otra forma que el fuego con color de oro, el qual estando en esta calidad, dize Marsilio Ficcino (...) que haze en el animo admirables efetos"[2] .

A cette bile noire merveilleuse, Murillo oppose :

"el humor Melancholico, y negro [en que] reside [el demonio] (...) por ser humor tenebroso, obscuro y pessimo, y que assiste mas de ordinario en el baço"[3] .

L'écriture médicale se livre à un véritable travail de l'imaginaire qui aboutit à l'opposition, terme à terme, de deux humeurs mélancoliques : une bile noire bénéfique, lumineuse, tempérée, brillante, légère, subtile, opposée à une bile noire maléfique noire, froide, opaque, épaisse, de la couleur de la suie. A travers cette opposition quasi-manichéenne de deux mélancolies antagoniques, la pensée scientifique du XVIème et du XVIIème siècle croit rendre compte de l'ambiguïté fondamentale de la mélancolie.

C. LA MELANCOLIE ET LES ACTIVITES DE L'ESPRIT

Chaque art, chaque science demande, selon les conceptions du XVIème et du XVIIème siècle, une disposition particulière : l'*Examen de ingenios* systématisera ces perspectives en attribuant à chaque type de tempérament des dons particuliers pour des occupations bien précises. La mélancolie et le

---

[1] Huarte, *Examen de ingenios*, p. 372-373.

[2] Murillo, *Aprobación de ingenios*, fol. 30v- 31r.

[3] Murillo, *Aprobación de ingenios*, fol. 31 r.

mélancolique se trouvent ainsi reliés à un certain nombre d'activités qu'il n'est pas sans utilité d'analyser.

1. L'artiste mélancolique

C'est un véritable *topos*, au XVIème et au XVIIème siècle, que de relier l'artiste à la mélancolie. Giambattista Della Porta affirme dans le *De humana physiognomia* que les mélancoliques dont la bile noire est tempérée se sont toujours montrés "habiles en la profession des beaux-Arts"[1]. Les études de Panofsky, de Saxl, de Rudolf et Margot Wittkower, ont rendu familier un passage du *Trattato della nobilità della pittura* (1585) où Romani Alberti explique que les peintres deviennent mélancoliques car ils produisent et fixent longuement dans leur esprit des représentations imaginaires[2]. L'association de la mélancolie à l'art repose également sur un ample héritage iconographique. André Chastel signale que, dans la tradition figurée de la Renaissance, l'attitude mélancolique constitue le signe de l'inspiration de l'artiste[3]. En accord avec ces conceptions, nombreux sont en Italie et dans l'Europe du Nord les portraits ou autoportraits où l'artiste est représenté dans la pose mélancolique, la main à la mâchoire. Un *Portrait de Michel-Ange à l'âge de vingt-trois ans* exécuté à l'eau-forte et conservé à la Biblothèque Nationale de Paris représente l'artiste dans la pose topique de la mélancolie. A la Renaissance, les artistes ou les commanditaires des portraits aiment à se faire représenter dans une mise en scène suggérant la mélancolie : dans l'*Autoportrait à la tache jaune* de Dürer, l'artiste apparaît sous la forme d'un personnage pointant le doigt vers sa rate[4] ; dans l'*Autoportrait au chardon* (1493), conservé au Louvre, Dürer s'est représenté sous les traits d'un individu pâle, à l'air pensif, entouré d'ombre. Peintres et graveurs se plaisent ainsi à se représenter dans la pose

---

[1] Giambattista Della Porta, *La physionomie humaine*..., p. 28.
[2] Romani Alberti, *Trattato Della nobilità Della pintura*, dans Giovanni Bottari, *Dialoghi sopra le tre arti del disegno*, Parme, Fiaccadori, 1845, p. 119. Sur ce sujet, voir Rudolf et Margot Wittkower, *Born under Saturn*, Londres, Weinfield & Nicholson, 1963, p. 105 et W. Schleiner, *Melancholy, Genius and Utopia*, p. 101.
[3] André Chastel, *Fables, formes, figures*, Paris, Flammarion, 1978, I, p. 152.

typique de la mélancolie pour signifier le tempérament mélancolique qui les relie à l'inspiration.

2. *Les arts et les sciences de la mélancolie*

Parmi les activités dans lesquelles excellent les mélancoliques, les théoriciens placent les sciences les plus élevées : la philosophie, la politique, les mathématiques, les sciences occultes. Giambattista Della Porta affirme dans le *De humana physiognomia* que ceux en qui prédomine la bile noire sont particulièrement doués pour la philosophie, la science politique et les arts :

> " tous les grands personnages, qui se sont rendus recommandables ou pour l'excellence de leur esprit, ou qui sont devenus grands Philosophes, ou se sont comportez prudemment en l'administration de la Republique ou ont esté excellents Poëtes, ou ont fait merveille dans les autres Arts, ont tous esté melancholiques "[1] .

Jean Bodin affirme que les peuples méridionaux, de complexion mélancolique, excellent dans les sciences occultes et les mathématiques :

> "Aussi voyons-nous que les peuples de Midy, Egyptiens, Chaldeens, Arabes, ont mis en evidence les sciences occultes, naturelles, et celles qu'on appelle Mathematiques, qui donnent la gehenne aux plus grands esprits, et les contraignent de confesser la vérité"[2] .

Les peuples septentrionaux excellent dans le commandement politique et les arts manuels, mais les peuples du Sud, mélancoliques, excellent dans les sciences élevées qui permettent la recherche de la vérité :

> "le peuple Meridional moins habile au gouvernement des Republiques, s'arreste à la contemplation des sciences naturelles et divines, pour separer le vray du faux"[3] .

En s'inspirant du *Problème* aristotélicien, Miguel Medina déclare que les hommes remarquables dans les études de philosophie, les arts ou la science politique furent mélancoliques :

> "Omnes, inquit Aristoteles, qui claruerunt ingenios, vel studiis philosophicae, vel in republica administranda, (…) vel in artibus exercendis, melancholicos fuisse videmus"[4] .

Francisco Monzón affirme que les Enfants de Saturne sont particulièrement doués

---

[4] D'après Klibansky, Panofsky, Saxl, *Saturne et la mélancolie*, p. 602.

[1] Giambattista Della Porta, *La physionomie humaine...*, p. 26.

[2] Jean Bodin, *Les six livres de la république*, t. 5, p. 38-39.

[3] Jean Bodin, *Les six livres de la république*, t. 5, p. 41.

[4] Miguel Medina, *Christianae Paraenensis...*, fol. 66v.

pour la philosophie ("y a los que tenian esta propiedad desseava tener Aristotiles por discipulos affirmando que saldrian excelentes philosophos"[1]). Enfin, en 1679, Bravo de Sobremonte écrit que les mélancoliques excellent dans la recherche de la vérité, les sciences, l'étude de la philosophie et l'administration de la république[2].

En accord avec les occupations commandées par Saturne, le mélancolique se distingue également dans les arts et sciences en rapport avec les nombres : la géométrie, les mathématiques et, en particulier, l'astrologie. Arétée de Cappadoce –dont les affirmations sont reprises par Velásquez et Murillo[3] – déclare que les fous ou les mélancoliques peuvent connaître l'astrologie "sine doctore"[4]. L'iconographie traduit ces conceptions en représentant l'astrologie et la mélancolie suivant des codes très similaires. La mélancolie, notamment chez Dürer et Cranach, est représentée avec une sphère et un compas, attributs de l'astrologue. Inversement, l'astrologie est souvent figurée sous une forme allégorique, dans la position codifiée de la mélancolie. Ainsi, une gravure anonyme, inspirée d'une oeuvre de Francesco Mazzola et conservée à la Bibliothèque Nationale de Paris, représente allégoriquement l'Astrologie sous la forme d'un personnage, la main au menton, appuyé sur un bloc de pierre, accompagné d'une sphère, d'un crâne - symbole de vanité- et d'un angelot assoupi, comme la mélancolie de Dürer. L'astrologie est une science mélancolique : en effet, comme le note finement Maxime Préaud[5], ces représentations, qui associent les symboles de l'astrologie, de la mélancolie et de la vanité, suggèrent que la connaissance du monde éternel des étoiles révèle la précarité de l'existence humaine, engendrant une incommensurable mélancolie.

---

[1] Francisco Monzón, *Libro primero del espejo del principe cristiano*, fol. xxi verso- xxii recto.
[2] G. Bravo de Sobremonte, *Resolutionum et consultationum medicarum*, p. 42-43.
[3] A. Velásquez, *Libro de la melancholia*, fol. 69v. Murillo, *Aprobación de ingenios*, fol. 6 v
[4] W. Schleiner, *Melancholy, genius and utopia*, p. 23. Voir aussi Babb, *Elizabethan Malady*, p. 50, n. 49.
[5] Maxime Préaud, *Mélancolies*, p. 72

3. *Mélancolie, littérature et poésie*

La mélancolie incline aussi à la littérature. Cesare Ripa associe la mélancolie à l'étude et aux lettres :

> "Il [le mélancolique] tient un Livre ouvert, pour ce que les gens de cette complexion s'addonnent volontiers aux bonnes Lettres, & que pour y vacquer plus commodément ils recherchent la solitude"[1].

Huarte affirme que la plupart des hommes remarquables dans la pratique des lettres furent mélancoliques : "todos cuantos hombres señalados en letras ha habido en el mundo dice Aristóteles que fueron melancólicos"[2]. En 1626, un *arbitrista*, le licencié Fernández de Navarrete, écrit un opuscule intitulé *Conservación de monarquías* dans lequel il associe la mélancolie aux lettres :

> "[las letras] suelen engendrar un cierta melancolía que molifica el ánimo, oponiéndose a la alegre precipitación con que se intentan peligrosas hazañas, sin que el discurrir en ellas engendre detencion. Y por eso a la diosa de las ciencias la llamaron «Minerva, quasi minuens nervos», porque las provincias que se dan con demasía al deleite de las ciencias olvidad con faciliad el ejercicio de las armas"[3].

Au XVIème et au XVIIème siècle, associer la mélancolie à la littérature constitue un véritable lieu commun, que Diego Saavedra Fajardo traitera sur le mode de la dérision. Ainsi, la cité de la *República literaria* est entourée de champs d'ellébore destinés à soigner la mélancolie de ses habitants :

> "Por el camino fui notando que aquellos campos vecinos llevaban más eléboro que otras yervas, i, preguntándole la causa, me respondió que la divina providencia ponía siempre veçinos los remedios a los daños, i que así avía dado a la mano aquella yerva para cura de los ciudadanos"[4],

et bordée de fosses où coule un sombre liquide, analogue à la bile noire,

> "Aviendo llegado a la ciudad, reconocí sus fosos, los quales estaban llenos de un licor escuro"[5].

Enfin, les habitants de la République sont tous explicitement désignés comme

---

[1] Cesare Ripa, *Iconologie*, deuxième partie, p. 55.

[2] Huarte, *Examen de ingenios*, p. 332.

[3] Cité par Américo Castro, *España en su historia. Cristianos, moros y judíos*, Barcelona, Crítica, 1983, p. 594.

[4] Diego Saavedra Fajardo, *La República Literaria*, Madrid, Espasa Calpe, 1942, p. 10-11.

[5] Saavedra Fajardo, *La República Literaria*, p. 11-12.

mélancoliques : "Los ciudadanos estavan melancólicos, macilentos y desaliñados"[1].

Plus précisément, la mélancolie est associée à la pratique d'un genre littéraire bien précis : la poésie. Della Porta affirme dans le *De humana physiognomia* que ceux qui "ont esté excellents Poëtes (...) ont tous esté melancholiques" et que parmi les mélancoliques "il faut compter la plus grande partie des Poëtes"[2]. Miguel Medina affirme que tous les poètes remarquables furent mélancoliques ("Omnes (...) qui claruerunt (...) in carmine pangendo (...) melancholicos fuisse videmus"[3]). Pour Huarte, la poésie repose essentiellement sur l'imagination, faculté que la bile noire stimule tout particulièrement[4]. De même, Luis Alfonso de Carvallo affirmera que la poésie requiert avant tout l'imagination, "porque el Poeta tiene mas necessidad de imaginativa, que de otra differencia de ingenio"[5]. D'ailleurs, le portrait du poète idéal, chez Carvallo, correspond presque mot pour mot au portrait du mélancolique *adusto* décrit par Huarte :

> "La habla será abultada y algo áspera, tendra pocas carnes, duras, asperas, nervosas, las venas anchas. El color moreno, tostado, verdinegro, y cenizoso. El cabello y barba, y vello, gruesso, tiesso, aspero y tostado. La cara no muy hermosa, todas las quales cosas son indicios de calor y sequedad, humor aparejado para la imaginativa que han de tener los Poetas"[6].

A la Renaissance, c'est un *topos* que de concevoir le poète comme mélancolique. Dans un *romance* mi-sérieux mi-burlesque datant de 1587, Góngora fait son autoportrait à la troisième personne et, non sans une part de dérision, se dépeint comme mélancolique :

> "De su condición
> deciros podría
> (...) que es mozo alegre
> aunque su alegría

[1] Saavedra Fajardo, *La República Literaria*, p. 72.
[2] Giambattista Della Porta, *La physionomie humaine...*, p. 26
[3] Miguel Medina, *Christianae Paraenensis*, fol. 66v.
[4] Huarte, *Examen de ingenios*, p. 395, 403-405.
[5] Luis Alfonso de Carvallo, *Cisne de Apolo*, I, p. 73.
[6] Luis Alfonso de Carvallo, *Cisne de Apolo*, I, p. 72-73.

paga mil pensiones
a la melarquía."[1]

L'iconographie exprime également ces idées. Une eau-forte de Jusepe de Ribera exécutée vers 1630 et conservée à la Bibliothèque Nationale de Paris représente le poète dans la position de la mélancolie, la main au menton, le visage dans l'ombre, entouré d'éléments –un bloc de pierre, une souche d'arbre– qui caractérisent la représentation allégorique de la mélancolie. La mélancolie se trouve ainsi éminemment reliée à l'inspiration poétique et à l'écriture.

4. La "melancholicque estude"[2]

Selon les conceptions de la rhétorique classique, si la condition indispensable pour écrire est la fureur ou l'*ingenium*, le poète ou l'individu en quête d'inspiration doit aussi pratiquer l'étude. Mélancolie et vie studieuse se trouvent liées par un double réseau de relations : les longues nuits d'étude déséquilibrent les humeurs et rendent mélancolique, mais la bile noire engendre aussi un don particulier pour l'étude.

L'étude est conçue comme une source de mélancolie et le thème de l'étudiant –ou de l'homme de lettres– mélancolique constitue une représentation courante à la Renaissance et au XVIIème siècle. Le *De Triplici vita* de Ficin affirme que les étudiants, les érudits et les lettrés sont mélancoliques par tempérament ou le deviennent par la pratique de l'étude[3]. Vives écrit que "los que habitan moradas oscuras consagradas a estudios tenaces o a meditaciones intensas" sont particulièrement enclins à la mélancolie et ajoute que "los estudios grandes, dificiles, arduos, tornan a las personas melancólicas"[4]. Enfin, pour Cristóbal de Vega la veille studieuse constitue l'une des causes de mélancolie[5] et Juan de Horozco affirme que "según el problema de Aristoteles, todos los estudiosos (...)

---

[1] Luis de Góngora, *Romances*, éd. d'Antonio Carreño, Madrid, Cátedra, 1985, p. 187.
[2] Pierre de Ronsard, *Second Livre des Poèmes*, dans *Oeuvres Complètes* éd. de Paul Laumonier, Paris, Droz (puis Didier), 1920- 1975, vol. X, p. 300.
[3] Klibansky, Saxl et Panofsky, *Saturne et la mélancolie*, p. 412 et suiv.
[4] Luis Vives, *Tratado del alma*, dans *Obras completas*, II, p. 1229 et p. 1245-1246.

son melancholicos"[1].

Inversement, un certain nombre d'auteurs confèrent au mélancolique des dons particuliers pour l'étude. Pour Leone Hebreo, le mélancolique et le saturnien ont la capacité de fixer leur esprit longtemps et avec constance sur un même objet[2]. De même, pour Vives, la bile noire confère la ténacité nécessaire à l'étude :

"Unos tienen reciedumbre de ingenio, capaz de aguantar el trabajo e insistir en él como lo melancólicos"[3].

Francisco Monzón expose dans son *Libro primero del espejo del príncipe christiano* les dons des Enfants de Saturne pour l'étude, affirmant que "si estudian son muy grandes letrados"[4]). Andrés Velásquez évoque également les aptitudes particulières des mélancoliques en matière d'étude :

"Y esto [que los melancholicos son memorativos] y el sufrimiento grande que tienen para estar meditando es gran parte por ser muy letrados"[5].

Enfin, Murillo déclare aussi que les mélancoliques sont doués pour l'étude, en raison de la constance qu'apporte la bile noire qui, par sa froideur et sa sécheresse, fixe l'esprit dans la contemplation et l'étude des choses ardues[6]. Toutefois, le rapport tissé entre mélancolie et étude n'est qu'un des aspects d'un réseau de relations bien plus large, celui qui unit la mélancolie à la vie intellectuelle.

5.   *Mélancolie et activité intellectuelle*

L'association de la mélancolie à la vie intellectuelle est le fruit d'une longue tradition, héritée notamment, comme le signale Babb, de Constantin l'Africain, de Rufus d'Ephèse et de Rhasis[7]. Ces conceptions persistent avec vigueur à la Renaissance, où le *De Triplici Vita* de Ficin évoque longuement, comme on le sait, les liens entre mélancolie et vie intellectuelle. De même, le *De cerebri Morbis*

---

[5] Cristóbal de Vega, *Opera*, p. 409.
[1] Juan de Horozco, *Tratado de la verdadera y falsa prophecia*, fol. 82r.
[2] Léon Hebreo, *Diálogos de amor*, p. 85.
[3] Luis Vives, *Tratado del alma*, dans *Obras completas*, II, p. 1203.
[4] Francisco Monzón, *Libro primero del espejo del principe cristiano*, fol. xxi verso- xxii recto.
[5] Andrés Velásquez, *Libro de la melancholia*, fol. 34v.
[6] Murillo, *Aprobación de ingenios*, fols. 13v- 14v.
[7] Babb, *Elizabethan malady*, p. 25.

(Bâle, 1549) de Jason Van der Velde traite des maux des personnes studieuses et, en particulier, de la mélancolie. En Angleterre paraissent une série d'ouvrages associant la vie intellectuelle à la mélancolie : la *Recta Regula et Victus Ratio pro Studiosis et Literatis* de Thomas Lorkyn, *The Haven of Health* de Thomas Cogan ou encore l'*Anatomy of Melancholy* de Burton[1].

Les théoriciens espagnols sont également nombreux à relier vie intellectuelle et mélancolie. Parmi les causes de mélancolie, Luis Mercado mentionne la méditation et la "profunda cogitatio"[2]. Alonso de Freylas explique que peuvent devenir mélancoliques ceux qui "an adquirido con la edad, con muchos estudios ; vigilias, cuydados graves, y actos de contemplacion esta templança Melancolica"[3]. Sebastián de Covarrubias affirme dans ses *Emblemas morales* que la réflexion et la veille studieuse –symbolisées par une chandelle– causent la "mortelle mélancolie" du lettré, qui se consume dans le travail intellectuel comme le papillon se brûle à la flamme :

> "La espada, el oro y copa, y la candela,
> Por diversos caminos dan la muerte,
> Quando en seguir sus vandos se desvela,
> El avaro, el gloton, el sabio, el fuerte :
> Ciega el oro, y el buen vino se cuela
> Con gusto, el hierro da infelice suerte,
> Y el ocuparse en letras noche y día,
> Causa a vezes mortal melancolia"[4].

Les liens de la mélancolie et de la vie intellectuelle sont également exposés par Murillo :

> "se ha procurado declarar lo dificultoso desta enfermedad [la melancolía], y los daños que ocasiona a nuestra humana naturaleza, y mas en los que se dan mucho a los estudios, o tienen negocios y ocupaciones de papeles (...). Y es la razon por causa de la continua, y vehemente imaginacion que tienes los que se dan mucho a las letras, o estan exercitando oficios de papeles que les causa hipochondrias, o aflicciones, o melancolias, o daño en la salud, porque dexando frio el estomago, por los muchos espiritus que acuden al celebro, los requema el demasiado exercicio de la memoria, y imaginacion, y causa al estomago indigestiones, y a ellas se siguen los dichos achaques"[5].

---

[1] Sur ce sujet : Babb, *Elizabethan malady*, p. 26.
[2] Luis Mercado, *Opera*, t. 3-4, p. 102.
[3] Alonso de Freylas, *Si los melancholicos...*, p. 1.
[4] Sebastián de Covarrubias, *Emblemas morales*, Madrid, Luis Sánchez, 1610, fol. 163r.
[5] Murillo, *Aprobación de ingenios*, fol. 1v- 2r.

A la Renaissance comme au Moyen Âge, le travail intellectuel est considéré comme néfaste à la santé : l'activité mentale consume la chaleur et l'humidité vitales, dessèche le cerveau et affaiblit l'organisme. Par ailleurs, l'inactivité physique propre au travail intellectuel empêche la bonne évacuation des humeurs excrémentielles : le sang s'épaissit et abonde en matières impures, le corps et l'esprit sont envahis par les sombres vapeurs de la mélancolie.

A travers ces conceptions, le discours scientifique fait preuve d'une véritable méfiance vis-à-vis de l'activité intellectuelle, décrite comme une activité malsaine qui use l'individu. Ainsi, le très répandu *Regimen Sanitatis Salernitatum* conseille à celui qui veut conserver la santé de fuir la réflexion et les soucis[1]. Alciato fait de Prométhée enchaîné et torturé le symbole de celui qui se livre à la recherche intellectuelle :

> "*Que con cuydado se alcanza la ciencia*
> Atado está Prometeo en alta roca
> Del Cáucaso, y el hígado comiendo
> Un águila le está, que entre la boca
> Quanto más come más le está creciendo.
> El su voluntad culpa, vana, loca,
> Crecerle su penar contino viendo,
> Qual crece el de lo que saber presumen
> Las ciencias, que los ánimos consumen"[2].

Un autre emblème significatif d'Alciat figure la chute d'Icare, symbole de celui qui a voulu se plonger dans les sciences et en particulier dans l'astrologie :

> "Icaro, que subir hasta el sublime
> Cielo queriendo, dentro del mar caíste :
> Mira que aquella cera aquí te imprime
> De quien antes de aora muerto fuiste,
> Para que por tu ejemplo más se estime
> La sciencia por la qual tú te perdiste"[3].

Le désir de savoir est, chez Alciato, une "voluntad (...) vana, loca" et l'activité intellectuelle est présentée comme une occupation dangereuse. De même, chez Sebastián de Covarrubias, la pierre du rémouleur est le symbole du travail

---

[1] Babb, *Elizabethan malady*, p. 24.
[2] Andrea Alciato, *Emblemas*, Madrid, Editora Nacional, 1975, p. 81.
[3] Andrea Alciato, *Emblemas*, p. 108.

intellectuel qui use l'individu :

> "Está persuadido el labrador, y el oficial mecanico, a que el que se ocupa en letras, y en la especulacion dellas, esta ocioso y descansado y que ellos solos son los que trabajan, y los demas comen el pan de balde : porque no alcançan quanta sea la afliçion e inquietud del alma, inquiriendo los secretos de naturaleza, y los misterios de gracia, y quanto fatigue, y consuma los espiritus vitales, y aun las corporales fuerças la contemplaçion. O que esto es en tanto estremo, que los medicos curando un gran estudiante le consideran como si fuesse algun recien casado. Y aunque el hombre conoce yr perdiendo salud y fuerças, no es en su mano el dexar de perseverar en su porfia, por adentrarse en letras y ciencia"[1] .

Comme le désir amoureux –également grand consommateur d'humidité et de chaleur vitale–, l'activité intellectuelle est liée aux images de la consomption : l'organisme qui pense ou qui désire se dévore lui-même en épuisant sa propre substance. En la reliant à l'autodestruction, au péril de se perdre, à la mélancolie, les théoriciens du XVI^{ème}et du XVIIème siècle manifestent une prévention certaine vis-à-vis de la vie intellectuelle, présentée comme une activité funeste qui ruine l'organisme. Paradoxalement, cette vision assez inquiétante de la vie intellectuelle de l'esprit est répandue par les lettrés eux-mêmes: face aux armes – activité salutaire liée à la noblesse, au coeur et au sang pur– l'étude et l'activité intellectuelle s'associent à l'humeur la plus obscure du corps, à un sang noir et épais, teinté par la mélancolie.

D. MELANCOLIE, INSPIRATION ET ESPRIT : QUELQUES ELEMENTS POUR UNE CONCLUSION

1. *Génie et dé-mesure : les paradoxes de l'inspiration mélancolique*

Les rapports que la mélancolie entretient avec l'inspiration sont particulièrement ambivalents et paradoxaux. Alors que le discours médical du Siècle d'Or valorise l'*eucrasia*, l'équilibre des humeurs, il conçoit cependant que la maladie puisse être féconde et que le déséquilibre engendre le génie. La "juste moyenne" des humeurs n'est finalement que médiocrité. L'homme tempéré est doué pour tout, c'est-à-dire pour rien et, comme l'affirme Huarte, le génie est dans le

---

[1] S. de Covarrubias, *Emblemas morales*, fol. 287 v.

déséquilibre : "en muchas obras exceden los destemplados a los templados"[1]. Le talent de l'auteur de l'*Examen* est d'avoir su, contre la doctrine acceptée de la *symmetria*, faire du dérangement humoral la source de l'excellence. Pour Huarte, le génie n'est pas tant du côté de la raison et de l'harmonie que de celui de la folie et du déséquilibre : il est dé-mesure.

La dialectique complexe de la mesure et de la démesure n'est pas le seul trait surprenant de l'inspiration mélancolique. En réalité, la relation que la mélancolie entretient avec l'inspiration et l'excellence intellectuelle ne cesse jamais d'être paradoxale : par sa sécheresse, la bile noire confère l'*ingenio,* mais par sa froideur, elle peut produire une hébétude stupide; elle peut paralyser les esprits mais aussi conférer une vivacité intellectuelle exceptionnelle. Susceptible d'aiguiser l'intelligence autant que de l'entraver, la mélancolie se situe à équidistance entre l'inspiration et la stérilité, l'intelligence et la stupidité. Humeur obscure, la bile noire devient paradoxalement source d'illumination et de lumière. Source de folie, de désordre de l'âme et du corps, la mélancolie peut devenir une source de prudence et de raison. Enfin, c'est l'humeur reliée à la terre qui permet d'atteindre les plus hautes révélations. La pensée du génie mélancolique met en évidence un constant renversement conceptuel, où ce qui est le moins apte à produire la lumière devient paradoxalement source d'illumination.

2. *La conjonction de l'ingenio, de la fureur, de l'étude et l'*ingenium excellens cum mania

Au Siècle d'Or, la conception de la mélancolie inspirée s'articule autour de trois notions principales : l'*ingenium,* la fureur, l'étude. Pour la rhétorique classique, d'Horace à Cicéron, la *natura,* l'inspiration spontanée, la fureur, l'*ingenium* doivent être parfaits par le *studium*, l'*ars* et l'érudition pour donner lieu à l'oeuvre d'art. Associée à la fureur, à l'*ingenium* naturel qu'aucun travail ne peut permettre d'acquérir, mais aussi à l'étude, la mélancolie se trouve ainsi reliée aux deux piliers de la création littéraire : elle inclut à la fois la *natura* et l'*ars,*

---

[1] Huarte, *Examen de ingenios*, p. 178-179.

l'*ingenium* et le *studium*, l'inspiration immédiate et le long travail de l'érudition.

La mélancolie fédère aussi deux concepts, l'*ingenio* et la *mania*, conjugués en une notion-clé : celle d'*ingenium excellens cum mania,* où la *mania* vient parfaire les oeuvres de l'*ingenio*. Véritable *locus communis* de la pensée médicale et philosophique, l'*ingenium excellens cum mania* apparaît chez Platon, chez Sénèque ("Nullum magnum ingenium sine mixtura dementiae" est-il écrit dans le *De tranquillitate animi*, XVII, 10) et chez Huarte :

> " dijo Platón que por maravilla se halla hombre de muy subido ingenio que no pique en algo en manía (que es) una destemplanza caliente y seca del celebro"[1] .

Comme le souligne Vives, la mélancolie incarne et illustre la notion d'*ingenium excellens cum mania* :

> "A esto alude el dicho de Platón, tomado de Demócrito Abderita : *No hay ingenio sobresaliente sin manía,* esto es, el grano de locura que es efecto de la bilis negra"[2] .

L'"ingenio excelente con manía" –comme le nomme Huarte– désigne ceux qu'un déséquilibre humoral rend plus ingénieux et féconds que les individus au tempérament harmonieux. A travers la notion d'*ingenium excellens cum mania*, la mélancolie s'associe au génie mais aussi à la folie : *ingenio excelente con manía,* le mélancolique évolue dans un étroit couloir conceptuel, sur le fil du rasoir, oscillant entre la folie stérile et l'inspiration, entre l'intelligence sublime et l'aliénation hébétée.

3.   La mélancolie ou la possession par un daimon

Etre mélancolique c'est être aux prises avec des "démons intérieurs" : la mélancolie est lisible à travers l'idée de possession par un *daimon* –au sens le plus large du terme. De nombreux textes scientifiques affirment –nous l'avons vu– que la bile noire favorise la possession démoniaque. Pour Pedro Mercado, la mélancolie est présence d'un esprit ("duende") qui harcèle et hante l'individu :

> "Finalmente es [la melancolía] un pelear con un duende, preguntandose, respondiendose, y juzgandose"[3] .

---

[1] Huarte, *Examen de ingenios*, p. 179.
[2] Vives, *Tratado del alma*, dans *Obras completas*, II, p. 1202.
[3] Pedro Mercado, *Diálogos de philosophia....*, fol. 115v.

C'est pourquoi, explique le médecin grenadin, les Anciens nommèrent la mélancolie "démon" ("a la melancolia llamaron demonio")[1]. La mélancolie *est* présence d'un génie, d'un je-ne-sais-quoi, d'un *esprit* ("spiritus") qui in-spire l'individu.

La mélancolie est possession par un *daimon* polysémique, qui peut être divin ou démoniaque, destructeur ou fécond, bénéfique ou maléfique. En effet, au Siècle d'Or, en accord avec la tradition platonicienne, le *daimon* n'est pas nécessairement un esprit mauvais : Sebastián de Covarrubias affirme à propos du terme "demonio" que "en rigor este vocablo sinifica espíritu o angel, indiferentemente bueno o malo"[2]. La mélancolie pourra signifier la possession par des démons infernaux, la présence d'un " démon de midi " aussi bien que la possession par de bons démons, des esprits célestes qui –comme le pensent Ficin et Agrippa– inspirent le sujet. Ainsi, pour Pedro García Carrero, la mélancolie peut être le fait d'un ange bon ou mauvais qui, avec la permission de Dieu, meut les humeurs[3]. Toute l'ambivalence de la mélancolie réside dans l'ambiguïté de ce *daimon* dont elle facilite l'entrée dans le corps.

Etre mélancolique c'est être possédé par un démon. Mais en dernière instance, la fureur inspirée –et plus particulièrement la fureur poétique– est aussi pensée selon les catégories de la possession démoniaque. Depuis le Moyen Age, un certain nombre de penseurs chrétiens considèrent la fureur inspirée du platonisme et l'enthousiasme poétique comme une fureur démoniaque : Constantin voit dans la fureur poétique une imposture diabolique tandis que l'*Hortus deliciarum* de Herrat von Landsberg exclut la poésie du cercle des sept arts pour son "immondicité" démoniaque ("Poetae cel magi, spiritu immundo spiritu instincti") et représente les poètes comme des "possédés"[4]. La pensée médiévale se livre ainsi à une

---

[1] Pedro Mercado, *Diálogos de philosophía...*, fol. 116r.
[2] S. de Covarrubias, *Tesoro*, s. v. "demonio".
[3] P. Garcia Carrero, *Disputationes medicae*, p. 251-252.
[4] D'après Olivier Pot, *Inspiration et mélancolie dans les Amours de Ronsard*, Genève, Droz, 1990, p. 13, n. 1.

condamnation sans appel de l'enthousiasme inspiré, décrit comme une fureur démoniaque. En Espagne, la fureur inspirée est décrite au moyen du vocabulaire et de l'imagerie de la possession : Villalobos rapporte que certains considèrent la *mania* comme l'intrusion d'un "esprit" étranger, d'un "génie" dans le corps[1] et Murillo décrit la *mania* à travers un lexique de la possession ("lo qual sucede en la Mania a *los que estan della posseidos*"[2]). Enfin, de manière beaucoup plus radicale, Juan de Horozco se livre à une véritable démonologisation de la fureur inspirée des Anciens :

> "y lo primero que se ofrece es considerar quan ciegos estavan los gentiles, pues lo que avia de ser segun buena razon argumento para desengañar, les era nuevo engaño viendo los arrebatamientos en que los atormentava el demonio, y ellos creyan que era arrebatados de divino espiritu"[3].

Pour l'auteur du *Tratado de la verdadera y falsa prophecia*, la fureur platonicienne n'est qu'«arrebatamiento del espiritu malo»[4] et les Sibylles étaient possédées par le démon :

> "De las Sybilas, que fueron muchas, aunque en algunas y alguna vez era servido Dios de hablar (...) ; lo ordinario era hablar el espritu malo en ellas"[5].

En concevant la fureur poétique ou prophétique (ou même la mélancolie) comme une inspiration démoniaque, les penseurs médiévaux et les auteurs du XVIème et du XVIIème siècle inversent tout simplement le schéma théologique de l'inspiration prophétique sans le modifier de manière substantielle : au lieu d'être possession par un "bon" esprit, l'inspiration sera le fait d'un esprit malin. A travers sa relation au démon, la mélancolie se trouve ainsi reliée, voire identifiée, à la fureur inspirée : prédisposé à la possession démoniaque, le mélancolique sera ainsi le tempérament le plus apte à la fureur poétique.

---

[1] F. López de Villalobos, *Sumario de la medicina*, p. 321.
[2] Murillo, *Aprobación de ingenios*, fol. 20v.
[3] J. de Horozco y Covarrubias, *Tratado de la verdadera y falsa prophecia*, fol. 144 r et v.
[4] J. de Horozco y Covarrubias, *Tratado de la verdadera y falsa prophecia*, fol. 143.
[5] J. de Horozco y Covarrubias, *Tratado de la verdadera y falsa prophecia*, fol. 58r.

4. La question du "génie" mélancolique

C'est un lieu commun, depuis les travaux de Klibansky, Panofsky et Saxl que d'évoquer le "génie mélancolique" ou la "mélancolie géniale". Pourtant "génie" est un terme et un concept relativement moderne, teinté par le romantisme. On pourra donc douter de la légitimité d'une telle notion pour décrire la pensée du XVIème et du XVIIème siècle, d'autant plus que "genio" n'est jamais employé par les théoriciens espagnols pour évoquer les capacités des mélancoliques. En tout état de cause, il importe de redéfinir ce concept. "Génie" n'est pas un mot transparent : l'article que Paul Zumthor lui a consacré et la note sur ce sujet ajoutée par le traducteur au terme de l'ouvrage de Klibansky, Panofsky et Saxl[1], montrent les difficultés soulevées par l'emploi de ce mot au Moyen Age et jusqu'au XVIIème siècle. Le terme de "génie" ne vient pas de l'"ingenium", communément employé pour désigner les dons du mélancolique au Siècle d'Or, mais de "genius", le génie, le démon qui accompagne la destinée de chaque être humain. Le français "génie" est un néologisme du XVIIème siècle, où il signifie les "dispositions naturelles" ou le "talent inné". Ce n'est qu'au XVIIIème siècle, avec l'"homme de génie" de Diderot et les romantiques, que ce terme se chargera des connotations qui le relient à l'art et à l'inspiration de l'artiste. En Espagne, "genio" apparaît chez Herrera, où il signifie les "dispositions naturelles", mais aussi le génie platonicien, le *spiritus* qui inspire divinement les poètes :

> "*Genio*. Es una virtud específica, o propiedad particular de cada uno que vive. No erraría mucho quien pensase que el entendimiento agente de Aristóteles es el mismo que el genio platónico. Es el que se ofrece a los ingenios divinos, y se mete dentro para que descubran con su luz las inteleciones de las cosas secretas que escriben. Y sucede muchas veces que resfriándose después aquel calor celeste en los escritores, ellos mismos o admiren o no conozcan sus mismas cosas, y algunas veces no la entiendan en aquella razón a la cual fueron enderezadas y dictadas de él. Esto es lo que toca a la significación de este lugar. Porque también denota genio la misma naturaleza y el espíritu que nos mueve a hacer bien, y ángel, o espíritu o inteligencia"[2].

---

[1] Paul Zumthor, "A propos du mot «génie»", *Zeitschrift für romanische Philologie*, LXVI, 1950, p. 170-201. Klibansky, Panofsky, Saxl, *Saturne et la mélancolie*, p. 680-684.

[2] Herrera, *Anotaciones*, dans *Garcilaso de la Vega y sus comentaristas*, p. 532.

Au XVIème et au XVIIème siècle, il y a donc bien un "génie" du mélancolique, qui a deux facettes : il est d'abord "ingenium"[1], supériorité intellectuelle et capacité créatrice de l'esprit ; mais il est aussi "possession par un génie". La mélancolie est in-genium dans tous les sens du terme : *ingenio,* mais aussi possession de l'individu par un *daimon* inspirateur.

5. *Mélancolie et* spiritus

Le mélancolique est l'homme du *spiritus* et la description de la mélancolie met en jeu une large imagerie du vent, du souffle, de l'esprit. Le *spiritus* a chez les penseurs de la Renaissance −en particulier chez Ficin et les néo-platoniciens− des visages très variés[2]. Il désigne d'abord les "esprits" qui permettent la liaison entre le corps et l'âme. Il constitue également, pour certains, le véhicule de l'âme[3], le souffle de vie qui anime le corps ou encore, une sorte de vapeur du sang, d'esprit migrateur par lequel l'homme peut atteindre la transcendance. Le terme de *spiriti* désigne aussi les démons, bienfaisants ou malfaisants. Enfin, le *spiritus* peut aussi être, pour les néo-platoniciens, le *spiritus mundi*, sorte de corps subtil qui, répandu dans l'univers, relie les choses entre elles et constitue le lien entre l'âme du monde et l'univers matériel. Enfin, le *spiritus* est aussi l'« esprit » au sens où l'on "a de l'esprit", l'intelligence, l'*ingenio*.

La représentation de la mélancolie dans les textes théoriques du XVIème et du XVIIème siècle est largement imprégnée par le lexique et les images du souffle et du "spiritus". Analogue au vin qui, selon Aristote et de nombreux auteurs du XVIème siècle est de nature aérienne, la mélancolie est une humeur venteuse, riche en *spiritus* :

"Il se trouve que l'humeur de la vigne et le mélange de la bile noire contiennent du vent. C'est pourquoi les maladies venteuses et les maladies hypocondriaques, les médecins les

---

[1] Sur les liens du génie et de l'*ingenium,* voir Paul Zumthor, "A propos du mot «génie»"..., p. 170-201.

[2] Sur la notion de *spiritus,* voir notamment Robert Klein, "Spirito peregrino", p. 31-64 et D. P. Walker, *Spiritual and Demonic magic from Ficino to Campanella,* Londres, Warburg Institute, 1958, p. 1-24.

[3] Herrera, *Anotaciones,* dans *Garcilaso de la Vega y sus comentaristas,* p. 335.

attribuent à la bile noire"[1] .

Le mélancolique sera donc un tempérament venteux, rempli de *spiritus* :

> "la plupart, en effet des mélancoliques sont secs, et ils ont les veines saillantes. La cause en est non la grande quantité de sang, mais celle de vent"[2] .

Abreu attribue au mélancolique de nombreux "flatos"[3] ; Jerónimo Cortés déclare que les enfants de Saturne sont luxurieux en raison de leur tempérament venteux ("segun el Filosofo, son muy luxuriosos, por la mucha ventosidad que en las complexiones de los tales se engrendra [sic]"[4]) et A. de Santa Cruz écrit que les mélancoliques sont enclins à l'amour en raison de l'abondance de vent qui règne dans leur corps ("Propter flatuum copiam, quae ut plurimum adest")[5] . Enfin, la mélancolie hypocondriaque met en jeu –nous l'avons montré– tout un lexique et une imagerie du vent et de la vapeur. Mélancolie et *spiritus* sont solidaires : la mélancolie est un vent, un *spiritus* –dans le sens le plus large du terme– qui envahit l'individu et l'association du *spiritus* à la mélancolie relie cette dernière à un large ensemble de représentations, allant de la folie à l'esprit et à l'in-spiration.

A travers son assimilation au *spiritus*, la mélancolie s'associe à la folie, elle-même étroitement liée à l'imagerie du vent. Le mot "fou" dérive étymologiquement du latin *follis* (le soufflet), qui a donné lieu à l'espagnol *fuelle* et au catalan *foll*. Le fou est décrit à travers l'imagerie du souffle, du vent, du *pneuma* ; sa tête est pleine d'air et Sebastián de Covarrubias affirme les liens du fou ("loco") avec la vanité, la vacuité, le vent :

> "La etimología deste vocablo tornará loco a qualquier hombre cuerdo, porque no se halla cosa que hincha su vacío. Y sea su primera interpretación de la palabra *locus, loci*, por el lugar, atento que al loco solemos llamar vacío y sin sesso ; y assí aquel lugar parece que queda sin llenarse"[6] .

Enfin, l'iconographie associe volontiers le fou et la folie aux vessies gonflées d'air

---

[1] Aristote, *L'homme de génie et la mélancolie*, p. 89-91.

[2] Aristote, *L'homme de génie et la mélancolie*, p. 93. Sur la nature venteuse du mélancolique, voir aussi Giambattista Della Porta, *La Physionomie humaine...*, p. 341.

[3] Alexo Abreu, *Tratado de las siete enfermedades*, fol. 120 v.

[4] Jerónimo Cortés, *Lunario nuevo, perpetuo y general*, p. 34.

[5] A. de Santa Cruz, *Dignotio et cura affectuum melancholicorum*, p. 15.

[6] S. de Covarrubias, *Tesoro...*, s. v. "loco".

ou au soufflet[1], symboles de sa relation au vent et à la vanité.

A travers son rapport au *spiritus*, la mélancolie s'associe aussi à l'intelligence, que les textes du Siècle d'Or décrivent en termes d'air, de vent, de *spiritus*. L'article "donaire" du *Diccionario de Autoridades* renvoie à "aire", à l'air, au vent comme principe de l'intelligence :

> "*Donaire*. Gracia y agrado en lo que se dice, porque Aire segun Covarrubias es lo mismo que gracia, espiritu, prontitud y viveza"[2].

L'air, le vent sont les signes et les conditions l'intelligence : le mélancolique est l'homme du *spiritus* et un homme d'esprit.

Enfin, l'imagerie de la vapeur et du vent qui accompagne la représentation de la mélancolie rappelle directement le schéma pneumatique de l'inspiration. Comme la mélancolie, l'inspiration est décrite en termes de souffle : elle est inspiration, présence d'un *spiritus*. Homme du *spiritus*, le mélancolique sera particulièrement apte à se laisser envahir par les esprits –divins ou démoniaques– ou encore à capter les effusions du *spiritus mundi*. Plus que tout autre tempérament, le mélancolique est l'homme de l'inspiration.

Dans la tradition médicale, le *spiritus* a un rôle de médiation entre l'âme et le corps. Comme le *spiritus,* la mélancolie se situe à la frontière du matériel et de l'immatériel, du dérèglement mental et de la fureur inspirée. Possédé par le démon mais également pénétré par les divins "daemons", assimilé au fou –dont la tête est pleine d'air– mais également défini comme un "homme d'esprit", le mélancolique est habité par le *spiritus,* pris dans sa plus large polysémie.

---

[1] Sur ce point : Claude Gaignebet et J. D. Lajoux, *Art profane et religion populaire*, Paris, PUF, 1985 ; Claude Gaignebet, *A plus hault sens*, Paris, Maisonneuve & Larose, 1986; sur l'association de la folie au soufflet : Klibansky, Panofsky et Saxl, *Saturne et la mélancolie*, fig. 138.
[2] *Diccionario de Autoridades*, s. v. "donaire".

Chapitre sept : LES REMEDES DE LA MELANCOLIE

Selon les médecins de la Renaissance, la mélancolie et les maladies mélancoliques sont longues et particulièrement difficiles à soigner. Pour Sainte Thérèse, "con otras enfermedades, o sanan u se mueren ; de ésta [la melancolía] por maravilla sanan ni de ella se mueren"[1]. De même, à l'ouverture de l'*Aprobación de ingenios*, Murillo déclare à propos de l'hypocondrie, "es difícil en la practica la curacion deste fatal accidente"[2]. Bien sûr, il ne s'agit pas de compiler ici l'arsenal de remèdes proposés par les médecins mais de tenter de rendre raison des principales catégories et orientations selon lesquelles est pensée la thérapie de la mélancolie. Contre une mélancolie caractérisée par la diversité, les textes médicaux proposent une thérapie plurielle, composée de "muchas diferencias de remedios"[3] : la mélancolie étant une maladie physique autant que morale, la thérapie contre la mélancolie comprend des remèdes pour le corps et pour l'âme.

A.   LES REMEDES POUR LE CORPS

La maladie est déséquilibre quantitatif ou qualitatif. Le but de la thérapie sera donc de rétablir la *symmetria* en éliminant l'humeur superflue ou en la faisant revenir à sa qualité première. Dans cette perspective, le discours médical sur la mélancolie évoque une série de remèdes, destinés à expulser la bile noire maligne, à

---

[1] Teresa de Jesús, *Libro de las Fundaciones*, I, p. 173.
[2] Murillo, *Aprobación de ingenios*, "Censura y aprobacion del libro", sans pagination.
[3] Pedro Mercado, *Diálogos de philosophía...*, fol. 122r.

la modifier ou à altérer le tempérament dans le but de le faire revenir à l'équilibre.

1.   *Une thérapie fondée sur l'expulsion*

La mélancolie étant une superfluité maléfique, sa thérapie est fondée sur l'idée d'expulsion : le but avoué de la plupart des remèdes contre la mélancolie est d'«evacuar el humor melancolico que peca en ella [la melancolia]»[1]. La saignée constitue un remède traditionnel contre les maux mélancoliques et Pedro Mercado en fait le remède principal de la mélancolie :

> "quanto a lo medicinal, si el cuerpo abundare de sangre melancholico [sic], la cura ha de empeçar por sangria"[2].

Gordonio et Santa Cruz conseillent également la phlébotomie[3]. Cependant, parce qu'elle affaiblit l'organisme, la saignée fut très tôt controversée. Ainsi, dans la strophe consacrée à la manie et à la mélancolie, Villalobos prévient :

> "y avisese el fisico en no dar sangria,
> y mas nel maniaco, sin gran menester"[4].

Dans les premières années du XVIIème siècle se développe une polémique sur la saignée qui se poursuivra jusqu'à la fin du siècle. En 1669, le docteur Agustín González Bustos de Olmedilla publie *El monstruo horrible de Grecia*, texte qui attaque vivement Galien (c'est lui que vise le titre) et la saignée. En revanche, celle-ci sera défendue par les médecins les plus attachés à la tradition galénique, comme Alexo Abreu, qui la recommande vivement contre l'hypocondrie :

> "Para lo qual los Antiguos no hallaron, ni dexaron otro remedio mejor que la sangria, la qual (...) tiene su devido lugar en el braço derecho vena del Arca, o de todo el cuerpo, y podiendo ser, copiosa ; con la qual se saca la carga, y enchimento de las venas, y juntamente se rebate la acrimonia y mala qualidad de los humores que está unida a la sangre, y las fuerças se despiertan, y recrean juntamente, como es opinion de graves Doctores, tratando deste caso, y enfermedad hypochondriaca"[5].

Murillo défendit vivement la saignée dans le traité *Favores de Dios ministrados*

---

[1] Pedro Mercado, *Diálogos de philosophia...*, fol. 122r.
[2] Pedro Mercado, *Diálogos de philosophia...*, fol. 122v.
[3] Bernardo Gordonio, *Lilio de medicina*, fol. 56 v. A. de Santa Cruz, *Dignotio et cura affectuum melancholicorum*, p. 22 et suiv.
[4] F. López de Villalobos, *Sumario de la medicina*, p. 321.
[5] Alexo Abreu, *Tratado de las siete enfermedades*, fol. 135 v- 136 r.

por Hipócrates y Galeno su intérprete (Madrid, Imprenta del Reino, 1670), écrit précisément contre le livre de Bustos de Olmedilla. Ardent partisan de la phlébotomie, le médecin espagnol la conseille à de nombreuses reprises, se laissant aller à une véritable obsession de la saignée : contre la mélancolie, l'*Aprobación de ingenios* affirme que "se han de sangrar los tobillos, no solo una sino dos vezes", évoque Galien qui, pour guérir des mélancoliques, "los sangro hasta demayarlos", conseille de saigner les hémorroïdes afin de délivrer le corps de l'humeur noire et déclare que, dans la *melancholia lupina,* il faut saigner "jusqu'à l'évanouissement" ("en estos afectos sangra *usque ad animi deliquium*")[1]. Ce goût immodéré pour la saignée semble lié, chez Murillo, à une vision très critique de la mélancolie : humeur malsaine et diabolique, la mélancolie doit être chassée du corps à tout prix. Le recours à l'ellébore participe également de cette stratégie thérapeutique fondée sur l'expulsion.

L'emploi de l'ellébore contre la mélancolie repose sur une puissante tradition médicale[2], que recueillent Villalobos et Laguna :

> "yten do esta melanconico humor,
> (…) eleboro negro es el su purgador"[3].

> "Tiene ansi el negro como el blanco muy notable virtud de purgar por arriba y por abaxo los humores dañosos : enpero el eleboro purga principalmente a los melancolicos : por el qual respeto se da con un sucesso admirable contra toda suerte de locura omnia"[4].

Qu'il soit blanc –utilisé comme vomitif– ou noir –employé comme une purge violente–, l'ellébore apparaît comme une substance puissante, toxique, dont le but, principalement purgatif, est d'expulser l'humeur mauvaise.

Animés par la volonté de chasser l'humeur noire, les textes médicaux recommandent aussi laxatifs, vomitifs et carminatifs destinés à purger l'organisme de l'humeur noire et maléfique. Contre la mélancolie hypocondriaque, Abreu

---

[1] Murillo, *Aprobación de ingenios,* fols. 104r, 105v, 139v et 137 v, respectivement.
[2] Jackie Pigeaud, *La maladie de l'âme,* p. 475.
[3] F. López de Villalobos, *Sumario de la medicina,* p. 340.
[4] Andrés Laguna, *Pedacio Dioscorides,* p. 467

conseille les "medicamentos purgantes" et les "deobstruyentes"[1]. Villalobos, Pedro Mercado, Luis Mercado et Pedro Mexía préconisent divers purgatifs, à base notamment de teigne de thym ("epitimo")[2]. Murillo fournit plusieurs recettes de purges, –notamment à base de rue– et recommande un "unguento desopilativo"[3] tandis que Laguna et Abreu vantent les mérites du séné, purge puissante qui "délivre" les hommes de l'humeur noire ("librandoles de aquel humor tenebroso y negro, que es causa natural de toda angustia natural y tristeza")[4]. Gordonio, Laguna et Abreu prescrivent aussi divers émétiques destinés à évacuer l'humeur peccante[5]. Enfin, Murillo conseille aussi de faire vomir le mélancolique, affirmant "convienen bomitorios en la hipocondria"[6]. Contre la mélancolie hypocondriaque, les médecins recommandent également divers médicaments carminatifs destinés à expulser les vapeurs mélancoliques :

"E sy viniere [la melancolia] de parte del estomago & de los ypocundrios & del mirach : entonçes se retifique [sic] la digestion & echese fuera la ventosidad"[7].

Le discours médical évoque aussi d'autres stratégies d'expulsion. Contre l'hypocondrie, Alexo Abreu conseille d'appliquer sur le ventre de l'individu des ventouses destinées à faire sortir les vapeurs malignes des entrailles :

"Del mismo modo sirve usar de una ventosa seca puesta abaxo del lombrigo [sic]"

"por lo qual entiendo haver Areteo encomendado ventozas en los hypochondrios, y nos las usamos quando los flatos aprietan demasiadamente, mandando las poner sobre el lombrigo [sic] grandes, y bien encendidas las quales (...) gastan, y sacan las ventosidades"[8].

Il prescrit aussi des diurétiques afin de nettoyer ("desopilar") le corps de l'humeur

---

[1] Alexo Abreu, *Tratado de las siete enfermedades*, fol. 127 r.

[2] F. López de Villalobos, *Sumario de la medicina*, p. 340 ; Pedro Mercado, *Diálogos de philosophia...*, fol. 122v ; Luis Mercado, *Opera omnia*, t. 3- 4, p. 97-98 ; P. Mexía, *Silva de varia lección*, I, p. 801.

[3] Murillo, *Aprobación de ingenios*, fols. 104v, 105r, 108r à 111v et 106v.

[4] Andrés Laguna, *Pedacio Dioscorides*, p. 319. Voir aussi Alexo Abreu, *Tratado de las siete enfermedades*, fols. 127r, 123r, 125 r à 126 v.

[5] Bernardo Gordonio, *Lilio de medicina*, fol 57r ; Andrés Laguna, *Pedacio Dioscorides*, p. 423 ; Alexo Abreu, *Tratado de las siete enfermedades*, fol. 122 r.

[6] Murillo, *Aprobación de ingenios*, fol. 136v.

[7] Bernardo Gordonio, *Lilio de medicina*, fol 57r.

[8] Alexo Abreu, *Tratado de las siete enfermedades*, fols. 130 r et 135 r, respectivement.

peccante :

> "Tambien para este fin de desopilar, costumbramos usar de medicamentos diureticos (...) principalmente quando el baço está leso, y se trata de limpiarlo y socorrerle"[1].

Censés favoriser l'expulsion des humeurs et vapeurs malignes en les attirant à la surface de la peau, les rubéfiants sont également recommandés :

> "Y por ser tambien remedio alabado de los Doctores principalmente de los arabes, que primero y mas de ordinario los usan ; mandando poner causticos en los hypocondrios a los melancholicos (para sacar afuera aquella iesca melancholica)"[2].

Dans le but de purifier l'organisme de l'humeur ténébreuse l'écriture médicale accumule les thérapies fondées sur l'idée d'évacuation, cédant parfois à une véritable folie de l'expulsion. Ainsi, Alexo Abreu recommande l'emploi de purges, de vomitifs, puis de ventouses, de diurétiques et de saignées, et s'en justifie en ces termes :

> "porque este humor es de tal qualidad, y contumacia, que no se puede esperar que baste para se acabar de evacuar con una sola purga, (...) y por esso queda claro tener en necessidad de ser purgados por muchas vezes"[3].

Murillo développe une véritable batterie de thérapies purgatives, conseillant de saigner les femmes mélancoliques, de rétablir leurs règles, puis de les purger :

> "despues de aver sangrado, y aver acudido los meses, y el achaque, se han de purgar"[4].

Le texte est pris d'une véritable frénésie d'expulsion, conseillant de saigner abondamment les mélancoliques, puis de les purger :

> "aviendo muestra de sangre melancholica, se deve sangrar, no aviendo cosa que lo impida, de un braço, y de otro, y de vena arca (...) y depues se han de purgar con bebidas"[5].

Saignées, purgatifs, carminatifs, vomitifs, rubéfiants ont tous pour objet d'expulser le mal intérieur. Mais ces stratégies thérapeutiques répondent aussi à une autre visée : saigner (provoquer une coulée de sang noir), purger à l'ellébore (qui engendre des vomissements et des selles noires), administrer des carminatifs (qui provoquent l'expulsion de flatulences malodorantes) revient à matérialiser la

---

[1] Alexo Abreu, *Tratado de las siete enfermedades*, fol. 133 r et v.
[2] Alexo Abreu, *Tratado de las siete enfermedades*, fols. 134v -135 r.
[3] Alexo Abreu, *Tratado de las siete enfermedades*, fol. 127r et v.
[4] Murillo, *Aprobación de ingenios*, fol. 104r et v.
[5] Murillo, *Aprobación de ingenios*, fol. 108r.

maladie et sa cause pour, finalement, l'extirper visiblement. En s'incarnant en un sang noir, en des selles noircies, des vents malodorants, le mal est expulsé sous une forme apparente, selon un procédé qui rappelle directement l'extériorisation symbolique du mal employée par les chamans et guérisseurs des sociétés primitives[1].

2.   Les stratégies altératives

Si le premier but est d'expulser la bile noire, les textes médicaux proposent également une série des thérapies altératives, visant à modifier l'humeur peccante et à la rétablir dans ses caractéristiques normales. Dans ce but, le discours scientifique recommande une série de médicaments aux vertus humectantes, émollientes et apaisantes, dont le but est de délayer l'humeur noire et de la tempérer. Contre la bile noire, sèche, acide et concentrée, les médecins préconisent donc une série de baumes, de sirops et de fluides blanchâtres et doux rappelant le lait et les aliments originels : Gordonio vante les vertus d'un "axarope clarificado" destiné à diluer l'humeur noire et agressive, Pedro Mercado conseille un sirop "digestivo" à base de bourrache et Laguna recommande la camomille aux propriétés calmantes ainsi que la mélisse, dont l'étymologie évoque le miel[2]. Contre la mélancolie, Abreu prescrit des "melezinas molientes" ou des "melezinas blandas"[3] et fournit la recette d'une sorte d'orgeat, destiné à adoucir l'humeur noire et à réparer ses méfaits :

> "Por la misma manera se socorre con el uso de los ordiates hechos con çumo de almendras, y pipitas tomadas por las noches, lo que es muy util para ablandar la ferocidad assi del humor, como de sus vapores"[4].

Pour tempérer et diluer l'humeur mélancolique, Murillo recommande des substances humides, des sirops, des plantes aux vertus lénifiantes, comme la mélisse :

---

[1] Claude Lévi-Strauss, "Le sorcier et sa magie", dans *Anthropologie structurale*, I, Paris, Plon, 1958, p. 193. Marie-Christine Pouchelle, *Corps et chirurgie à l'apogée du Moyen Age*, Paris, Flammarion, 1983, p. 97.

[2] B. Gordonio, *Lilio de medicina*, fol. 56v - 57r. Pedro Mercado, *Diálogos de philosophia...*, fol. 122 v. A. Laguna, *Pedacio Dioscorides*, p. 339 et 362.

[3] Alexo Abreu, *Tratado de las siete enfermedades*, fols. 122 v et 126 r, respectivement.

"Alavan los Autores en la melancholia calida los jaraves de borrajas, endivia y suero de cabras, y en la melancholia fria los jaraves de sumaria, y de melisa"[1].

L'auteur de l'*Aprobación de ingenios* recommande également contre la mélancolie érotique ou la *melancholia lupina* des "medicamentos soporiferos, humectativos y refrigerantes"[2], destinés à apaiser et à calmer. Enfin, Luis Mercado préconise contre la mélancolie divers remèdes dont le but est l'«emollire» et l'«humectare», ainsi que des aliments légers, "quae fuligines removent aut dissipant"[3] : suivant la logique d'une thérapie par les contraires, le texte médical accumule contre la bile noire les substances onctueuses, les liquides clairs, les sirops adoucissants dont le but est de clarifier, de purifier et de dissoudre l'humeur nocive.

Enfin, la thérapie décrite par le texte médical vise aussi à réchauffer, à apaiser, à réparer et à revigorer un organisme affaibli, desséché et refroidi par la mélancolie :

"Lo principal que se pretende en los melancholicos, es humedecerlos, y restaurarles el cuerpo, y engordallos si es possible"[4].

Les médecins prescrivent alors une série de fortifiants, de cordiaux, de toniques, de reconstituants destinés à fortifier et à stimuler l'individu : Gordonio conseille des "cosas repercusivas & confortantes"[5] ; Pedro Mercado préconise des cordiaux ("cordiales")[6] ; Abreu recommande une série de substances "para la recreacion de las fuerças y rebatir la acrimonia, asi de los humores, como de los accidentes"[7]. Enfin, Murillo recommande des sirops "aperitivos", destinés à stimuler l'appétit ainsi qu'une panoplie de médicaments "para alegrar, y esforçar el coraçon, y clarificar los espiritus, y corregir las reliquias del humor melancholico"[8]. Bains et massages visent également à humidifier et à stimuler le corps.

---

[4] Alexo Abreu, *Tratado de la siete enfermedades*, fol. 131 r.
[1] Murillo, *Aprobación de ingenios*, fol. 137v.
[2] Murillo, *Aprobación de ingenios*, fol. 137v.
[3] Luis Mercado, *Opera omnia*, t. 3-4, p. 97 et 100.
[4] Murillo, *Aprobación de ingenios*, fol. 138v.
[5] Bernardo Gordonio, *Lilio de medicina*, fol. 56v.
[6] Pedro Mercado, *Diálogos de philosophia...*, fol. 123r.
[7] Alexo Abreu, *Tratado de las siete enfermedades*, fol. 128 v.
[8] Murillo, *Aprobación de ingenios*, fols. 103v et 110v.

3.   *Les bains et massages*

Les bains constituent un remède classique à la mélancolie, largement employé par les médecins du Siècle d'Or : Gordonio recommande au mélancolique un "baño antes de comer"[1] ; Pedro Mercado conseille les "baños universales de agua dulce, y formentaciones y baños particulares a la cabeça"[2] et Santa Cruz relate comment il guérit un jeune religieux mélancolique par des bains et des aspersions de la tête[3]. De même, Alexo Abreu prescrit à plusieurs reprises des " baños, amborcaciones de la cabeça " et des "baños de agua dulce"[4]. L'insistance des textes théoriques sur le bain en fait une thérapie privilégiée de la mélancolie et, à ce titre, hautement significative. La mélancolie étant associée à la maladie mais aussi au mal, au péché et à la possession démoniaque, le bain se dote, dans le système de représentation, d'une double fonction : il s'agit bien sûr de réhydrater un corps desséché par la mélancolie, de diluer par l'action de l'eau l'agressivité de la bile noire mais aussi de laver l'âme en chassant les démons qui l'habitent. Suivant cette logique, de nombreux manuels d'exorcisme, comme celui de Valerio Polidoro, conseillent également les bains contre la possession démoniaque[5].

Dans la mesure où la mélancolie est causée par l'immobilité des gens studieux et la stagnation des humeurs, de nombreux médecins conseillent de masser et de frictionner le malade afin de rétablir une circulation salutaire du sang dans l'organisme. Chirino de Cuenca recommande :

> "Los omnes delicados (…) o flemáticos o malencónicos o los que non tienen abivado el apetito de comer o los fríos de conplisión e los viejos e los que non fazen conviéneles usar cada noche (…) frotar los mienbros con paño de lino en seco"[6].

Contre la mélancolie, Gordonio préconise différentes frictions ("fagan fregaçiones

---

[1] Bernardo Gordonio, *Lilio de medicina*, fol. 56v.
[2] Pedro Mercado, *Diálogos de philosophia...*, fol. 123.
[3] A. de Santa Cruz, *Dignotio et cura affectuum melancholicorum*, p. 37-38.
[4] Alexo Abreu, *Tratado de las siete enfermedades*, fols. 129 v et 131v-132 r, respectivement.
[5] Valerio Polidoro, *Practica exorcistarum*, fols. 53 r et v
[6] A. Chirino de Cuenca, *Menor daño de la medicina*, p. 32.

de las estremidades"[1]) et Alexo Abreu prescrit des massages destinés à "socorrer el coraçon"[2] . De même, Murillo conseille :

"conviene, antes que se induzga mal habito en los miembros naturales, que se hagan fricaciones con paños calientes en los braços, porque se atenue la crasitud de la melancholia"[3] .

Cette thérapie répond à une logique des contraires : contre une bile noire qui bouche les conduits de l'organisme, la pensée médicale recommande des remèdes destinés à stimuler l'organisme et à rétablir la circulation des liquides vitaux.

4. L'environnement et le mode de vie

Les médecins fournissent également une série d'indications concernant la vie quotidienne du malade. L'activité excessive, le travail intellectuel et la veille, qui dessèchent l'organisme, sont à proscrire. Le malade doit se reposer :

"Trabaje el tal enfermo de evitar (..) movimientos de cuerpos fuertes, que son muy poderosos todos, y qualesquiera dellos para causar (..) desmayos ; y por la misma razon no conviene levantarse el enfermo quando le sea necesario hazer sus evacuaciones naturales, lo que facilmente se puede remediar con usar qualquiera vaso"[4] .

Cependant, l'oisiveté totale doit être évitée, car elle fait stagner le sang et favorise la rétention d'humeurs malsaines. C'est pourquoi les médecins recommandent une activité physique modérée. Juan de Aviñón affirme que l'exercice "es provechoso para el cuerpo, faziendolo como cumple (…) consume las superfluydades de todo el cuerpo (…), abre las opilaciones y ensancha los miembros"[5] ; Pedro Mercado recommande contre la mélancolie "el exercicio templado"[6] et Alexo Abreu conseille de "passear blandamente sin cançansio [sic], o molestia notable"[7] .

L'oisiveté modérée et surtout le sommeil, qui humidifie et réchauffe le corps, restaure l'équilibre, répare les forces, devront être recherchés. Gordonio affirme que "le conviene [al melancólico] govierno & sueño & folgura &

---

[1] Bernardo Gordonio, *Lilio de medicina*, fol. 56r.
[2] Alexo Abreu, *Tratado de las siete enfermedades*, fol. 130v.
[3] Murillo, *Aprobación de ingenios*, fol. 136r.
[4] Alexo Abreu, *Tratado de las siete enfermedades*, fol. 131 v.
[5] Juan de Aviñón, *Sevillana medicina*, p. 308.
[6] Pedro Mercado, *Diálogos de philosophia....*, fol. 122r et v.
[7] Alexo Abreu, *Tratado de las siete enfermedades*, fol. 131 v.

ociosidad"[1]. En 1672, Murillo renchérit :

"se ha de procurar mucho que duerman [los melancólicos], para humedecer el celebro"

"Es el sueño tan necessario en los melancholicos que lo encarga Hipocrates y Cucuso lo cita"[2].

Afin de provoquer ce sommeil bénéfique et humidificateur, les traités médicaux fournissent diverses recettes de soporifiques et de narcotiques : Murillo recommande des "bebidas para dormirse", des calmants à base de camomille, de mandragore, de pavot, de jusquiame[3] et Alexo Abreu conseille de respirer une boule composée de laudanum[4].

Le système de représentation de la Renaissance repose largement sur l'analogie : selon ces conceptions, le trouble extérieur engendre le dérèglement intérieur, et vice-versa. Le mélancolique devra donc vivre dans une atmosphère aux qualités contraires à celles de la mélancolie, évitant les pièces sombres, l'air sec, la froideur ou la chaleur excessives, les lieux où l'air, renfermé, stagne et croupit, recherchant au contraire la lumière et la chaleur modérée, les pièces claires, les jardins. Dans la mesure où la mélancolie est associée à la putréfaction et aux mauvaises odeurs, il est recommandé au mélancolique d'éviter "los vientos y ayres hediondos "[5]. Contre la maladie mélancolique, Pedro Mercado conseille,

"el uso de buenos ayres (…) buscando riberas de rios, huertas [,] musica, y lo demas que suele ser apazible a los animos (…) el exercicio templado por lugares deleytosos, como huertas, riberas, fuentes y todo lo que suele alegrar el animo"[6].

De même, Sabuco de Nantes préconise contre la mélancolie, "alegría, buen olor, (…) el campo, el sonido de árboles, y agua, buena conversación, tomar placeres y contentos por todas vías"[7] et Vives conseille de lutter contre la tristesse provoquée par la bile noire, "con los regalos de la vista y del oído, a cielo abierto,

---

[1] Bernardo Gordonio, *Lilio de medicina*, fol. 56v.
[2] Murillo, *Aprobación de ingenios*, fols. 138v et 139v, respectivement.
[3] Murillo, *Aprobación de ingenios*, fol. 138 r et v.
[4] Alexo Abreu, *Tratado de las siete enfermedades*, fol. 130 r.
[5] Murillo, *Aprobación de ingenios*, fol. 146.
[6] Pedro Mercado, *Diálogos de philosophia...*, fol. 122r.
[7] Sabuco de Nantes, *Nueva filosofia de la naturaleza del hombre*, p. 99.

en los espaciosos campos y praderas abiertas"[1]. Le discours médical développe une thérapie par les contraires : la mélancolie étant repli sur soi, enfermement du sujet en lui-même, la guérison passe par les grands espaces, le "cielo abierto" et les "espaciosos campos".

5. Un remède problématique : l'acte sexuel

L'acte sexuel comme remède à la mélancolie amoureuse constitue un *topos* de la littérature médicale ancienne. L'infléchissement particulier donné à ce thème pendant le XVIème et le XVIIème siècle en Espagne éclaire de manière privilégiée les évolutions du discours sur la mélancolie. Censé restaurer l'équilibre des humeurs par l'expulsion du surplus d'humeurs venteuses, le coït était largement recommandé contre la mélancolie érotique par la plupart des autorités antiques et médiévales. Contre la mélancolie érotique, Constantin l'Africain conseille de "s'ébattre avec de belles femmes ou de beaux jeunes hommes" ("spatiari seu deducere cum femina seu maribus pulcre persone")[2]. Arnau de Vilanova conseille aussi les plaisirs du coït contre le mal d'amour :

> "Tales vero forme delectationem afferentes acquirunt ex omni delectabili sensibus obiecto, ex quorum delectabilium numero consistit balneum temperatum, confabulatio dilectorum, intuitus pulchrarum/ ac delectabilium facierum, et etiam quantum est arte coitus precipue si cum iuvenibus et magis delectationi congruis excerceatur"[3].

Contre la maladie d'amour Bernardo Gordonio conseille d'avoir commerce avec plusieurs femmes ("E despues faz que ame a muchas mugeres porque olvide el amor de la una : como dize Ovidio fermosa cosa es tener dos amigas") mais précise aussi qu'il faut garder une certaine mesure dans la pratique du coït, sous peine d'épuiser l'organisme[4]. De même, Juan de Aviñón vante les mérites du coït contre la mélancolie :

> "Los provechos que se siguen del dormir con la muger son éstos : lo primero (...) cumple el mandamiento que mandó Dios quando dixo : «Crecimini et multiplicamini et replete

---

[1] Luis Vives, *Tratado del alma*, dans *Obras completas*, II, p. 1304.

[2] Constantin l'Africain, *Viaticum*, éd. de M. F. Wack, dans *Lovesickness in the Middle Ages*, p. 190.

[3] Arnau de Vilanova, *Tractatus de amore heroico*, p. 53.

[4] Bernardo de Gordonio, *Lilio de medicina*, fol. 58r.

terram» ; lo segundo, conservamiento de salud, en quanto desecha de sí aquella superfluydad como cumple ; y la tercera, que alivia el cuerpo ; y la quarta, que le alegra ; y la quinta, tira melancolía y el cuydado"[1] .

Enfin, l'historiette bien connue d'Antiochus et Stratonice n'évoque rien d'autre qu'une thérapie par la possession sexuelle, comme le souligne André Du Laurens :

"car le père ayant compassion de son fils et le voyant en extrême danger, lui permit, comme païen, de jouir de sa femme propre"[2] .

"Comme païen" –comme s'empresse de le préciser Du Laurens– s'oppose implicitement à "comme chrétien" : en effet, si la pratique du coït comme remède à la mélancolie ne pose pas de problème particulier au Moyen Âge, en revanche, à partir du XVIème siècle, l'acte sexuel sans but nuptial apparaît désormais comme un remède immoral, qui disparaît rapidement des traités médicaux. A partir de la fin du Moyen Âge se développe un mouvement de moralisation de la thérapie de la mélancolie érotique qui aboutira, au XVIIème siècle, à une condamnation radicale et unanime du coït. Le chapitre XI du *Discours de la conservation de la veue, des maladies melancholiques* d'André Du Laurens évoque la possibilité de l'acte sexuel mais pour mieux la refuser[3]. Dans le *De la maladie d'amour ou mélancolie érotique*, Jacques Ferrand considère le recours au coït comme un remède "impie"[4] . Dans l'Espagne du Siècle d'Or, la plupart des traités sur la mélancolie passent sous silence l'acte sexuel pour n'évoquer que régimes, bains, purges et saignées et, contre la mélancolie, Pedro Mercado recommande les conseils des sages et les "recreaciones honestas"[5], excluant par là même le commerce charnel. L'examen des attitudes de pensée prises à l'égard de l'acte sexuel fait apparaître dans le courant du XVIème et du XVIIème siècle une évolution vers des positions de plus en plus conservatrices qui ne semble pas être étrangère aux modifications de la société : ainsi, comme l'a montré Bartolomé Bennassar, alors que l'Inquisition

---

[1] Juan de Aviñón, *Sevillana medicina*, p. 254.
[2] Cité par Roger Duchêne, "Eros chez le médecin...", p. 182.
[3] D'après Roger Duchêne, "Eros chez le médecin...", p. 183.
[4] D'après W. Schleiner, *Melancholy, genius and utopia*, p. 297.
[5] Pedro Mercado, *Diálogos de philosophia...*, fol. 122r et 123v.

médiévale ne poursuit pas ceux qui pensent que la fornication simple n'est pas un péché mortel, les affaires concernant ce sujet prennent à partir de 1559 une importance croissante, due à l'influence du Concile de Trente[1]

B. MELANCOLIE ET REGIME : LA SEMIOLOGIE DES ALIMENTS

Dans la mesure où, selon la pensée médicale du XVIème et du XVIIème siècle, les humeurs naissent directement du chyle –substance nourricière extraite des aliments–, le régime a un rôle clé dans la thérapie médicale. Le système de représentation associe les aliments aux humeurs, aux éléments et aux quatre qualités fondamentales, distinguant des aliments chauds, humides, froids ou secs, des aliments terrestres, aériens, aqueux ou ardents et des mets sanguins, phlegmatiques, cholériques ou mélancoliques[2]. Classés en fonction de leur couleur, de leur saveur, de leur consistance, les aliments constituent univers codifié de signes et de qualités. Enfin, comme le signale Chirino de Cuenca, il y a un régime propre à chaque complexion : "conviene a todos seguir lo que le plaze a la natura de aquella conplision singular que lo prueva e sabe qual es lo mejor para él e lo que más cunple"[3]. Contre la mélancolie, les textes médicaux recommandent une diète thérapeutique, avec des aliments à éviter et à rechercher.

1. Les aliments mélancoliques

De la même manière qu'elle se trouve associée à divers éléments, qualités et êtres du monde, la mélancolie est reliée à une série d'aliments susceptibles d'augmenter la proportion de bile noire dans l'organisme et considérés comme mélancoliques. Autour de l'humeur noire se tisse donc toute une sémiologie alimentaire dont l'étude permet d'éclairer la conception de la mélancolie. Du

---

[1] Bartolomé Bennassar, *L'Inquisition espagnole, XVe - XIXe siècle*, Paris, Hachette, 1979, p. 326 et suiv.
[2] Sur ce point, voir en particulier B. Anglicus/ V. de Burgos, *Libro de propietatibus rerum*, fol. lj recto.
[3] A. Chirino de Cuenca, *Menor daño de la medicina*, p. 17.

Moyen Âge au XVIIème siècle, les textes médicaux fournissent, avec une étonnante régularité, des listes d'aliments mélancoliques. Ainsi, comme l'affirme Chirino de Cuenca, "las verças e verengenas e lantejas e azetunas son avidas por malencónicas"[1]. Juan de Aviñón considère comme mélancoliques les aubergines, les fèves et les viandes salées[2] et Bernardo Gordonio établit un véritable inventaire d'aliments mélancoliques :

> "La segunda causa [de melancolía] puede ser todo govierno que multiplica la malenconia : assy como lentejas & havas & las otras legumbres : & todos los granos que son menudos & el pan con salvado & el vino gruesso & turbio & el queso añejo & las coles & las estremidades : & los cogollos de los arboles estipticos & las carnes de buey viejas : & mayormente las saladas : las carnes de las liebres & de los conejos & de cabrones : & las carnes de todas las animalias silvestres que non son usadas nin convenibles para comer : como las que se comen en alguna regiones : o por razon de hambre assy como son raposos & erizos & ossos & carnes de asnos mulos & sus semejantes".

> "Estorve [el melancólico] esso mismo el pan con salvados o asmo & vino nuevo & todo vino turbio gruesso & espesso. & lentejas & havas & las otras legumbres. & queso añejo & carnes de buey & todas viandas melanconicas. E esso mismo las que queman los humores. E por esso estorvaras todas las cosas saladas & todas cosas agudas & todas las cosas que son mucho azedas"[3].

Des listes similaires apparaissent dans le *Diálogo sexto de la melancolia* de Pedro Mercado et chez Sabuco de Nantes :

> "los manjares, que engendran melancolia : como carnes de vaca, cabra, puerco, lievre, ciervo, de todas las carnes, y pescados salados, de queso antiguo, berça, garvanços, y sobre todo lentejas, de rayzes principalmente de ajos, cebollas, puerros, de todos manjares de sabor agudo, como mostaza, oruga, jenjibre, pimienta, maclas, de manjares de mucha azedia"[4].

> "ha de huir también las cosas melancólicas quien lo ha menester, las cuales aumentan la melancolía, como son aves de carne negra, pescados que tengan el lomo negro, como el congrio, y la anguila, morcillas de puerco, nabos, berengenas, aceitunas, queso, y todas las cosas de vehemente sabor"[5].

Pour Cristóbal de Vega, la mélancolie peut provenir d'aliments mélancoliques comme les lentilles, le fromage, les salaisons, les escargots, le vin noir ("alimentis melancholicis, ubi lentibus, caseo, carnibus salitis, & cochleis, & vino nigro &

---

[1] A. Chirino de Cuenca, *Menor daño de la medicina*, p. 22.
[2] Juan de Aviñón, *Sevillana medicina*, p. 286.
[3] Bernardo Gordonio, *Lilio de medicina*, fol. 55v et 56v, respectivement.
[4] Pedro Mercado, *Diálogos de philosophia...*, fol. 122r.
[5] Miguel Sabuco de Nantes, *Nueva filosofia de la naturalreza del hombre*, p. 160.

aliis"[1]). Enfin, en 1672, Murillo écrit que "[el enfermo de melancolía] no ha de comer berças, pues ellas solas pueden causar la melancolia (…). Y las lentejas, y carnes saladas, y pescados salados"[2].

Ces inventaires d'apparence hétéroclite pour le lecteur moderne obéissent à une cohérence secrète, dans la mesure où tous ces aliments partagent avec la bile noire une ou plusieurs qualités. Suivant un raisonnement analogique, sont ainsi considérés comme mélancoliques tous les aliments noirs ou foncés, les nourritures sèches et très froides ou bien sèches et chaudes ainsi que les aliments issus de la terre. Ainsi, Chirino de Cuenca déconseille aux mélancoliques la consommation de fruits secs, censés absorber l'humidité déjà rare d'un organisme desséché par la mélancolie[3] ; suivant une logique similaire, Murillo affirme que les mélancoliques doivent éviter les aliments ou les boissons froides[4].

Analogue à la bile noire, le vin noir, lourd et épais est considéré comme une boisson éminemment mélancolique. Le *Problème* d'Aristote affirmait déjà que " le vin noir, plus que tout, rend les gens tels que sont les mélancoliques"[5]. De même, pour Bernardino Montaña de Montserrate les "vinos gruessos" engendrent de la tristesse[6]. Consommées par don Quichotte, les lentilles noires et sèches, sont universellement considérées comme mélancoliques :

> "El caldo dellas [las lentejas] (…) conviertese en humores negros y melancolicos. Las lentejas desnudas de sus hollejos (…) engendran humores gruessos, y pegajosos. Por donde los que ordinariamente las comen, vienen a se hazer melancolicos (…). En summa, las lentejas solamente se deven dar a los que tienen derramada gran copia de humores aquosos por todo el cuerpo : porque a los tales son muy convenientes, ansi como muy dañosas a los secos y melancolicos"[7].

Les artichauts – qui produisent un jus foncé à la cuisson et dont feuilles noircissent les mains– ou les chairs noires du gibier sont également considérés comme des

---

[1] Cristóbal de Vega, *Opera*, p. 409.

[2] Murillo, *Aprobación de ingenios*, fol. 106v.

[3] A. Chirino de Cuenca, *Menor daño de la medicina*, p. 24.

[4] Murillo, *Aprobación de ingenios*, fol. 107 r.

[5] Aristote, *L'homme de génie et la mélancolie*, p. 93.

[6] B. Montaña de Montserrate, *Libro de la Anatomia del hombre*, fol. 98r.

[7] Andrés Laguna, *Pedacio Dioscorides*, p. 193.

aliments mélancoliques :

"[la carne de liebre] es enxuta, difficil de digerir, y engendra melancolica sangre"[1] .

"las alcachofas, se convierten luego en humor colerico, y melancolico, y perturban juntamente el cuerpo y el ánimo, inclinando bestialmente a luxuria"[2] .

Les aliments qui, comme la bile noire, sont aigres ou acides sont également considérés comme mélancoliques. Ainsi, pour Andrés Laguna, le vinaigre doit être évité par les mélancoliques : "offende el vinagre a los melancolicos, y a los de complexion fria y seca"[3] . La mélancolie étant également rattachée à la sécheresse et au vieil âge, les aliments vieux et secs seront considérés comme mélancoliques : ainsi, contre l'hypocondrie, Murillo recommande d'éviter la viande des vieilles chèvres, le vieux blé, la farine issue de vieux froment[4] . Enfin, dans la mesure où le discours médical distingue une *melancholia adusta* chaude et sèche, tous les aliments excessivement chauds et secs –les vins forts, les épices brûlantes– seront considérés comme des sources potentielles de mélancolie : Bernardo Gordonio conseille ainsi au mélancolique d'éviter les nourritures "que queman los humores"[5] et, dans le dernier tiers du XVIIème siècle, Murillo recommande de ne pas consommer les aliments trop chauds, susceptibles de surchauffer l'organisme et d'engendrer des vapeurs fuligineuses[6] .

Les aliments venteux occupent une place particulière dans la sémiologie alimentaire associée à la mélancolie. Consommé par Don Quichotte, le fromage constitue un aliment mélancolique non seulement parce qu'il se rattache à l'imagerie de la fermentation et du vieillissement, mais encore parce qu'il engendre de multiples vapeurs. Pour Laguna, le fromage, surtout s'il est vieux, "inflama la sangre, restriñe el vientre, engendra humores gruessos y melancolicos"[7] . A travers

---

[1] Andrés Laguna, *Pedacio Dioscorides*, p. 135 et 285, respectivement. Sur le gibier comme aliment mélancolique, voir aussi Alexo Abreu, *Tratado de la siete enfermedades*, fol. 124 r.

[2] Andrés Laguna, *Pedacio Dioscorides*,

[3] Andrés Laguna, *Pedacio Dioscorides*, p. 515.

[4] Murillo, *Aprobación de ingenios*, fol. 107 r.

[5] Bernardo Gordonio, *Lilio de medicina*, fol. 56v.

[6] Murillo, *Aprobación de ingenios*, fols. 144v - 145r.

[7] Andrés Laguna, *Pedacio Dioscorides*, p. 165.

son association au fromage –attribut traditionnel du fou– la mélancolie se trouvera aussi rattachée à l'imagerie de l'aliénation. Les fèves, source de multiples flatulences et la bière, riche en bulles, sont aussi considérés comme des aliments mélancoliques par Laguna[1]. De même, le chou, venteux, engendre la mélancolie : "la verça engendra melancolica sangre"[2]. C'est un aliment bas, prisé en Allemagne, dont Laguna sous-entend qu'il s'agit d'une nation fruste et rude :

"se llama en Alemania Cappizkraut : que quiere dezir cabezuda verça : adonde hazen gran caudal della (...). De suerte que no ay cosa tan mal proveyda, que no tenga por lo menos dos mil repollos en escabeche, preparado con sal, vinagre y oregano (...). Visto que en las bodas y desposorios os sacan luego por colacion un repollo : con el qual echareys los bozes, y las entrañas, aunque en aquelllas partes se comen tras ellas las manos"[3].

Présentant les Allemands comme des consommateurs de mets mélancoliques, funestes et grossiers, le discours de Laguna laisse transparaître un certain orgueil nationaliste et une vision extrêmement critique des aliments associés à la mélancolie. Analogues à la bile noire, les aliments mélancoliques seront alors, selon Sabuco de Nantes, particulièrement néfastes :

"Los alimentos melancólicos hacen aquel jugo de la raíz principal del cerebro caduco, y luego se siguen las mudanzas del decremento dichas, y también ponen congojas, miedos y sospechas falsas : hacen mal acondicionado (...) traen tristeza ponen malos sueños congojosos, que dañan como verdaderos, (...) : ponen malos pensamientos, incitan a bajos y malos vicios"[4].

Contre ces aliments funestes, le discours médical dresse une série de nourritures bénéfiques.

2. *Les aliments contre la mélancolie*

Aux inventaires d'aliments mélancoliques répondent, dans les textes médicaux, des listes de mets destinés à lutter contre l'humeur noire. Pedro Mercado conseille :

"Convienenle [al melancolico] manjares dulces de buen mantenimiento, como pollos, capones, gallinas, phaysanes, perdizes, carnero de un año, ternera de leche, pesces de rio, y de mar de mediana quantidad. De yervas, lechuga, borraza, chicoria. La bebida vino

---

[1] Andrés Laguna, *Pedacio Dioscorides*, p. 191 et 183.
[2] Andrés Laguna, *Pedacio Dioscorides*, p. 205.
[3] Andrés Laguna, *Pedacio Dioscorides*, p. 204 - 205.
[4] Sabuco de Nantes, *Nueva filosofia de la naturaleza del hombre*, p. 237.

blanco aguoso no antiguo"[1] .

Les aliments contre la mélancolie présentent des qualités opposées à celles de la bile noire : humides, moelleux, tièdes ou chauds, leur rôle sera de diluer l'humeur épaisse et agressive, de réchauffer et de revigorer le sujet. Contre les méfaits de la bile noire, Bernardo Gordonio recommande des "goviernos que humedezcan"[2] ; contre les maux de la rate, Chirino de Cuenca prescrit le céleri et le cresson, qui poussent dans l'eau[3]. Murillo conseille divers légumes gorgés d'eau, comme les bourraches et les endives, il recommande le petit-lait et donne la recette d'un bouillon destiné à humidifier le mélancolique[4]. Humide et aqueuse, la salade est particulièrement recommandée contre la mélancolie érotique par Alciato et Pineda[5]. De même, Pedro Mercado et Bernardo Gordonio préconisent de consommer des "peças con escama", censés, selon un raisonnement analogique contenir une haute proportion d'eau en raison de leur habitat liquide[6].

Les aliments contre la mélancolie sont aussi pour l'essentiel des aliments jeunes, tendres et humides, destinés à combattre la sécheresse et la froideur engendrées par l'excès de bile noire :

"Los mantenimientos, y bebida de que (…) usava (…) eran de buena substancia, humidos templadamente, de facil cozimiento y digestion, encontrados a las ventosidades."[7]

Aux matières noires, vieilles, sèches on préférera les substances tendres, humides, les viandes de jeunes animaux, les jeunes plantes. Ainsi, contre la mélancolie, Laguna vante les qualités des asperges[8], Pedro Mercado conseille le poulet, le "carnero de un año" et la "ternera de leche"[9] ; Murillo recommande les oeufs, les

---

[1] Pedro Mercado, *Diálogos de philosophia...*, fol. 122r.

[2] Bernardo Gordonio, *Lilio de medicina*, fol. 56v.

[3] A. Chirino de Cuenca, *Menor daño de la medicina*, p. 24-25.

[4] Murillo, *Aprobación de ingenios*, fols. 106v, 137v et 138r respectivement.

[5] Andrea Alciato, *Emblemas*, p. 218. J. de Pineda, *Diálogos familiares de la agricultura cristiana*, I, p. 267.

[6] B. Gordonio, *Lilio de medicina*, fol. 56v. Pedro Mercado, *Diálogos de philosophia...*, fol. 122r.

[7] Alexo Abreu, *Tratado de las siete enfermedades*, fol. 123 v.

[8] Andrés Laguna, *Pedacio Dioscorides*, p. 208.

[9] Pedro Mercado, *Diálogos de philosophia...*, fol. 122r.

vins jeunes, les "aves de leche"[1] tandis qu'Alexo Abreu préconise la consommation de "pollas nuevas, pollos, capones, palominos del campo, de carnero nuevo castrado (...) o de un perdigon nuevo, o palomino"[2]. Enfin, Gordonio affirme que "conviene que se les de de comer [a los melancolicos] gallinas & capones & carne de cordero de un año & vino claro & sotil. (...) & huevos sorbiles. & pan de trigo reziente bien cozido"[3] : au vin noir et épais, source de mélancolie on oppose un vin jeune et clair ; contre la bile noire –substance sèche, grossière, quasi excrémentielle, liée à la mort et à la vieillesse– sont recommandés le pain frais, élaboré avec du blé nouveau, les jeunes pousses, la chair d'animaux jeunes

Parmi les aliments destinés à soigner la mélancolie deux substances, le sang et le lait, se détachent par leur richesse significative. La mélancolie se soigne par son opposé, le sang et par des aliments chauds et humides, de nature sanguine :

"y denle a comer [al enfermo de amor hereos] un sabroso manjar
en quien muchas sangre y sustançia s'ençierra"[4].
"Y Galeno dize, que los alimentos para los melancholicos han de ser calientes y humedos :
Melancholicum sanguinem habentes nutriendi sunt sibis calidis & humidis"[5].

De même, contre la mélancolie, Murillo recommande le sang chaud, appliqué ou instillé[6]. Ces affirmations révèlent l'opposition radicale entre ces deux humeurs: chaud, humide, doux, le sang s'oppose en tout à la mélancolie et contribue, suivant le principe d'une thérapie par les contraires, à la guérir. Le lait occupe aussi une place significative dans la thérapie de la mélancolie : il est prescrit par Laguna[7] ainsi que par Murillo, qui prône les vertus du lait d'amandes et du lait de chèvre[8]. Contre la bile noire, froide, épaisse et corrosive, le lait, tiède, blanc et crémeux,

---

[1] Murillo, *Aprobación de ingenios*, fol. 107 r et v, fol. 146, respectivement.

[2] Alexo Abreu, *Tratado de la siete enfermedades*, fol. 123v - 124r.

[3] Bernardo Gordonio, *Lilio de medicina*, fol. 56v.

[4] F. López de Villalobos, *Sumario de la medicina*, p. 324.

[5] Murillo, *Aprobación de ingenios*, fol. 107r.

[6] Murillo, *Aprobación de ingenios*, fols. 111v - 112r.

[7] Andrés Laguna, *Pedacio Dioscorides*, p. 162.

[8] Murillo, *Aprobación de ingenios*, fols. 106v et 138v. Sur les applications et instillations de lait, voir les fols. 111v-112v.

"lie, recouvre, restaure"[1]. Laguna et Abreu recommandent aussi tout particulièrement le petit lait, dont l'humidité bénéfique réhydrate l'organisme et desséché et dilue la malsaine bile noire :

> "El suero, el qual es toda la aquosidad de la leche, es notablemente abstersivo, clarifica la sangre, abre las opilaciones de higado y baço, sana las fiebres antiguas, refrena la colera, extirpa todas las infectiones del cuero, purga el humor melancolico"[2].

> "Y dexando passar algunos dias, no muchos, y sintiendo aun parte de las pasiones dichas (...) me parecio usar del suero de leche de las cabras, el qual tomé por espacio de nueve dias"[3].

Le petit lait clarifie ("clarifica") et nettoie l'organisme : à travers ces images, la mélancolie apparaît comme un déchet funeste, une humeur excrémentielle associée à l'imagerie de la saleté et de l'obstruction. Dans la sémiologie des aliments, le lait et le petit-lait s'opposent au fromage mélancolique : aliment du nourrisson, le lait évoque la fraîcheur et l'innocence tandis que le petit-lait, clair et liquide, humecte et purifie. En revanche la bile noire, qui s'associe au fromage, sec, fermenté, lié à la putréfaction et aux mauvaises odeurs, fait appel à une imagerie diamétralement opposée. Enfin, l'emploi du sang et du lait dans la thérapie de la mélancolie met en scène une antithèse de la vie et de la mort : à la bile noire, associée au vieil âge et à la mort, sont opposés le lait et le sang, deux substances qu'une riche symbolique associe à la vie, à la force et à la jeunesse.

3. Les modes de cuisson : le cru et le cuit, le bouilli et le grillé

Les modes de cuisson participent de la sémiologie alimentaire qui se crée autour de la mélancolie. La bile noire est associée à l'idée de mauvaise coction : elle peut prendre la forme d'une humeur crue et agressive, d'une bile calcinée et donc trop cuite ou peut résulter de la putréfaction d'autres humeurs (on passe alors directement du cru au pourri). Contre la mélancolie, associée aux aux catégories du cru, du brûlé, du pourri, les médecins opposent le mijoté et le bouilli,

---

[1] Roland Barthes, *Mythologies*, Paris, Seuil, 1957, p. 77.
[2] Andrés Laguna, *Pedacio Dioscorides*, p. 165.
[3] Alexo Abreu, *Tratado de las siete enfermedades*, p. 126 r.

recommandant des bouillons, des compotes, des aliments cuits dans du lait, des viandes ramollies par une longue cuisson, des légumes bouillis[1]. Le texte médical développe là une série de variations sur des nourritures dont la crudité originelle a été atténuée par une longue cuisson au coin du feu.

Dans une logique similaire, au rôti et au grillé qui noircissent les aliments, on préférera le mitonné ou le bouilli :

> "Daseles [a los melancólicos] la dicha comida cocida, y no assado, por ser astringente de ordinario"[2].

Ainsi, contre la mélancolie, Alexo Abreu conseille de consommer des bouillons de jeunes animaux[3] et Murillo donne la recette d'un potage qui doit être administré au mélancolique ("el caldo gordo hecho de cabeças de carnero es humidissimo, y assi conviene en la melancholia "[4]).

Comme l'a montré Cl. Lévi-Strauss, la cuisine –la cuisson judicieuse des aliments– a pour rôle de conjurer la crudité, mais aussi la pourriture et la calcination :

> "le feu de cuisine évite une disjonction totale, il *unit* le soleil à la terre et préserve l'homme du *monde pourri* qui serait son lot si le soleil disparaissait vraiment ; mais cette présence est aussi *interposée,* ce qui revient à dire qu'elle écarte le risque d'une conjonction totale, et d'où résulterait un *monde brûlé*"[5].

Associée au cru –l'aliment à l'état brut–, au grillé –qui évoque la cuisine rudimentaire, le repas barbare, la cuisson primitive de l'aliment sans préparation culinaire aucune–, au pourri –suggérant le retour à la matière informe–, la bile noire se trouve assimilée à une imagerie de la sauvagerie, de la matière brute. A l'opposé, la thérapie de la mélancolie constitue une sorte de retour à la civilisation, exprimé par des modes de cuisson qui symbolisent le savoir-faire culinaire : au cru, au calciné, au pourri, à la "mauvaise coction" de la bile noire s'oppose la cuisson

---

[1] Alexo Abreu, *Tratado de las siete enfermedades*, fol. 123 v. Murillo, *Aprobación de ingenios*, fols. 106v et 138r.

[2] Murillo, *Aprobación de ingenios*, fol. 106v.

[3] Alexo Abreu, *Tratado de la siete enfermedades*, fol. 123 v.

[4] Murillo, *Aprobación de ingenios*, fol. 138r.

[5] Claude Lévi-Strauss, *Le cru et le cuit*, Paris, Plon, 1964, p. 299.

ordonnée des plats savamment cuisinés.

4. *Le vin et la mélancolie*

L'emploi du vin dans la thérapie de la mélancolie constitue, au XVIème et au XVIIème siècle, l'un des *loci communes* du discours théorique. Contre la mélancolie Andrés Laguna recommande le vin qui, "calienta los resfriados, humedece los exhaustos y consumidos, engorda los flacos, da color a los descoloridos, despierta los ingenios tardos y perezosos, haze buenos Poetas, alegra los tristes y melancolicos"[1]. Vives déclare que la tristesse disparaît "especialmente con el vino, del cual se dice en las Sagradas letras : *Da vino al triste*"[2]. S'inspirant d'une tradition issue de l'Antiquité –le *laus vini*–, Pedro Mexía se livre à un éloge du vin, évoquant ses vertus contre la mélancolie :

> "En muchas medicinas usan los médicos del vino, porque el vino templado todos los humores retifica y repara, pone sangre al que le falta, alegra al melancólico y alegra a gastar la melancolía"[3].

Le thème du vin comme remède à la mélancolie apparaît aussi chez Vicente Espinel et Gracián :

> "el vino templado con agua da esfuerzo al corazón, color al rostro, quita la melancolía, alivia en el camino, da coraje al más cobarde, templa el hígado y hace olvidar todos los pesares"[4].

> "Sea lo que fuere, lo que yo sé es que es causa de prodigiosos efectos, y todos de consuelo, porque yo vi un día traer no menos que una gran princesa (si dixera lansgravia o palatina) perdida de melancolía, sin saber ella misma de qué ni por qué, que a no ser esso no fuera necia. Habíanle aplicado dos mil remedios, como son galas, regalos, saraos, passeos y comedias (..) y ella siempre triste que necia, enfadada de todo y enfadando a todos, que ni vivía ni dexaba vivir, de modo que llegó rematada de impertinente. Pues os asseguro que luego que bebió del eficacíssimo néctar [el vino], depuesta la ceremoniosa autoridad regia, se pusso a bailar, a reír y a cantar"[5].

Toutefois, tout vin n'est pas recommandé contre la mélancolie. Rejetant le vin noir, âcre, épais, dont les qualités sont analogues à celles de la bile noire, les médecins

---

[1] Andrés Laguna, *Pedacio Dioscorides*, p. 504.
[2] Vives, *Tratado del alma*, dans *Obras completas*, II, p. 1304.
[3] Pedro Mexía, *Silva de varia lección*, II, p. 104.
[4] Vicente Espinel, *Vida de Marcos Obregón*, Libro I, Descanso 9, dans *La novela picaresca*, Barcelone, Noguer, 1974, I, p. 288.
[5] Baltasar Gracián, *El Criticón*, p. 574.

exaltent plutôt les vertus des vins blancs, parfumés, clairs et légers. Ainsi, Gordonio recommande le "vino claro & sotil"[1] et Bernardino Montaña de Montserrate le "vino odorifero y claro y bien templado"[2]. Enfin, d'après Murillo, "el vino que se les concediere [a los melancholicos] ha de ser vino clarete, o limphatico, blanco, como dize Galeno"[3]. Antidote à la mélancolie, le vin constitue un remède riche de significations symboliques[4], sur lesquelles nous aurons à revenir.

Le régime repose sur une opposition des contraires, selon laquelle la mélancolie se soigne par des aliments aux qualités opposées : contre les effets de la bile noire, sèche, froide, associée à la vieillesse, à la putréfaction et à la mort, les auteurs médicaux recommandent des nourritures chaudes et humides, des aliments jeunes, aqueux, tendres et clairs. La diète destinée à lutter contre la mélancolie s'inscrit aussi dans une logique de purification : gorgés d'eau, caractérisés par la pureté et clarté, les aliments préconisés contre la mélancolie sont destinés aussi à laver le corps de l'humeur noire et immonde. A la bile noire, épaisse et impure, s'opposent les substances fluides, claires et diaphanes comme le lait, le petit-lait, les vins clairs et les "peças (...) de aguas limpias"[5] recommandés par Gordonio.

La diététique du XVIème et du XVIIème siècle construit ainsi une véritable sémiologie alimentaire, classant les aliments en catégories et leur attribuant un certain nombre de propriétés. Ce système se caractérise par une fondamentale *lisibilité* des aliments : noires et sèches, les lentilles sont mélancoliques, vermeil et léger, un vin sera qualifié de sanguin. Contre la mélancolie, l'écriture médicale fait aussi appel à un certain nombre d'aliments ou de substances richement symboliques comme l'eau, le vin, le sang ou le lait : en ce sens, les traités de diététique constituent un discours où se déploie avec force l'imagination

---

[1] Bernardo Gordonio, *Lilio de medicina*, fol. 56v.

[2] B. Montaña de Montserrate, *Libro de la Anatomia del hombre*, fol. 98r.

[3] Murillo, *Aprobación de ingenios*, fol. 107v.

[4] Sur la "mythologie" du vin : Gaston Bachelard, *La terre et les rêveries de la volonté*, Paris, Corti, 1949 et Roland Barthes, *Mythologies*, p. 77-78.

substantielle, au sens que Bachelard a donné à ce terme. Enfin, la littérature diététique développe aussi une forme de pensée magique : chauds et humides ou bien froids, secs et mélancoliques, les aliments transmettent leurs propriétés à ceux qui les consomment selon un mécanisme de circulation merveilleuse des qualités.

C.   LES REMEDES POUR L'ESPRIT

1.   La thérapie morale

De manière assez moderne, les médecins du Siècle d'Or confèrent à la thérapie psychologique un rôle fondamental. Pour Gordonio, le traitement de l'esprit est primordial et doit précéder les autres remèdes :

> "La primera cosa que conviene de todos los maniacos es dalles plazer y alegria : porque aquello que mas les daña es tristeza & cuydado"[1].

Dans la mesure où les affections de l'âme ont une portée considérable sur l'esprit autant que sur le corps, l'écriture médicale concède une importance particulière à la thérapie relative aux passions. Le malade devra éviter les affects associés à la mélancolie –la tristesse, le déplaisir ou la crainte–, qui dessèchent et affaiblissent l'organisme, et rechercher les passions contraires : "Trabaje el tal enfermo de evitar todo el genero de pasion, tristeza, cuidados"[2], recommande Abreu. Et Gordonio conseille : "estorvaras todo trabajo grande & yra"[3]. Le médecin peut aussi lutter contre la mélancolie en excitant délibérément une passion. Ainsi, plusieurs médecins racontent comment certains mélancoliques se rétablirent à la suite d'une violente surprise et Alonso de Santa Cruz décrit la guérison d'un mélancolique à la suite d'une grande frayeur, volontairement provoquée par le médecin[4].

La mélancolie étant caractérisée par le goût de la solitude et de la méditation, destructrice d'esprits et d'énergie vitale, son traitement exigera la

---

[5] Bernardo Gordonio, *Lilio de medicina*, fol. 56v.
[1] Bernardo Gordonio, *Lilio de medicina*, fol. 56v.
[2] Alexo Abreu, *Tratado de las siete enfermedades*, fol. 131 v.
[3] Bernardo Gordonio, *Lilio de medicina*, fol. 56v.
[4] A. de Santa Cruz, *Dignotio et cura affectuum melancholicorum*, p. 15-16.

compagnie, les distractions, la conversation. La préface du *Décaméron* cite plusieurs remèdes à la mélancolie :

"Il est manifeste que les hommes sont privilégiés en amour. Quand ils deviennent la proie de la mélancolie et de la tristesse, ils disposent de mille remèdes pour en alléger ou en détruire les effets. Au gré de leur humeur, ils ont les randonnées, les entretiens, la fauconnerie, la vénerie, la pêche, les chevaux, le jeu, le commerce, toutes activités dont chacune est susceptible d'absorber en tout ou en partie leur attention, et, pour quelque temps, au moins, de dissiper leur ennui. Après quoi, de façon ou d'autre, une consolation survient, ou la souffrance s'atténue"[1].

De même, contre la tristesse, Bernardino Montaña de Montserrate conseille : "tenga conversacion de ordinario con personas regozijadas que no le den pesadumbre"[2]. A une mélancolie caractérisée par l'introversion et le repli sur soi s'oppose une thérapie fondée sur l'extraversion : les distractions, voyages, fêtes et spectacles, que le *Criticón* de Gracián[3] classe parmi les remèdes contre la mélancolie sont autant de manières de détourner le sujet d'un regard narcissique, maladivement posé sur soi. Par ailleurs, la conversation et la compagnie sont autant de manières de faire revenir le mélancolique dans le tissu social.

La mélancolie se dissipe aussi par la parole et le rire, comme le suggère Vives :

"Aléjase también la tristeza apartando de ella el pensamiento, verbigracia : en los negocios, con historietas festivas"[4].

En ce sens, les historiettes à rire sur les mélancoliques qui émaillent les textes médicaux constituent elles-mêmes une thérapie de la mélancolie, par laquelle – paradoxalement– le texte guérit son propre objet.

Enfin, contre une mélancolie assimilée associée à l'ennui, à l'*otium* des lettrés, au vain vagabondage de l'esprit de l'*acedia*, il conviendra de s'occuper à des tâches utiles. Pour Pedro Mercado la vacuité de l'esprit est la porte ouverte au démon ; c'est pourquoi Ioanicio conseille au mélancolique Antonio de se consacrer à des occupations profitables :

---

[1] Giovanni Boccaccio, *Le Décaméron*, p. 5.
[2] B. Montaña de Montserrate, *Libro de la Anatomia del hombre*, fol. 98r.
[3] Baltasar Gracián, *El Criticón*, p. 574.
[4] Vives, *Tratado del alma*, dans *Obras completas*, II, p. 1304.

"Porque las horas que os ocupays en unas negociaciones estays libres de la guerra interior que soleys padecer. Y a esta causa tengo por gran remedio vuestro, la ocupacion y trabajo corporal, y por muy malo dexar unos negocios por ocuparos en unas imaginaciones"[1].

L'insistance sur le travail comme remède à la mélancolie teinte le discours sur la thérapie de la mélancolie d'une nuance moralisatrice qui apparaît à maintes reprises dans les textes médicaux.

Mal de l'âme autant que maladie physique, la mélancolie exige une thérapie qui est aussi un redressement moral :

"quierese curar [la melancolia] con buenos consejos, apartandolos por buen camino de los pensamientos que tuvieren malos"[2].

Contre la tristesse issue de la bile noire, Vives préconise la réflexion morale et la résignation[3]. Enfin, pour Pedro Mercado "la melancolia se cura tambien con consejos de sabios"[4]. Le mélancolique doit combattre sa folle imagination et ses scrupules non fondés en s'astreignant à une véritable discipline morale :

"*Basilio.* (...) Y que os exerciteys en creer, que no consentistes otro tanto tiempo como el de creer, que aviades consentido. Y de esta manera hareys contrarios habitos y costumbre de la que teniades, haziendo contra vuestras imaginaciones.
Antonio. Que llamays hazer contra nuestras imaginaciones.
Basilio. Que las tengays en poco y no esteys tan avassallados a ellas"[5].

La thérapie de la mélancolie devient un cheminement ayant pour objet la maîtrise de soi et les textes scientifiques mêlent les recommandations morales aux indications médicales.

2.   *Les méthodes violentes*

Certains médecins n'hésitent pas à recommander l'usage de la violence contre la mélancolie. Gordonio préconise une thérapie assez brutale contre la mélancolie et la manie, affirmant que "si fuere inobediente el enfermo aten lo porque ni dañe a si ni a otro. E sea bien açotado"[6]. Sainte Thérèse –nous l'avons

---

[1] Pedro Mercado, *Diálogos de philosophia...*, fol. 126r.
[2] Murillo, *Aprobación de ingenios*, fol. 100v.
[3] Vives, *Tratado del alma*, dans *Obras completas*, II, p. 1304.
[4] Pedro Mercado, *Diálogos de philosophia...*, fol. 123v.
[5] Pedro Mercado, *Diálogos de philosophia...*, fol. 126r.
[6] Bernardo Gordonio, *Lilio de medicina*, fol. 56v.

montré– recommande aussi les méthodes violentes [1] et Murillo admet que l'on puisse battre les mélancoliques pour les faire revenir dans le droit chemin[2]. A travers l'évocation de ces châtiments corporels, la mélancolie apparaît comme un mal non seulement physique, mais aussi moral qu'il faut en quelque sorte punir. L'insistance sur l'usage de la violence dans la thérapie de la mélancolie semble pouvoir être relié à la démonologisation de la mélancolie qui se développe à la fin du XVIème et au XVIIème siècle. En effet, c'est en tant que maladie diabolique que la mélancolie exige les châtiments corporels, précisément recommandés contre la possession démoniaque par les traités d'exorcisme[3]. Associée au démon, la mélancolie suscite un rejet violent qui se traduit par les châtiments corporels.

D.   MUSIQUE ET MELANCOLIE

Présente chez les autorités médicales, chez Constantin l'Africain et chez Pétrarque[4], l'idée que la musique guérit les troubles de l'âme et, plus spécifiquement, la mélancolie est largement répandue parmi dans les écrits espagnols du XVIème et du XVIIème siècle. Gordonio écrit que dans la maison habitée par le sujet affecté de manie ou de mélancolie, "deven estar muchos instrumentos musicos"[5]. La thérapie musicale apparaît aussi chez Vives, Pedro Mercado, Alonso de Santa Cruz[6]. Sabuco de Nantes consacre de nombreuses pages de la *Nueva filosofia de la naturaleza del hombre* aux vertus de la musique,

---

[1] Teresa de Jesús, *Libro de las fundaciones*, I, p. 169.

[2] Murillo, *Aprobación de ingenios*, fol. 100v.

[3] Sur ce point, voir Benito Remigio Noydens, *Practica de Exorcistas*, p. 49 et Francisco Ruda, *Tratado unico de las enfermedades y cura dellas*, dans *Ruta in daemones*, p. 467.

[4] Sur la thérapie musicale chez les médecins antiques : J. B. Ullersperger, *Historia de la psiquiatría y de la psicología en España*, p. 11. Voir également Constantin l'Africain, *Viaticum*, éd. M. F. Wack, dans *Lovesickness in the Middle Ages*, p. 190-192 et Pétrarque, *De cantu et dulcedine a musica. Dialogus XXIII* : le texte était inclus dans le *De remediis utriusque fortuna* (LivreI, dialogue 23), et fut imprimé à plusieurs reprises à la fin du XVe siècle et au XVIe. On en trouve une édition moderne et une traduction anglaise dans Conrad H. Rawski, "Petrarch's Dialogue on music", *Speculum*, vol. 46, 1971, t. I, p. 302-317.

[5] Bernardo Gordonio, *Lilio de medicina*, fol. 56v.

[6] Vives, *Tratado del alma*, dans *Obras completas*, II, p. 1304 ; Pedro Mercado, *Diálogos de philosophia...*, fol. 122r ; A. de Santa Cruz, *Dignotio et cura affectuum melancholicorum*, p. 30.

affirmant qu'elle guérit la tristesse et soigne plusieurs maux mélancoliques comme la frénésie, l'épilepsie et la fureur[1] . Enfin, Nieremberg, qui consacre à la thérapie musicale un des chapitres de l'*Oculta filosofia*, déclare également que la musique guérit les maladies de l'âme et, plus précisément, la mélancolie et la fureur[2] .

La thérapie musicale se fonde sur l'idée de mesure : l'harmonie de la musique se transmet à l'individu qui l'écoute et le son des instruments rétablit l'équilibre des humeurs. D'une certaine manière, le mélancolique –en désaccord avec lui-même mais aussi en désaccord avec le monde– est a-musical. Les mélancoliques, selon Andrés Velásquez, vivent "desacordados de si mismos"[3] : la thérapie musicale vise alors à rétablir l'harmonie. Faire écouter de la musique au mélancolique, c'est le mettre en accord –au sens musical du terme– avec lui-même et avec le monde. En effet, à l'image du macrocosme, le corps, comme l'explique Isidore de Séville, est un concert harmonieux dont la musique est l'expression :

"la música aplaca ánimos excitados, como se lee en David, quien, por medio del arte musical, liberó a Saúl del espíritu inmundo. Las bestias mismas, como las serpientes, las aves o los delfines, se sienten atraídas por la música y escuchan su armonía. E incluso cuando hablamos, y también las íntimas pulsaciones de nuestras venas, muestran por sus ritmos cadenciosos su vinculación a las virtudes de la armonía"[4] .

Pour Nieremberg, c'est parce qu'elle est harmonie et proportion que la musique tempère le dérèglement humoral, rétablit l'équilibre de l'âme et du corps et guérit la mélancolie :

"La razon porque el alma guste de la musica concertada, es por el orden y medida que tiene (…) assi tambien se deleyta con la musica por su proporcion y orden. (…) Llevada el Alma de la suavidad de la musica, se divierte de otras cosas, dando lugar a que se sossieguen entretanto varias turbaciones, y especies descompuestas ; por esso la usaron Pitagoras, Clinias, y Aquiles para sossegarse quando estavan turbados, y vencer deste modo con suavidad sus passiones"[5] .

C'est aussi pourquoi, selon Nieremberg, les mélodies disposent le corps à la

---

[1] M. Sabuco de Nantes, *Nueva filosofia de la naturaleza del hombre*, p. 152-154.
[2] Juan Eusebio Nieremberg, *Oculta filosofia...*, fol. 17r.
[3] Andrés Velásquez, *Libro de la melancholia*, fol. 68r.
[4] Isidore de Séville, *Etymologiae/ Etimologias*, I, p. 445.
[5] Juan Eusebio Nieremberg, *Oculta filosofia...*, fol. 17 r et v.

prophétie[1] : la musique met l'individu au diapason du monde et le rend plus réceptif à ses messages occultes.

Cependant, toute musique ne guérit pas la mélancolie et certaines mélodies pourraient même l'entretenir. Vives recommande la musique contre la mélancolie mais, ajoute-t-il "hay cierto linaje de musica que infunde en el alma tristeza mayor"[2]. Pour Pedro de Figueroa, si la musique sacrée chasse les démons introduits dans l'individu à la faveur de la mélancolie, la musique profane au contraire les attise :

"Pues si la musica sacra cierra la puerta al demonio, claro está que la profana la abre"[3].

Pour J. E. Nieremberg, la musique peut apaiser la fureur mais aussi la provoquer, comme l'illustre l'exemple des Corybantes[4]. Enfin, pour Bartolomé Ramos de Pareja, qui publie en 1482, à Bologne, chez Baltasar de Hiriberia, sa *Musica Practica*, les quatre modes fondamentaux de la musique correspondent aux quatre humeurs et il existe une forme de musique associée à la mélancolie :

"La musica instrumental, a la que nos referimos, tiene gran conformidad y similitud con la humana y mundana. Con la humana, de este modo : aquellos cuatro modos mueven las complexiones del hombre. Así el protos domina la fllema, el déuteros la cólera, el tritos la sangre, el *tetrardus*, más lento y tranquilo, la melancolía"[5].

La musique constitue ainsi un remède ambigu qui peut entretenir la mélancolie ou la chasser.

Enfin, la musique a aussi pour mission de chasser les démons introduits dans le corps à la faveur de l'humeur noire. La musique, selon Bodin, guérit le corps et l'âme, réglant les humeurs désordonnées et chassant les démons qui tourmentent l'âme :

"Soit que la musique guarit les maladies du corps par le moyen de l'ame, comme la medecine guerit l'ame par le moyen du corps : soit que les malins esprits qui agitent quelques fois aussi bien que les uns que les autres, ont en horreur l'armonie divine, prenans

---

[1] Juan Eusebio Nieremberg, *Oculta filosofia...*, fol. 18 r: "por lo qual la musica es medio natural, no para la profecia, que es cosa sobrenatural, sino para la disposicion della".

[2] Luis Vives, *Tratado del alma*, dans *Obras completas*, II, p. 1304.

[3] Pedro de Figueroa, *Avisos de principes...*, p. 208.

[4] Juan Eusebio Nieremberg, *Oculta filosofia...*, fol. 22r.

[5] Bartolomé Ramos de Pareja, *Musica Practica*, trad. de Luis Moralejo, Madrid, Alpuerto, 1977, p. 73.

plaisir aux discors"[1].

Cet usage de la musique trouve une illustration topique dans l'exemple de Saül, mélancolique, possédé par un démon et guéri par la harpe de David, véritable *topos* du discours théorique apparaissant notamment chez Isidore de Séville, Jean Bodin et Juan Eusebio Nieremberg[2]. Pedro de Figueroa explique comment la musique guérit la mélancolie, affirmant les bienfaits non seulement naturels, mais aussi surnaturels, de la thérapie musicale :

> "Aqui tiene su efecto la música, como afirma el docto Casiodoro, los numerosos concentos, la conformidad, y proporcion que guarda, que es una paz y hermandad de acentos, causa una armonica melodia, con que se pacifica el animo, se atenuan los tumidos furores, se expele la nociva tristeza, y se sana el tedio del entendimiento. Hasta aquí llegan los naturales efectos de la musica. Y aun refiere la Glossa (...) : que un Filosofo, con solo el son de una citara, lanço el demonio de un energumeno, en fe de la antipatia que tiene con la musica, por consistir en orden, y concordia de vozes, y ser él amigo de desorden y discordia"[3].

Remède traditionnel contre la mélancolie, la musique est aussi conseillée à plusieurs reprises par les manuels d'exorcisme contre la possession démoniaque[4]. Partageant un même remède, possession démoniaque et mélancolie se superposent et se recoupent dans le système de représentation : la thérapie de la mélancolie constitue pour une large part un traitement contre le démon et recourt amplement aux remèdes magiques.

E.   UNE THERAPIE MAGIQUE ET ANTIDEMONIAQUE

1.   Parfums et substances parfumées : une logique de purification

Substance quasi excrémentielle, la mélancolie est liée aux mauvaises odeurs, placées sous le patronage de Saturne. Suivant le principe de l'opposition des contraires, la thérapie contre la mélancolie inclut donc des odeurs agréables,

---

[1] Jean Bodin, *Les six livres de la République*, t. V, p. 31.

[2] Isidore de Séville, *Etymologiae/ Etimologías*, I, p. 444-445 et 506-507. Jean Bodin, *Les six livres de la République*, t. V, p. 31. Juan Eusebio Nieremberg, *Oculta filosofia...*, fols. 19v-20v.

[3] Pedro de Figueroa, *Avisos de principes...*, p. 207.

[4] Voir notamment: Valerio Polidoro, *Practica exorcistarum*, fol. 8v.

des aromates et des parfums. Contre les affections de la rate, Chirino de Cuenca recommande plusieurs végétaux aromatiques –notamment le fenouil et l'origan– destinés à lutter contre l'humeur corrompue[1]. De même, Andrés Laguna prescrit contre la mélancolie diverses plantes odoriférantes comme l'origan qui "purga por abaxo los humores negros y melancholicos", le basilic ("ocimo") qui "sirve a los que engendran copia de humor melancholico", la mélisse et une sorte de noix aromatique nommée "myrabolano negro"[2]. Le citron est également recommandé :

"vale tambien contra los humores colericos y melancolicos el limon y contra las fiebres pestilenciales"[3].

Suivant une perspective similaire, Alexo Abreu conseille contre la mélancolie de boire de l'eau parfumée à la cannelle ou à la coriandre, et de respirer une boule odoriférante, composée de camphre et d'ambre[4].

Toutes ces substances aromatiques suggèrent une imagerie de l'assainissement, de la purification par le parfum. Dans la vision du monde propre au XVIème et au XVIIème siècle, le parfum lutte contre la puanteur, assimilée à la mélancolie mais aussi au démon, opérant une purification physique mais aussi spirituelle. Employés dans la liturgie catholique, les aromates –notamment l'encens– purifient le corps et l'esprit et appellent la divinité à se manifester. Les fumées parfumées et la trace subtile, réelle mais insaisissable, que laisse le parfum dans l'air l'apparentent symboliquement à une présence spirituelle. D'ailleurs, les aromates font partie de la panoplie de remèdes proposés par les manuels d'exorcisme : contre la possession démoniaque, Polidoro et Ruda conseillent la myrrhe, l'encens, le galbanum, l'aneth, la verveine[5]. Mal double de l'âme et du corps, associé au démon et au péché, la mélancolie exige l'intervention du parfum, dont l'action purificatrice s'exerce sur le corps, mais aussi sur l'âme.

---

[1] A. Chirino de Cuenca, *Menor daño de la medicina*, p. 24-25.

[2] Andrés Laguna, *Pedacio Dioscorides*, p. 285, 224, 339 et 475, respectivement.

[3] Andrés Laguna, *Pedacio Dioscorides*, p. 310.

[4] Alexo Abreu, *Tratado de las siete enfermedades*, fols. 124 v et 130 r.

[5] Valerio Polidoro, *Practica exorcistarum*, fols. 27r-32v et 53 r et v. Francisco Ruda, *Ruta in daemones*, p. 459.

2. Les plantes magiques

Parmi les remèdes de la mélancolie, Alexo Abreu mentionne des médications qui "a modo de encantamiento (como dize Galeno) gastan, y sacan las ventosidades"[1] : la thérapie de la mélancolie a souvent quelque chose de surnaturel, recourant volontiers à des remèdes aux connotations magiques, comme l'ellébore, le pavot (destiné à lutter contre l'insomnie mélancolique), la rue, le laudanum, la jusquiame. Ces plantes vénéneuses ou narcotiques ont toujours été entourées d'un halo de respect et de crainte qui en fait des substances énigmatiques et mythiques. Chargées de connotations magiques, ces substances étaient d'ailleurs associées à la pratique de la sorcellerie et des sciences occultes.

La mandragore fait partie de ces remèdes magiques employés contre la mélancolie. En effet, selon Laguna, "bevidos de su liquor [de la mandragora] dos obolos con clarea, purgan por arriba la flema y la melancolia, como el Eleboro"[2]. De même, Murillo affirme les vertus de la racine de la mandragore contre la mélancolie :

> "Hipochrates (...) cura a los enfermos tristes, anxios, melancholicos y convulsos con la rayz de la mandragora contusa con vinagre, y el çumo desta planta es para las vigilias de los enfermos melancholicos, y les concilia quieto y pacifico"[3].

En effet, c'est dans les racines de la plante, dotées d'une forme humaine, que se concentrent ses propriétés magiques. Censée naître du sperme d'un pendu, la mandragore pousse un cri quand on l'arrache et constitue un poison qui ne peut être bénéfique que s'il est savamment dosé (Laguna affirme d'ailleurs que "si se beve en mayor quantidad [que dos obolos] es mortifero")[4]. Substance redoutable et inquiétante, elle est liée à une multitude de superstitions et de pratiques magiques ("su rayz parece util a los hechizos", rapporte Laguna[5]). Enfin, la mandragore ne peut être récoltée, selon Pline (*Histoire naturelle*, 25, 94) et

---

[1] Alexo Abreu, *Tratado de las siete enfermedades*, fol. 135 r.
[2] Andrés Laguna, *Pedacio Dioscorides*, p. 423.
[3] Murillo, *Aprobación de ingenios*, fol. 137v.
[4] Andrés Laguna, *Pedacio Dioscorides*, p. 423.
[5] Andrés Laguna, *Pedacio Dioscorides*, p. 422.

Guillaume le Clerc de Normandie, qu'avec de grandes précautions, qui rappellent une cueillette magique :

> "Quand cette herbe est âgée de 30 ans, d'habiles médecins la cueillent, et l'on dit que quand elle est cueillie, elle se plaint et pousse de grands cris ; et si quelqu'un entendait ce cri, il connaîtrait un bien mauvais sort et il en mourrait. mais ceux qui la cueillent le font avec tant d'habileté qu'ils n'ont pas le moindre mal"[1].

Suscitant l'effroi et la fascination, la mandragore est l'exemple même du remède magique contre la mélancolie.

3. Les minéraux contre la mélancolie : l'aimant, le bézoard, l'or

La thérapie contre la mélancolie recourt également à des minéraux mythiques, associés à diverses superstitions et croyances. Contre l'hypocondrie, Murillo conseille l'aimant, inclus dans un cataplasme que l'on posera sur l'abdomen des femmes mélancoliques[2]. L'emploi de l'aimant se fonde ici sur l'analogie, caractéristique de la pensée magique : de la même manière qu'il attire le fer, l'aimant posé sur le ventre du patient fera sortir les humeurs mélancoliques.

Autre minéral aux propriétés merveilleuses, le bézoard est aussi longuement recommandé contre la mélancolie par Murillo, qui le qualifie de "principal remedio de la hypocondria"[3], et par Jerónimo Cortés qui écrit, à propos de la "piedra bezahar", que "el que la truxere consigo, sera librado de melancolias y enfermedades melancolicas"[4]. Sebastián de Covarrubias définit le bézoard comme une "piedra que se cría en las entrañas y en las agallas de cierta cabra montesa en las Indias, la qual vale contra todo veneno"[5] : par ses origines lointaines et son rôle de contrepoison, le bézoard fascine et incite à la rêverie.

Enfin, l'or est aussi recommandé contre les méfaits de l'humeur noire : dans le *De Triplici vita*, Ficin conseille de lutter contre la mélancolie et les influences

---

[1] Guillaume le Clerc de Normandie, *Bestiaire divin*, dans *Bestiaires du Moyen Age*, p. 115.
[2] Murillo, *Aprobación de ingenios*, fol. 104v.
[3] Murillo, *Aprobación de ingenios*, fol. 112 v.
[4] Jerónimo Cortés, *Phisonomia y varios secretos de naturaleza*, fols. 31v - 32r.
[5] Sebastián de Covarrubias, *Tesoro...*, s. v. "Bezar".

saturniennes en s'entourant d'or, associé à Jupiter et au Soleil[1]. Riche de multiples connotations mythiques, suffisamment connues pour qu'il ne soit pas nécessaire de les détailler, l'or est aussi utilisé contre la possession démoniaque : ainsi Ruda et Noydens recommandent l'or (préalablement béni) pour guérir les énergumènes[2]. En recourant à l'or, le médecin assimile donc la lutte contre la mélancolie à un combat contre le démon. Bezoard, aimant, or : la thérapie de la mélancolie exige des substances aux caractéristiques merveilleuses, des remèdes miraculeux et souverains qui se chargent, dans l'imaginaire collectif, des connotations magiques attribuées à la notion de panacée.

4.   *Les substances exotiques et les contrepoisons*

Les textes médicaux recommandent aussi contre la mélancolie des remèdes exotiques et rares, dont la provenance lointaine frappe l'imagination. Contre la mélancolie, Villalobos conseille les "píldoras yndias" et "las de lapislazuli"[3] ; Gordonio prescrit les "mirabolanos yndicos (...) & lapislazuli & lapis armenio"[4] et Laguna préconise la "piedra armenia"[5], dont le nom évoque les contrées lointaines. Pour sa part, Murillo prône longuement les vertus du chocolat, issu des Indes lointaines[6]. La thérapie contre la mélancolie emploie aussi des contrepoisons : ainsi, Laguna recommande le citron, qui protège du venin des serpents et des scorpions, la rue, "remedio contra los venenos mortiferos" et la mandragore, qualifiée de "medicina contra el veneno"[7]. Or les antidotes ont toujours été associés, dans l'imaginaire collectif, à la magie et au merveilleux. Enfin, en recommandant ces contrepoisons, le système imaginaire associe implicitement la bile noire à une substance toxique et vénéneuse.

---

[1] Marsile Ficin, *De triplici vita*, II, 14. Cette référence est extraite de F. A. Yates, *Giordano Bruno et la tradition hermétique*, Paris, Dervy, 1988, p. 86.
[2] Benito Remigio Noydens, *Práctica de exorcistas*, p. 107. Francisco Ruda, *Ruta in daemones*, p. 459.
[3] F. López de Villalobos, *Sumario de la medicina*, p. 340.
[4] Bernardo Gordonio, *Lilio de Medicina*, fol. 57 r.
[5] Andrés Laguna, *Pedacio Dioscorides*, p. 338.
[6] Murillo, *Aprobación de ingenios*, fol. 112v et suiv. et fols. 127 à 130.

Contre la mélancolie le discours médical du XVIème et XVIIème siècle fait donc appel à des substances précieuses et exotiques, des contrepoisons, des médications merveilleuses et riches en significations magiques. Ces remèdes évoquent la notion de panacée voire de talisman : en effet, de nombreux remèdes contre la mélancolie sont aussi des antidotes contre le démon.

5.   Une thérapie anti-démoniaque

Dans l'imaginaire du XVIème et du XVIIème siècle, la lutte contre la mélancolie est, peu ou prou, une lutte contre le démon : une homologie troublante apparaît entre le traitement de la mélancolie et les stratégies de désenvoûtement. Accumulant les saignées, purges et vomitifs, la thérapie de la mélancolie accorde une place considérable, nous l'avons montré, aux stratégies d'évacuation. Or cette importance de l'idée d'expulsion est étroitement associée à la relation que la mélancolie entretient avec la possession démoniaque : de la même manière que les médecins conseillent contre la mélancolie purges et émétiques, les traités d'exorcisme insistent aussi sur la nécessité d'expulser physiquement le démon, par des clystères, des vomitoires et des purges dont le but est de faire sortir le mauvais esprit qui tourmente l'individu[1]. A travers ces représentations, la mélancolie apparaît comme une intériorité démoniaque qu'il faut expulser à tout prix : le discours médical tisse une analogie entre la thérapie de la mélancolie et les images du désenvoûtement.

Prières et dévotions, dont on connaît le rôle fondamental dans les cérémonies d'exorcisme, sont également recommandées contre la mélancolie. Ainsi, contre celle-ci et contre les maladies produites par le démon, Murillo conseille de porter une dévotion particulière aux anges et à l'archange Raphaël :

> "y assi para librarse de los achaques que puede inducir el demonio, es muy importante la devocion de los benditos Angeles, y del Arcangel San Rafael, que se llama Medicina de

---

[7] Andrés Laguna, *Pedacio Dioscorides*, p. 106, 424 et 298.
[1] Valerio Polidoro, *Practica exorcistarum*, fols. 64v - 77v. Francisco Ruda, *Tratado de las enfermedades y cura dellas*, dans *Ruta in daemones*, p. 484-487.

Dios"[1].

Commune à la lutte contre la mélancolie et la possession démoniaque, la parole sacrée protège, libère, purifie.

Mélancolie et démon exigent une même thérapie. Les bains, la musique, les parfums, les contrepoisons, recommandés contre la mélancolie font aussi partie des remèdes traditionnels contre la possession démoniaque. L'ellébore noir, remède classique de la mélancolie, est également utilisé par Francisco Ruda dans un emplâtre destiné expulser le démon[2]. De même, la pivoine, utile –selon Andrés Laguna– "para resolver los humores gruessos y melancolicos, que opprimen el coraçon"[3], est employée à la fois contre la mélancolie, les sorcières et les esprits malins :

"Sirve tambien la peonia contra el humor melancolico : y aun dizen que adonde ella estuviere, no entran malignos espiritus, ni phantasmas, ni bruxas"[4].

Remède magique, la rue occupe une place particulière dans la thérapie contre la mélancolie. Les médecins la recommandent pour chasser les humeurs visqueuses et mélancoliques :

"es caliente y seca en el grado tercero, y consta de partes subtiles : por donde tiene gran fuerça de adelgazar y resolver los gruessos y viscosos humores"[5].

C'est pourquoi elle guérit l'épilepsie, maladie associée à la mélancolie et à la possession par le démon : "es util [la ruda salvaje] contra la gota coral"[6]. Hautement toxique, selon Laguna[7], la rue fait partie de ces substances dangereuses qui fascinent les esprits. Comme la mandragore, elle doit être récoltée avec de multiples précautions :

"Quando la cogen con flor para echarla en adobo, buelve luego roxas las manos, hinchando el cuero con una comezon e inflammacion muy grande por donde cumple

---

[1] Murillo, *Aprobación de ingenios*, fol. 35 v.

[2] Francisco Ruda, *Tratado unico de las enfermedades y cura dellas*, dans *Ruta in daemones*, p. 491.

[3] Andrés Laguna, *Pedacio Dioscorides*, p. 364.

[4] Andrés Laguna, *Pedacio Dioscorides*, p. 365.

[5] Andrés Laguna, *Pedacio Dioscorides*, p. 299.

[6] Andrés Laguna, *Pedacio Dioscorides*, p. 298.

[7] Andrés Laguna, *Pedacio Dioscorides*, p. 298.

primero untarse con azeyte la cara y las manos, para cogerla"[1] .

Chargée de connotations merveilleuses, la rue est employée par les sorciers et guérisseurs, comme en témoignent un certain nombre de procès de sorcellerie[2] . Mais elle est surtout utilisée contre le démon et les maléfices :

"Dizen algunos, que tiene la ruda gran fuerça contra los malignos espiritus y contra toda suerte de hechiceria"[3] .

C'est pourquoi Polidoro, Noydens et Francisco Ruda préconisent son emploi dans leurs traités consacrés à l'exorcisme et aux maladies démoniaques[4] . La "ruda montana comida en gran cantidad despacha"[5] : employée indifféremment contre le démon et contre la bile noire, la rue a pour rôle de purger une intériorité maléfique.

La mélancolie est expulsée du corps avec les mêmes moyens que ceux employés pour en faire sortir le démon et la thérapie contre la mélancolie est pour une large part une thérapie anti-démoniaque. Inversement –et corrélativement– la thérapie contre la possession démoniaque exige un traitement contre la mélancolie, comme le signale Jerónimo Planes :

"De donde infieren, que los remedios que se dan a los endemoniados, de baños, sahumerios, y otros cosas, en tanto son provechosos, en quanto purgan el humor melancholico tan deseado por el demonio, y por esso tan procurado introduzir, y causar en los hombres"[6] .

De même, pour Francisco Ruda, l'expulsion du démon exige l'expulsion des humeurs corrompues et mélancoliques suivant une thérapie qui recourt aux purges et aux émétiques, adoptant les mêmes remèdes que le traitement de la mélancolie :

"Cap. VII. De las cosas naturales, que sirven para la destrucion del maleficio interior. Las cosas naturales a este fin ordenadas, dize Senerto, (...) que son en dos maneras, o evacuantes los humores podridos, y viciosos, de los quales usa el demonio para producir las enfermedades, o unas medicinas auxiliantes (...). Entre los medicamentos evacuantes son provechosos los vomitorios, principalmente quando son unos humores rebeldes, que no se pueden expeller con medicamentos por bajo. Consta pues dize Rulando, que curo muchos

---

[1] Andrés Laguna, *Pedacio Dioscorides*, p. 298.

[2] Voir par exemple : Francisco Fajardo Spínola, *Hechicería y brujeria en Canarias en la Edad Moderna*, Las Palmas, Cabildo Insular de Gran Canaria, 1992, p. 116.

[3] Andrés Laguna, *Pedacio Dioscorides*, p. 299.

[4] Valerio Polidoro, *Practica exorcistarum*, fols. 27r- 32v. Noydens, *Practica de Exorcistas*, p. 48. F. Ruda, *Tratado de las enfermedades...* , dans *Ruta in daemones*, p. 485 et 488.

[5] Andrés Laguna, *Pedacio Dioscorides*, p. 298.

[6] Jerónimo Planes, *Tratado del examen de las revelaciones*, fol. 261 v.

Textes médicaux et traités d'exorcisme se rejoignent dans l'élaboration d'une thérapie commune, qui fait une large part aux remèdes magiques et aux substances qui, par leurs caractéristiques, frappent l'imagination.

Quels que soient ses champs d'application –chirurgie, pharmacopée, diététique–, la thérapie de la mélancolie repose sur quelques principes récurrents : la volonté d'expulsion, l'équilibre des contraires, l'emploi d'un double traitement destiné à purifier le corps et l'âme, le recours à des remèdes aux connotations magiques.

Le traitement de la mélancolie obéit à une double logique : il peut reposer sur le principe d'une thérapie par l'analogue ou, à l'opposé, sur l'idée d'un équilibre des contraires. Dans le premier cas, la maladie est soignée par un élément identique et c'est dans cette perspective que Bernardo Gordonio affirme "sy melanconia pujare pongan las cosas que tienen aspecto a melancolia"[2] . La mélancolie sera alors soignée par des substances noires, froides, sèches et très actives, comme l'ellébore noir, les dattes ou le "myrabolano negro", conseillés par Laguna contre la mélancolie. La seconde démarche, qui soigne la maladie par des éléments aux caractéristiques opposées, prédomine largement dans le discours médical : le traitement de la mélancolie exige alors d'éviter les substances aux propriétés mélancoliques et de rechercher les éléments aux caractéristiques opposées. La thérapie de la mélancolie se fonde alors sur un équilibre des contraires, opposant à une bile noire épaisse, noire, sèche, acide et agressive des substances chaudes, humides, douces, claires, destinées à adoucir, à diluer, à purifier, à purger et, en même temps, à fortifier et à réchauffer l'organisme.

Le traitement contre la mélancolie se définit aussi par son caractère double : maladie autant que péché, présence d'un démon autant que surplus de bile

---

[1] Francisco Ruda, *Tratado de las enfermedades…*, dans *Ruta in daemones*, p. 480-481.
[2] Bernardo Gordonio, *Lilio de medicina*, fol. 50 v.

noire, la mélancolie exige une thérapie morale autant que physique. Le mélancolique doit faire appel au médecin du corps autant qu'au médecin de l'âme. C'est pourquoi, dans le *Diálogo sexto de la melancolia* de Pedro Mercado, le mélancolique Antonio est confronté à deux thérapeutes, Ioanicio –le médecin du corps– et Basilio, le théologien –médecin de l'âme. Suivant cette logique, Murillo destine son traité sur la mélancolie aux exorcistes et aux ecclésiastiques autant qu'aux médecins :

> "la materia es gustossa, provechosa y no poco necessaria para Exorcistas y Confessores y para todas facultades"[1].

D'ailleurs, comme le signale la censure du livre, l'auteur de l'*Aprobación de ingenios* écrit à la fois en tant que médecin et que prêtre :

> "No tiene [esta obra] punto ni ápice que contradiga a nuestra Santa Fè, y buenas costumbres, porque atento el Escritor a las obligaciones de sus estados, si como Medico y scientifico da recetas para curar los cuerpos, como Sacerdote de Dios enseña aforismos para preservar las almas[2].

Le mal mélancolique n'est pas un, mais pluriel : possession démoniaque, péché et maladie s'y confondent et s'y mêlent intimement, exigeant l'intervention du prêtre autant que celle du médecin. Ce dernier, affirme Murillo, détient une mission divine et a pour fonction de chasser le démon en recourant à des fumigations et à des substances magiques, comme la poudre de corne de chèvre et l'eau bénite :

> "aunque el Demonio pueda causar enfermedades innumerables puede el Medico, como instrumento de la Divina Justicia, o qualquiera otro varon de vida inculpable, *pie & devote*, ahuyentar a los Demonios (...). Y el Medico puede quitar las obstruciones, y daños que induce el Demonio en los cuerpos humanos, corregir la destemplanças, restituir la union, sacar los humores podridos, y extinguir la qualidad maligna que tiene ordenando vipharmacos, cordiales, bomitorios, y sahumerios de laurel, de romero, de junipero, salvia mirra, berbena, cipres, sarraminios de cuernos de cabras, en la figura de los quales, y de lo machos de cabrio [,] se suele aparecer el Demonio, y con aspersion de agua bendita se suelen ahuyentar"[3].

Chargé de chasser le mal du corps mais aussi le démon et le mal de l'âme, le médecin, retrouve les fonctions séculaires du chaman : il n'est plus seulement médecin, mais aussi exorciste.

---

[1] Murillo, *Aprobación de ingenios*, *"Al lector"*, sans pagination.
[2] Murillo, *Aprobación de ingenios*, *"Censura y Aprobación del Libro"*, sans pagination.
[3] Murillo, *Aprobación de ingenios*, fols. 33v - 34 r.

Chapitre huit : LE DISCOURS MEDICAL : UN ART D'ECRIRE LA MELANCOLIE

Le discours médical met en jeu une écriture qui, si elle ne se définit pas comme littéraire, fait intervenir un certain nombre de démarches qui infléchissent l'objet dont elle parle. Il importe donc de cerner les caractéristiques de ce discours, de définir *qui* s'y exprime, de quelle façon -selon quelles images, quelles catégories, quels jugements de valeur- et en quelles circonstances. En un mot, il s'avère nécessaire d'analyser *comment* le texte médical décrit et évoque la mélancolie.

A. TYPOLOGIE DES AUTEURS

La plupart des auteurs écrivant sur la mélancolie sont des andalous ou des hommes liés à l'Andalousie. Pedro Mercado, auteur du *Diálogo sexto de la melancolía*, naquit à Grenade vers la fin du XVème siècle, et fit vraisemblablement ses études dans l'université de cette ville, où il fut également professeur. Né en Basse Navarre, Huarte s'installa très vite en Andalousie : il vécut à Baeza depuis sa jeunesse, séjourna à Grenade, et c'est à Baeza, chez Juan de Montoya que fut imprimée l'édition princeps de *l'Examen de ingenios*. Auteur du *Discurso (...) si los melancólicos pueden saber lo que está por venir con la fuerza de su imaginación o soñando* imprimé à Jaén en 1602, chez Fernando Díaz de Montoya, Alonso de Freylas naquit à Jaén dans le dernier tiers du XVIème siècle, étudia la médecine à Grenade et devint médecin du cardinal Bernardo de Rojas Sandoval, archevêque de Tolède. Andrés Velásquez, qui publie en 1585 à Séville son *Libro de la melancholia* fut médecin à Arcos de la Frontera et attaché à la maison du Duc d'Arcos, auquel il dédie son ouvrage. Les non andalous, comme Alonso de Santa Cruz, qui appartient à une famille de célèbres médecins de Valladolid, Alexo Abreu ou Murillo sont largement minoritaires. Cette prédominance des andalous parmi les penseurs de la mélancolie peut avoir plusieurs causes : l'Andalousie, et en particulier Grenade –ville où naquit et enseigna Pedro Mercado, où séjourna Huarte, où étudia Alonso de Freylas– fut un centre brillant d'enseignement médical, mais c'est aussi en Andalousie que se développèrent divers phénomènes visionnaires, associés par de nombreux penseurs à la mélancolie.

L'élaboration d'une typologie des auteurs favorables et défavorables à la mélancolie est significative. Les penseurs qui, dans les deux premiers tiers du XVIème siècle se montrent partisans d'une mélancolie féconde et inspirée sont pour la plupart des humanistes séduits par la théorie du *Problème* comme Ficin, Agrippa, Vives ou Huarte. En revanche, la réaction contre la mélancolie inspirée qui se développe à la fin du XVIème siècle est conduite par des médecins soucieux du respect de la tradition galénique –comme Andrés Velásquez, P. García Carrero, A. de Freylas– et par des ecclésiastiques –comme Juan de Horozco. A la fois prêtre et médecin attaché au respect des autorités, Murillo présente une vision particulièrement acerbe de la mélancolie, montrant que la réaction contre la mélancolie et les dons merveilleux des mélancoliques est d'abord, et avant tout, cléricale et galénique.

B.   UN DISCOURS TRADITIONNEL

1.   *Le poids des autorités*

L'héritage antique et médiéval pèse d'un poids considérable sur le discours scientifique du Siècle d'Or, essentiellement caractérisé par son conservatisme et sa référence continuelle aux modèles fournis par les autorités. Toutefois, les médecins apportent quelquefois des nuances aux opinions traditionnelles, actualisant l'héritage des autorités à la lumière d'un problème donné ou par la référence à des contemporains comme Fernel, Valles de Covarrubias, Fracastoro. Enfin, certains auteurs comme Huarte –dont les opinions s'inscrivent contre la tradition galénique– ou Alexo Abreu –qui condamne Aretée– critiquent les autorités. Mais, d'une part, ces objections portent toutes –pour la plupart– sur des points de détail et, d'autre part, s'appuient le plus souvent à leur tour sur une autre autorité : on oppose ainsi Aristote, ou Averroès, à Galien, dans un discours où la part d'originalité est faible et où règne le respect de la tradition médicale. Ainsi, Andrés Velásquez déclare à l'orée de son texte que son ambition est de divulguer les opinions des autorités qu'il a consultées[1]. En conséquence, le discours sur la mélancolie demeure essentiellement livresque, ne se fondant qu'exceptionnellement sur des observations personnelles.

Largement traditionnel, le discours scientifique sur la mélancolie cite, adapte, emprunte et reprend –sur des modes extrêmement divers allant de la citation explicite au plagiat– les opinions et les idées de ses prédécesseurs. L'intertextualité occupe une large place dans l'écriture médicale, qui devient une forêt de références, un feuilletage de textes. Enfin, le recours aux autorités détourne le discours médical de l'observation directe et de l'esprit critique, mais il n'a pas que des effets regrettables : il contribue aussi à enrichir la conception de la mélancolie par une multitude de perspectives empruntées aux divers auteurs.

2. Une vision conservatrice de la mélancolie

Résultat du respect des autorités, la conception de la mélancolie n'évolue guère pendant le XVIème et le XVIIème siècle, reposant –comme la médecine médiévale– sur la théorie des humeurs élaborée par le légat galénique. D'ailleurs, l'écriture scientifique décrit la mélancolie selon un schéma d'analyse qui est toujours sensiblement le même, considérant –comme le fait par exemple le *Lilio de medicina*– d'abord la définition de la maladie, puis ses causes, ses symptômes et,

---

[1] A. Velásquez, *Libro de la melancholia*, fol. 11 r et v.

enfin, sa thérapie. Pourtant, le XVIème et le XVIIème siècle fut aussi, à travers des hommes comme Kepler, Léonard ou Paracelse, la période d'un renouveau considérable dans les sciences. Dans le champ médical, plusieurs innovations se font jour pendant deux siècles qui voient naître de très grands médecins : l'investigation médicale se développe, Vésale fait progresser l'anatomie et la physiologie, Harvey découvre la circulation du sang. Mais, d'une part, ces opinions nouvelles ne s'introduisirent que lentement dans les habitudes de pensée et, d'autre part, ces nouvelles théories médicales n'affectent pas la pensée de la mélancolie. La théorie humorale, dans laquelle s'insérait la représentation de la mélancolie, constituait un système conceptuel ancien, stable et compact : ne présentant pas de failles particulières dans la logique qui lui était spécifique, il n'offrait que peu de prise aux innovations, qui s'appliquèrent essentiellement à d'autres champs de la médecine, comme l'anatomie et la chirurgie, où les autorités avaient laissé un héritage aux mailles plus lâches. Le discours sur la mélancolie développé dans l'Espagne du Siècle d'Or se caractérise donc, globalement, par la permanence des mêmes représentations. De manière significative, l'*Aprobación de ingenios* de Murillo copie souvent mot pour mot –mais sans jamais le citer– le traité de Velásquez écrit presque un siècle auparavant. Le plagiat de Murillo montre que, de 1585 à 1674, les mêmes réponses sont apportées à un problème posé en termes similaires et que, de manière générale, la conception de la mélancolie reste la même.

C.   UN SUJET FASCINANT

1.   *Un objet à part*

Vis-à-vis des autres humeurs, la mélancolie occupe une place privilégiée, de la même façon que, dans le système des planètes, Saturne se situe dans un espace à part :

> "[Saturno] semeia a melanconia, que's govierna de todas las umores e ninguna se govierna d'ella. (...). E non obedece a ninguna de las planetas nin se guia por ninguna si non por le

Sol (....)"[1] .

De même, chez Ausiàs March la mélancolie est détachée des autres humeurs :

> "Dins lo cors d'hom / les humors se discorden
> de temps en temps / llur poder se trasmuda
> en un sols jorn / regna malenconia
> n'aquell mateix / colera, sanch e fleuma."[2]

La mélancolie fait l'objet d'un traitement particulier qui la distingue des autres humeurs : parmi celles-ci, elle est la seule à laquelle on consacre ouvrages et monographies.

2. *La fascination pour la mélancolie*

La mélancolie constitue l'un de ces *mirabilia* qui fascinèrent la Renaissance. Plus que toute autre humeur ou maladie, la mélancolie frappe l'imagination et suscite l'étonnement, engendrant chez ceux qui l'évoquent cette terreur émerveillée que le latin exprime à travers les termes d'*horror* et d'*admiratio*. Ainsi, Murillo fournit une description de la mélancolie où abondent les traits spectaculaires, ajoutant que "la curacion destos accidentes no es menos de admiracion que la enfermedad que padecen, como lo dize Mathiolo de la Tarantula"[3] . De manière révélatrice, la mélancolie est fréquemment évoquée dans les ouvrages décrivant les aspects les plus étonnants de la nature et du monde, comme les *Occultes merveilles et secrets de nature* de Livin Lemnius, le *De occulta philosophia* d'Agrippa ou le *Jardín de flores curiosas* de Torquemada.

La mélancolie est un mal qui fascine. Pour la dépeindre, Freylas et Velásquez accumulent les superlatifs et les adjectifs qui frappent l'imagination :

> "ay muchos destos melancholicos, que vienen a perder de tal manera el sentido, y la razon, y quedar tan espantados y faltos que [de] todas las cosas quedan ygnorantes y desacordados de si mismos, guian y passan su vida a manera de bestias"[4] .

> "Es este humor diferente de la otra especie de melancolia negra, causada por adustion y encendimiento de la colera : la qual es mordacissima, y causa de grandissimas

---

[1] Ali Aben Ragel, *Libro conplido en los iudizios de las estrellas*, p. 12.

[2] Ausiàs March, *Obra poética completa*, éd. de Rafael Ferreres, Madrid, Castalia, 1990, t. II, p. 42.

[3] Murillo, *Aprobación de ingenios*, fol. 20v.

[4] A. Velásquez, *Libro de la melancholia*, fol. 68r.

enfermedades, como son locuras, melancolias estrañas, depravadas ymaginaciones, y varios pensamientos"[1].

De même, Bravo de Sobremonte affirme que dans la mélancolie hypocondriaque "rarissima sunt accidentia"[2]. L'abondance des tournures superlatives au sujet de la mélancolie révèle l'*admiratio* qu'elle suscite parmi les médecins.

Mais la mélancolie peut aussi engendrer la crainte et l'effroi. Velásquez et Murillo affirment, à propos de la *melancholia adusta,* que "este humor es, el que mas bravos y terribles accidentes haze en los cuerpos humanos"[3]. Murillo ajoute que :

"les suceden [a los melancolicos] afectos terribles y monstruosos, como son los afectos lupinos, que aborrecen el ganado, y acometen a el como los lobos lo hazen"[4].

Divers auteurs –comme Pedro Mercado et Andrés Velásquez– relatent les suicides tragiques de certains mélancoliques[5]. Murillo décrit ces suicides en des termes particulièrement dramatiques, destinés à éveiller l'effroi chez son lecteur :

"muchos [melancholicos] se quitan la vida a si mismos (...) y esto cada dia se experimenta con casos desastrados que suceden en hombres, y mugeres apassionados con esta enfermedad que se han perdido y pierden (...) ; y se han dado muertes desastradas, unos ahorcandose, otros despeñandose, y otros echandose en poços, y ahogandose, y otros abrasandose y otros han acabado sus vidas miserablemente, y lo peor perdiendo sus almas y la salud espiritual"[6].

Pour Juan de Pineda, "la melancolía es tan terrible humor"[7] : substance "terrible", aux effets redoutables, la mélancolie apparaît comme une humeur dont la puissance ne laisse pas de fasciner. Les divers récits sur les dons extraordinaires attribués aux mélancoliques contribuent à faire de la mélancolie un état qui séduit et étonne les penseurs. Enfin, pour Jacques Ferrand, auteur du *De la maladie d'amour ou mélancolie érotique. Discours curieux qui enseigne à connaître ce mal*

---

[1] A. de Freylas, *Discurso si los melancholicos ...*, p. 2.

[2] G. Bravo de Sobremonte, *Resolutionum & consultationum medicarum*, p. 723.

[3] A. Velásquez, *Libro de la Melancholia*, fol. 49r. La même idée apparaît chez Murillo, *Aprobación de ingenios*, fol. 81 r et v.

[4] Murillo, *Aprobación de ingenios*, fol. 20 r et v.

[5] Pedro Mercado, *Diálogos de philosophia...*, fol. 116 r. Voir aussi A. Velásquez, *Libro de la melancholia*, fol. 68 r et v.

[6] Murillo, *Aprobación de ingenios*, fol. 102r.

[7] Juan de Pineda, *Diálogos familiares de la agricultura cristiana*, vol. II, p. 309.

fantastique, la mélancolie est un "mal fantastique", une maladie qui excite la *fantasia*. Toutefois, il est permis de penser que si la mélancolie frappe les esprits, c'est aussi, en quelque sorte, parce qu'elle leur échappe.

3. De l'objet au sujet du discours

D'une certaine manière, la mélancolie se soustrait au discours qui cherche à la cerner. D'objet la mélancolie devient sujet du discours et les textes médicaux décrivent une bile noire qui envahit l'individu, pénètre le cerveau, enténèbre l'esprit, se propage dans l'organisme :

> "si viniere aquel humor al celebro, le muda, corrompe, y daña el temperamento, como parte similar"[1] .

Alexo Abreu emploie à ce sujet le verbe "acometer" :

> "Por el mismo modo con que se socorre el coraçon se socorre juntamente al cerebro, por ser miembros a quien principalmente este malo humor acomette [sic] y causa mayores y mas incurables enfermedades"[2] .

Les catégories s'inversent : la mélancolie devient acteur, sujet qui s'anime et fait de l'individu son objet. L'écriture médicale, fascinée par la mélancolie, se laisse, d'une certaine manière, posséder –dans tous les sens du terme– par elle, en faisant non plus l'objet mais le sujet de son discours.

4. Le mélancolique ridicule

La mélancolie inclut une chose et son contraire. Source d'*admiratio*, elle inspire aussi le rire. Les *Diálogos de philosophia natural y moral* de Pedro Mercado dépeignent les mélancoliques comme des importuns que l'on fuit[3] . Un siècle plus tard, Murillo décrit les mélancoliques, comme des fâcheux ridicules qui "cansan a los Confessores"[4] . Enfin, le discours médical rapporte de nombreuses historiettes où le mélancolique apparaît comme un personnage éminemment ridicule, hanté par d'absurdes illusions, qui se prend pour un animal, un objet en

---

[1] Murillo, *Aprobación de ingenios*, fol. 93r.

[2] Alexo Abreu, *Tratado de la siete enfermedades*, fol. 129 v.

[3] Pedro Mercado, *Diálogos de philosophía...*, fol. 114v : "mas son tan importunos, que las mas vezes huymos dellos, y sino les perdiessemos verguença no nos dexarian".

[4] Murillo, *Aprobación de ingenios*, fol. 102v.

verre ou en terre cuite, voire pour un pot de chambre[1]. Mais, en fin de compte, le rire n'est pas tant opposé à la fascination qu'engendre la mélancolie qu'il ne la conforte : à travers le rire, le sujet du discours cherche aussi à exorciser ce qu'il appréhende le plus. La fascination mêlée de crainte que suscite par la mélancolie trouve en partie son explication dans le mystère qui l'entoure et dans sa large ambivalence.

D. DE L'AMBIVALENCE SEMANTIQUE A L'AMBIVALENCE AXIOLOGIQUE

1. *Quelques éléments pour une compréhension du sémantisme de la mélancolie*

La mélancolie apparaît comme une notion complexe, qui recouvre des catégories diverses –renvoyant aussi bien à une humeur, la bile noire, qu'à ses divers effets pathologiques, tempéramentaux, ou simplement passionnels– que, pour les besoins de l'analyse, nous avons essayé de distinguer. Mais le discours scientifique n'a pas ce souci de clarté, passant souvent sans transition d'une catégorie à l'autre, du sens humoral au sens passionnel, et ne différenciant pas toujours la maladie du tempérament. Ces glissements d'une catégorie à l'autre montrent bien que la mélancolie, au XVIème et au XVIIème siècle, loin d'être perçue de manière analytique comme une série de significations distinctes, recouvre une nébuleuse de sens où chaque catégorie empiète sur l'autre. L'usage que Sainte Thérèse fait de *melancolia* et des termes qui la désignent dans le chapitre VII du *Libro de las Fundaciones* est riche d'enseignements sur le sémantisme du mot. Au début du chapitre, la Sainte utilise d'abord le terme "humor"[2], pour employer ensuite les termes "mal", ou "enfermedad"[3], sans se préoccuper de ménager une transition entre les moments où elle évoque l'humeur

---

[1] Sur ce sujet : Babb, *Elizabethan malady*, p. 42-47.
[2] Teresa de Jesús, *Libro de las fundaciones*, I, p. 166 et 167.
[3] Teresa de Jesús, *Libro de las fundaciones*, I, p. 167, 169, 173 et 174.

et ceux où elle évoque la maladie ou la tristesse issue de la bile noire. Sans doute une telle transition n'était-elle pas ressentie comme nécessaire. Il n'y a pas, pour la Sainte, plusieurs sens de *melancolía*, mais un seul : la mélancolie réunit en un même terme et en un même concept l'humeur et ses effets.

La mélancolie a donc toutes les ambivalences du terme "humeur", désignant à la fois un liquide matériel et la disposition psychologique ("être de bonne ou de mauvaise humeur") qui en découle. "Cólera" et "flema" –qui dénomme une humeur aqueuse autant qu'un comportement caractérisé par la lenteur et l'indolence[1] – présentent la même ambivalence. *Melancolía* a donc la même structure sémantique que *humor* : elle désigne à la fois l'humeur physiologique –le noir liquide qui parcourt l'organisme– et son répondant psychologique –les sombres pensées qui enténèbrent l'âme. A l'humeur psychologique, répond l'humeur physique, le liquide concret qui coule dans le corps et la langue du Siècle d'Or rend compte de cette solidarité en les réunissant sous un même signifiant, "melancolía".

2. L'éclatement de la notion de mélancolie

Dans le discours médical, le concept de mélancolie éclate sous de multiples distinctions : la bile noire se scinde en plusieurs catégories qui, à leur tour, se divisent en de multiples espèces ; le discours médical discerne au moins deux tempéraments mélancoliques –l'un chaud et l'autre froid– et plusieurs sortes de maladie mélancolique, auxquelles viennent s'ajouter des maux comme la mélancolie érotique, la mélancolie religieuse, ou la *melancholia lupina*. Le concept de mélancolie se dissout en une multiplicité d'espèces et de sous-espèces et devient le lieu d'un le lieu d'un perpétuel éclatement dont on peut tirer deux conclusions. D'une part, la prolifération des distinctions montre que la mélancolie recouvre des objets différents, voire opposés : elle désigne une bile froide, mais aussi une humeur chaude, elle produit l'hébétude, mais aussi la fureur inspirée, apparaissant

---

[1] Sur ce sujet : Richard W. Tyler, "La «flema» en los Siglos de Oro", dans *Actas del VII congreso de la Asociación Internacional de Hispanistas*, études réunies par Davis Kossof, José Amor et Ruth A. Kossof, Madrid, Istmo, 1986, t. II, p. 653-659.

comme un objet pluriel. Mais à travers ces multiples différenciations, la mélancolie semble aussi échapper à la conceptualisation, se subdivisant, comme le mercure, en de multiples particules chaque fois qu'on cherche à la saisir. Polymorphe, la mélancolie semble se soustraire au discours qui cherche à la décrire, lequel se trouve contraint de la scinder en de multiples variétés pour expliquer ses caractéristiques contradictoires.

La mélancolie se situe dans un espace qui est celui de la limite, de l'intersection, à la frontière du corps et de l'esprit, du naturel et du surnaturel : elle opère dans les régions obscures de l'indécelable, de l'indéfinissable, où l'âme est reliée au corps, où le mal physique devient, imperceptiblement, mal moral et où les frontières du naturel et du surnaturel deviennent perméables. Objet ambivalent, la mélancolie se trouve alors parfois confondue avec d'autres humeurs ou d'autres maux.

a)   **La confusion entre la bile noire et les autres humeurs : mélancolie, cholère et phlegme**

Mélancolie et cholère se trouvent parfois asssimilées dans le système de représentation. A l'origine, le *Corpus Hippocraticum* ne distinguait pas strictement entre bile noire et bile jaune, ne distinguant qu'un seul type tempéramental, le bilieux. Ce n'est qu'ultérieurement que mélancolie et cholère se dotent d'attributs distincts. Suivant la tradition hippocratique, le discours théorique du XVIème et du XVIIème siècle aura tendance à associer les deux biles, noire et jaune, et à confondre leurs attributs. Giambattista Della Porta oppose, dans le *De humana physiognomia* "les deux bilieuses, la iaune et la noire"[1], aux autres humeurs. Gordonio déclare que la mélancolie est plus facilement développée par les colériques que par les autres tempéraments : "aquesta passion mas vezes viene a los colericos y a los delgados"[2]. De même, pour A. Velásquez, l'individu le plus enclin à la mélancolie est le tempérament chaud et sec :

---

[1] Giambattista della Porta, *La physionomie humaine* p. 24.

"digo que el cuerpo mas dispuesto par que se engendre mas copia de humor atrabilioso, es el caliente y seco"

"los cuerpos calientes, con cierto grado de calor, son en los que naturalemente se engendra la sangre melancholica"[1] .

Un siècle plus tard, Murillo affirme à son tour que l'homme le plus apte à engendrer l'humeur mélancolique est le cholérique, au tempérament chaud et sec :

"bien se infiere, que los sugetos dispuestos naturalmente para engendrar muchedumbre de melancholia, son como avemos probado calientes y secos"[2] .

D'ailleurs, pour Murillo, les mélancoliques sont aussi "colericos "[3] . Enfin, la notion de "melancholia adusta", également appelée "cholera adusta" ou "cholera nigra" permet de tisser un lien étroit entre la cholère et la mélancolie selon lequel la première, surchauffée, peut donner lieu à la seconde. A travers la notion de *cholera adusta*, la mélancolie se rapproche de la cholère et absorbe certaines de ses caractéristiques, notamment sa sécheresse et la chaleur.

Les textes confondent parfois aussi le phlegme et la mélancolie. Cette assimilation se fonde sur une tradition ancienne qui faisait de Saturne l'astre de l'humide et du froid[4] . Dans l'astrologie, Saturne est parfois associé au phlegme :

"Saturno [a] la oreia diestra e el baço e la vexiga e la flema".[5]
"Es casa feliz, femenina, su color blanco, su qualidad fria y humeda, flegmatica, y es en ello consignificador Saturno"[6] .

Suivant ces conceptions, le phlegme et la mélancolie auront parfois tendance à échanger leurs attributs : l'hiver et la vieillesse apparaissent –selon les auteurs– comme les moments du phlegme ou ceux de la mélancolie, et le *Corbacho* attribue aux phlegmatiques –décrits comme "fríos, ynvernizos, de poco fablar, solitarios, medio mudos, (..), sospechosos, (…), judíos de coraçón, e mucho más de

---

[2] Bernardo Gordonio, *Lilio de medicina*, fol. 55v.
[1] Andrés Velásquez, *Libro de la Melancholia*, fols. 52 r et v et 55r.
[2] Murillo, *Aprobación de ingenios*, fol. 87r et v. Des affirmations similaires sont développées aux fols. 84r et 85r.
[3] Murillo, *Aprobación de ingenios*, fol. 38r.
[4] Sur ce sujet : Klibansky, Saxl et Panofsky, *Saturne et la mélancolie*, p. 214-215.
[5] Ali Aben Ragel, *Libro conplido de los iudizios de las estrellas*, p. 24.
[6] Juan de Figueroa, *Opusculo de astrologia en medicina*, fol. 19r.

fecho(s)"[1] – des traits que la plupart des auteurs associent à la mélancolie. Furió Ceriol associe les phlegmatiques et les mélancoliques pour les opposer aux sanguins et aux choériques[2]. De même, le *Libro de la melancholia* d'A. Velásquez révèle un certain flottement entre les attributs de la mélancolie et ceux du phlegme, affirmant que le tempérament froid et sec est phlegmatique et non mélancolique :

> "el temperamento que es frio y seco, o frio y humido : este tal engendra humores crudos y flegmaticos. (…) Muestra desto nos lo dan los hombres viejos, que aunque de su temperamento son frios y secos. No son melancholicos, sino flegmaticos. Porque los hombres que son calientes y humidos : estos engendran sangre : los frios y secos, o frios y humidos, flema. Los que tienen mas algo intenso calor, que el moderado, melancholia".

> "Cierto es que si alguno de su principio, fue de temperamento frio y seco. Este tel no es melancholico, sino flegmatico"[3].

De même, Alexo Abreu attribue à la mélancolie certains traits du phlegme, notamment son caractère aqueux :

> "el humor melancholico tambien es juntamente ichoroso como dize Hypocrates, y Aristoteles lo llama aguado, o aquoso, vicioso y delgado ; y siendo este le convienen los medicamentos diureticos"[4].

Enfin, Jerónimo Cortés décrit un tempérament intermédiaire entre mélancolie et phlegme :

> "El cuerpo ni muy flaco, ni muy gruesso, y entre blanco y bruno, señala dominio de flegma y algo de melancolia"[5].

Par essence, la mélancolie tend à déborder sa propre catégorie pour se confondre avec d'autres humeurs mais aussi avec d'autres maladies.

b)   Un mal labile : la confusion de la mélancolie et des maladies affines

La mélancolie apparaît comme une maladie extrêmement labile, qui peut aisément se muer en épilepsie, en rage, ou encore s'identifier à la manie. Le lexique médical reflète ces hésitations à travers un flottement terminologique : certaines

---

[1] A. Martínez de Toledo, *El Corbacho*, p. 137.
[2] Fadrique Furió Ceriol, *El Concejo y consejeros del principe*, p. 332-333.
[3] A. Velásquez, *Libro de la melancholia*, fols. 52r et v et 53v, respectivement.
[4] Alexo Abreu, *Tratado de las siete enfermedades*, fol. 134 r.
[5] Jerónimo Cortés, *Phisonomia...*, fol. 1v-2r.

maladies, comme le mal d'amour ou la lycanthropie, apparaissent parfois comme des maux distincts de la mélancolie, traités dans des unités textuelles différentes, mais parfois aussi comme des sous-espèces de mélancolie, dénommées "melancholia ex amore", "mélancolie érotique" ou encore "melancholia lupina". La mélancolie se trouve ainsi à plusieurs reprises confondue avec des maladies affines. Toutefois, ces mélanges relèvent d'une confusion sélective : la mélancolie ne s'identifie qu'à des affections considérées comme des maladies mentales.

3. *La variabilité mélancolique : vers une conception dialectique de la mélancolie*

La variabilité demeure l'un des traits caractéristiques de la mélancolie. Déjà, Aristote avait prêté à la bile noire un caractère éminemment variable, consistant en une capacité à passer très rapidement du froid à la chaleur :

> "dans la nature, spontanément existe ce mélange d'une telle humeur, la bile noire ; c'est en effet un mélange de chaud et de froid. Car la nature est faite de ces deux composants. C'est pourquoi aussi la bile noire devient et très chaude et très froide ; car la même chose, par nature, peut présenter ces deux états"[1].

Au Siècle d'Or la *melancholia adusta,* tour à tour chaude ou froide, incarnera cette extrême plasticité de la bile noire :

> "la que se llama *atra bilis o cólera adusta,* de la cual dijo Aristóteles que hace los hombres sapientísimos, cuyo temperamento es vario como el del vinagre : unas veces hace efectos de calor (...), y otras enfría"[2].

La variété constitue également l'un des traits dominants du tempérament mélancolique. Chez Aristote, celui-ci n'est pas un, mais multiple :

> "quant à ceux qui possèdent, dans leur nature, un tel mélange constitué [la bile noire], ils présentent spontanément des caractères de toutes sortes"[3].

Pour Abreu, les mélancoliques "son inconstantes, mudables, aora avaros, aora liberales"[4]. De même, Pedro Mercado, Andrés Velásquez et Murillo insistent sur le caractère contrasté du comportement des mélancoliques :

---

[1] Aristote, *L'homme de génie et la mélancolie,* p. 93.
[2] Huarte, *Examen de ingenios,* p. 372.
[3] Aristote, *L'homme de génie et la mélancolie,* p. 95.
[4] Alexo Abreu, *Tratado de las siete enfermedades,* fol. 120 v.

"Ya se consuelan [los melancolicos] y animan, ya se recelan y entristecen, ya se condenan, ya se absuelven, ya en discordia se remiten a sus confesores y predicadores"[1].

"Otros melancholicos ay mudables ; otros escupulosos (...) ; otros ay avarientos (...). Otros prodigos (...). Otros se asustan, y dizen, que estan condenados"[2].

Murillo conclut donc :

"los Melancholicos, los quales ordinariamente son varios, y inequales"[3].

Enfin, pour Bartolomé Ramos de Pareja, le mode *tetrardus*, associé à la mélancolie se définit par sa variabilité :

"El *tetrardus* auténtico tiene parte de retozoneria y espíritu alegre, y parte de excitación, con sus saltos variados y evoca las costumbres de los muchachos. Por eso tiene el dominio de la melancolía, es decir, parándose a veces, creciendo otras, (...). Su discípulo es suave, calmado y moroso a la manera de los discretos, según refiere Ambrosio. El séptimo y octavo con su modulación mueven la melancolía, llevando hacia el equilibrio a los hombres tristes y abatidos ; el auténtico excitándolos, el discípulo alegrándolos"[4].

La mélancolie apparaît comme une réalité diverse et mouvante, qui semble vouloir échapper à la définition.

Toutefois, la variabilité mélancolique n'est pas le reflet d'un désordre conceptuel. La mélancolie ne donne pas lieu à n'importe quoi mais, très précisément, à une chose et à son contraire : elle est donc pensée sur le mode de l'oscillation dialectique entre deux pôles opposés, la chaleur et le froid, l'activité et l'inactivité. En effet, la bile noire est pensée comme une substance éminemment variable, pouvant passer du froid à la chaleur, de la densité lourde à la vapeur aérienne. Chaude, elle peut donner lieu à des crises de fureur, engendrer une loquacité ou une gaieté immodérées, des pulsions libidineuses violentes ; refroidie après la crise, elle produit un état dépressif, caractérisé par la tristesse, la taciturnité, l'hébétude ou le regret. De même, le mélancolique passe d'un extrême à l'autre, de l'abattement à l'exaltation, du rire aux larmes et vice-versa. La mélancolie se trouve ainsi reliée à un comportement contrasté qui apparaît chez

---

[1] Pedro Mercado, *Diálogos de philosophía...*, fol. 115v.

[2] Murillo, *Aprobación de ingenios*, fol. 102v. Le passage de Murillo est étroitement inspiré d'A. Velásquez, *Libro de la melancholia*, fol. 67v.

[3] Murillo, *Aprobación de ingenios*, fol. 38r.

[4] Bartolomé Ramos de Pareja, *Musica Practica*, p. 74-76.

Alexandre de Tralles :

"Interim... rident aegri, interim audacius loquuntur, & alias alios motus, interuallaque & accessiones habent, quemadmodum in febribus accidit quae circuitu mouentur. Atque in his nonnunquam isto humore cerebrum repleri, nonnunquam illo, pro diuersis ipsorum mutationibus, motibusque"[1].

Pour Bernardo Gordonio, le mélancolique "agora rie & agora llora"[2] ; Pedro Mercado affirme que les mélancoliques connaissent des "intervalos"[3] –des moments d'exaltation puis de retour à l'hébétude– et Vives écrit que la bile noire provoque des crises de fureur suivies de phases d'abattement :

"si se deja sola a la bilis negra por la desecación de todas las humedades, invade el cerebro amotidanamente, condensa y oscurece los espíritus, de donde proceden los furiosos y maníacos. Luego el cuerpo se desjuga y se debilita."[4]

Cette vision de la mélancolie rejoint une conception ancienne –remontant à Arétée (*De causis et signis*, III, 5, 1 à 8)– selon laquelle la mélancolie et la manie constituaient le recto et le verso d'une même aliénation : la manie correspondait à la forme agitée de la folie et la mélancolie à sa forme dépressive[5].

Les textes médicaux décrivent donc la mélancolie comme un état double, composé de deux phases antithétiques : une phase exaltée –caractérisée par la crise, la fureur, la dépense immodérée d'énergie– et une phase dépressive, de profonde apathie. La représentation de la mélancolie évoque un mouvement de balancier qui va de la chaleur au froid, de l'élévation à la chute, de l'exaltation au mutisme, de la fureur inspirée à l'hébétude, de la dépense maximale d'énergie au repli avare sur soi. Cette conception dialectique de la mélancolie est riche de significations. D'une part, à travers l'idée de chaud-et-froid, d'oscillation entre deux extrêmes, la mélancolie se relie au tempo cyclothymique de la fureur, qui produit une aliénation inspirée suivie d'un retour à la moyenne. D'autre part, la dialectique des opposés met en évidence, une fois de plus, la nature profondément ambivalente

[1] Alexandre de Tralles, *Alexandri Tralliani medici absolutissimi libri duodecim*, Venise, 1555, fol. 32v. Cette référence est tirée de Babb, *Elizabethan malady*, p. 35, n.101.
[2] Bernardo Gordonio, *Lilio de medicina*, fol. 56 r.
[3] Pedro Mercado, *Diálogos de philosophía...*, fol. 116v
[4] Luis Vives, *Tratado del alma*, dans *Obras completas*, II, p. 1202.
[5] Sur ce sujet : Hubertus Tellenbach, *La mélancolie*, p. 21.

de la mélancolie : terrestre, elle conserve la nostalgie de la spiritualité ; stérile, elle permet aussi la création. Enfin, cette constante variabilité confère aussi au mélancolique une sensibilité accrue : mobile, variable, capable de la plus grande froideur comme de la chaleur extrême, la mélancolie constitue un instrument privilégié pour éprouver les changements et les nuances de l'univers. Doté de cette humeur éminemment changeante, le mélancolique sera l'homme d'une extrême –et presque douloureuse– émotivité, capable de deviner l'occulte à travers d'infimes signes du monde.

4. *L'ambivalence axiologique de la mélancolie*

L'ambivalence de la mélancolie ne se situe pas seulement au niveau de ses multiples signifiés : la polysémie du mot s'accompagne aussi d'une ambivalence axiologique qui engendre au Siècle d'Or une écriture de la polémique et du débat.

a)   Une écriture de la controverse

La mélancolie relève de sphères opposées, s'associant au divin comme au démoniaque, à l'aérien autant qu'au terrestre, à l'élévation autant qu'à la bassesse. Délimiter ce qui relevait de l'une ou l'autre sphère était loin d'être facile, c'est pourquoi l'écriture théorique de mélancolie trouve son expression favorite dans des genres comme la dispute, le dialogue, la controverse. La mélancolie est évoquée – ce n'est pas un hasard– dans des ouvrages comme les *Problèmes* d'Aristote ou la *Disputatio XIII de melancholia* de Pedro García Carrero. Le dialogue, qui oppose des interlocuteurs d'avis divergents, est aussi l'une des formes adoptées par le discours médical sur la mélancolie : ainsi, le *Diálogo séptimo de la melancolia*, de Pedro Mercado, inclus dans ses *Diálogos de philosophia natural y moral*, réunit trois principaux interlocuteurs, le mélancolique Antonio, le médecin Ioanicio et le théologien Basilio. *La civil conversatione* de Stefano Guazzo, publiée à Venise, chez G. Percacino en 1581, décrit un long dialogue entre un médecin et un mélancolique. Enfin, le traité sur la mélancolie d'Alonso de Santa Cruz, intitulé *Dignotio et cura affectuum melancholicorum*, met en scène deux interlocuteurs aux avis différents, Aristippus et Sophronius. Associée à des prédicats opposés, la mélancolie réclame une écriture de la controverse, du problème, du débat

b)   Le conflit de deux conceptions

Soucieux de respecter des autorités qu'il n'ose contredire, le discours médical du Siècle d'Or se trouve confronté à deux conceptions opposées de la mélancolie, qu'il soutient simultanément : la conception galénique, selon laquelle la bile noire constitue une substance hautement pathologique engendrant une condition misérable marquée par le dérangement mental, et la représentation issue des *Problemata* aristotéliciens, qui relie la mélancolie à l'excellence et à l'inspiration. Le conflit entre ces deux conceptions était inévitable et la démarche du médecin du XVIème et du XVIIème siècle, qui cherchait à réconcilier ces opinions divergentes en un ensemble conceptuel harmonieux, était vouée à l'échec.

Malgré cela, de nombreux médecins tenteront d'accorder les deux conceptions opposées de la mélancolie, en distinguant plusieurs sortes de bile noire, aux qualités différentes et aux effets contrastés. Des auteurs comme Ficin, Huarte, Luis Mercado, Freylas distinguent ainsi une bile noire maléfique, source d'aliénation stérile ou d'hébétude stupide, et une bile noire bénéfique, apportant l'excellence intellectuelle et l'inspiration. Ces distinctions, tout en atténuant, en apparence, les contradictions, n'empêchent pas la mélancolie de demeurer duelle et de désigner à la fois un mal funeste menant à l'hébétude, à la folie, à la mort, et la condition de l'inspiration et de l'excellence intellectuelle.

L'ambivalence de la mélancolie trouvait sa source dans le prestige du *Problème* aristotélicien, qui bénéficia à la Renaissance d'une large diffusion à la faveur de nouvelles éditions et traductions. Néanmoins, le texte d'Aristote avait contre lui toute la tradition médicale galénique. C'est pourquoi l'écriture théorique, sans jamais dépouiller la mélancolie de son caractère ambivalent, tend à en présenter une vision critique.

5.   *La prédominance d'une vision critique*

Globalement, c'est bien une vision négative de la mélancolie qui prédomine au Siècle d'Or. Au XVème siècle, le *Corbacho* présentait déjà un portrait peu flatteur du mélancolique. Pour le *Libro de propietatibus rerum*, la mélancolie "es muy mala & engendra cosas contrarias & yncurables enfermedades"[1]. Au XVIème siècle, Furió Ceriol décrira le mélancolique comme un être "ratero y bajo", "boto", "triste", "mísero", "vano", "enemigo de ilustres pensamientos", "malicioso", qui finalement "es bote de veneno"[2]. Sabuco de Nantes développe également une vision très critique de la mélancolie, lisible à travers la récurrence des adjectifs "malo" et "falso" :

> "la melancolía, la cual hace gran daño a los mortales, auque no los mate, sino a la larga. Pone tristezas en el cerebro, y corazón, hace enojarse mucho, de lo cual vienen daños : pone mala condición, trae falsas imaginaciones y sospechas : pone miedo y congojas falsas, y malos sueños : pone cuidados, que dan fatiga sin ser menester"[3].

Juan de Pineda conçoit la bile noire comme une humeur éminemment malfaisante ("como la melancolía sea tan mal humor"[4]) et, pour García Carrero, la complexion mélancolique est maligne ("melancholiam malam, malignam"[5]). La mélancolie est "mauvaise" dans tous les sens du terme, impliquant non seulement une nocivité physique mais aussi une perversité morale. Enfin, lorsque la condamnation ne s'exerce pas directement, la réprobation morale laisse la place à une attitude de commisération qui ne propose pas une vision meilleure de la mélancolie : Murillo évoque non sans compassion "el miedo y la tristeza que siempre padecen los afligidos melancholicos" ou encore "los dichos melancholicos afligidos con tan miserable genero de enfermedad"[6]. La représentation de la mélancolie dans le discours médical, philosophique et astrologique du Siècle d'Or est globalement négative, comme le remarque Furió Ceriol,

> "es cosa de espanto lo mucho que se aborrescen todos los filósofos y astrólogos con los saturninos"[7].

---

[1] B. Anglicus/ V. de Burgos, *Libro de propietatibus rerum*, fol. e vii recto.

[2] Fadrique Furió Ceriol, *El Concejo y consejeros del principe*, p. 332-333.

[3] M. Sabuco de Nantes, *Nueva filosofía de la naturaleza del hombre*, p. 98.

[4] Juan de Pineda, *Diálogos de la agricultura cristiana*, t. II, p. 309.

[5] P. García Carrero, *Disputationes medicae*, p. 286.

[6] Murillo, *Aprobación de ingenios*, fols. 22v et 100r, respectively.

[7] Fadrique Furió Ceriol, *El Concejo y consejeros del principe*, p. 333.

La mélancolie apparaît comme une humeur maléfique et une disposition éminemment pernicieuse, voire démoniaque, que les textes évoquent à travers un vocabulaire fortement teinté de condamnation morale. Face à cette substance funeste, le sang émerge comme l'humeur bénéfique.

6. L'opposition du sang et de la mélancolie : le primat axiologique du sang

L'antithèse du sang et de la mélancolie constitue un trait fondamental du système de représentation du XVIème et du XVIIème siècle : le sang est clair, chaud, humide, doux au goût ; la mélancolie est au contraire froide, sèche, opaque, acide. L'*Aprobación de ingenios* de Murillo contient un éloge du sang qui met en évidence son opposition radicale à la bile noire[1]. Humeur opposée à toute excrétion, le sang est l'humeur du centre, des parties vitales ; il présente une secrète affinité avec le Soleil, centre du monde :

> "y assi lo [el humor sanguino] retiene la naturaleza ; por lo qual este Symptoma, que llaman los medicos inexcretis (…). La sangre tiene propension y inclinacion de recurrir a las partes interiores y entrañas"[2] .

A l'opposé la mélancolie apparaît comme une humeur excrémentielle, assimilée aux parties les plus basses de l'organisme et à Saturne, la planète la plus éloignée du soleil et du centre du monde. En raison de cette opposition radicale, les nourritures sanguines et le sang –appliqué ou instillé– constitueront précisément, pour Murillo, l'antidote de la mélancolie.

Sang et bile noire s'opposent aussi au niveau de la représentation des tempéraments, dans laquelle le sanguin est l'exacte antithèse du mélancolique. Le sanguin est gai et sociable, le mélancolique est triste et recherche la solitude ; le premier est charnu, le second maigre ; le teint du mélancolique est noir, et ses cheveux sont très foncés ; le sanguin a le teint et les cheveux clairs. Disgracieux, le mélancolique est hargneux, grossier, incivil, taciturne, maladroit, retors, solitaire :

---

[1] Murillo, *Aprobación de ingenios*, fol. 11r et v.
[2] Murillo, *Aprobación de ingenios*, fol. 11r et v.

il est le mal aimé du système des tempéraments. Au contraire le sanguin, bel homme, est gai, aimable, civil ; aimant la compagnie, les femmes et la bonne chère, il est apprécié par tous, incarnant la droiture et la magnanimité. Ainsi, face au portrait très négatif du mélancolique –accusé d'être bas, superstitieux, envieux et foncièrement mauvais– Furió Ceriol dresse un portrait du sanguin qui est tout l'opposé :

> "los desta mezcla y temperamento [sanguinos o coléricos] son ingeniosos, tienen razonable memoria, saben hacer discurso, tienen claro juicio, son justos, amorosos, afables, leales, benéficos, magníficos, magnánimos y fuertes de su natural, y en el cuerpo, sueltos, ágiles, sanos y de buen temple"[1].

La description médicale des tempéraments se double de connotations morales et sociales : le mélancolique est rustre, asocial et mauvais, mais l'honnête homme, l'individu de bonne compagnie est sanguin.

a)   L'humeur de la vie vs l'humeur de la mort

L'opposition du sang et de la mélancolie est aussi l'antithèse de la vie et de la mort. Porteur de chaleur et d'humidité, qualités vitales qu'il fait circuler dans l'organisme, le sang est la source et le symbole de la vie : pour Herrera le sang est l'humeur "en quien consiste la vida"[2] et Murillo le nomme "tesoro de vida"[3]. Au contraire, la mélancolie, porteuse des deux qualités opposées à la vie, la froideur et la sécheresse, apparaît comme l'humeur de la vieillesse et de la décrépitude prématurée. Pour André Du Laurens, un homme qui a un tempérament chaud et humide reste jeune à soixante ans ; en revanche, le mélancolique est vieux à quarante ans[4]. De même pour Pedro Mexía –qui demande, dans la *Silva de varia lección*, quelle est la complexion qui assure la vie la plus longue–, le tempérament sanguin est celui qui permet la plus grande longévité tandis que la mélancolie écourte la vie :

> "De manera que, por ser la complisión sanguina de calor templado y abundante, de buena

---

[1] Fadrique Furió Ceriol, *El Concejo y consejeros del príncipe*, p. 332.
[2] Herrera, *Anotaciones*, dans *Garcilaso de la Vega y sus comentaristas*, p. 412.
[3] Murillo, *Aprobación de ingenios*, fol. 11r
[4] D'après Babb, *Elizabethan malady*, p. 9.

y conforme humidad, con que se sustenga, es la más conveniente de todas para alargarse la vida. (...) Y también la melancolía (que corresponde a la tierra), como consta de frialdad y sequedad, acortan la vida estas calidades por ser contrarias al calor y humidad natural"[1].

Dans une perspective similaire, Vives affirme que la mélancolie accélère le vieillissement et la course vers la mort, tandis que les qualités du sang entretiennent la vie :

"No sólo envejecen pronto los que tiene esta constitución natural, pues es un temperamento el más contrario a la juventud, sino que también se avejentan prematuramente y se arrugan los que caen bajo la tiranía de la bilis negra".

"La primera razón y la causa de la longevidad radican en la constitución de cada uno, en que sea cálida y húmeda"[2].

Le sang est synonyme de vie, de santé et de longévité, alors que la mélancolie est porteuse des qualités de la mort.

b)   L'âme vs la matière, la noblesse vs la roture

L'antithèse du sang et de la mélancolie est aussi celle de l'élévation et de la bassesse, de l'âme et de la matière. Le sang est clair et léger, il se rattache à l'imagerie de l'élévation et Murillo en fait le véhicule de l'âme, c'est-à-dire de la partie la plus noble de l'individu ("segun muchos autores, [la sangre] es animada"[3]). En revanche, la mélancolie, lourde et épaisse, est associée à la matière, à la terre et reliée aux parties les plus basses de l'organisme : la rate, les hypocondres, les hémorroïdes.

L'opposition du sang et de la bile noire est aussi l'antithèse de la noblesse et de la roture. La mélancolie est reliée aux champs sémantiques de l'obscur, du grossier, et les enfants de Saturne, pour l'essentiel, pratiquent des métiers vils. Au contraire, le sang est défini en termes de clarté, de générosité, de pureté, de noblesse, comme l'atteste ce passage de la *Chronique d'Alvaro de Luna* :

"la otra manera postrimera, pero mejor e más virtuosa, de hombres, es los que descienden de clara e escogida generación, e noble e generosa sangre "[4].

---

[1] Pedro Mexía, *Silva de varia lección*, II, p. 363.

[2] Luis Vives, *Tratado del alma*, dans *Obras completas*, II, p. 1229, pour les deux passages.

[3] Murillo, *Aprobación de ingenios*, fol. 12 r et v.

[4] *Crónica de don Alvaro de Luna*, éd. de Juan de Mata Carriazo, Madrid, Espasa-Calpe, 1940, p.

La noblesse est définie en termes de sang et, inversement, le sang est décrit en termes de noblesse. Le sanguin réunit les qualités et les vertus du parfait gentilhomme : la magnanimité, la générosité, le courage, la loyauté, la courtoisie. Au mélancolique reviennent en revanche les traits roturiers, l'avarice, le mensonge, l'absence de savoir-vivre, la couardise, la pusillanimité.

c) Generositas vs avaritia

"[La sangre] se distribuye, y sirve para las partes [vitales]", écrit Murillo[1] : le sang circule dans l'organisme, s'y distribue libéralement, le nourrit et le réchauffe, s'associant ainsi à une imagerie de la *generositas*. A l'opposé, la mélancolie est rare, ce qui la lie au champ sémantique de l'avarice :

> " [la] sangre, la qual es caliente, y sutil, y goza de grandes excelencias y de ella ay en el cuerpo mayor cantidad que de todos los demás humores, y del humor Melancholico ay la menor porcion, el qual humor, de mas de ser tan poco es terreo, y grave "[2].

Le coeur est l'organe sanguin par excellence. Or le système de représentation tisse un rapport d'analogie entre le sang, le coeur et le soleil : le coeur est le soleil du microcosme et le soleil est le coeur du macrocosme. Répandant chaleur et vie, le coeur, le soleil et le sang se trouvent reliés à l'imagerie de la libéralité et du don. Pour Fr. Luis de Granada, le soleil est le symbole de la suprême *generositas* car, à l'image de Dieu, il donne de sa substance pour faire vivre les autres êtres[3]. L'antithèse du sang et de la mélancolie, de Saturne et du Soleil, est l'opposition de la l'*avaritia* et de la *generositas* : à la chaleur et à la fécondité solaires s'opposent la froideur et la stérilité saturniennes, à la libéralité du sanguin l'avarice du mélancolique.

d) La suprématie axiologique du sang

L'opposition constante du sang et de la mélancolie fait apparaître une nette supériorité du sang dans la hiérarchie des humeurs et des tempéraments. L'ordre

---

8.

[1] Murillo, *Aprobación de ingenios*, fol. 11r et v.

[2] Murillo, *Aprobación de ingenios*, fol. 10v.

suivant lequel sont énumérées les humeurs dans les textes médicaux n'est pas innocent : le sang est presque toujours nommé en première position, vient ensuite la cholère, puis la mélancolie et le phlegme. Apparemment anodin, cet ordre masque une échelle de valeurs où le sang occupe la première place et la mélancolie, avec le phlegme, les deux dernières. Le *Sumario de la medicina* de Villalobos présente le sang comme la principale humeur, face à laquelle les autres humeurs ne sont que des comparses secondaires : "en su compañia/ se mezclan los otros y son los accesores"[1]. De même, Bernardino Montaña de Montserrate oppose le sang et "los tres humores naturales diferentes de la sangre, es a saber la colera, y la flegma, y la malencolia"[2]. A travers ces conceptions, le sang apparaît comme l'humeur première, la norme humorale.

L'ordre suivant lequel sont classés les tempéraments n'est pas moins révélateur. La complexion qui occupe la première place, tant dans les textes que dans l'échelle des valeurs est celle du sanguin, tandis que la mélancolie apparaît presque toujours en dernière ou avant-dernière position, après ou avant le phlegme. Ainsi, l'auteur du *Corbacho* affirme "quiero primeramente poner las conplysiones mejores, segund sean de mayor exellençia e mejores"[3], puis énumère les tempéraments suivant un ordre –sanguin, colérique, phlegmatique, mélancolique– qui fait apparaître la complexion mélancolique comme la plus funeste :

"los tales conplysionados [los melancólicos], prinçipalmente en las quatro conplysiones susodichas, sean tales e peores que dezir non se podría"[4].

Le *Libro de propietatibus rerum* suggère la prééminence du tempérament sanguin en omettant de le décrire : cet oubli –alors que l'ouvrage décrit de manière détaillée les trois autres complexions– ne signifie pas que le sanguin est considéré comme quantité négligeable mais qu'au contraire il constitue en quelque sorte la norme,

---

[3] Luis de Granada, *Introducción del simbolo de la fe*, p. 188 et suiv.
[1] F. López de Villalobos, *Sumario de la medicina*, p. 312-313.
[2] B. Montaña de Montserrate, *Libro de la anatomia del hombre*, fol. 109v.
[3] A. Martínez de Toledo, *El Corbacho*, p. 135.
[4] A. Martínez de Toledo, *El Corbacho*, p. 157.

implicite et connue de tous, qu'il est donc inutile de décrire[1].

Le coeur, organe sanguin par excellence, bénéficie de la même prééminence que le sang. Pour Della Porta, le coeur est l'organe le plus noble[2] et Fray Luis de Granada en fait le roi du corps :

> " y por cuanto esta sangre se engendra en el corazón, será necesario tratar luego dél. Está, pues, él como rey en medio de nuestro pecho, cercado de otros miembros principales, que sirven al regimiento del cuerpo"[3].

Pour Vives, le sang constitue l'organe "principal" –dans tous les sens du terme :

> "De todos los miembros, hay algunos principales (...) pero el más esencial es el corazón ; el corazón es el primero que vive ; el corazón es el último que muere"[4].

A l'opposé, la rate apparaît comme un organe vil, contenant une humeur grossière.

Le discours médical exalte donc le sang face à la mélancolie et affirme la suprématie du tempérament sanguin, considéré comme le plus enviable et parfait. Herrera écrit "es la sangre el más excelente y principal de todos los cuatro humores del cuerpo humano"[5]. Suivant une démarche similaire, Murillo conclut que le tempérament le plus parfait ("el temperamento que se aventaja a todos]") est celui du sanguin, affirmant que les auteurs qui ont exalté la bile noire ne l'ont fait que parce qu'à force d'étude ils étaient eux-mêmes devenus mélancoliques :

> "creo que los hombres templadamente sanguinos por lo general se aventajan en ingenio, y por esso pienso que los Doctores han juzgado en favor de los melancholicos, porque ellos mismos al escrivir esto, parece avian contraido melancolia, no por nativa constitucion, sino por estraña atiticia [sic] causada del continuo trabajo de los estudios"[6].

Murillo conclut donc à la supériorité du sang sur la mélancolie. Le sang hérite d'ailleurs, dans le système de pensée, de la sacralité liée au sang du Christ :

> "de ningun humor se dizen las excelencias que de la sangre, porque ella inmediatamente fue tomada del Verbo Divino"[7].

L'opposition du sang et de la mélancolie est l'opposition du bien et du mal, du pur

---

[1] B. Anglicus/ V. de Burgos, *Libro de propietatibus rerum*, fols. evj recto à evij verso.

[2] Giambattista della Porta, *La physionomie humaine...*, p. 20.

[3] Fr. Luis de Granada, *Introducción del símbolo de la fe*, p. 431.

[4] Luis Vives, *Tratado del alma*, dans *Obras completas*, II, p. 1231.

[5] Herrera, *Anotaciones*, dans *Garcilaso de la Vega y sus comentaristas*, p. 412.

[6] Murillo, *Aprobación de ingenios*, fol. 9 v.

[7] Murillo, *Aprobación de ingenios*, fol. 12r.

et de l'impur, du noble et du grossier. Dans le système de représentation du XVIᵉᵐᵉ et du XVIIᵉᵐᵉ siècle le sang occupe la position la plus élevée face à une mélancolie reléguée à la place la plus basse.

7. *Vers une condamnation de la melancolie*

Il est nécessaire de replacer la conception de la mélancolie dans une perspective chronologique. Celle-ci fait apparaître une évolution assez nette non tant de la matière du discours, que de sa manière d'aborder la mélancolie. Pendant les deux premiers tiers du XVIᵉᵐᵉ siècle, l'idée que la mélancolie stimule l'esprit, favorise l'inspiration, voire facilite une communication avec le divin est communément admise par des auteurs comme Ficin, Cornelius Agrippa, Huarte, ou même Pedro Mercado. En revanche à partir de 1575-1585 se produit une réaction contre ces conceptions. Les enthousiasmes mélancoliques sont considérés avec une méfiance accrue et les théoriciens leur refusent désormais toute inspiration divine pour leur attribuer une origine démoniaque. De même, l'*ingenio* attribué aux mélancoliques, de plus en plus contesté, sera infléchi vers la malfaisance, opposé au *juicio* ou tout simplement nié. Au cours du XVIᵉᵐᵉ siècle se met donc en place une réaction contre la vision laudative de la mélancolie qui aboutira, à la fin du siècle, à une véritable vague de culpabilisation et de démonologisation de la mélancolie. Les limites de nos recherches ne nous permettent pas de fournir une explication définitive justifiant ces évolutions. Nous nous limiterons ici à proposer quelques hypothèses d'interprétation et à noter la coïncidence de cette modification du regard porté sur la mélancolie avec d'autres phénomènes. On pourra dès lors penser que ces diverses réalités relèvent d'une orientation commune.

a) Les causes philosophiques

La critique de la mélancolie inspirée et des dons des mélancoliques obéit en partie à une raison de nature philosophique. Ce qui, dans la théorie du mélancolique inspiré a le plus choqué est l'idée d'un déterminisme physique pesant sur les possibilités de l'âme. Or, selon les principes de la foi, toutes les âmes ont une perfection égale devant Dieu. Affirmant que le tempérament détermine l'*ingenio*, la théorie de Huarte, de Ficin ou d'Agrippa, malgré son inspiration humaniste, avait quelque chose de fondamentalement inégalitaire. La pensée de Huarte se fonde sur une idée, récurrente dans la pensée occidentale, selon laquelle que la nature n'a donné qu'à certains individus la capacité de diriger la cité[1]. Ainsi, Huarte expose que certains individus, en raison du tempérament qui leur est échu, sont plus obtus que d'autres : ils devront être écartés des hautes tâches et destinés à des occupations viles et manuelles. Un tel déterminisme n'a en soi rien de révolutionnaire –Galien affirmait déjà la dépendance de l'âme vis-à-vis du corps–, mais sa systématisation chez Huarte et l'exaltation hyperbolique des dons des mélancoliques chez Ficin ou Agrippa choqueront certains penseurs. C'est contre l'idée d'un tel déterminisme physique que s'insurge violemment Velásquez :

"todas las almas son de ygual sabiduria, capacidad, y perfection (...). [T]odas las almas estando fuera de sus cuerpos sabran assi ygualmente todas estas sciencias"[2].

A ces causes idéologiques s'en ajoutent d'autres, qui mettent en jeu la conjoncture historique.

b)   Une vague de culpabilisation

Il est facile de constater qu'en s'acharnant à assimiler sans cesse la mélancolie au démon, au mal, au péché, les théoriciens du Siècle d'Or révèlent bien des choses sur eux-mêmes, sur leurs propres craintes et leur désarroi. A partir de la fin du XVIème siècle et au début du XVIIème siècle –comme l'a mis en évidence J. L. Flandrin[3] – se développe en Europe une véritable vague de culpabilisation. L'obsessive assimilation de la mélancolie au péché, au démon peut être mise en relation avec la "surenchère de scrupules", la "rumination mentale du péché" qui caractérisent cette époque. Le tournant du siècle est habité par une mauvaise

---

[1] Sur ce point, voir en particulier : Aristote, *Política*, I, II, trad. de Patricio Azcárate, Buenos Aires, Austral, 1946, p. 29.
[2] A. Velásquez, *Libro de la melancholia*, fol. 75v-76r.
[3] J. L. Flandrin, *Le sexe et l'Occident*, Paris, Seuil, 1981, p. 21 et suiv.

conscience et une culpabilité exacerbées qui se manifestent par des "contenus psychiques qui assiègent l'esprit, s'imposent au sujet, l'entraînent dans une lutte inépuisable contre lui-même (…). Il se débat dans d'incessants examens de conscience, se livre à une escalade de mortifications (…). Le monde extérieur lui paraît vide de substance, les objets déréalisés, l'existence un combat perpétuel contre les menaces d'un monde impur"[1]. La culpabilisation de la mélancolie serait alors l'un des fruits de cette "névrose collective de culpabilité"[2], que J. Delumeau et J. L. Flandrin ont considérée dans les textes des traités de spiritualité du XVIème et XVIIème siècle. Enfin, on ne peut s'empêcher de considérer ce vaste mouvement de culpabilisation comme une réaction de défense : la démonologisation de la mélancolie est aussi une manière de se prémunir contre ses séductions, exaltées par les humanistes de la Renaissance.

c) Le zénith des procès de sorcellerie

La réaction contre la mélancolie à la fin du XVIème siècle et au début du XVIIème siècle correspond au zénith de la chasse aux sorcières. Des auteurs comme Robert Mandrou, P. Kamber ou Ch. Larner ont montré que les procès et exécutions de sorciers et sorcières se multiplièrent en Europe occidentale et orientale entre à la fin du XVIème et au début du XVIIème siècle et, plus exactement entre 1560 et 1630[3]. C'est aussi à cette époque que s'intensifient, dans la plupart des régions d'Espagne, les procès de sorcellerie. Le plus célèbre d'entre eux, celui de Logroño –avec deux mille accusés et presque 5000 suspects– se développe d'ailleurs entre 1610 et 1614. La multiplication des traités sur la

---

[1] Jean Delumeau, *Le péché et la peur. La culpabilisation en Occident XIIIe-XVIIIe siècles*, Paris, Fayard, 1983, p. 332.
[2] Jean Delumeau, *Le péché et la peur*, p. 331-333. Voir aussi Yves Pélicier, *Colloque sur la névrose obsessionnelle, suivi de l'intégralité du Traité des scrupules de J. J. du Guet*, Paris, Pfizer, 1976 ; P. Solignac, *La névrose chétienne*, Paris, éd. de Trévise, 1976 ; Antoine Vergote, *Dette et désir. Deux axes chrétiens et la dérive pathologique*, Paris, Seuil, 1978.
[3] Robert Mandrou, *Magistrats et sorciers*, Paris, Plon, 1968, p. 135. P. Kamber, "La chasse aux sorciers et sorcières dans le pays de Vaud", *Revue historique vaudoise* (1982), p. 21-33. Ch. Larner, *Enemies of God. The witch-hunt in Scotland*, Worcester, Brasil Blackwell, 1981, p. 63.

mélancolie coïncide de manière remarquable avec l'intensification des procès de sorcellerie, traduisant une inquiétude croissante des élites intellectuelles vis-à-vis des activités occultes et des relations avec la transcendance qui échappent à tout contrôle.

d) Une méfiance nouvelle vis-à-vis de l'enthousiasme et des phénomènes visionnaires

Essentiellement cléricale, la réaction contre la mélancolie inspirée semble pouvoir être liée aux nouvelles positions adoptées par les autorités ecclésiastiques face à la flambée de phénomènes visionnaires qui se développe au XVIème siècle[1] Sous la Contre-Réforme, une suspicion croissante entoure la divination et les enthousiasmes prophétiques : alors que le Concile de Trente avait déjà condamné l'astrologie, le pape Sixte Quint interdira en 1631 toute forme de divination[2]. En accord avec ces nouvelles dispositions, les penseurs du Siècle d'Or font preuve d'une grande méfiance vis-à-vis des phénomènes visionnaires, comme en témoignent ces passages empruntés à Juan de Horozco :

"La industria del enemigo universal de todos por medio de los que se dizen prophetas y para mi son falsos, ha sembrado estos dias tantas fingidas revelaciones y prophecias falsas que ha puesto con mucha razon en cuydado a todos los que tienen el recato que se deve tener en semejantes casos".

"entiendo conviene mucho se lea (...) el libro de la verdadera y falsa prophecia, por ser el desengaño de las invenciones y enredos del demonio en las falsas revelaciones que en diversas partes ha sembrado estos dias"[3] .

La condamnation de plus en plus radicale de la divination mélancolique à partir de 1585 semble trouver ses sources dans la suspicion nouvelle qui se développe, à la fin du XVIème siècle, autour des phénomènes visionnaires.

---

[1] Sur ce sujet : Richard L. Kagan, *Lucretia's Dreams. Politics and prophecy in sixteenth century Spain*, Berkeley-Oxford, Univer, 1990 ; William A. Christian, *Apparitions in late medieval and Renaissance Spain*, Princeton, Princeton University Press, 1989; Antonio Márquez, *Los alumbrados*, Madrid, Taurus, 1972.

[2] Sur ce point, voir : D. P. Walker, *Spiritual end demonic magic from Ficino to Campanella*, p. 219.

[3] J. de Horozco, *Tratado de la verdadera y falsa prophecia*, "Al licenciado d. Antonio de Covarrubias" et "A don Juan de Horozco", sans pagination, pour les deux passages.

e) Le rejet progressif de la folie

Enfin, dans la mesure où le discours théorique tend à assimiler *melancholia* et *mania*, le rejet croissant de la mélancolie doit être mis en relation avec les conclusions de Michel Foucault concernant l'enfermement progressif de la folie à la fin du XVIème et au XVIIème siècle[1]. D'ailleurs Sainte Thérèse met en parallèle les fous et les mélancoliques, insistant sur la légitimité de la sévérité vis-à-vis des premiers pour justifier sa propre intransigeance à l'égard des seconds :

"si la que es melancólica resistiere al perlado, que lo pague como la sana, y ninguna cosa se le perdone. Si dijere mala palabra a su hermana, lo mesmo. Ansí en todas las cosas semejantes que éstas. Parece sinjusticia que si no puede más, castiguen a la enferma como a la sana. Luego también lo sería atar a los locos y azotarlos, sino dejarlos matar a todos. Créanme, que lo he probado y que, a mi parecer, intentado hartos remedios ; y que no hallo otro. (...). Si porque no maten a los locos los atan y castigan, y es bien, aunque parece hace gran piadad, pues éllos no pueden más, ¿cuánto más se ha de mirar que no hagan daño [las melancólicas] a las almas con sus libertades ?"[2].

L'enfermement croissant des fous et la diffusion d'une vision de plus en plus critique de la mélancolie sont des phénomènes indubitablement liés : à la fin du XVIème et au XVIIème siècle, mélancolie et folie font l'objet d'une condamnation globale.

Au tournant du XVIème et du XVIIème siècle se développe une modification du regard porté sur un certain nombre de phénomènes comme la folie, la sorcellerie, la mélancolie, les sciences occultes, les expériences visionnaires : désormais perçus comme menaçants, ils sont considérés avec une sévérité nouvelle.

E.   LES LIMITES DU DISCOURS SCIENTIFIQUE

Le discours médical, au Siècle d'Or, recouvre un champ d'action et de compétence bien plus large que celui de la médecine actuelle et n'emploie que fort partiellement l'esprit scientifique, tel que l'a défini Bachelard[3]. La culture du

---

[1] Michel Foucault, *Folie et déraison. Histoire de la folie à l'âge classique*, Paris, Plon, 1961.
[2] Teresa de Jesús, *Libro de las fundaciones*, I, p. 170-171.
[3] Gaston Bachelard, *La formation de l'esprit scientifique*, Paris, Vrin, 1960.

XVIème et du XVIIème siècle ne sépare pas strictement les différents savoirs : la distinction entre la science et d'autres domaines comme le merveilleux, le mythe, la pensée magique, n'est pas tranchée et la médecine se nourrit d'apports a-scientifiques. Ainsi, Laguna, dans le *Pedacio Dioscórides*, continue de rapporter diverses superstitions et les légendes mythologiques à propos des plantes, tout en affectant d'y dénier toute crédibilité. A l'analyse objective des faits se superposent de multiples facteurs qui grèvent lourdement la nature scientifique de ce discours : à l'observation et à la logique se substituent le recopiage des sources livresques, le jugement de valeur, le travail de l'imaginaire, les structures mythiques et pré-scientifiques, le recours à la pensée analogique et aux éléments symboliques.

1.   *Les contradictions de l'écriture médicale*

Au Siècle d'Or, le discours scientifique sur la mélancolie ne constitue pas un ensemble rigoureux, cohérent ou unanime. Les médecins ne s'accordent pas sur les différentes sortes de bile noire, sur leur nombre, leurs qualités, leurs effets ou sur les dons merveilleux attribués aux mélancoliques. La cause de ces contradictions et de ces confusions réside dans la complexité de la notion de mélancolie mais aussi, pour une grande part, dans le respect des autorités. Si certains médecins formulaient parfois critiques timides à l'égard des théories d'Aristote ou de Galien, la plupart des auteurs, éduqués dans le respect des autorités, ne mettaient jamais en cause, par principe, l'opinion d'un auteur même lorsqu'elle était en contradiction manifeste avec celle d'une autre autorité. La tâche du médecin n'était pas tant de déterminer laquelle des autorités avait raison, que d'illustrer tour à tour chacune de ces positions et d'essayer de les réconcilier, ce qui –pour des opinions aussi contrastées que celles d'Aristote et de la tradition galénique– relevait souvent du pari impossible. Soucieux de respecter chaque autorité, le discours médical sombre alors parfois dans la contradiction voire dans l'incohérence

2. Des procédés littéraires ?

Dépassant le propos scientifique, l'écriture médicale recourt souvent aux topiques, à la rhétorique, à l'éloquence et aux procédés littéraires. Déjà, le *Problème* d'Aristote s'inspirait des passages d'Homère concernant Bellérophon et Ajax pour exposer sa théorie de la mélancolie. Au Siècle d'Or, l'écriture médicale est parsemée de multiples historiettes racontant l'illusion absurde d'un mélancolique et la ruse mise en oeuvre par le médecin pour le guérir. La nouvelle du Licencié de Verre trouverait ainsi son origine dans une de ces historiettes rapportées par le discours scientifique. De la même manière, l'historiette d'Antiochus et Stratonice, rapportée par de nombreux médecins, illustre les symptômes de la mélancolie amoureuse et montre –selon Mary Frances Wack– l'intéraction entre la tradition médicale et la culture littéraire[1]. A travers ces historiettes, le texte scientifique fait un usage littéraire, rhétorique, de la matière scientifique, cherchant le *placere* autant que le *docere*.

D'autre part, par sa puissance suggestive, la mélancolie pousse le médecin à abandonner la description scientifique pour un langage qui emprunte à la langue poétique ses images, ses envolées lyriques. Le médecin qui décrit la mélancolie brode –nous le verrons– sur les images du noir, de l'invasion du corps par un *daimon* étranger. Il dépeint les débordements des mélancoliques et les excès de la maladie avec des hyperboles destinées à éveiller l'effroi chez son lecteur. Enfin, il manie l'analogie, la métaphore, la comparaison. Description médicale et description littéraire se mêlent et se confondent et derrière le médecin pointe le poète. Comme la littérature, l'écriture médicale laisse une large place à quelques figures de style : l'analogie et la métaphore.

3. Le poids de l'analogie

L'analogie constitue un des principes régissant la vision du monde à la Renaissance. Le discours sur la mélancolie ne recourt pas toujours à l'observation

---

[1] M. F. Wack, *Lovesickness in the Middle Ages*, p. 18

ou à la déduction logique, leur préférant souvent une méthode analogique : pour Vives la vie humaine est analogue à une chandelle qui brûle[1] ; les textes médicaux comparent la digestion à une cuisson et la mélancolie *adusta* à la cendre ou aux braises. De même, les rapports entre la mélancolie, le microcosme et le macrocosme se fondent sur l'analogie : Saturne règne sur tout ce qui lui est similaire, c'est-à-dire "sobre toda cosa fria y seca", écrit A. de Li[2]. Tout ce qui est noir, froid, sec et acide relève de la mélancolie et l'engendre : ainsi, pour Vives, les demeures ténébreuses ne peuvent qu'engendrer les sombres fluides de la mélancolie[3]. Les théoriciens conçoivent aussi la maladie mélancolique sur le mode de l'analogie : les ténèbres engendrées par la mélancolie sont analogues à celles de la nuit et la mélancolie est pensée comme une nuit intérieure. La pensée analogique affecte également la conception du tempérament. C'est en effet par analogie que l'humeur détermine les caractéristiques de la complexion : la prédominance du sang engendre un teint vermeil et rubicond ; la bile jaune donne lieu à une chevelure blonde ou rousse ; la bile noire, détermine un teint sombre et des cheveux noirs. La bile noire étant sèche, le mélancolique sera à son tour sec et décharné ; humides, le sang et le phlegme donnent lieu à des individus charnus. Par une multitude de signes et d'indices obéissant au principe d'analogie l'humeur s'expose et se rend visible. Enfin, la thérapie de la mélancolie repose également sur une démarche analogique : la bile noire étant âcre, ténébreuse, froide, venteuse, sèche, le discours médical conseillera d'éviter tout ce lui est analogue et de rechercher des substances aux propriétés opposées. Classant les éléments du monde en fonction de leurs qualités et créant un véritable réseau de correspondances analogiques, la doctrine médicale du XVIème et du XVIIème siècle rappelle en bien des points la pensée magique, fondée elle aussi sur l'association d'éléments similaires. Reposant sur l'analogie, le discours sur la mélancolie développe également un raisonnement à

---

[1] Luis Vives, *Tratado del alma*, dans *Obras completas*, II, p. 1230-1231.
[2] Andrés de Li, *Repertorio de los tiempos*, p. 61.
[3] Luis Vives, *Tratado del alma*, dans *Obras completas*, II, p. 1229.

partir de l'image qui laisse une large place à des métaphores significatives.

F.   LES METAPHORES ET THEMATIQUES OBSEDANTES

S'il ne répond pas aux critères scientifiques actuels, le discours théorique sur la mélancolie du XVIème et du XVIIème siècle développe cependant une logique qui lui est propre, fondée sur des images ou des thématiques obsédantes.

1.   Une rêverie sur la matière : le vin, la lie, le vinaigre, la cendre, la chaux vive, le jais

La bile noire est assimilée à certaines substances riches de signification –le vin, la lie, le vinaigre, la chaux vive, la cendre– dont l'étude permet de mettre en évidence un certain nombre de représentations liées à la mélancolie.

(1)   La mélancolie et le vin

L'association de la mélancolie au vin trouve sa source dans le *Problème XXX,1* : Aristote y affirme que, comme le vin, la mélancolie permet d'obtenir une multitude d'effets contrastés et suggère l'existence d'une homologie entre la fureur due à la bile noire, le délire dionysiaque et l'inspiration[1]. L'assimilation de la mélancolie au vin sera reprise par de nombreux théoriciens espagnols, comme Vives, qui écrit "parécese [la melancolía] al furor que engendra el vino, que produce sus resultados según el cuerpo que lo tragó"[2]. Dans une perspective similaire, Pedro Mercado appelle la mélancolie "briaguez" :

"Aristóteles en el trigésimo libro de sus problemas llama a la melancolía briaguez : porque a la manera del vino, con vapores y humos daña el cerebro : así la melancolía"[3].

De même, Bartolomé Felipe compare les effets du vin à ceux de la mélancolie :

"de la manera que el vino obliga a los que estan beodos a dezir claramente lo que sienten, assi la melancholia obliga a los melancholicos a hablar verdad"[4].

Enfin, Pedro García Carrero et Andrés Velásquez assimileront également les effets

---

[1] Aristote, *L'homme de génie et la mélancolie*, p. 85-89.
[2] Vives, *Tratado del alma*, dans *Obras completas*, II, p. 1202-1203.
[3] Pedro Mercado, *Diálogos de philosophia...*, fol. 154v.
[4] B. Felipe, *Tractado del conseio y de los consejeros de los principes*, fol. 42 r.

du vin et de la mélancolie[1]. Substance magique, sacrée par l'Eucharistie, le vin se charge d'une multitude de connotations mythiques qui le relient à l'élévation de l'esprit et à l'aliénation inspirée. Comme la mélancolie, le vin est associé à l'esprit, à l'in-spiration : il est doublement porteur de *spiritus*, par sa nature venteuse – affirmée par Aristote– et parce que, au cours de l'Eucharistie, il se remplit de la présence spirituelle du Christ. Le vin réunit aussi, comme la mélancolie, des catégories opposées : pour Bachelard –qui lui consacre un chapitre à la fin de *La terre et les rêveries de la volonté*– il relève autant du sec que de l'humide. Comme l'humeur noire, c'est un liquide, mais il est aussi venteux et aérien ; il est le fruit de la terre, mais il relève aussi de l'air et sa teneur en alcool l'associe au feu.

(2) La lie et le vinaigre ou les images du vin corrompu

La bile noire est également assimilée à la lie. Pour l'auteur du *Libro de propietatibus rerum*, "la [malenconia] natural es fria & seca y es en la sangre como la fez en el vino"[2]. Définir la mélancolie comme la lie du sang est un véritable *topos* du discours médical, qui apparaît également chez Luis Mercado[3] et Alonso de Santa Cruz :

> "[Galenus] comparabat vino musto. Sanguinem sciliciet vino ; pituitam spumae vini, bilem flavam flori vini, atram autem foeci, sanguinemque aiebat"[4].

La bile noire est aussi fréquemment comparée au vinaigre. Pour Guy de Chauliac, la *melancholia adusta* est telle que "si on la verse sur la terre [elle] boult comme du vinaigre"[5] et Huarte évoque "la que se llama *atra bilis* o cólera adusta (...), cuyo temperamento es vario como el del vinagre"[6]. Le vinaigre est un liquide paradoxal qui, selon les textes scientifiques de la Renaissance, peut être à la fois

---

[1] P. García Carrero, *Disputationes medicae*, p. 248. A. Velásquez, *Libro de la melancholia*, fols. 45v-46r.

[2] B. Anglicus/ V. de Burgos, *Libro de propietatibus rerum*, fol. evij recto.

[3] Luis Mercado, *Opera omnia*, t. I, p. 217

[4] A. de Santa Cruz, *Dignotio et cura affectuum melancholicorum*, p. 3.

[5] Guy de Chauliac, *La grande chirurgie*, p. 132.

[6] Huarte, *Examen de ingenios*, p. 372.

chaud et froid, illustrant la double nature de la mélancolie. Mais surtout, la lie et le vinaigre sont lisibles par référence au "bon" vin (le sang) : face au sang, que l'imagerie eucharistique associe au vin, la mélancolie est assimilée à la lie ou au vinaigre, c'est-à-dire à un sang dégradé et perverti.

(3) La cendre, la chaux vive, le jais

Le discours médical du Siècle d'Or compare à plusieurs reprises aussi la "melancholia adusta" à la cendre[1], à la chaux vive[2] ou encore au jais[3], trois matières qui suscitent la rêverie et illustrent l'ambivalence de la mélancolie. Le jais réunit à la fois l'obscurité et la lumière. La cendre et la chaux sont considérées comme à la fois chaudes et froides. Comme le vinaigre, la chaux constitue une matière caustique, agressive et dangereuse : substance qui frappe l'imagination, elle est considérée comme une sorte de feu froid ou de feu solide. A travers son assimilation au vinaigre et à la chaux vive, la mélancolie se trouve aussi reliée à l'imagerie de l'effervescence : en effet, la chaux entre en ébullition lorsqu'elle est mélangée à l'eau et le vinaigre, selon les croyances du Siècle d'Or, était censé produire des bulles au contact de la terre. Or, l'effervescence constitue une catégorie éminemment ambivalente : elle peut s'associer à l'ébullition féconde de l'esprit, à l'in-quiétude bénéfique qui pousse le sujet à s'améliorer ou à progresser sur la voie du savoir, mais elle est aussi liée aux images de la sédition, de la fermentation, de la révolution qui met en danger les structures acquises. Comprenant des qualités opposées (le froid et la chaleur, le sec et le liquide, l'obscurité et la lumière) le vin, le vinaigre, la chaux vive, la cendre et le jais illustrent la nature oxymorique de la mélancolie. Toutes les substances auxquelles les médecins assimilent la bile noire renferment une riche symbolique dans

---

[1] Murillo, *Aprobación de ingenios*, fol. 80r et v.
[2] Huarte, *Examen de ingenios*, p. 570 ("Los que han menester comer y beber un poco para que se les levante la imaginativa son los melancólicos por adustión; porque éstos tienen el celebro como cal viva, la cual, tomada en la mano, está fría y seca al toque, pero si la rocían con algún licor, no se puede sufrir el calor que levanta").
[3] Huarte, *Examen de ingenios*, p. 372.

l'imaginaire occidental : comme la mélancolie, elles fascinent, inspirent la rêverie et frappent l'imagination.

2. *La mythologie du noir*

Constamment associée à la mélancolie, la couleur noire se prête particulièrement bien au développement d'une rêverie substantielle. Jean Céard et François Azouvi ont consacré d'excellentes pages à l'incidence des connotations rattachées à la couleur noire sur la conception de la mélancolie[1]. L'écriture théorique de la mélancolie développe une véritable poétique du noir. Substance opaque et ténébreuse, la mélancolie teinte tout en noir. Selon Francisco Torreblanca, le mélancolique rêve de fumées obscures, de ténèbres et ses songes sont colorés de noir : "qui melancholia vexantur, fumos, caligines, tenebras"[2]. Le texte scientifique développe une série de variations sur le thème des ténèbres, de l'opacité, de l'obscurcissement : le mélancolique a la peau sombre, les cheveux noirs, il recherche l'ombre, son cerveau est envahi par de noires exhalaisons et beaucoup d'auteurs comparent la mélancolie à une nuit qui envahit l'esprit. Au noir funeste de la mélancolie s'oppose le blanc salutaire et bienfaisant que certains attribuent au sang :

"melancholicus humor nigro color facit metum : ergo sanguis albo colore facit laetitiam, & ex consequenti tenetur dicere Galenus sanguinem esse album"[3].

Dans le discours médical, la couleur noire de la mélancolie est toujours représentée comme une obscurité funeste, envahissante, qui englue, enténèbre les esprits et étouffe les principes de la vie et de la raison. La raison est lumière (elle est une "lumen naturale") ; la mélancolie est ténèbres, donc déraison :

"ergo neque lumen, neque est eadem ratio a quae cum permixta est terra, nam haec est opaca, & potest impedire lumen recipi ab alio"[4].

---

[1] Jean Céard, "Folie et démonologie au XVIe siècle", dans *Folie et déraison à la Renaissance*, Bruxelles, Editions de l'Université de Bruxelles, 1976, p. 129-143. François Azouvi, "La peste, la mélancolie ou l'imaginaire réglé", p. 124-143.

[2] Francisco Torreblanca Villalpando, *Juris spiritualis practicabilium*, Cordoue, Salvador de Cea Tesa, 1635, fol. 203 v.

[3] Pedro García Carrero, *Disputationes medicae*, p. 236.

[4] Pedro García Carrero, *Disputationes medicae*, p. 238.

Dans le système de représentation, le noir apparaît avant tout comme une couleur funeste. Le lexique reflète ces conceptions. Le latin "niger" évoquait la couleur noire, mais aussi tout ce qui est néfaste, sombre, mauvais. "Niger" dénote aussi un caractère perfide, une âme noire (Cicéron, *Pro a Caecina oratio*, 27 ; Horace, *Satirae*, 1, 4, 85). La langue espagnole accorde aussi ces valeurs au noir : "negro" signifie pour le *Diccionario de Autoridades*, "de couleur noire" mais aussi "funeste" ("se toma tambien por infeliz, infausto y desgraciado") et "mauvais", "fourbe" ("en la Germanía se toma por astuto y taimado"[1]). Enfin le noir est également associé, comme l'a montré François Azouvi[2], au diable et à la peste. Mais le noir est aussi la couleur de la sagesse qui a renoncé aux vains plaisirs du monde : ainsi, la *Contienda de colores* de Juan Timoneda[3] met en scène une compétition imaginaire des couleurs à l'issue de laquelle le noir est déclaré vainqueur et caractérisé comme la couleur du recueillement austère. Ambiguës, mais globalement teintées d'une connotation funeste, les valeurs rattachées au noir ont largement influencé la vision de la mélancolie.

3.   *La mauvaise intériorité*

Les théoriciens du XVIème et du XVIIème siècle décrivent la mélancolie à travers le lexique et les images de l'intériorité, de la rétention et de la concentration. Les causes de la mélancolie, selon les médecins, ne sont pas apparentes, mais intérieures et secrètes : "es menester par ser melancolia : que este temor y tristeza no tengan causas a defuera", écrit Pedro Mercado[4]. La mélancolie met en jeu l'intériorité de l'individu, prenant naissance dans ses liquides les plus ténébreux, dans ses organes les plus secrets comme les entrailles, la rate, les hypocondres.

---

[1] *Diccionario de Autoridades*, s. v. "negro".
[2] François Azouvi, "La peste, la mélancolie et l'imaginaire réglé", p. 124-126.
[3] Sur ce texte : John J. Reynolds, "Color symbolism in Juan Timoneda's poetry", dans *Studies in honor of Ruth Lee Kennedy*, études réunies par Vern G. Williamsen et A. F. Michael Atlee, Chapel Hill, University of North Carolina, 1970, p. 71-85.
[4] Pedro Mercado, *Diálogos de philosophia...*, fols. 119v-120r.

Maladie de l'intériorité, la mélancolie est liée à l'idée de profondeur insondable : la bile noire est obscure, opaque et l'iconographie représente le mélancolique le regard vide, perdu dans de mystérieuses rêveries. La mélancolie est ainsi reliée aux champs sémantiques et conceptuels du caché, de l'obscur, du secret : d'ailleurs, selon les textes théoriques, les mélancoliques sont renfermés, hypocrites, dissimulant toujours leur vraie pensée, mais aussi doués pour les sciences occultes et les études abstruses. Toutefois, cette profondeur énigmatique associée à la mélancolie a quelque chose d'inquiétant, de subversif, dans la mesure où elle échappe au regard et au contrôle de l'extérieur.

Associée à l'intériorité, la mélancolie est également reliée à l'idée de rétention, de repli sur soi. La bile noire, selon Christoval Pérez de Herrera, est astringente, contribuant à retenir la matière à l'intérieur d'elle-même[1]. La rétention est l'une des causes de mélancolie pour Gordonio, qui affirme que le "retenimiento de las superfluydades" et la "retençion de menstruo o almorranas"[2] engendrent un surplus malsain de bile noire. La mélancolie hypocondriaque, due à une rate engorgée qui ne se purge plus, donne lieu à une véritable imagerie de l'obstruction et de la rétention :

> "suelen quedar obstruciones en el higado, baço, venas meseraycas, y en otras partes como en el estomago y ordinaria, y tienen [los hipocondriacos] adstriccion de camara ordinaria"[3] .

Alexo Abreu décrit la mélancolie comme une humeur particulièrement tenace, incrustée dans les recoins les plus secrets de l'organisme [4]. Décrit à travers les catégories de la rétention, le mélancolique est avare, taciturne, secret et l'iconographie le dépeint volontiers courbé, dans une position de repli sur soi.

A l'imagerie de l'intériorité retenue se joint celle de la concentration physique et mentale. La mélancolie apparaît comme une humeur particulièrement épaisse et condensée : associant les catégories opposées du liquide et du sec, la bile

---

[1] Christoval Pérez de Herrera, *Proverbios morales...*, p. 303.
[2] Bernardo Gordonio, *Lilio de medicina*, fol. 55 v.
[3] Murillo, *Aprobación de ingenios*, fol. 142v.
[4] Alexo Abreu, *Tratado de las siete enfermedades*, fol. 127 r et v.

noire est une humeur à la limite de la fluidité, presque solide. Elle est aussi reliée à la terre, considérée comme l'élément le plus lourd et le plus dense, et s'associe à deux processus aboutissant à une concentration : la combustion ("adustio") qui produit un résidu extrêmement concentré, et le froid, qui resserre les pores, ratatine les êtres, condense la matière. Enfin, le mélancolique apparaît comme le tempérament le plus enclin à la réflexion et au recueillement. A travers ces différentes représentations, la mélancolie se trouve liée à une imagerie de la concentration et à l'idée d'une intériorité retenue prisonnière qu'il aurait fallu l'expulser.

La bile noire est aussi lisible à travers les catégories de la mauvaise intériorité. Les borborygmes, les douleurs abdominales, les rots acides, les sifflements d'oreilles qui, selon Alexo Abreu caractérisent la mélancolie[1] sont le signe d'une intériorité corrosive et malsaine. De même, la salive âcre qu'un certain nombre d'auteurs attribuent au mélancolique[2] est le signe d'une intériorité pernicieuse, qui ronge l'organisme depuis l'intérieur. Humeur épaisse, vapeur ténébreuse qui obscurcit le cerveau, la mélancolie est une intériorité maléfique qui étouffe et oppresse l'organisme : face à cette mauvaise intériorité se développe, en toute logique, une thérapie fondée sur l'expulsion.

4.   *Images de la perversion et de l'exclusion*

a)   Pléthore, surplus et excès

La description de la mélancolie et du tempérament mélancolique est fondée sur l'idée d'humeur pléthorique : le mélancolique a des veines proéminentes, des yeux saillants, une pilosité surabondante, un teint noir, qui sont autant de signes d'un trop-plein d'humeur qui cherche à s'évacuer, d'une intériorité sombre et pléthorique. Pour Alonso de Santa Cruz, le teint noir des mélancoliques, leur pilosité, leurs lèvres saillantes et leurs yeux proéminents sont dûs aux vapeurs

---

[1] Alexo Abreu, *Tratado de las siete enfermedades*, fol. 118v.

[2] B. Anglicus/ V. de Burgos, *Libro de propietatibus rerum*, fol. cvij recto : "por esto [en el melancólico] el sabor es agrio que paresce pune en la boca del paçiente".

mélancoliques et à l'humeur noire qui se manifestent à fleur de peau[1].
L'hypocondrie engendre des ballonnements et des flatulences : la peau du ventre
est tendue sous la pression d'une intériorité pernicieuse, la rate est gonflée et
douloureuse par un excès d'humeur noire ou de vapeurs ténébreuses. Enfin, parmi
les causes de la mélancolie, Alexo Abreu mentionne "[el] humor corrompido, o
encerrado"[2], développant l'idée d'une humeur surabondante et prisonnière. A
travers ces diverses représentations, le discours médical développe une imagerie de
la pléthore oppressante, du surplus pernicieux qu'il est nécessaire de purger.

b)   L'impur et le déchet

L'opposition du sang et de la mélancolie est l'antithèse du pur et de l'impur.
Selon Hildergarde de Bingen, Adam était originellement sanguin, mais devint
mélancolique après le péché originel. Le sang est l'humeur de la pureté originelle et
la mélancolie, celle du péché, de l'impureté et de la corruption physique autant que
morale. Ainsi, Guy de Chauliac oppose "le bon sang" à la mélancolie, substance
grossière, "lie et bourbe du bon sang"[3]. Dans l'imaginaire médical, le sang, clair et
brillant, est relié à l'imagerie de la limpidité tandis qu'à l'opposé, la mélancolie,
opaque et sombre est associée à l'ordure épaisse. Humeur basse, la bile noire
naturelle est souvent définie en termes de déchet : elle est la lie du sang, et apparaît
comme un rebut de l'organisme que la rate, organe éboueur ("sumidero de la
melancolía", chez Pineda[4]), doit éliminer pour "nettoyer" le sang. La mélancolie
est décrite au moyen du langage de la saleté, de la substance malpropre : à l'opposé
d'un sang pensé en termes de clarté et dont la pureté connaturelle apparaît dans
l'expression de la "limpieza de sangre", la mélancolie est "la suçiedad de la

---

[1] A. de Santa Cruz, *Dignotio et cura affectuum melancholicorum*, p. 15 : "*Sophronius* : Quae
pilosi evadunt istorum plurimi? *Aristippus* : Quia multis & crasis excrementis abundant.
Sophronius : Cur fusci aliqui redduntur, vel subnigri, ut Aethiopes? *Aristippus* : Quia humor ad
cutim effunditur". "*Sophronius* : Quare conivent aliqui & oculis proeminentibus, & labris crassis
sunt ut plurimum? *Aristippus* : Quia spirituum crasities illis adest".
[2] Alexo Abreu, *Tratado de las siete enfermedades*, fol. 119 r.
[3] Guy de Chauliac, *La grande chirurgie*, p. 132.
[4] J. de Pineda, *Diálogos familiares de la agricultura cristiana*, vol. II, p. 223.

sangre"[1]

c) La putréfaction et l'infection

La mélancolie est également décrite à travers les catégories de la putréfaction et de la corruption. Pour le *Corbacho*, les mélancoliques sont "podridos"[2] et le discours astrologique attribue à Saturne les mauvaises odeurs, issues de la putrescence et de la fermentation[3]. Le *Libro de propietatibus rerum* associe la bile noire à la putréfaction de l'humeur dans l'organisme : "la fiebre quartana viene de melanconia que es podrida fuera de las venas "[4]. Enfin, pour beaucoup d'auteurs, la bile noire non naturelle peut naître de la putréfaction du sang, comme l'expliquent Bravo de Sobremonte et A. Velásquez :

> "praeternaturalis species melancholiae possunt fieri ex aliis humoribus ustione, aut putredine"[5].

> "aquella melancolia, que del podrecimiento de la sangre se vino a engendrar"[6].

La mélancolie rejoint par là les catégories imaginaires du corrompu, du pourri, du vicié, du putride, de l'infect. Le mélancolique, chez Furió Ceriol, est assimilé aux images de la corruption :

> "Se tiene por muy cierto que el grande Apolonio Tianeo, en la ciudad de Efeso, halló un melancólico que con sola su presencia había corrompido toda la ciudad, y por ello habia muy grande pestilencia"[7].

La mélancolie participe ainsi d'une imagerie de l'épidémie et de la pestilence : pour Sainte Thérèse, une seule religieuse mélancolique suffit à polluer tout le couvent ("una basta para traer inquieto un monesterio"[8]). Chez la Sainte, la propagation de la mélancolie hérite des images de l'infection diabolique et se superpose à elles. Elle constitue un mal qui infecte insidieusement le corps de

---

[1] B. Anglicus/ V. de Burgos, *Libro de propietatibus rerum*, fol. hvij recto et verso.

[2] A. Martínez de Toledo, *El Corbacho*, p. 138.

[3] Ali Aben Ragel, *Libro conplido de los iudizios de las estrellas*, p. 23.

[4] B. Anglicus/ V. de Burgos, *Libro de propietatibus rerum*, fol. nj verso.

[5] G. Bravo de Sobremonte, *Resolutionum & Consultationum Medicarum*, p. 331.

[6] A. Velásquez, *Libro de la melancholia*, fol. 50v. Voir aussi le fol. 48 r et v. La même affirmation est reprise par Murillo (*Aprobación de ingenios*, fol. 83 r).

[7] Fadrique Furió Ceriol, *El Concejo y consejeros del príncipe*, p. 333.

[8] Teresa de Jesús, *Libro de las fundaciones*, I, p. 168.

l'individu ou le corps social : l'invasion du couvent par la mélancolie est analogue à la progression d'une peste. Comme le diable et la peste[1], la mélancolie se propage en corrompant le milieu dans lequel elle évolue.

d)   La substance corrosive et le poison

En accord avec une vision assez critique de la mélancolie, la bile noire apparaît dans les textes médicaux comme une substance acide, corrosive et irritante. Pour Guy de Chauliac, la bile noire se caractérise par son "aspérité et aigreur" et lorsque la *melancholia adusta* touche le sol, "la terre boult comme du vinaigre" [2]. Alonso de Santa Cruz décrit une "melancholia illa acida & acerba"[3], et Alexo Abreu évoque "la fuerça y acrimonia, assi del mal humor como de los vapores del"[4]. A travers ces diverses images, la mélancolie apparaît comme une substance caustique, qui corrode, attaque et affaiblit l'organisme.

Suivant cette logique, la mélancolie est aussi conçue comme un véritable poison du corps et de l'esprit. Maladie mélancolique, la rage s'accompagne –nous l'avons montré– d'un lexique du poison et d'une imagerie du corps envahi par la substance vénéneuse. Pour Furió Ceriol, le mélancolique "es bote de veneno"[5]. Pour Huarte, la *cholera adusta* est appelée "esta cólera ponzoñosa" et c'est le serpent, animal venimeux par excellence qui possède la plus haute proportion de bile noire non naturelle[6]. Pour García Carrero la complexion mélancolique est "vénéneuse" ("venesosam"[7]). Si la bile noire est un poison pour le corps, la tristesse est un poison de l'âme : "la tristeza essencialmente es ponçoña del espiritu vital"[8], écrit B. Montaña de Montserrate. L'association de la mélancolie au poison apparaît de manière particulièrement claire à travers la description que Nieremberg

---

[1] F. Azouvi, "La peste, la mélancolie et le diable...", p. 131.
[2] G. de Chauliac, *La grande chirurgie*, p. 132.
[3] A. de Santa Cruz, *Dignotio et cura affectuum melancholicorum*, p. 15.
[4] Alexo Abreu, *Tratado de las siete enfermedades*, fol. 131 r.
[5] Fadrique Furió Ceriol, *El Concejo y consejeros del príncipe*, p. 333.
[6] Huarte, *Examen de ingenios*, p. 385-386.
[7] P. García Carrero, *Disputationes medicae*, p. 286.
[8] B. Montaña de Montserrate, *Libro de la anatomia del hombre*, fol. 96v.

donne de la thérapie musicale : pour le jésuite, c'est parce que la musique guérit ceux qui sont empoisonnés par un venin physique –comme celui d'une tarentule– qu'elle peut guérir les individus atteints par le poison moral de la mélancolie[1]. Enfin, l'humeur noire et vénéneuse, exige une thérapie faisant intervenir –nous l'avons montré– de nombreux contrepoisons. Toute une série de représentations contribuent donc à dépeindre la mélancolie à travers les catégories du poison, du venin, de la substance toxique.

e)   Le côté gauche

Dans le système de pensée, Saturne et la mélancolie sont associés au côté gauche. La rate est située du côté gauche de l'organisme et, plus généralement, la mélancolie est liée aux organes et aux affections du côté gauche. Jean Bodin affirme que les peuples du Sud, mélancoliques et placés sous la domination de Saturne, sont assimilés au côté gauche ("senestre") :

> "la [partie] senestre (...), ayant la rate et l'humeur melancholique, monstre assez la qualité du peuple Meridional"[2] .

Selon Alonso de Santa Cruz la mélancolie "hypochondriaca" naît des hypocondres, mais principalement de ceux situés dans le côté gauche[3] . Comme la couleur noire, le côté gauche est associé à une série de connotations négatives : la langue latine oppose le côté "droit" (ce qui est juste) et au côté "sinistre" ("dangereux, funeste"). La *Bible* confirme ces conceptions : dans le psaume 110, le roi est invité à s'asseoir à la droite du Seigneur et, au moment du Jugement Dernier, les brebis sont placées à la droite du Christ et les chèvres à sa gauche. Liés à la partie gauche, Saturne et la mélancolie héritent des représentations funestes tissées autour de ce côté par l'imaginaire occidental.

---

[1] Juan Eusebio Nieremberg, *Oculta filosofia*, fol. 17r.
[2] Jean Bodin, *Les six livres de la république*, t. 5, p. 43.
[3] A. de Santa Cruz, *Dignotio et cura affectuum melancholicorum*, p. 6 : "opprimit namque quosdam profundissima moestitia & metu, quibusquam obstructionibus hypochondriorum, praecipue sinistrorum".

f) Le désordre et de la rébellion

Enfin, la mélancolie est lisible à travers les catégories de la perversion, de la subversion et de l'exclusion. Pour Guy de Chauliac la *melancholia adusta* est une humeur corrompue, qui se "desvoye"[1] . Lobera de Avila relie la mélancolie au lexique de la rébellion et de la révolte, affirmant que "este humor melancholico es inobediente a natura"[2]. La mélancolie est également reliée aux grandes maladies de l'exclusion –la lèpre, la syphilis, la folie. La description de la mélancolie convoque diverses images qui rappellent le désordre social : la fermentation des humeurs évoque l'agitation et du levain perturbateur. Les vapeurs hypocondriaques, qui montent des parties les plus basses et humbles du corps et perturbent les facultés supérieures suggèrent une sédition, une inversion des valeurs, où le bas et le roturier envahissent les espaces élevés et nobles réservés au pouvoir et à la décision. Le thème de la malveillance mélancolique participe de cette imagerie de la perversion : pour la plupart des auteurs médicaux, les mélancoliques sont rebelles, comploteurs et inclinés au mal. Le mélancolique apparaît non seulement comme un élément perturbateur, in-civil et im-poli –dans tous les sens du terme– mais aussi comme un danger pour la société. Au XVIème et au XVIIème siècle, où le corps sert de modèle au corps social, le désordre physique induit un désordre moral mais aussi social.

Enfin, pour Juan de Pineda, la rate est un organe funeste écarté des autres en raison de sa perversité :

> "púsolo naturaleza muy lejos de las partes vitales del animal, a la parte siniestra (...), como si le desterrara de la conversación de los ciudadanos a los arrabales y cárcavas del pueblo, como a vecino perjudicial y notad con cuán gran razón desterró naturaleza a este miembro a los carcavones por mal ciudadano, pues no puede medrar si no es con daño de los otros miembros"[3] .

Comment ne pas relier ce passage à la progressive mise à l'écart de folie mise en évidence par Michel Foucault? Autour de la mélancolie, à partir du dernier tiers du

---

[1] Guy de Chauliac, *La grande chirurgie*, p. 132.
[2] Luis Lobera de Avila, *Libro de las quatro enfermedades cortesanas*, fol. 74.

XVIème siècle se crée, dans les mentalités, une imagerie du désordre et de l'exclusion qui motivera sa progressive condamnation dans lles textes théoriques.

Le discours médical sur la mélancolie dépasse à chaque fois les bornes de la science pour plonger ses racines dans la croyance, le mythe et la rêverie. Ce n'est que fort tardivement que la mélancolie deviendra l'objet d'une observation proprement scientifique. Montrant bien qu'au Siècle d'Or, la médecine empiète sur des domaines non scientifiques, le discours médical emploie à l'égard de la mélancolie diverses catégories imaginaires et s'enrichit de nombreux éléments qui nourrissent l'imagination substantielle : à propos de la mélancolie, le discours médical rêve autant qu'il raisonne, imagine plus qu'il ne décrit.

---

³ J. de Pineda, *Diálogos familiares de la agricultura cristiana*, vol. II, p. 223-224.

CONCLUSIONS

Un objet qui échappe au discours

La mélancolie se situe aux frontières de l'apparent et de l'inapparent. Les textes médicaux, qui la décrivent à travers une floraison de symptômes, s'efforcent de la *donner à voir*, mais cette volonté de *montrer* la mélancolie est d'autant plus paradoxale que la bile noire n'est pas perceptible à l'oeil nu. Les médecins, d'ailleurs, insistent sur le caractère intérieur de la mélancolie, sa vocation pour l'invisible, comme le souligne Sainte Thérèse :

> "es tan sotil [el humor de melancolía] que se hace mortecino para cuando es menester y ansí no lo entendemos hasta que no se puede remediar"[1] .

Le discours sur la mélancolie a pour objet une substance qui, d'emblée, est déclarée invisible, dissimulée dans les profondeurs obscures du corps et qui, en définitive, n'existe pas : à partir de quelques éléments apparents –des selles sombres, des vomissements noirs– le discours médical d'Occident a postulé l'existence d'une substance noire, visqueuse, impure, tenue pour responsable de la plupart des maux du corps et de l'âme. A cet objet qui n'existe pas dans le réel, le discours médical substitue rapidement les projections imaginaires des auteurs. Le regard porté sur la mélancolie la modifie, l'infléchit et la manipule, lui infusant les obsessions et représentations imaginaires qui hantent l'époque qui la pense :

> "Le regard veut devenir parole (…). Une velléité magique, jamais pleinement efficace, jamais découragée, accompagne chacun de nos coups d'oeil : saisir, déshabiller, pétrifier,

---

[1] Teresa de Jesús, *Libro de las fundaciones*, I, p. 166.

375

pénétrer (…). En exprimant l'intensité du désir, il peut arriver que le regard devienne efficace"[1].

La mélancolie constitue, au XVIème et XVIIème siècle, un domaine qui résiste au regard et, plus encore, à l'emprise rationnelle de la science. Elle apparaît comme une notion particulièrement riche et ambivalenet, mais aussi comme un objet fuyant, dont les limites conceptuelles sont imprécises : le discours médical le confond donc avec d'autres humeurs ou d'autres maladies, soulignant à l'envi son caractère changeant et labile. L'insistance sur la variabilité, l'ambiguïté, la double nature de la mélancolie et la multiplication des distinctions est, finalement, le signe d'un discours qui maîtrise mal son objet. En attribuant l'origine de la mélancolie au démon, à l'introduction de "mauvais esprits" dans les corps ou au péché, le discours médical retrouve certaines des structures les plus anciennes de la pensée primitive. Le retour à ces conceptions suggère que le discours théorique du XVIème et du XVIIème siècle se trouve démuni face à la mélancolie et, en conséquence, contraint de revenir aux représentations les plus archaïques. Enfin, le recours aux images et aux métaphores, ainsi qu'à des catégories pré-scientifiques indique aussi que le discours scientifique ne parvient pas à rendre compte de la mélancolie de manière rationnelle : d'une certaine manière, elle lui échappe.

Un objet qui transcende les catégories

Réunissant des catégories opposées, la mélancolie est pensée comme un objet oxymorique, une *coincidentia oppositorum* au sein de laquelle se mêlent à la fois le sec et le liquide, la chaleur et la froideur, les ténèbres et la lumière, la santé et la maladie, le génie et l'hébétude stupide, le terrestre et l'aérien, la densité d'une humeur lourde et le vide qui occupe l'âme. Humeur sèche, vapeur lourde, noir lumineux, mort qui apporte la vie, néant fécond : la mélancolie est un objet oxymorique, qui ne peut se décrire qu'à travers des expressions qui sont des

---

[1] Jean Starobinski, *L'Oeil vivant*, Paris, Gallimard, 1961, p. 12-13.

contradictions dans les termes.

Dans une perspective similaire, les textes théoriques soulignent la variété des symptômes de la mélancolie et la variabilité du tempérament mélancolique. Le mélancolique est l'homme des extrêmes : il sera taciturne ou loquace, diligent ou paresseux, obtus ou vivement intelligent, prodigue ou avare, inconstant ou opiniâtre. Comme Janus, le mélancolique est double : il est aussi, en quelque sorte, complet.

La mélancolie constitue dès lors une notion qui a pour caractéristique de dépasser les catégories dans lesquelles on la range, relevant à la fois de la stérilité et de la puissance créatrice, du démon et de Dieu, du corps et de l'âme, de la bassesse et de l'élévation. Elle apparaît donc comme le lieu d'une profonde réversibilité : la pensée conçoit la bile noire comme une matière funeste, et le mélancolique comme le pire des tempéraments, mais fait aussi de la mélancolie la condition de l'inspiration et du contact avec la transcendance.

Mélancolie et épreuve

Concevoir la mélancolie comme une épreuve permet de rendre compte de son ambiguïté et de réunir en un concept cohérent ses facettes funestes et ses aspects bénéfiques puisque, intégrée dans un parcours, l'épreuve associe le danger de la perdition et le salut possible. Un certain nombre de textes théoriques pensent la mélancolie sur le mode de l'épreuve. Dans la *Lettre de saint Jean Chrysostome au moine Stagirius*, la mélancolie qui tourmente Stagirius apparaît comme un bienfait, destiné à améliorer le sujet : c'est en se mesurant au diable, affirme Chrysostome, que l'âme apprend à se défendre et à trouver son chemin jusqu'à la vertu[1]. Confrontation avec le démon, tentation du néant, la mélancolie est aussi, comme le montre Pedro Mercado, une occasion de se perfectionner et de s'élever :

> " Porque el camino de la bienaventurança es estrecho, y el reyno de los cielos padesce fuerça. Y no se alcança un estado lleno de tan perfectos bienes, sino por trabajos y tentaciones. Y si se mira bien en todo el processo de la sagrada escriptura, a penas se

---

[1] Klibansky, Panofsky et Saxl, *Saturne et la mélancolie*, p. 134-137.

hallara hombre que Dios amasse, al qual no probasse con ellas, conformando siempre la tentacion con el tentado, y dandole favor para vencerla. Y los santos bienaventurados tienen por la mayor tentacion no ser tentados. Y no solo ellos, sino los gentiles, con la lumbre natural que tenian. Como fue Demetro, el qual dixo que ninguna persona le parescia a el mas desventurada, que a quien ninguna desventura le avia acaecido en toda su vida, porque el tal hombre no se conocia, pues nunca se habia probado, o estava aborrecido de Dios, pues nunca se avia acordado de él para probarlo"[1] .

La mélancolie constitue une *catharsis* douloureuse qui améliore le sujet et l'élève, une épreuve où le mal apporte le bien et où la tristesse conduit à la joie.

Les *Règles* de Saint Ignace sur la désolation sont particulièrement éclairantes à ce sujet. En effet, la désolation a sa racine première dans le corps, le terrestre, le Malin, mais le sujet peut en faire usage pour progresser vers Dieu. La désolation permet d'« éprouver ce que nous valons et jusqu'où nous pouvons aller » et de "nous donner d'apprendre et de connaître en vérité"[2] . Comme la désolation, la mélancolie a la double nature de l'épreuve : elle incarne un passage difficile qui permet au sujet de prendre la mesure de lui-même, au risque d'échouer et de se perdre. Le pire arrive, mais c'est pour que le meilleur puisse advenir. Par son ambiguïté même, la mélancolie devient le levain capable de transformer la faiblesse en force, la perdition en salut et les ténèbres en illumination.

Possession et dépossession

La mélancolie est une dialectique de la dépossession et de la possession. Dans l'*acedia* et dans la mélancolie, l'individu, envahi par une humeur lourde et noire, qui pèse sur lui, entrave chacun de ses actes et obscurcit son esprit, est dépossédé de lui-même. Assimilée à la fureur, la mélancolie constitue un principe d'aliénation, conduisant à des états où le sujet cesse d'être maître de ces actes et assiste à une véritable perte de soi.

Mais la mélancolie est aussi possession : elle conduit à l'envahissement du sujet par un souffle (*spiritus)* inspirateur aussi bien qu'à la possession démoniaque

---

[1] Pedro Mercado, *Diálogos de philosophía...*, fol. 121r et v.
[2] Ignace de Loyola, *Exercices spirituels*, p. 170-171.

et les textes tissent autour d'elle un réseau d'images qui, toutes, figurent la pénétration du sujet par une puissance obscure et étrangère. Le mélancolique est l'être capable de se vider de sa propre substance, de se déserter soi-même pour qu'une transcendance polysémique –divine ou diabolique– vienne l'habiter. Dépossession et possession se conjuguent au sein de la mélancolie, suggérant que l'accès à la possession nécessite un passage nécessaire par la dépossession et la perte.

Le passage au noir

Associée au froid et à la chaleur, à l'inspiration et à la stérilité, à la folie et à la suprême sagesse, à la tentation démoniaque et au recueillement spirituel, la mélancolie est le lieu de constants renversements qui se fondent sur le postulat que la négativité peut être créatrice. La mélancolie définit une démarche similaire à celle de la théologie négative : elle décrit une *via negativa,* un passage nécessaire par la négation et l'absence pour accéder à la plénitude. Bartolomé Ramos de Pareja associe à Saturne la muse Polimnia, dont la devise est

"Permaneciendo en el luto espero risas y gozos. Tras la tinieblas espero el lucero y el resplandor del cielo"[1] .

Polimnia exprime le deuil, la nuit, le silence mais aussi l'attente de la lumière et de la présence, comme si le passage par la négativité était nécessaire pour accéder à l'illumination. Au sein de la mélancolie, la stérilité se renverse en fertilité et c'est en explorant le vide que le sujet fait l'apprentissage de la paradoxale fécondité que recèle le néant.

De ce point de vue, la conception de la nuit dans le système de représentation est particulièrement significative. Moment où l'humeur noire règne dans l'organisme, la nuit incarne une nécessaire traversée de l'obscurité. La nuit spirituelle est le moment de la perte et des ténèbres, l'instant de la suprême difficulté, mais aussi celui de la révélation :

"dexando la más baxa parte de las tres, que es la carne, hizo mención de la otras dos,

---

[1] B. Ramos de Pareja, *Música práctica*, p. 78.

diziendo : «Mi ánima, Señor, te ha desseado de noche, que quiere dezir en tiempo de adversidad»"[1].

Dans la tradition biblique, la nuit est le moment de la connaissance :

"Dies diei erutat verbum
et vox nocti indicat scientiam" (*Psaumes*, XVIII, 3).

La spiritualité soufie –dont on sait qu'elle a indirectement influencé certains mystiques espagnols– emploie le concept de "quabd" ("difficulté, peine, embarras") pour exprimer ce moment paradoxal où l'obscurité est la plus grande mais aussi où l'illumination se fait. Moment de ténèbres et de révélation, temps de la mélancolie, la nuit apparaît comme une étape nécessaire où l'absence devient présence et où la perte se renverse en plénitude.

La mélancolie peut être pensée suivant le concept alchimique du "passage au noir ". L'alchimie décrit un progrès des formes les plus humbles vers les corps les plus nobles dans lequel le noir constitue une étape purificatrice. De même, dans le système de représentation, la mélancolie apparaît comme un cheminement douloureux –mais inéluctable– à travers la nuit, la stérilité et la perte vers le savoir et l'illumination. L'inspiration, la création nécessitent un passage par la perte et le néant : "passage au noir", la mélancolie décrit une nécessaire traversée de l'obscurité à travers laquelle le sujet se perfectionne, démontrant que le moi doit se porter au-devant de son propre anéantissement pour acquérir la possibilité de le vaincre et de le dépasser.

---

[1] *Enchiridion*, éd. de Dámaso Alonso et Marcel Bataillon, Madrid, CSIC. 1971, p. 185. Cité par Domingo Ynduráin dans son édition des *Poesías* de San Juan de la Cruz, p. 205.

BIBLIOGRAPHIE

Aben Ragel, Ali, *Libro conplido en los iudizios de las estrellas*, éd. de Gerold Hilty, Madrid, RAE, 1954.

Abreu, Alexo, *Tratado de las siete enfermedades*, Lisbonne, Pedro de Craesbeek, 1623.

Acosta, Cristóbal de, *Tratado en contra y en pro de la vida solitaria*, Venise, Giacomo Cornetti, 1602.

Agamben, Giorgio, *Stanze (Parole et fantasme dans la culture occidentale)*, trad. d'Yves Hersant, Paris, Christian Bourgois, 1981.

Agrippa, Henri Cornélius, *La magie naturelle*, trad. de Jean Servier, Paris, L'Ile Verte/ Berg International, 1982.

Albert le Grand, *Les admirables secrets d'Albert le Grand contenant plusieurs traités sur la conception des femmes, sur les vertus des herbes, des pierres précieuses et des animaux*, Lyon, Héritiers de Béringos Fratres, 1804.

Alciato, Andrea, *Emblemas*, Madrid, Editora Nacional, 1975.

Anglicus, Barthomomaeus et Burgos, Vicente de, *Libro de propietatibus rerum*, Toulouse, H. Meyer, 1494.

Aretée de Cappadoce, *Aretaei Cappadocis opera omnia (Medicorum graecorum opera omnia quae exstant*, tome 24), éd. de Carolus Gottlob Kuhn, Leizpig, in officina libraria Car. Cnoblochii, 1828.

Aristote, *L'homme de génie et la mélancolie*, éd. et trad. de Jackie Pigeaud, Paris, Rivages, 1988.

Aristote, *Política*, trad. de Patricio Azcárate, Buenos Aires, Austral, 1946.

Aviñón, Juan de, *Sevillana medicina*, Séville, Sociedad de Bibliófilos Españoles, 1885.

Azouvi, François, "La peste, la mélancolie et l'imaginaire réglé", *Diogène*, n° 108 (oct.-déc. 1979), p. 124-143.

Babb, Lawrence, *The Elizabethan malady*, East Lansing, Michigan State College Press, 1951.

Bachelard, Gaston, *La formation de l'esprit scientifique*, Paris, Vrin, 1960.

Bachelard, Gaston, *La terre et les rêveries de la volonté*, Paris, Corti, 1949.

Barthes, Roland, *Mythologies*, Paris, Seuil, 1957.

Beecher, Donald, "Spenser's Redcrosse Knight and his encounter with Despair : some aspects of the Elizabethan malady", *Cahiers Elisabéthains*, 1980, n° 30, p. 1-15.

Bell, Joseph Norment, *Love Theory in Later Hanbalite Islam*, Albany, New York State University Press, 1979.

Bennassar, Bartolomé, *L'Inquisition espagnole, XVe-XIXe siècle*, Paris, Hachette, 1979.

Bennassar, Bartolomé, *Los españoles. Actitudes y mentalidad desde el siglo XVI al siglo XIX*, Madrid, Swan, 1984.

Bériac, Françoise, "Connaissances médicales sur la lèpre et protection contre cette maladie au Moyen Age", dans *Maladie et société (XIIème-XVIIIème siècles). Actes du colloque de Bielefeld*, Paris, CNRS, 1989, p. 145-146.

Bestiaires du Moyen Age, Paris, Stock, 1980.

Blanco, Mercedes, *Les rhétoriques de la pointe. Baltasar Gracián et le conceptisme en Europe*, Paris, Champion, 1992.

Boccaccio, Giovanni, *Le Décaméron*, trad. de Jean Bourciez, Paris, Garnier, 1963.

Bodin, Jean, *Les six livres de la république*, éd. de Christiane Frémont, Marie-Dominique Couzinet et Henri Rochais, Paris, Fayard, 1986.

Bottari, Giovanni, *Dialoghi sopra le tre arti del disegno*, Parme, Fiaccadori, 1845.

Brann, Noel L., "Is Acedia Melancholy? A Re-examination of this question in the Light of Fra Battista da Crema's *Della cognitione et vittoria di se stesso* (1531)", *Journal for the history of medicine and allied sciences*, 34, 1979, p. 80-99.

Bravo de Sobremonte, Gaspar, *Resolutionum et consultationum medicarum*, Lyon, Laurent Arnaud et Pierre Borde, 1679.

Bright, Timothy, *A Treatise of Melancholie*, Londres, Thomas Vautrollier, 1586.

Campanella, Tommaso et Bruno, Giordano, *Opere di G. Bruno e di T. Campanella*, éd. A. Guzzo et R. Amerio, Milan, Ricciardi, 1956.

Canavaggio, P., *Dictionnaire des superstitions et des croyances*, Paris, Dervy, 1993.

Carducho, Vicente, *Diálogos de la pintura*, Madrid, Francisco Martínez, 1633.

Carmona, Juan de, *Tractatus an Astrologia sit Medicis necessaria*, Séville, Francisco Pérez, 1590.

Caro Baroja, Julio, *Vidas mágicas e Inquisición*, Madrid, Taurus, 1967.

Carvallo, Luis Alfonso de, *Cisne de Apolo*, éd. d'Alberto Porqueras Mayo, Madrid, CSIC, 1958.

Castro, Américo, *España en su historia. Cristianos, moros y judios*, Barcelone, Crítica, 1983.

Céard, Jean, "Folie et démonologie au XVIe siècle", dans *Folie et déraison à la Renaissance*, Bruxelles, Editions de l'Université de Bruxelles, 1976, p. 129-143.

Cervantes, Miguel de, *El ingenioso hidalgo don Quijote de la Mancha*, Madrid, Espasa Calpe, 1979.

Cervantes, Miguel de, *Novelas ejemplares*, éd. de Harry Sieber, Madrid, Cátedra, 1982.

Chastel, André, *Fables, formes, figures*, Paris, Flammarion, 1978.

Chauliac, Guy de, *La grande chirurgie*, éd. d'E. Nicaise, Paris, Alcan, 1890.

Chirino de Cuenca, Alonso, *Menor daño de la medicina*, éd. de María Teresa Herrera, Salamanque, Université de Salamanca, 1973.

Christian, William A., *Apparitions in late medieval and Renaissance Spain*, Princeton, Princeton University Press, 1989.

Ciavolella, Massimo, *La "malattia d'amore" dall'Antichità al Medioevo*, Rome, Bulzoni, 1976.

Corominas, Joan, *Diccionario crítico etimológico de la lengua castellana*, Madrid, Gredos, 1974.

Cortés, Jerónimo, *Lunario nuevo, perpetuo y general y pronóstico de los tiempos*, Madrid, Pedro Madrigal, 1598.

Cortés, Jerónimo, *Phisonomia y varios secretos de naturaleza*, Barcelone, Sebastián de Cormellas, 1645.

Couliano, Ioan P., *Eros and Magic in the Renaissance*, trad. de Margaret Cook, Chicago, University of Chicago Press, 1987.

Covarrubias, Sebastián de, *Emblemas morales*, Madrid, Luis Sánchez, 1610.

Covarrubias, Sebastián de, *Tesoro de la lengua castellana o española*, éd. de Martin de Riquer, Barcelone, Horta, 1943.

Crónica de don Alvaro de Luna, éd. de Juan de Mata Carriazo, Madrid, Espasa Calpe, 1940.

Curtius, Ernst Robert, *Literatura europea y edad media latina*, Madrid/ Mexico, FCE, 1988.

David-Peyre, Yvonne, *"El amor médico,* comedia documentée de Tirso de Molina", *Hommage des Hispanistes Français à Noël Salomon*, Barcelone, Laia, 1979, p. 209-223.

David-Peyre, Yvonne, "Deux exemples du mal d'amour dit «héroïque» chez Cervantès", *Bulletin de l'Association Guillaume Budé*, 1982, 4, p. 383-404.

David-Peyre, Yvonne, "La melancolía según Santa Teresa", *Asclepio*, 17 (1965), p. 171-180.

David-Peyre, Yvonne, "La mélancolie érotique selon Jacques Ferrand l'Agenais ou les tracasseries d'un tribunal ecclésiastique", *Actes du 97e congrès national des sociétés savantes (Nantes, 1972)*, Paris, Bibliothèque Nationale, 1979, p. 561-572.

David-Peyre, Yvonne, "Un caso de observación clínica en Tirso de Molina", *Asclepio*, 20 (1968), p. 221 -233.

Della Porta, Giambattista, *La Physionomie humaine de Iean Baptiste Porta neapolitain*, trad. du Sieur Rault, Rouen, Iean et David Berthelin, 1655.

Delumeau, Jean, *Le péché et la peur. La culpabilisation en Occident XIIIe-XVIIIe siècles*, Paris, Fayard, 1983.

Diccionario de Autoridades, éd. facs., Madrid, Gredos, 1984.

Du Laurens, André, *Discours de la conservation de la veüe, des maladies melancholiques, des catarrhes et de la vieillesse*, Paris, J. Mettayer, 1597.

Dubois, Elfrieda, *"Ingenium* et *judicium* : quelques réflexions sur la nature de la création poétique", dans *Critique et création littéraire en France au XVIIe siècle*, Paris, CNRS, 1977, p. 311-324.

Duchêne, Roger, "Eros chez le médecin", *Quaderni del seicento francese*, 8 (1987), p. 177-186.

Escudero Ortuño, Alberto, *Concepto de la melancolía en el siglo XVII. Un comentario de las obras de Robert Burton y Alfonso de Santa Cruz*, Huesca, Imprenta Provincial, 1950.

Fajardo Spínola, Francisco, *Hechicería y brujería en Canarias en la Edad Moderna*, Las Palmas, Cabildo Insular de Gran Canaria, 1992.

Felipe, Bartolomé, *Tractado del conseio y de los consejeros de los principes*, Coimbre, Antonio de Mariz, 1584.

Fernández de Minaya, Lope, *Libro de las tribulaciones*, BAE, vol CLXXI (*Prosistas españoles del siglo XV*, tome II), Madrid, Atlas, 1964.

Ferrand, Jacques, *De la maladie d'amour ou mélancolie érotique. Discours curieux qui enseigne à connaître ce mal fantastique*, Paris, Moreau, 1623.

Figueroa, Juan de, *Opusculo de astrologia en medicina*, Lima, 1660.

Figueroa, Pedro de, *Avisos de principes, sus aforismos politicos y morales meditados en la historia de Saúl*, Madrid, Diego Díaz, 1647.

Flandrin, Jean-Louis, *Le sexe et l'Occident*, Paris, Seuil, 1981.

Forcione, Alban K., *Cervantes and the humanist vision. A study of four exemplary novels*, Princeton, Princeton University Press, 1982.

Foucault, Michel, *Folie et déraison. Histoire de la folie à l'âge classique*, Paris, Plon, 1961.

Fracastoro, Girolamo, *Syphilidis*, éd. bilingue de Prosper Yvaren, Paris, Baillière, 1847.

Francisco Ruda, *Ruta in daemones*, Barcelone, Antonio Lacavalleria, 1690.

Freylas, Alonso de, *Si los melancholicos pueden saber lo que esta por venir con la fuerça de su ingenio o soñando*, Jaén, Fernando Díaz de Montoya, 1606.

Fritz, Jean-Marie, "Du dieu émasculateur au roi émasculé : métamorphoses de Saturne au Moyen Age", dans *Pour une mythologie du Moyen Age*, études rassemblées par Laurence Harf-Lancner et Dominique Boutet, Paris, ENSJF, 1988, p. 43-60.

Furetière, Antoine, *Dictionnaire universel*, La Haye/ Rotterdam, Arnout et Reinier Leers, 1690.

Furió Ceriol, Fadrique, *El Concejo y consejeros del príncipe*, dans BAE, tome XXXVI ("*Curiosidades Bibliográficas*"), Madrid, Atlas, 1950.

Gaignebet, Claude et Lajoux, J. D., *Art profane et religion populaire*, Paris, PUF, 1985.

Gaignebet, Claude, *A plus hault sens*, Paris, Maisonneuve & Larose, 1986.

García Carrero, Pedro, *Disputationes medicae*, Compluti, Iusti Sanchez Crespo, 1603

Gellert Lyons, Bridget, *Voices of Melancholy*, Londres, Routledge and Kenan Paul, 1971.

Góngora, Luis de, *Romances*, éd. d'Antonio Carreño, Madrid, Cátedra, 1985.

Gordonio, Bernardo, *Lilio de medicina*, trad. anonyme, Séville, s.i., 1495.

Gracián, Baltasar, *El Criticón*, éd. de Santos Alonso, Madrid, Cátedra, 1984.

Granada, Luis de, *Introducción del símbolo de la fe*, Madrid, Cátedra, 1989.

Hebreo, Leone, *Diálogos de amor*, éd. de David Romano, Barcelone, Janés, 1953.

Heger, Henrik, *Die Melancholie beiden franzosischen Lyrikern des Spätmittelalters*, Bonn, Romanisches Seminar der Universität, 1967.

Henkel, Arthur et Schöne, Albrecht, *Emblemata handbuch zur sinnbildkunst des XVI und XVII Jahrhunderts*, Stuttgart, 1967.

Herrera, Fernando de, *Anotaciones*, dans *Garcilaso de la Vega y sus comentaristas*, éd. d'A. Gallego Morell, Madrid, Gredos, 1972.

Horozco, Juan de, *Tratado de la verdadera y falsa prophecia*, Ségovie, Juan de la Cuesta, 1588.

Huarte de San Juan, Juan, *Examen de ingenios*, éd. de Guillermo Serés, Madrid, Cátedra, 1989.

Huerta, Gerónimo de, *Traducion de los libros de Caio Plinio segundo de la historia de los animales, hecha por el licenciado Geronimo de Huerta, Medico, y Filosofo. Y anotada por el mismo con anotaciones curiosas*, Alcalá, Justo Sanchez Crespo, 1602.

Hurtado Torres, Antonio, *La astrología en la literatura del Siglo de Oro*, Alicante, Instituto de Estudios Alicantinos/ Diputación Provincial de Alicante, 1984.

Ignace de Loyola, *Exercices spirituels*, trad. de François Courel, Paris, Desclée de Brouwer, 1960.

Institoris, Henri et Sprengen Jacques, *Malleus Maleficarum. Le marteau des sorcières*, trad. d'Armand Danet, Grenoble, Jérôme Millon, 1990.

Isidore de Séville, *Etymologiae/ Etimologías*, éd. bilingue de José Oroz Reta, Madrid, BAC, 1982.

Juan de la Cruz, *Poesías*, éd. de Domingo Ynduráin, Madrid, Cátedra, 1989.

Kagan, Richard L., *Lucretia's Dreams. Politics and prophecy in sixteenth century Spain*, Berkeley-Oxford, Univer, 1990.

Kamber, P., "La chasse aux sorciers et sorcières dans le pays de Vaud", *Revue historique vaudoise* (1982), p. 21-33.

Kennedy, Ruth Lee, "The theme of Stratonice in the drama of the Spanish Peninsula", *Publications of the Modern Language Association*, LV, 1940, p. 1010-1032.

Klein, Robert, *La forme et l'intelligible*, Paris, Gallimard, 1970, p. 31-64.

Klibansky, Raymond, Panofsky, Erwin et Saxl, Fritz, *Saturne et la mélancolie*, trad. sous la direction de Louis Evrard, Paris, Gallimard, 1989.

Kuhn, Reinhard, *The demon of noontide : ennui in Western literature*, Princeton, Princeton University Press, 1976.

La folie et le corps, études réunies par Jean Céard, avec la collaboration de Pierre Naudin et Michel Simonin, Paris, Presses de L'E.N.S., 1985, p. 159-178.

La mélancolie dans la relation de l'âme et du corps (collectif), Nantes, Université de Nantes, 1979.

La novela picaresca, Barcelone, Noguer, 1974.

Laguna, Andrés, *Pedacio Dioscorides Anazarbeo*, Valence, Miguel Sorolla, 1636.

Larner, Ch., *Enemies of God. The witch-hunt in Scotland*, Worcester, Brasil Blackwell, 1981.

Ledesma, Alonso de, *Conceptos espirituales y morales*, éd. d'Eduardo Juliá Martínez, Madrid, CSIC, 1969.

Lemnius, Livin, *Les occultes merveilles et secrets de nature*, trad. anonyme, Orléans, P. Crepperel, 1568.

León, Andrés de, *Libro Primero de Annathomia*, Baeza, Iuan Baptista de Montoya, 1590.

Les Petites Fleurs de Saint François d'Assise, trad. d'Alexandre Masseron, Paris, Gaultier-Languereau, 1964.

Les Stoïciens, trad. Emile Bréhier, éd. de Pierre-Maxime Schuhl, Paris, Gallimard, 1962.

Lévi-Strauss, Claude, *Anthropologie structurale*, Paris, Plon, 1958.

Lévi-Strauss, Claude, *Le cru et le cuit*, Paris, Plon, 1964.

Li, Andrés de, *Repertorio de los tiempos* (Tolède, 1546), éd. facsimilé d'Edison Simons, Barcelone, Antoni Bosch, 1978.

Lobera de Avila, Luis, *Libro de las quatro enfermedades cortesanas que son catarro, gota arthetica sciatica, mal de piedra y de riñones e hijada. E mal de buas : y de otras cosas utilissimas*, Tolède, Juan de Ayala, 1544.

Lobera de Avila, Luis, *Remedio de cuerpos humanos y silva de experiencias y cosas utilissimas*, Alcalá de Henares, Juan de Brocar, 1542.

Lope de Vega Carpio, Félix, *La prueba de los ingenios*, dans *Obras de Lope de Vega*, Madrid, RAE, tome XIV (*Comedias novelescas*), section II, Madrid, Imp. Rivadeneyra, 1913.

López de Villalobos, Francisco, *Algunas obras del doctor Francisco López de Villalobos*, Madrid, Sociedad de Bibliófilos Españoles, 1886.

López Ibor, Juan José, "Ideas de santa Teresa sobre la melancolía", *Revista de Espiritualidad*, XXII (1963), p. 432-443.

López Torrijos, Rosa, *La mitología en la pintura española del Siglo de Oro*, Madrid, Cátedra, 1985.

Lowes, John Livingstone, "The Loveres Maladye of Hereos", *Modern Philology*, 11 (1914), p. 494-546.

Malo de Andueza, Diego, *Libro primero de los reyes. Saul coronado y David ungido. Fin de la aristocracia de Israel. Principio de la monarquia. Politicas de Saul y David. Academia liberal y moral. Historia de la sacra real perifraseada*, Madrid, Melchor Alegre, 1671.

Mandrou, Robert, *Magistrats et sorciers*, Paris, Plon, 1968.

Maravall, José Antonio, *Antiguos y modernos. La idea de progreso en el desarollo inicial de una sociedad*, Madrid, Sociedad de Estudios y Publicaciones, 1966.

March, Ausiàs, *Obra poética completa*, éd. de Rafael Ferreres, Madrid, Castalia, 1990.

Márquez, Antonio, *Los alumbrados*, Madrid, Taurus, 1972.

Martínez de Toledo, Alfonso, *El Corbacho o Arcipreste de Talavera*, éd. de Mario Penna, Turin, Rosenberg & Sellier, s. d.

Medina, Miguel, *Christianae Paraenensis sive de recta in deum fide*, Venise, Iordani Zileti, 1564.

Mena, Juan de, *Laberinto de Fortuna*, Madrid, Cátedra, 1979.

Mercado, Luis, *Opera omnia*, Valladolid, s.i., 1604.

Mercado, Pedro, *Diálogos de philosophia natural y moral*, Grenade, Hugo Mena, 1574.

Merola, Jerónimo de, *República original del cuerpo humano*, Barcelone, Pedro Malo, 1587.

Messalah/ Ben Ezra, Abraham *Textos astrológicos medievales*, trad. de D. Santos, s. l., éd. Barath, 1981.

Métamorphose et bestiaire fantastique au Moyen Age, études rassemblées par Laurence Harf-Lancner, Paris, ENS de Jeunes Filles, 1985, p. 3-25.

Mexía, Pedro, *Silva de varia lección*, éd. d'Antonio Castro, Madrid, Cátedra, 1990.

Milhou-Roudié, Anne, *Paresse et travail chez les moralistes espagnols*, Thèse dactylographiée, Bordeaux, Université de Bordeaux III, 1985

Moliner, María, *Diccionario de uso del español*, Madrid, Gredos, 1983.

Montaña de Montserrate, Bernardino, *Libro de la Anatomia del hombre*, éd. facs., Madrid, Ministerio de Educación y Ciencia, 1973.

Monzón, Francisco, *Libro primero del espejo del principe cristiano*, Lisbonne, Luis Rodríguez, 1544.

Murillo y Velarde, Tomás, *Aprobación de ingenios y curación de hipochondricos*, Saragosse, Diego de Ormer, 1672.

Nicolai Masae... Liber de morbo gallico... Ioannes Almenar Liber perutilis de morbo gallico... Nicolai Leoniceni... Compendiosa ejusdem morbi cura ; Angelo Bolognini... Libellus de cura ulcerum exteriorum et de unguentis... in quibus multa ad curam morbi gallici pertinentia inserta sunt, s. l., s.i., 1532.

Nieremberg, Juan Eusebio, *Oculta filosofia de la simpatia y antipatia de las cosas*, Madrid, Imprenta del Reino, 1633.

Noydens, Benito Remigio, *Práctica de exorcistas*, Madrid, Andrés García de la Iglesia, 1673.

Obermüller, Klara, *Studien zur Melancholie in der deutschen Lyrik des Barock*, Bonn, Bouvier/ H. Grundmann, 1974.

Pélicier, Yves, *Colloque sur la névrose obsessionnelle, suivi de l'intégralité du Traité des scrupules de J. J. du Guet*, Paris, Pfizer, 1976.

Pérez de Herrera, Christoval, *Proverbios morales y consejos christianos (...) y enigmas philosophicas*, Madrid, Héritiers de Francisco del Hierro, s.d.

Peset Llorca, Vicente, "Las maravillosas facultades de los melancólicos (un tema de la psiquiatría renacentista)", *Archivos de neurobiología*, 18 (1955) p. 980-1002.

Pichon-Berruyer, Geneviève, *La représentation médiévale de la lèpre*, Thèse dactylographiée de 3ème cycle, Paris, Université de Paris X, 1979.

Pigeaud, Jackie, *Folie et cures de la folie chez les médecins de l'Antiquité*, Paris, Les Belles Lettres, 1987.

Pigeaud, Jackie, *La maladie de l'âme*, Paris, Les Belles Lettres, 1981.

Pineda, Juan de, *Diálogos familiares de la agricultura cristiana*, Madrid, BAE, 1963-1964.

Planes, Jerónimo, *Tratado del examen de las revelaciones verdaderas y falsas, y de los raptos*, Valence, veuve de Juan Chrysostomo Mariz, 1634.

Polidoro, Valerio, *Practica exorcistarum*, Patavii, apud Paulum Meietum, 1587.

Pot, Olivier, *Inspiration et mélancolie dans les Amours de Ronsard*, Genève, Droz, 1990.

Pouchelle, Marie-Christine, *Corps et chirurgie à l'apogée du Moyen Age*, Paris, Flammarion, 1983.

Préaud, Maxime, *Mélancolies*, Paris, Herscher, 1982.

Quétel, Claude, *Le Mal de Naples. Histoire de la syphilis*, Paris, Seghers, 1986.

Ramírez de Prado, Lorenzo, *Consejo y consejeros de principes*, éd. de Juan Beneyto, Madrid, Instituto de Estudios Políticos, 1958.

Ramos de Pareja, Bartolomé, *Musica Practica*, trad. de Luis Moralejo, Madrid, Alpuerto, 1977.

Rawski, Conrad H., "Petrarch's Dialogue on music", *Speculum*, vol. 46, 1971, t. I, p. 302-317.

Redondo, Augustin "La folie du cervantin Licencié de Verre : traditions, contexte historique et subversion" dans *Visages de la folie*, études réunies par Augustin Redondo et André Rochon, Paris, Presses de la Sorbonne, 1981, p. 33-44.

Reynolds, John J., "Color symbolism in Juan Timoneda's poetry", dans *Studies in honor of Ruth Lee Kennedy*, études réunies par Vern G. Williamsen et A. F. Michael Atlee, Chapel Hill, University of North Carolina, 1970, p. 71-85.

Ricard, Robert, *Nouvelles études religieuses*, Paris, Centre de Recherches de l'Institut Hispanique, 1973.

Ripa, Cesare, *Iconologie*, éd. facs., Paris, Aux Amateurs de Livres, 1987.

Ronsard, Pierre de, *Oeuvres Complètes* éd. de Paul Laumonier, Paris, Droz (puis Didier), 1920- 1975.

Rufus d'Ephèse, *Oeuvres de Rufus d'Ephèse*, éd. de Charles Daremberg et Charles-Emile Ruelle, Paris, Baillière, 1879.

Saavedra Fajardo, Diego, *La República Literaria*, Madrid, Espasa Calpe, 1942.

Sabuco de Nantes, Miguel, *Nueva Filosofia de la naturaleza del hombre*, éd. d'Atilano Martínez Tomé, Madrid, Editora Nacional, 1981.

Santa Cruz, Alonso de, *Dignotio et cura affectuum Melancholicorum*, Matriti, apud Thomam Iuntam, 1622.

Santiago, Juan de, *Recuerdo de dormidos y socorro de agonizantes*, Madrid, Melchor Sánchez, 1672.

Schings, Hans-Jürgen, *Melancholie und Aufklarung*, Stuttgart, Metzler, 1977.

Schleiner, Winfried, *Melancholy, Genius and Utopia in the Renaissance*, Wiesbaden, O. Harrassowitz, 1991.

Scott Soufas, Teresa, "Calderón's melancholy wife-murderers", *Hispanic Review*, vol. 52 (1984), p. 181-203.

Scott Soufas, Teresa, *Melancholy and the secular mind in Spanish Golden Age literature*, Columbia et Londres, University of Missouri Press, 1990.

Sendrail, Marcel, *Historia cultural de la enfermedad*, trad. de Clara Janés, Madrid, Espasa Calpe, 1983.

Simancas, Diego de, *De catholicis institutionibus*, Compluti, apud Andream de Angulo, 1569.

Solignac, P., *La névrose chétienne*, Paris, éd. de Trévise, 1976.

Starobinski, Jean, "L'encre de la mélancolie", *Nouvelle Revue Française*, XI (mars 1963), p. 410-423.

Starobinski, Jean, *Historia del tratamiento de la melancolía desde los orígenes hasta 1900*, Bâle, Geigy, 1962.

Starobinski, Jean, *L'Oeil vivant*, Paris, Gallimard, 1961.

Stechow, Wolfang, "The love of Antiochus with Faire Stratonica in Art", *Art Bulletin*, 27 (1945), p. 221-237.

Tanfani, Gustavo, "Il concetto di melancholia nel Cinquecento", *Rivista di Storia delle Scienze mediche e naturali*, 39 (1948), p. 145-168.

Tellenbach, Hubertus, *La mélancolie*, trad. sous la direction de D. Macher, Paris, PUF, 1979.

Téllez, Fray Gabriel, dit Tirso de Molina, *Obras dramáticas completas*, Madrid, Aguilar, 1946.

Teresa de Jesús, *Libro de las fundaciones*, Madrid, Espasa Calpe, 1940.

Thorndike, Lynn, *A history of magic and experimental science*, New York et Londres, Columbia University Press, 1934.

Torquemada, Antonio de, *Jardín de flores curiosas*, éd. de Giovanni Allegra, Madrid, Castalia, 1983.

Torreblanca Villalpando, Francisco, *Juris spiritualis practicabilium*, Cordoue, Salvador de Cea Tesa, 1635.

Torrella, Gaspar, *Tractatus contra pudendagram seu morbus gallicus*, Rome, P. de la Turre, 1497.

Tyard, Pontus de, *Solitaire second*, éd. de Cathy M. Yandell, Genève, Droz, 1980.

Tyler, Richard W., "La «flema» en los Siglos de Oro", dans *Actas del VII congreso de la Asociación Internacional de Hispanistas*, études réunies par Davis Kossof, José Amor et Ruth A. Kossof, Madrid, Istmo, 1986, t. II, p. 653-659.

Ullersperger, J. B., *Historia de la psiquiatría y de la psicología en España*, trad. de V. Peset, Madrid, Alhambra, 1954.

Valerianus, Iohannes Pierius, *Les Hieroglyphiques de J. P. Valerian traduits en françois par Jean de Monlyart*, Lyon, 1615.

Valles de Covarrubias, Francisco, *De sacra philosophia*, Lugduni, Q. HUG. Porta apud Fratres de Gabiano, 1595.

Vega, Cristóbal de, *Opera*, Lugduni, apud Guglielmum Rovillium, 1576.

Vega, Christoval de, *Casos raros de la confessió*, Gérone, Antoni Oliva, 1679.

Velásquez de Azevedo, Juan, *El Fénix de Minerva y arte de memoria*, Madrid, Juan González, 1626.

Velásquez, Andrés, *Libro de la Melancholia*, Séville, Hernando Díaz, 1585.

Vergote, Antoine, *Dette et désir. Deux axes chrétiens et la dérive pathologique*, Paris, Seuil, 1978.

Vilanova, Arnau de, *Arnaldi de Villanova opera medica omnia*, éd. de Michael R. Mc Vaugh, Barcelone, Université de Barcelone, 1985.

Vilanova, Arnau de, *De la interpretación de los sueños (De somniorum interpretatione)*, éd. et trad. de José Francisco Ivars, Barcelone, Labor, 1975.

Vilanova, Arnau de, *Obres catalanes*, éd. de Miquel Batllori, Barcelone, Barcino, 1947.

Villena, Enrique de, *Tratado de lepra*, dans "Tres tratados de Enrique de Villena", *Revue Hispanique*, XLI, Paris- New York, 1917, p. 203-204.

Vives, Luis, *Obras completas*, éd. et trad. de Lorenzo Riber, Madrid, Aguilar, 1948.

Wack, Mary Frances, *Lovesickness in the Middle Ages. The Viaticum and its commentaries*, Philadelphia, University of Pennsylvania Press, 1990.

Walker, D. P., *Spiritual and Demonic magic from Ficino to Campanella*, Londres, Warburg Institute, 1958.

Weinberg, B., (éd.), *Trattati di poetica e di retorica del Cinquecento*, Bari, Laterza, 1970.

Weinrich, Harald, *Das Ingenium Don Quijotes*, Münster, Aschendorf, 1956.

Wenzel, Siegfried, *The sin of sloth : acedia in medieval thought and literature*, Chapel Hill, University of North Carolina Press, 1967.

Wittkower, Rudolf et Margot, *Born under Saturn*, Londres, Weinfield & Nicholson, 1963.

Yates, Frances Amelia, *Giordano Bruno et la tradition hermétique*, Paris, Dervy, 1988.

Yates, Frances Amelia, *L'Art de la mémoire*, trad. de Daniel Arasse, Paris, Gallimard, 1975.

Yates, Frances Amelia, *La philosophie occulte à l'époque élisabéthaine*, trad. de Laure de Lestrange, Paris, Dervy Livres, 1987.

Zumthor, Paul, "A propos du mot «génie»", *Zeitschrift für romanische Philologie*, LXVI, 1950, p. 170-201.

INDEX

349; 352; 360; 361